安全生产法律法规汇编

（第六册）

中国石油化工集团公司安全监管局
中 国 石 化 安 全 工 程 研 究 院

中国石化出版社

图书在版编目(CIP)数据

安全生产法律法规汇编／中国石油化工集团公司安全监管局，中国石化安全工程研究院组织编写．—北京：中国石化出版社，2016.6
（安全培训系列图书．汇编类安全工具书系列）
ISBN 978-7-5114-4145-4

Ⅰ．①安… Ⅱ．①中… ②中… Ⅲ．①安全生产-安全法规-汇编-中国 Ⅳ．①D922.549

中国版本图书馆 CIP 数据核字(2016)第 138660 号

中国石化出版社出版发行

地址：北京市东城区安定门外大街 58 号
邮编：100011　电话：(010)84271850
读者服务部电话：(010)84289974
http://www.sinopec-press.com
E-mail:press@sinopec.com
北京富泰印刷有限责任公司印刷
全国各地新华书店经销

*

787×1092 毫米 16 开本 150.5 印张 2629 千字
2016 年 8 月第 1 版　2016 年 8 月第 1 次印刷
定价：568.00 元(全六册)

《安全培训系列图书》
编审委员会

《安全生产法律法规汇编》
编写组

组　　长：孙万付

副 组 长：牟善军　白永忠

编写人员：张卫华　苏国胜　闫　进　刘小明　崔伟珍
孙志刚　赵　震　王　坤　李国栋　赵婉颖
常云海　王　斌　张丽萍　李　欣　董国胜
赵英杰　张　艳　王洪雨　尹　楠　赵　洁
毕丽景

编写说明

为方便广大干部职工查阅并贯彻落实国家安全生产法律法规，由安全监管局牵头、安全工程研究院具体负责对国家现行安全生产法律法规进行了梳理、汇编，形成了《安全生产法律法规汇编》。

《安全生产法律法规汇编》收录了国家现行安全生产法律、法规、部门规章、重要文件和规范性文件共230项。按照专业管理类别分为通用类、危险化学品类、石油天然气类、建筑施工类、油气资产及反恐防范类等五个篇章。

每个篇章收录的法律法规按照法律效力从高到低、发布日期从新到旧的原则进行了排序，以方便广大读者使用。

本书适用于中国石化集团公司各级领导干部、安全管理人员，同时也可作为各级政府安全监管人员和其他生产经营单位安全管理人员参考用书。所收录的法律法规截止日期为2016年7月15日。

目　录

（第一册）

第一篇　通用类

一、综合

（第二册）

(第三册)

五、应急消防

六、事故管理

（第四册）

第二篇　危险化学品类

(第五册)

（第六册）

第三篇　石油天然气类

第四篇　建筑施工类

第五篇　油气资产及反恐防范类

第三篇

石油天然气类

中华人民共和国主席令

第 61 号

《中华人民共和国海域使用管理法》已由中华人民共和国第九届全国人民代表大会常务委员会第二十四次会议于 2001 年 10 月 27 日通过，现予公布，自 2002 年 1 月 1 日起施行。

中华人民共和国主席　江泽民

2001 年 10 月 27 日

中华人民共和国海域使用管理法

目　　录

第一章　总　　则

第一条　为了加强海域使用管理，维护国家海域所有权和海域使用权人的合法权益，促进海域的合理开发和可持续利用，制定本法。

第二条　本法所称海域，是指中华人民共和国内水、领海的水面、水体、海床和底土。

本法所称内水，是指中华人民共和国领海基线向陆地一侧至海岸线的海域。

在中华人民共和国内水、领海持续使用特定海域三个月以上的排他性用海活动，适用本法。

第三条　海域属于国家所有，国务院代表国家行使海域所有权。任何单位或者个人不得侵占、买卖或者以其他形式非法转让海域。

单位和个人使用海域，必须依法取得海域使用权。

第四条 国家实行海洋功能区划制度。海域使用必须符合海洋功能区划。

国家严格管理填海、围海等改变海域自然属性的用海活动。

第五条 国家建立海域使用管理信息系统，对海域使用状况实施监视、监测。

第六条 国家建立海域使用权登记制度，依法登记的海域使用权受法律保护。

国家建立海域使用统计制度，定期发布海域使用统计资料。

第七条 国务院海洋行政主管部门负责全国海域使用的监督管理。沿海县级以上地方人民政府海洋行政主管部门根据授权，负责本行政区毗邻海域使用的监督管理。

渔业行政主管部门依照《中华人民共和国渔业法》，对海洋渔业实施监督管理。

海事管理机构依照《中华人民共和国海上交通安全法》，对海上交通安全实施监督管理。

第八条 任何单位和个人都有遵守海域使用管理法律、法规的义务，并有权对违反海域使用管理法律、法规的行为提出检举和控告。

第九条 在保护和合理利用海域以及进行有关的科学研究等方面成绩显著的单位和个人，由人民政府给予奖励。

第二章 海洋功能区划

第十条 国务院海洋行政主管部门会同国务院有关部门和沿海省、自治区、直辖市人民政府，编制全国海洋功能区划。

沿海县级以上地方人民政府海洋行政主管部门会同本级人民政府有关部门，依据上一级海洋功能区划，编制地方海洋功能区划。

第十一条 海洋功能区划按照下列原则编制：

（一）按照海域的区位、自然资源和自然环境等自然属性，科学确定海域功能；

（二）根据经济和社会发展的需要，统筹安排各有关行业用海；

（三）保护和改善生态环境，保障海域可持续利用，促进海洋经济的发展；

（四）保障海上交通安全；

（五）保障国防安全，保证军事用海需要。

第十二条 海洋功能区划实行分级审批。

全国海洋功能区划，报国务院批准。

沿海省、自治区、直辖市海洋功能区划，经该省、自治区、直辖市人民政府审核同意后，报国务院批准。

沿海市、县海洋功能区划，经该市、县人民政府审核同意后，报所在的省、自治区、直辖市人民政府批准，报国务院海洋行政主管部门备案。

第十三条 海洋功能区划的修改，由原编制机关会同同级有关部门提出修改方案，报原批准机关批准；未经批准，不得改变海洋功能区划确定的海域功能。

经国务院批准，因公共利益、国防安全或者进行大型能源、交通等基础设施建设，需要改变海洋功能区划的，根据国务院的批准文件修改海洋功能区划。

第十四条 海洋功能区划经批准后，应当向社会公布；但是，涉及国家秘密的部分除外。

第十五条 养殖、盐业、交通、旅游等行业规划涉及海域使用的，应当符合海洋功能区划。

沿海土地利用总体规划、城市规划、港口规划涉及海域使用的，应当与海洋功能区划相衔接。

第三章 海域使用的申请与审批

第十六条 单位和个人可以向县级以上人民政府海洋行政主管部门申请使用海域。

申请使用海域的，申请人应当提交下列书面材料：

（一）海域使用申请书；

（二）海域使用论证材料；

（三）相关的资信证明材料；

（四）法律、法规规定的其他书面材料。

第十七条 县级以上人民政府海洋行政主管部门依据海洋功能区划，对海域使用申请进行审核，并依照本法和省、自治区、直辖市人民政府的规定，报有批准权的人民政府批准。

海洋行政主管部门审核海域使用申请，应当征求同级有关部门的意见。

第十八条 下列项目用海，应当报国务院审批：

（一）填海五十公顷以上的项目用海；

（二）围海一百公顷以上的项目用海；

（三）不改变海域自然属性的用海七百公顷以上的项目用海；

（四）国家重大建设项目用海；

（五）国务院规定的其他项目用海。

前款规定以外的项目用海的审批权限，由国务院授权省、自治区、直辖市人民政府规定。

第四章　海域使用权

第十九条　海域使用申请经依法批准后，国务院批准用海的，由国务院海洋行政主管部门登记造册，向海域使用申请人颁发海域使用权证书；地方人民政府批准用海的，由地方人民政府登记造册，向海域使用申请人颁发海域使用权证书。海域使用申请人自领取海域使用权证书之日起，取得海域使用权。

第二十条　海域使用权除依照本法第十九条规定的方式取得外，也可以通过招标或者拍卖的方式取得。招标或者拍卖方案由海洋行政主管部门制订，报有审批权的人民政府批准后组织实施。海洋行政主管部门制订招标或者拍卖方案，应当征求同级有关部门的意见。

招标或者拍卖工作完成后，依法向中标人或者买受人颁发海域使用权证书。中标人或者买受人自领取海域使用权证书之日起，取得海域使用权。

第二十一条　颁发海域使用权证书，应当向社会公告。

颁发海域使用权证书，除依法收取海域使用金外，不得收取其他费用。

海域使用权证书的发放和管理办法，由国务院规定。

第二十二条　本法施行前，已经由农村集体经济组织或者村民委员会经营、管理的养殖用海，符合海洋功能区划的，经当地县级人民政府核准，可以将海域使用权确定给该农村集体经济组织或者村民委员会，由本集体经济组织的成员承包，用于养殖生产。

第二十三条　海域使用权人依法使用海域并获得收益的权利受法律保护，任何单位和个人不得侵犯。

海域使用权人有依法保护和合理使用海域的义务；海域使用权人对不妨害其依法使用海域的非排他性用海活动，不得阻挠。

第二十四条　海域使用权人在使用海域期间，未经依法批准，不得从事海洋基础测绘。

海域使用权人发现所使用海域的自然资源和自然条件发生重大变化时，应当及时报告海洋行政主管部门。

第二十五条　海域使用权最高期限，按照下列用途确定：

（一）养殖用海十五年；

（二）拆船用海二十年；

（三）旅游、娱乐用海二十五年；

（四）盐业、矿业用海三十年；

（五）公益事业用海四十年；

（六）港口、修造船厂等建设工程用海五十年。

第二十六条 海域使用权期限届满，海域使用权人需要继续使用海域的，应当至迟于期限届满前二个月向原批准用海的人民政府申请续期。除根据公共利益或者国家安全需要收回海域使用权的外，原批准用海的人民政府应当批准续期。准予续期的，海域使用权人应当依法缴纳续期的海域使用金。

第二十七条 因企业合并、分立或者与他人合资、合作经营，变更海域使用权人的，需经原批准用海的人民政府批准。

海域使用权可以依法转让。海域使用权转让的具体办法，由国务院规定。

海域使用权可以依法继承。

第二十八条 海域使用权人不得擅自改变经批准的海域用途；确需改变的，应当在符合海洋功能区划的前提下，报原批准用海的人民政府批准。

第二十九条 海域使用权期满，未申请续期或者申请续期未获批准的，海域使用权终止。

海域使用权终止后，原海域使用权人应当拆除可能造成海洋环境污染或者影响其他用海项目的用海设施和构筑物。

第三十条 因公共利益或者国家安全的需要，原批准用海的人民政府可以依法收回海域使用权。

依照前款规定在海域使用权期满前提前收回海域使用权的，对海域使用权人应当给予相应的补偿。

第三十一条 因海域使用权发生争议，当事人协商解决不成的，由县级以上人民政府海洋行政主管部门调解；当事人也可以直接向人民法院提起诉讼。

在海域使用权争议解决前，任何一方不得改变海域使用现状。

第三十二条 填海项目竣工后形成的土地，属于国家所有。

海域使用权人应当自填海项目竣工之日起三个月内，凭海域使用权证书，向县级以上人民政府土地行政主管部门提出土地登记申请，由县级以上人民政府登记造册，换发国有土地使用权证书，确认土地使用权。

第五章　海域使用金

第三十三条 国家实行海域有偿使用制度。

单位和个人使用海域，应当按照国务院的规定缴纳海域使用金。海域使用金应当按照国务院的规定上缴财政。

对渔民使用海域从事养殖活动收取海域使用金的具体实施步骤和办法，由国务院另行规定。

第三十四条 根据不同的用海性质或者情形，海域使用金可以按照规定一次缴纳或者按年度逐年缴纳。

第三十五条 下列用海，免缴海域使用金：

（一）军事用海；

（二）公务船舶专用码头用海；

（三）非经营性的航道、锚地等交通基础设施用海；

（四）教学、科研、防灾减灾、海难搜救打捞等非经营性公益事业用海。

第三十六条 下列用海，按照国务院财政部门和国务院海洋行政主管部门的规定，经有批准权的人民政府财政部门和海洋行政主管部门审查批准，可以减缴或者免缴海域使用金：

（一）公用设施用海；

（二）国家重大建设项目用海；

（三）养殖用海。

第六章 监督检查

第三十七条 县级以上人民政府海洋行政主管部门应当加强对海域使用的监督检查。

县级以上人民政府财政部门应当加强对海域使用金缴纳情况的监督检查。

第三十八条 海洋行政主管部门应当加强队伍建设，提高海域使用管理监督检查人员的政治、业务素质。海域使用管理监督检查人员必须秉公执法，忠于职守，清正廉洁，文明服务，并依法接受监督。

海洋行政主管部门及其工作人员不得参与和从事与海域使用有关的生产经营活动。

第三十九条 县级以上人民政府海洋行政主管部门履行监督检查职责时，有权采取下列措施：

（一）要求被检查单位或者个人提供海域使用的有关文件和资料；

（二）要求被检查单位或者个人就海域使用的有关问题作出说明；

（三）进入被检查单位或者个人占用的海域现场进行勘查；

（四）责令当事人停止正在进行的违法行为。

第四十条 海域使用管理监督检查人员履行监督检查职责时，应当出示有效执法证件。

有关单位和个人对海洋行政主管部门的监督检查应当予以配合，不得拒绝、妨碍监督检查人员依法执行公务。

第四十一条 依照法律规定行使海洋监督管理权的有关部门在海上执法时应当密切配合，互相支持，共同维护国家海域所有权和海域使用权人的合法权益。

第七章 法律责任

第四十二条 未经批准或者骗取批准，非法占用海域的，责令退还非法占用的海域，恢复海域原状，没收违法所得，并处非法占用海域期间内该海域面积应缴纳的海域使用金五倍以上十五倍以下的罚款；对未经批准或者骗取批准，进行围海、填海活动的，并处非法占用海域期间内该海域面积应缴纳的海域使用金十倍以上二十倍以下的罚款。

第四十三条 无权批准使用海域的单位非法批准使用海域的，超越批准权限非法批准使用海域的，或者不按海洋功能区划批准使用海域的，批准文件无效，收回非法使用的海域；对非法批准使用海域的直接负责的主管人员和其他直接责任人员，依法给予行政处分。

第四十四条 违反本法第二十三条规定，阻挠、妨害海域使用权人依法使用海域的，海域使用权人可以请求海洋行政主管部门排除妨害，也可以依法向人民法院提起诉讼；造成损失的，可以依法请求损害赔偿。

第四十五条 违反本法第二十六条规定，海域使用权期满，未办理有关手续仍继续使用海域的，责令限期办理，可以并处一万元以下的罚款；拒不办理的，以非法占用海域论处。

第四十六条 违反本法第二十八条规定，擅自改变海域用途的，责令限期改正，没收违法所得，并处非法改变海域用途期间内该海域面积应缴纳的海域使用金五倍以上十五倍以下的罚款；对拒不改正的，由颁发海域使用权证书的人民政府注销海域使用权证书，收回海域使用权。

第四十七条 违反本法第二十九条第二款规定，海域使用权终止，原海域使用权人不按规定拆除用海设施和构筑物的，责令限期拆除；逾期拒不拆除的，处五万元以下的罚款，并由县级以上人民政府海洋行政主管部门委托有关单位代为拆除，所需费用由原海域使用权人承担。

第四十八条 违反本法规定，按年度逐年缴纳海域使用金的海域使用权人不按期缴纳海域使用金的，限期缴纳；在限期内仍拒不缴纳的，由颁发海域使用权证书的人民政府注销海域使用权证书，收回海域使用权。

第四十九条 违反本法规定，拒不接受海洋行政主管部门监督检查、不如实反映情况或者不提供有关资料的，责令限期改正，给予警告，可以并处二万元以下的罚款。

第五十条 本法规定的行政处罚，由县级以上人民政府海洋行政主管部门依据职权决定。但是，本法已对处罚机关作出规定的除外。

第五十一条 国务院海洋行政主管部门和县级以上地方人民政府违反本法规定颁发海域使用权证书，或者颁发海域使用权证书后不进行监督管理，或者发现违法行为不予查处的，对直接负责的主管人员和其他直接责任人员，依法给予行政处分；徇私舞弊、滥用职权或者玩忽职守构成犯罪的，依法追究刑事责任。

第八章 附 则

第五十二条 在中华人民共和国内水、领海使用特定海域不足三个月，可能对国防安全、海上交通安全和其他用海活动造成重大影响的排他性用海活动，参照本法有关规定办理临时海域使用证。

第五十三条 军事用海的管理办法，由国务院、中央军事委员会依据本法制定。

第五十四条 本法自 2002 年 1 月 1 日起施行。

中华人民共和国船舶和海上设施检验条例

（1993年2月14日国务院令第109号发布　自发布之日起施行）

目　　录

第一章　总　　则

第一条　为了保证船舶、海上设施和船运货物集装箱具备安全航行、安全作业的技术条件，保障人民生命财产的安全和防止水域环境污染，制定本条例。

第二条　本条例适用于：

（一）中华人民共和国登记或者将在中华人民共和国登记的船舶（以下简称中国籍船舶）；

（二）根据本条例或者国家有关规定申请检验的外国籍船舶；

（三）在中华人民共和国沿海水域内设置或者将在中华人民共和国沿海水域内设置的海上设施（以下简称海上设施）；

（四）在中华人民共和国登记的企业法人所拥有的船运货物集装箱（以下简称集装箱）。

第三条　中华人民共和国船舶检验局（以下简称船检局）是依照本条例规定实施各项检验工作的主管机构。

经国务院交通主管部门批准，船检局可以在主要港口和工业区设置船舶检验机构。

经国务院交通主管部门和省、自治区、直辖市人民政府批准，省、自治区、直辖市人民政府交通主管部门可以在所辖港口设置地方船舶检验机构。

第四条　中国船级社是社会团体性质的船舶检验机构，承办国内外船舶、海上设施和集装箱的入级检验、鉴证检验和公证检验业务；经船检局授权，可以代行法定检验。

第五条　实施本条例规定的各项检验，应当贯彻安全第一、质量第一的原则，鼓励新技术的开发和应用。

第二章　船舶检验

第六条　船舶检验分别由下列机构实施：

（一）船检局设置的船舶检验机构；

（二）省、自治区、直辖市人民政府交通主管部门设置的地方船舶检验机构；

（三）船检局委托、指定或者认可的检验机构。

前款所列机构，以下统称船舶检验机构。

第七条　中国籍船舶的所有人或者经营人，必须向船舶检验机构申请下列检验：

（一）建造或者改建船舶时，申请建造检验；

（二）营运中的船舶，申请定期检验；

（三）由外国籍船舶改为中国籍船舶的，申请初次检验。

第八条　中国籍船舶所使用的有关海上交通安全的和防止水域环境污染的重要设备、部件和材料，须经船舶检验机构按照有关规定检验。

第九条　中国籍船舶须由船舶检验机构测定总吨位和净吨位，核定载重线和乘客定额。

第十条　在中国沿海水域从事钻探、开发作业的外国籍钻井船、移动式平台的所有人或者经营人，必须向船检局设置或者指定的船舶检验机构申请下列检验：

（一）作业前检验；

（二）作业期间的定期检验。

第十一条　中国沿海水域内的移动式平台、浮船坞和其他大型设施进行拖带航行，起拖前必须向船检局设置的或者指定的船舶检验机构申请拖航检验。

第十二条　中国籍船舶有下列情形之一的，船舶所有人或者经营人必须向船舶检验机构申请临时检验：

（一）因发生事故，影响船舶适航性能的；

（二）改变船舶证书所限定的用途或者航区的；

（三）船舶检验机构签发的证书失效的；

（四）海上交通安全或者环境保护主管机关责成检验的。

在中国港口内的外国籍船舶，有前款（一）、（四）项所列情形之一的，必须向船检局设置或者指定的船舶检验机构申请临时检验。

第十三条 下列中国籍船舶，必须向中国船级社申请入级检验：

（一）从事国际航行的船舶；

（二）在海上航行的乘客定额一百人以上的客船；

（三）载重量一千吨以上的油船；

（四）滚装船、液化气体运输船和散装化学品运输船；

（五）船舶所有人或者经营人要求入级的其他船舶。

第十四条 船舶经检验合格后，船舶检验机构应当按照规定签发相应的检验证书。

第三章 海上设施检验

第十五条 海上设施的所有人或者经营人，必须向船检局设置或者指定的船舶检验机构申请下列检验，但是本条例第三十一条规定的除外：

（一）建造或者改建海上设施时，申请建造检验；

（二）使用中的海上设施，申请定期检验；

（三）因发生事故影响海上设施安全性能的，申请临时检验；

（四）海上交通安全或者环境保护主管机关责成检验的，申请临时检验。

第十六条 海上设施经检验合格后，船舶检验机构应当按照规定签发相应的检验证书。

第四章 集装箱检验

第十七条 集装箱的所有人或者经营人，必须向船检局设置或者指定的船舶检验机构申请下列检验：

（一）制造集装箱时，申请制造检验；

（二）使用中的集装箱，申请定期检验。

第十八条 集装箱经检验合格后，船舶检验机构应当按照规定签发相应的检验证书。

第五章 检验管理

第十九条 船舶、海上设施、集装箱的检验制度和技术规范，除本条例第三十一条规定的外，由船检局制订，经国务院交通主管部门批准后公布施行。

第二十条 船舶检验机构的检验人员，必须具备相应的专业知识和检验技能，并经考核合格。

第二十一条 检验人员执行检验任务或者对事故进行技术分析调查时，有关单位应当提供必要的条件。

第二十二条 船舶检验机构实施检验，按照规定收取费用。收费办法由国务院交通主管部门会同国务院物价主管部门、国务院财政主管部门制定。

第二十三条 当事人对船舶检验机构的检验结论有异议的，可以向上一级检验机构申请复验；对复验结论仍有异议的，可以向船检局提出再复验，由船检局组织技术专家组进行检验、评议，作出最终结论。

第二十四条 任何单位和个人不得涂改、伪造检验证书，不得擅自更改船舶检验机构勘划的船舶载重线。

第二十五条 关于外国船舶检验机构在中国境内设置常驻代表机构或者派驻检验人员的管理办法，由国务院交通主管部门制定。

第六章 罚 则

第二十六条 涂改检验证书、擅自更改船舶载重线或者以欺骗行为获取检验证书的，船检局或者其委托的检验机构有权撤销已签发的相应证书，并可以责令改正或者补办有关手续。

第二十七条 伪造船舶检验证书或者擅自更改船舶载重线的，由有关行政主管机关给予通报批评，并可以处以相当于相应的检验费一倍至五倍的罚款；构成犯罪的，由司法机关依法追究刑事责任。

第二十八条 船舶检验机构的检验人员滥用职权、徇私舞弊、玩忽职守、严重失职的，由所在单位或者上级机关给予行政处分或者撤销其检验资格；情节严重，构成犯罪的，由司法机关依法追究刑事责任。

第七章 附 则

第二十九条 本条例下列用语的定义：

（一）船舶，是指各类排水或者非排水船、艇、水上飞机、潜水器和移动式平台。

（二）海上设施，是指水上水下各种固定或者浮动建筑、装置和固定平台。

（三）沿海水域，是指中华人民共和国沿海的港口、内水和领海以及国家管辖的一切其他海域。

第三十条 除从事国际航行的渔业辅助船舶依照本条例进行检验外，其他渔业船舶的检验，由国务院渔业主管部门另行规定。

第三十一条 海上设施中的海上石油天然气生产设施的检验，由国务院石油主管部门会同国务院交通主管部门另行规定。

第三十二条 下列船舶不适用本条例：

（一）军用舰艇、公安船艇和体育运动船艇；

（二）按照船舶登记规定，不需要登记的船舶。

第三十三条 本条例由交通部负责解释。

第三十四条 本条例自发布之日起施行。

国务院安委会办公室关于贯彻落实《国务院关于进一步加强企业安全生产工作的通知》精神进一步加强非煤矿山安全生产工作的实施意见

安委办〔2010〕17号

各省、自治区、直辖市及新疆生产建设兵团安全生产委员会，国务院安全生产委员会各有关成员单位，有关中央企业：

为认真贯彻落实《国务院关于进一步加强企业安全生产工作的通知》（国发〔2010〕23号，以下简称《通知》）精神，进一步加强非煤矿山安全生产工作，促进非煤矿山安全生产形势持续稳定好转，现提出如下实施意见：

一、总体要求和工作目标

1. 坚决贯彻《通知》精神和党中央、国务院关于加强安全生产工作的一系列重要指示和决策部署，以有效遏制非煤矿山重特大事故的发生和继续降低事故总量为目标，以深化安全生产"三项行动"、"三项建设"为抓手，进一步完善措施，突出预防为主、加强监管、落实责任，大力推进企业安全生产主体责任落实，大力推进打非治违、整顿关闭、资源整合、技术进步、强基固本等各项工作，大力推进安全生产长效机制建设，力争到2013年底，大中型金属非金属矿山达到安全标准化三级以上水平、所有金属非金属矿山和尾矿库达到安全标准化五级以上水平，露天矿山（不含型材矿）全部采用中深孔爆破、机械铲装、机械二次破碎技术和装备，金属非金属地下矿山（以下简称地下矿山）全部安装使用监测监控、人员定位、紧急避险、压风自救、供水施救和通信联络系统，三等以上尾矿库全部安装全过程在线安全监控系统，矿山企业主要负责人、安全管理人员、特种作业人员持证上岗和从业人员先培训后上岗制度得到全面落实。通过努力，力争到2013年底，使非煤矿山生产安全事故死亡人数控制在1000人以内，重特大事故得到有效遏制，安全生产形势进一步稳定好转。

二、全面加强非煤矿山企业安全基础管理

2. 健全完善企业安全生产责任制和各项规章制度。非煤矿山企业要建立健全以法定代表人负责制为核心的各级安全生产责任制。在此基础上，要健全完善安全目标管理、矿领导下井带班、安全例会、安全检查、安全教育培训、生产技术管理、机电设备管理、劳动管理、安全费用提取与使用、重大危险源监控、安全生产隐患排查治理、安全技术措施审批、劳动防护用品管理、职业危害预防、生产安全事故报告和应急管理、安全生产奖惩、安全生产档案管理等制度，以及各类安全技术规程等。

3. 建立健全企业安全管理机构。非煤矿山企业要设立专门安全管理机构，配备专职安全管理人员。地下矿山专职安全管理人员不少于 3 人，露天矿山不少于 2 人，小型露天采石场不少于 1 人，每班必须确保有专(兼)职安全员在岗。大中型企业要配备安全总监和副总监。

4. 建立并严格落实地下矿山矿领导下井带班制度。地下矿山企业要建立健全矿领导下井带班制度，并与工人同时下井、同时升井。下井带班矿领导要把保证安全生产作为首要责任，切实掌握当班井下的安全生产情况，加强对重点部位、关键环节的检查巡视，及时发现和处置安全隐患，制止违章指挥、违规作业、违反劳动纪律的“三违”行为，发现危及职工生命安全的重大隐患时，带班矿领导必须立即组织停产、撤人。

5. 加强企业生产技术管理。非煤矿山企业要设立技术总负责人，并明确技术总负责人在企业主要负责人的领导下，对矿山生产技术工作负总责。与此同时，要设立生产技术管理机构，配备采矿、机电、地质及测量等专业技术人员。地下矿山还必须配备通风等专业技术人员。没有条件配备专业技术人员的矿山，必须聘请专业技术人员或委托评价、咨询、技术服务等中介机构提供技术服务。要严格按照《金属非金属矿山安全规程》(GB 16423—2006)等相关技术规范，及时绘制矿山相关实测图纸，图纸要与实际相符。企业技术总负责人每月要组织召开一次技术分析会议，特殊情况下要随时召开，及时研究解决安全生产技术问题。地下矿山企业每年要对采掘、提升、运输、通风、防排水、供配电等系统进行一次安全可靠性评估。因不解决安全生产技术问题而产生重大隐患的，要对企业主要负责人、技术总负责人和有关人员给予处罚；发生生产安全事故的，依法追究责任。

6. 切实加强企业安全专业管理。地下矿山要采取有力措施，不断加强通风、提升、爆破、顶板、空区、地压、机电设备和探排水等专业管理；露天矿山要不断加强高陡边坡、排土场监测监控；尾矿库要不断加强坝体稳定性、筑坝和排洪设施监测管理；石油开采企业要不断加强“三高”(高含硫、高产量、高压力)气田井控、含硫油气田硫化氢监控、海洋石油防台风(风暴潮)工作。

7. 切实加强企业现场安全监督检查。非煤矿山企业要落实现场安全检查的内容、范围、频次、方法，制定现场检查表，落实责任单位和责任人。要严格检查处置各系统、各部位、各作业地点存在的各种问题，严格查处“三违”和超能力、超强度、超定员组织生产等行为。要鼓励职工监督举报各种违规和违章行为，对举报者给予奖励。

8. 及时排查治理安全生产隐患。非煤矿山企业要按照《安全生产事故隐患排查治理暂行规定》(国家安全监管总局令第16号)的规定，严格落实安全生产隐患排查治理制度，明确日常排查、定期排查和分级管理的任务、范围和责任。企业主要负责人或主管负责人、技术总负责人每月至少组织一次全面的、以隐患排查为主要内容的安全检查。对查出的各类隐患要进行登记，并切实做到整改措施、责任、资金、时限和预案五落实。要建立以安全生产专业人员为主导的隐患整改效果评价制度，确保整改到位。隐患整改结束后，由企业法定代表人或主管负责人、技术总负责人组织验收。对隐患整改不力造成生产安全事故的，要依法从重追究相关负责人的责任。

非煤矿山企业存在重大安全生产隐患(分类见附件1)的，要立即停止生产，由企业主要负责人组织制定并实施隐患治理方案，同时向县级以上安全监管部门备案。县级以上安全监管部门在3个月内发现2次(含2次)以上存在同一重大安全生产隐患且未停产整改的非煤矿山企业，要从重处罚，性质严重的，要提请当地政府予以关闭。

9. 强化企业职工安全教育培训。非煤矿山企业主要负责人、安全管理人员和特种作业人员必须经相关机构培训合格、取得相应资格证后方可上岗工作。严格执行全员安全教育培训制度，对新上岗的从业人员要按照有关规定进行强制性安全培训，保证其具备本岗位安全操作、自救互救以及应急处置所需的知识和技能。凡存在不经培训上岗、无证上岗的企业，依法停产整顿。没有对井下作业人员进行安全培训教育，或特种作业人员无证上岗导致事故发生的，要依法予以关闭。

10. 加强对外包施工队伍的安全管理。从事非煤矿山采掘施工的外包施工单位必须具备矿山工程施工资质并取得安全生产许可证。非煤矿山企业要与外包施工单位签订安全生产管理协议，明确非煤矿山企业是安全生产的责任主体，外包施工单位对承接工程负直接安全生产责任。外包施工单位施工前，要向承接工程所在地县级以上安全监管部门备案，否则不得开工。营业性爆破作业单位从事矿山工程爆破作业的，必须按照矿山采掘施工单位的条件取得非煤矿矿山企业安全生产许可证。

11. 加强企业安全标准化建设。大中型露天矿山、地下矿山和三等以上尾矿库要在2011年底前达到安全标准化最低等级；2013年底前，所有金属非金属矿山和尾矿库要达到安全标准化最低等级。在规定时间内未达到安全标准化最低等级的，要依法吊销其安全生产许可证，提请县级以上地方政府依法予以关闭。2011 年 1 月 1 日以后换发安全生产许可证的，必须达到安全标准化最低等级，否则不予办理延期换证手续。

12. 加强企业班组安全管理。非煤矿山企业要把班组安全管理作为安全生产的重要环节抓紧抓好。要健全班组安全管理制度，落实班组安全生产责任，设立班组安全员，建立班组安全生产台账，开展经常性的班组安全活动，提高班组预防和应对事故灾难的能力。

三、全面加强非煤矿山企业安全生产保障能力建设

13. 强制推行先进适用的技术装备。适合采用中深孔爆破、机械铲装、机械二次破碎技术和装备的露天矿山，要在 2011 年底前全部采用以上技术和装备，因特殊原因不能采用的，要形成书面报告报县级以上安全监管部门备案；地下矿山要安装使用监测监控系统、井下人员定位系统、紧急避险系统、压风自救系统、供水施救系统和通信联络系统等技术装备；三等以上尾矿库要安装全过程在线安全监控系统；海上石油开采企业要对出海人员配备动态跟踪系统，并在 3 年内完成。逾期未达到以上要求的，依法暂扣安全生产许可证。要大力推广应用地压和采空区监测监控系统、高陡边坡稳定性监测系统、非电起爆、干式排尾、尾矿充填及综合利用、高含硫气田勘探开发安全关键技术、油气长输管道泄漏检测等技术(工艺)装备。要利用“金安”工程，积极推进非煤矿山安全生产信息化建设，建立综合的安全生产管理信息平台，建设数字化矿山示范工程，提高企业安全防范水平。

14. 加大企业安全投入和安全生产技术研发力度。非煤矿山要按照有关规定提取和使用安全生产费用，加大安全投入，努力改善安全生产条件。大中型非煤矿山企业要依托大专院校、科研院所等单位开展安全监测监控、安全保护、个体防护、灾害监控、特种安全设施及应急救援等科技研发，促进安全生产关键技术装备的换代升级。

15. 加快企业专业技术和技能人才培养步伐。非煤矿山企业要建立健全人才培养和激励机制，加强与高等院校、职业学校的合作，通过合作办校、对口单招、订单式培养等方式，加大对采矿、机电、地质、通风、安全管理等非煤矿山相关专业人才的培养力度，加快对非煤矿山专业人才和生产一线急需技能型人才的培养。同时，要鼓励和扶持技术骨干在相关安全技术装备等方面的开发研究。对在非煤矿山安全科学研究、技术开发、技术推广中表现突出的单位和个人给予奖励。

16. 加强非煤矿山安全生产应急救援体系建设。要依托大型矿山企业和专业救援力量，建立省、市级区域性非煤矿山应急救援基地或骨干队伍。所有非煤矿山企业都要建立专兼职应急救援队伍，配备必要的应急救援装备和物资；

无能力建立的，要与周边区域性应急救援基地或骨干队伍签订应急救援服务协议。要健全完善非煤矿山各类安全生产应急预案，尤其要根据本企业实际情况和安全生产特点，在总体预案的基础上，编制包括边坡滑坡(垮塌)、水灾、火灾、中毒窒息、坠罐(跑车)、爆炸、地表塌陷(冒顶)、尾矿库垮坝、井喷失控、硫化氢中毒事故等专项应急预案，并加强应急演练。要加强应急装备建设，为专兼职救援队伍配备必要的救援装备，尤其是处置重特大复杂事故的先进、特种装备和个体防护装备，以提高事故应急处置和个人防护能力。

17. 建立完善企业安全生产预警机制。非煤矿山企业要建立完善安全生产动态监控及预警预报体系，加强与驻地安全监管、气象、国土资源管理等部门的联系，及时主动了解掌握当地汛情、地质灾害等影响情况，按规定要求定期进行安全风险分析及隐患排查治理，搞好重大危险源监控，超前做好灾害防范和应对工作。出现事故征兆的，要立即发布预警信息，落实预防和应急处置措施。事故可能波及周边居民时，预警信息必须第一时间报告当地安全监管部门。

四、全面加强非煤矿山安全监管工作

18. 严厉打击非法违法建设生产经营行为。各级安全监管部门要探索建立打击非煤矿山非法违法行为联席会议制度，形成政府统一领导、安委会办公室综合协调、部门分工负责、群众参与支持的打击非煤矿山领域非法违法建设生产经营行为工作体制机制。要会同有关部门严厉打击非法违法建设生产经营行为(具体情形见附件2)。对抗拒安全执法的企业及其主要负责人，依法依规从重处罚；对拒不执行安全监管指令的，要提请地方政府依法予以取缔关闭。

19. 建立健全重大隐患治理挂牌督办制度。要按照《国务院安全生产委员会成员单位安全生产工作职责》(安委〔2010〕2号)的规定，省级安全生产监管部门和有关部门对非煤矿山重大安全生产隐患治理实施挂牌督办、公告制度。

20. 切实加强非煤矿山建设项目安全监管。严格执行非煤矿山建设项目安全设施与主体工程同时设计、同时施工、同时投入生产和使用的“三同时”审查制度。安全设施与主体工程未做到同时设计的一律不予审批、不得开工建设；未做到同时施工的责令停止施工；未同时投入使用的不得竣工验收、不得生产、不得颁发安全生产许可证。严格落实勘察、建设、设计、施工、监理、监管等各方安全责任。对项目建设单位存在违法发包、分包、转包等行为的，立即依法责令停工、停产整顿，并追究项目业主、承包方等各方责任。

21. 严格非煤矿山建设项目建设周期管理。非煤矿山建设项目要按照初步设计确定的建设工期施工，在建设工期内未按期完工的，要向负责安全设施设计审查批复的安全监管部门报告，在延长期限内仍不能完成施工、存在边建设边生产违法行为的，由安全监管部门提请地方政府依法予以关闭。实行试生产

(运行)备案制度。建设项目安全设施未经安全监管部门组织竣工验收通过的，不得投入生产。在竣工验收前确需试生产(运行)的，建设单位必须组织单项工程验收合格，并制定试生产(运行)方案及应急预案，报负责“三同时”审批的安全监管部门备案后，才能进行试生产(运行)。试生产(运行)期限原则上不得超过6个月，需要延长试生产(运行)期限的，要向安全监管部门提出申请，说明情况，但延长期限不能超过3个月。建设单位要在试生产(运行)结束前1个月内向安全监管部门提出安全设施竣工验收申请，经验收合格并申请领取安全生产许可证后，方可投入正式生产运行。

22. 严格安全生产准入前置条件。各省级安全监管部门要根据本地实际，抓紧制定与国家安全生产标准相配套的地方安全标准。把符合安全标准要求作为非煤矿山企业准入的必备前置条件，实行严格的安全标准核准制度；要会同有关部门制定本地区金属非金属矿种最小开采规模和最低服务年限政策，对达不到要求的坚决不予批准。同时，要会同国土资源部门共同审查非煤矿山企业矿产资源开发利用方案，并进行安全条件论证，从源头上把好安全生产准入关。凡不符合安全生产标准违规建设的，要责令停止建设，情节严重的，要提请地方政府依法予以关闭取缔。对降低标准造成隐患的，要追究相关人员和负责人的责任。

23. 提高非煤矿山安全准入门槛。有关部门对以下新建非煤矿山建设项目一律不予批准：(1)低于国家或本地区规定的最低生产规模的；(2)金属非金属矿山开采年限小于3年的；(3)相邻露天矿山开采范围之间的最小安全距离小于300米的；(4)没有按规定配备专业技术人员的；(5)没有按规定装备采掘设备的；(6)三等以上尾矿库没有采用全过程在线安全监测监控系统的；(7)在运行尾矿库周边从事采掘作业对尾矿库坝体稳定性造成影响的；(8)法律法规规定的其他安全生产条件要求的。

24. 强化非煤矿山企业安全生产属地监管。按照有关规定，县级以上安全监管部门要对辖区内非煤矿山企业实行严格的安全生产监督检查和管理(其中，中央企业所属非煤矿山的安全生产监管由市级以上安全监管部门负责)。任何矿山企业不得以任何理由阻碍安全监管部门进行现场检查。

25. 加强对专项资金使用情况的监管。各级安全监管部门要督促指导有关非煤矿山企业切实做好中央财政支持的尾矿库治理专项资金的使用，落实地方和企业配套资金。同时，要取得同级政府的支持，探索建立非煤矿山安全生产专项资金，对改善安全监管装备、关闭小矿山、推行尾矿处理技术和采空区及地压监控等先进技术、大型采空区和塌陷区治理、安全标准化建设等给予资金支持。

26. 加强对非煤矿山安全生产费用提取使用的监管。各级安全监管部门要结合实际，制定非煤矿山安全生产费用提取使用办法，加强对非煤矿山企业安全生产费用提取及使用的监督检查，研究提高非煤矿山安全生产费用提取的下限标准，完善企业安全生产费用管理制度，确保企业在税前足额提取安全生产费用，改善非煤矿山安全生产条件。

27. 加强非煤矿山安全生产工作的政策引导。各级安全监管部门要会同有关部门，研究制定促进非煤矿山安全生产技术研究和装备发展研发的政策，鼓励引导非煤矿山企业联合大专院校、科研院所积极争取国家重点科技攻关计划、国家自然科学基金、国家高技术产业化项目、国家创新基金等对非煤矿山安全生产技术研究和装备发展研发的支持；鼓励引导非煤矿山企业自主研发或与科研机构合作开发先进适用的安全生产技术和矿用产品；组织实施非煤矿山采空区监测监控、露天矿山高陡边坡监测监控、尾矿库在线监测、防硫化氢中毒等安全生产科技示范工程，以点带面，促进非煤矿山企业加快提升安全技术装备水平。

28. 进一步加强非煤矿山安全监管能力建设。要强化非煤矿山安全监管机构建设，进一步加强基层安全监管力量，并努力提高其履职能力。与此同时，要加强非煤矿山安全监管装备建设，为非煤矿山安全监管机构配备必需的监管监测手段和办公设备等，以满足监管工作需要。

29. 加强对安全生产专业服务机构的监管。各级安全监管部门要制定完善安全生产专业服务机构管理办法，在充分发挥专业服务机构作用的同时，加强监管，以保证专业服务机构从业行为的专业性、独立性和客观性。各安全生产评价、技术支持、安全培训、检测检验等服务性机构要积极开展非煤矿山技术服务，并规范技术服务行为。各专业服务机构对相关评价、检测检验、鉴定结论承担法律责任。对违法违规、弄虚作假的服务机构，各级安全监管部门要依法依规从严追究相关人员和机构的责任，并降低或撤销相关资质。

五、加快推进非煤矿山产业发展方式转变

30. 推进安全发展。各级安全监管部门要探索建立由工业和信息化、发展改革、国土资源、建设、安全监管等部门参加的沟通合作机制，研究制定本地区非煤矿山产业安全发展规划，并纳入本地区总体规划之中。非煤矿山企业在制定发展规划和年度生产经营计划中要突出安全生产，确保安全投入和各项安全措施到位，把安全生产工作的各项要求落实在企业发展和日常工作之中。

31. 强制淘汰落后技术、工艺和设备。金属非金属矿山要强制淘汰以下技术、工艺和设备：

（1）露天矿山：扩壶爆破，使用爆破方式进行二次破碎，人工装载矿岩，没有捕尘装置的干式凿岩，雷电多发地区采用电雷管起爆。

（2）地下矿山：横撑支柱采矿法，局部通风机非阻燃风筒，主要井巷木支护，主提升设备使用带式制动器，凸轮式防坠保险装置，非阻燃电缆和带式输送机，非矿用局部通风机，空场法开采人工装载矿岩。

各级安全监管部门要根据本地区实际，会同有关部门研究制定本地区淘汰落后工艺、技术、装备目录，限定淘汰时间。对存在使用落后工艺和技术装备、构成重大安全生产隐患的企业，要予以公布，责令限期整改，逾期未整改的依法予以关闭。

32. 积极推进矿产资源开发整合。各级安全监管部门要配合国土资源等有关部门将一个矿体多个开采主体、矿山开采范围及规模小、相邻矿山开采相互影响安全生产的列入本地区资源整合范围。对于已列入整合范围的重点矿区和矿山，要积极引导安全管理基础好、注重安全投入的优势企业参与整合。

33. 强化对整合矿山和矿区的安全监管工作。要坚持“一个矿体原则上只能有一个开采主体”的原则，促使整合后的金属非金属矿山达到提高集约化水平和安全保障条件的目的。对于决定实施整合的矿山，要严格程序，按照“先关闭、后整合”的原则，依法注销其非煤矿矿山企业安全生产许可证。对于整合后的矿山，要督促其重新履行安全设施“三同时”手续，依法取得安全生产许可证后，方可投入生产。要加强监管，严防以整合名义逃避关闭，严防以矿井整合代替资源整合，严防整合期间非法组织生产。要把推进矿产资源开发整合工作与非煤矿山安全生产执法行动、整顿关闭工作统筹安排、统一部署、同步推进，加大对逃避整合、借整合之名非法开采行为的打击力度。

34. 加快推进产业重组步伐。各级安全监管部门要配合有关部门充分发挥产业政策导向和市场机制的作用，加大重组力度，推动非煤矿山企业组建大集团、大公司，提高矿山产业集中度和集约化发展水平，提高非煤矿山企业安全生产水平。

六、严格安全目标考核和责任追究

35. 严格落实安全目标考核。要将非煤矿山安全监管能力建设、非煤矿山安全投入、大型采空区和塌陷区治理、尾矿库治理等纳入安全目标考核内容，并建立激励约束机制，加快推进非煤矿山安全生产长效机制建设。

36. 研究制定安全生产激励政策。各级安全监管部门要会同有关部门研究制定辖区内非煤矿山安全生产激励政策，对达到安全生产标准化最低等级，连续3年未发生生产安全事故，且没有发现重大安全生产隐患的企业，由安全监管部门定期向社会公告，建议有关部门在新增项目核准、用地审批、证券融资、银行贷款、延期换证等方面给予政策优惠。

37. 加大安全绩效考核力度。要研究制定国有控股矿山企业安全绩效考核办法，把每起生产安全事故直接与岗位工人、各级管理者的收入和职务升降挂钩，推动落实企业全员、全过程、全方位安全管理。对非公有制非煤矿山企业也要研究相应的考核与奖惩措施。

38. 严格追究事故责任。要按照《通知》要求和有关规定，加大对事故矿山企业责任人的责任追究力度和对事故企业的处罚力度，对打击非法违法生产不力的要严肃追究责任。

39. 建立事故查处督办制度。要按照有关规定，对事故查处实行地方各级安全生产委员会层层挂牌督办，重大事故查处实行国务院安全生产委员会挂牌督办。对瞒报事故按照提高一个事故等级进行调查处理。

附件：1. 非煤矿山重大安全生产隐患分类

2. 非煤矿山非法违法建设生产经营行为情形

国务院安全生产委员会办公室

2010 年 8 月 27 日

附件1

非煤矿山重大安全生产隐患分类

非煤矿山企业有下列重大安全生产隐患和行为的，要立即停止生产，消除隐患：

1. 没有按有关规定建立安全管理机构和安全生产制度，制定安全技术规程和岗位安全操作规程的。

2. 超能力、超强度、超定员组织生产的。

3. 相邻矿山开采错动线重叠，开采移动线与周边居民村庄、重要设备设施安全距离不符合相关要求，以及与相邻矿山开采相互严重影响安全的。

4. 有严重水患，没有采取有效防范措施的。

5. 没有按规定使用取得矿用产品安全标志的设备设施的。

6. 危险性较大的设备设施未按规定经有资质的安全检测检验机构检测，以及经检测检验不合格的。

7. 民爆器材库不符合规程规范要求以及违规、超量和混存的。

8. 危险级排土场(废石场)没有治理，以及没有采取有效安全措施的。

9. 露天矿山开采周边安全距离不符合相关法律法规、标准规定的。

10. 露天矿山没有采用自上而下顺序、分台阶(层)开采的。

11. 露天矿山企业没有对高陡边坡采取监测监控措施，以及对较大滑坡体没有治理的。

12. 露天矿山台阶参数和设备能力严重不匹配的。

13. 地下矿山每个矿井、每个生产水平(中段)、每个采场没有两个安全出口的。

14. 地下矿山没有按规定建立机械通风系统，以及通风能力不足，风速、风量、风质不符合要求的。

15. 地下矿山未按相关规定建立排水系统，以及排水系统能力严重不足的。

16. 有自然发火倾向，没有采取有效措施的。

17. 没有对采空区进行治理，以及对地表塌陷没有采取有效监测监控措施的。

18. 地下矿山一级负荷没有采用双回路、双电源供电的。

19. 地下矿山开采与煤共(伴)生矿产资源，没有采取防治瓦斯、煤尘爆炸等措施的。

20. 尾矿库坝体超过设计坝高、超设计库容储存尾矿，以及尾矿库排洪设施不符合设计要求的。

21. 危库、险库没有停止生产并采取有效治理措施的。

22. 尾矿库未按规定进行闭库的。

23. 石油企业没有采取防井喷、防爆炸、防硫化氢中毒、防恶劣气象措施的。

24. 其他重大安全生产隐患。

附件 2

非煤矿山非法违法建设生产经营行为情形

1. 无证、证照不全或证照过期从事勘查、建设、生产、经营的。

2. 盗采矿产资源的。

3. 以采代探、超层越界开采，以及不同矿山井下巷道相互贯通的。

4. 关闭取缔后又擅自恢复生产建设，已纳入资源整合范围予以关闭仍继续从事生产建设，以及以整合名义违规组织生产建设的。

5. 新建、改建、扩建项目未经安全监管部门对安全设施设计进行审查批复进行建设的，以及未经安全监管部门验收通过擅自进行生产的。

6. 资源整合后未重新取得采矿许可证，未依法履行安全设施“三同时”审批手续擅自组织建设和生产的。

7. 尾矿库未取得安全生产许可证擅自生产的。

8. 向无勘查许可证、采矿许可证、安全生产许可证的单位提供民爆物品的。

9. 发现重大隐患隐瞒不报，以及不按规定期限进行整改的。

10. 对事故隐瞒不报的。

11. 拒不执行安全监管指令、抗拒安全执法的。

12. 其他违反安全生产法律法规的建设生产经营行为。

国家安全生产监督管理总局令

第 67 号

《非煤矿山企业安全生产十条规定》已经 2014 年 6 月 17 日国家安全生产监督管理总局局长办公会议审议通过，现予公布，自公布之日起施行。

局长　杨栋梁

2014 年 6 月 20 日

非煤矿山企业安全生产十条规定

一、金属非金属地下矿山企业

1. 必须证照齐全有效，安全生产管理机构健全或配备专职安全生产管理人员，安全生产责任制落实，外包工程安全管理到位。

2. 必须确保矿领导下井带班，全员培训合格，“三项岗位人员”持证上岗。

3. 必须按规定设置安全出口并保持畅通，严禁独头开采。

4. 必须建立机械通风系统，局部通风管理安全可靠。

5. 必须配齐自救器和便携式气体检测仪。

6. 必须加强顶板管理和采空区监测、治理。

7. 必须落实探放水制度，加强水害隐患治理。

8. 必须确保提升、运输设备安全可靠，严禁使用国家明令淘汰和未经检测检验合格的设备、材料。

9. 必须落实爆破器材库和爆破作业安全管理。

10. 必须建立专(兼)职应急救援队伍，确保救援装备和物资配备及应急演练到位。

二、金属非金属露天矿山企业

1. 必须证照齐全有效，安全生产管理机构健全或配备专职安全生产管理人员，安全生产责任制落实，外包工程安全管理到位。

2. 必须确保全员培训合格，“三项岗位人员”持证上岗。

3. 必须确保相邻的采石场采矿许可范围之间最小距离大于 300 米。

4. 必须按设计自上而下分台阶分层开采。

5. 必须落实爆破作业安全管理规定，未经批准的必须采用中深孔爆破。

6. 必须实行湿式凿岩作业。

7. 必须使用机械二次破碎和铲装作业。

8. 必须落实边坡安全措施。

9. 必须按设计排土，加强排土场管理。

10. 必须建立专(兼)职应急救援队伍，确保应急装备和物资配备及应急演练到位。

三、金属非金属尾矿库

1. 必须证照齐全有效，安全生产责任制落实，配备专(兼)职安全技术人员。

2. 必须确保全员培训合格，“三项岗位人员”持证上岗。

3. 必须按设计放矿、筑坝，确保坝体稳定性、安全超高、干滩长度、浸润线埋深符合要求。

4. 必须确保排洪、排渗设施设计规范、建设达标、运行可靠。

5. 必须建立监测监控系统并有效运行，落实定期巡查和值班值守制度。

6. 必须限期消除病库安全隐患，严禁危库、险库生产运行。

7. 必须加强“头顶库”安全管理。

8. 必须按设计及时闭库。

9. 必须加强闭库和回采安全管理。

10. 必须建立应急联动机制，确保应急装备和物资及应急演练到位。

四、陆上石油天然气开采企业

1. 必须证照齐全有效，安全生产管理机构健全，安全生产责任制落实。

2. 必须确保全员培训合格，“三项岗位人员”持证上岗。

3. 必须严格执行钻井地质设计和工程设计。

4. 必须按设计配备井控装备，落实井控防范措施。

5. 必须确保在含硫地区配齐硫化氢检测设备和防护用品。

6. 必须严格执行动火、吊装、有限空间作业等内部许可制度。

7. 必须使用通过安全论证的新工艺、新技术、新材料和新设备。

8. 必须加强重大危险源监控管理。

9. 必须严格落实外包工程安全管理。

10. 必须建立专(兼)职应急救援队伍，确保应急装备和物资配备及应急演练到位。

五、海洋石油天然气开采企业

1. 必须证照齐全有效，安全生产管理机构健全，安全生产责任制落实。

2. 必须确保出海作业人员经培训合格再上岗。

3. 必须严格落实海洋石油设施设计、建造和运行第三方发证检验制度。

4. 必须安装防喷控制系统，自溢井必须安装井下安全阀。

5. 必须按规定辨识拖航、动火等作业风险。
6. 必须确保消防、救生、逃生设备齐全完好。
7. 必须使用通过安全论证的新工艺、新技术、新材料和新设备。
8. 必须加强重大危险源监控管理。
9. 必须严格落实外包工程安全管理。
10. 必须确保应急演练到位。

国家安全生产监督管理总局令

第 62 号

《非煤矿山外包工程安全管理暂行办法》已经 2013 年 7 月 29 日国家安全生产监督管理总局局长办公会议审议通过，现予公布，自 2013 年 10 月 1 日起施行。

国家安全监管总局局长　杨栋梁

2013 年 8 月 23 日

非煤矿山外包工程安全管理暂行办法

（2013 年 8 月 23 日国家安全监管总局令第 62 号公布　根据 2015 年 5 月 26 日国家安全监管总局令第 78 号修正）

目　录

第一章　总　则

第一条　为了加强非煤矿山外包工程的安全管理和监督，明确安全生产责任，防止和减少生产安全事故（以下简称事故），依据《中华人民共和国安全生产法》、《中华人民共和国矿山安全法》和其他有关法律、行政法规，制定本办法。

第二条　在依法批准的矿区范围内，以外包工程的方式从事金属非金属矿山的勘探、建设、生产、闭坑等工程施工作业活动，以及石油天然气的勘探、开发、储运等工程与技术服务活动的安全管理和监督，适用本办法。

从事非煤矿山各类房屋建筑及其附属设施的建造和安装，以及露天采矿场矿区范围以外地面交通建设的外包工程的安全管理和监督，不适用本办法。

第三条　非煤矿山外包工程（以下简称外包工程）的安全生产，由发包单位负主体责任，承包单位对其施工现场的安全生产负责。

外包工程有多个承包单位的，发包单位应当对多个承包单位的安全生产工作实施统一协调、管理，定期进行安全检查，发现安全问题的，应当及时督促整改。

第四条 承担外包工程的勘察单位、设计单位、监理单位、技术服务机构及其他有关单位应当依照法律、法规、规章和国家标准、行业标准的规定，履行各自的安全生产职责，承担相应的安全生产责任。

第五条 非煤矿山企业应当建立外包工程安全生产的激励和约束机制，提升非煤矿山外包工程安全生产管理水平。

第二章 发包单位的安全生产职责

第六条 发包单位应当依法设置安全生产管理机构或者配备专职安全生产管理人员，对外包工程的安全生产实施管理和监督。

发包单位不得擅自压缩外包工程合同约定的工期，不得违章指挥或者强令承包单位及其从业人员冒险作业。

发包单位应当依法取得非煤矿山安全生产许可证。

第七条 发包单位应当审查承包单位的非煤矿山安全生产许可证和相应资质，不得将外包工程发包给不具备安全生产许可证和相应资质的承包单位。

承包单位的项目部承担施工作业的，发包单位除审查承包单位的安全生产许可证和相应资质外，还应当审查项目部的安全生产管理机构、规章制度和操作规程、工程技术人员、主要设备设施、安全教育培训和负责人、安全生产管理人员、特种作业人员持证上岗等情况。

承担施工作业的项目部不符合本办法第二十一条规定的安全生产条件的，发包单位不得向该承包单位发包工程。

第八条 发包单位应当与承包单位签订安全生产管理协议，明确各自的安全生产管理职责。安全生产管理协议应当包括下列内容：

（一）安全投入保障；

（二）安全设施和施工条件；

（三）隐患排查与治理；

（四）安全教育与培训；

（五）事故应急救援；

（六）安全检查与考评；

（七）违约责任。

安全生产管理协议的文本格式由国家安全生产监督管理总局另行制定。

第九条 发包单位是外包工程安全投入的责任主体，应当按照国家有关规定和合同约定及时、足额向承包单位提供保障施工作业安全所需的资金，明确安全投入项目和金额，并监督承包单位落实到位。

对合同约定以外发生的隐患排查治理和地下矿山通风、支护、防治水等所需的费用，发包单位应当提供合同价款以外的资金，保障安全生产需要。

第十条 石油天然气总发包单位、分项发包单位以及金属非金属矿山总发包单位，应当每半年对其承包单位的施工资质、安全生产管理机构、规章制度和操作规程、施工现场安全管理和履行本办法第二十七条规定的信息报告义务等情况进行一次检查；发现承包单位存在安全生产问题的，应当督促其立即整改。

第十一条 金属非金属矿山分项发包单位，应当将承包单位及其项目部纳入本单位的安全管理体系，实行统一管理，重点加强对地下矿山领导带班下井、地下矿山从业人员出入井统计、特种作业人员、民用爆炸物品、隐患排查与治理、职业病防护等管理，并对外包工程的作业现场实施全过程监督检查。

第十二条 金属非金属矿山总发包单位对地下矿山一个生产系统进行分项发包的，承包单位原则上不得超过3家，避免相互影响生产、作业安全。

前款规定的发包单位在地下矿山正常生产期间，不得将主通风、主提升、供排水、供配电、主供风系统及其设备设施的运行管理进行分项发包。

第十三条 发包单位应当向承包单位进行外包工程的技术交底，按照合同约定向承包单位提供与外包工程安全生产相关的勘察、设计、风险评价、检测检验和应急救援等资料，并保证资料的真实性、完整性和有效性。

第十四条 发包单位应当建立健全外包工程安全生产考核机制，对承包单位每年至少进行一次安全生产考核。

第十五条 发包单位应当按照国家有关规定建立应急救援组织，编制本单位事故应急预案，并定期组织演练。

外包工程实行总发包的，发包单位应当督促总承包单位统一组织编制外包工程事故应急预案；实行分项发包的，发包单位应当将承包单位编制的外包工程现场应急处置方案纳入本单位应急预案体系，并定期组织演练。

第十六条 发包单位在接到外包工程事故报告后，应当立即启动相关事故应急预案，或者采取有效措施，组织抢救，防止事故扩大，并依照《生产安全事故报告和调查处理条例》的规定，立即如实地向事故发生地县级以上人民政府安全生产监督管理部门和负有安全生产监督管理职责的有关部门报告。

外包工程发生事故的，其事故数据纳入发包单位的统计范围。

发包单位和承包单位应当根据事故调查报告及其批复承担相应的事故责任。

第三章　承包单位的安全生产职责

第十七条　承包单位应当依照有关法律、法规、规章和国家标准、行业标准的规定，以及承包合同和安全生产管理协议的约定，组织施工作业，确保安全生产。

承包单位有权拒绝发包单位的违章指挥和强令冒险作业。

第十八条　外包工程实行总承包的，总承包单位对施工现场的安全生产负总责；分项承包单位按照分包合同的约定对总承包单位负责。总承包单位和分项承包单位对分包工程的安全生产承担连带责任。

总承包单位依法将外包工程分包给其他单位的，其外包工程的主体部分应当由总承包单位自行完成。

禁止承包单位转包其承揽的外包工程。禁止分项承包单位将其承揽的外包工程再次分包。

第十九条　承包单位应当依法取得非煤矿山安全生产许可证和相应等级的施工资质，并在其资质范围内承包工程。

承包金属非金属矿山建设和闭坑工程的资质等级，应当符合《建筑业企业资质等级标准》的规定。

承包金属非金属矿山生产、作业工程的资质等级，应当符合下列要求：

（一）总承包大型地下矿山工程和深凹露天、高陡边坡及地质条件复杂的大型露天矿山工程的，具备矿山工程施工总承包二级以上（含本级，下同）施工资质；

（二）总承包中型、小型地下矿山工程的，具备矿山工程施工总承包三级以上施工资质；

（三）总承包其他露天矿山工程和分项承包金属非金属矿山工程的，具备矿山工程施工总承包或者相关的专业承包资质，具体规定由省级人民政府安全生产监督管理部门制定。

承包尾矿库外包工程的资质，应当符合《尾矿库安全监督管理规定》。

承包金属非金属矿山地质勘探工程的资质等级，应当符合《金属与非金属矿产资源地质勘探安全生产监督管理暂行规定》。

承包石油天然气勘探、开发工程的资质等级，由国家安全生产监督管理总局或者国务院有关部门按照各自的管理权限确定。

第二十条　承包单位应当加强对所属项目部的安全管理，每半年至少进行一次安全生产检查，对项目部人员每年至少进行一次安全生产教育培训与考核。

禁止承包单位以转让、出租、出借资质证书等方式允许他人以本单位的名义承揽工程。

第二十一条 承包单位及其项目部应当根据承揽工程的规模和特点，依法健全安全生产责任体系，完善安全生产管理基本制度，设置安全生产管理机构，配备专职安全生产管理人员和有关工程技术人员。

承包地下矿山工程的项目部应当配备与工程施工作业相适应的专职工程技术人员，其中至少有1名注册安全工程师或者具有5年以上井下工作经验的安全生产管理人员。项目部具备初中以上文化程度的从业人员比例应当不低于50%。

项目部负责人应当取得安全生产管理人员安全资格证。承包地下矿山工程的项目部负责人不得同时兼任其他工程的项目部负责人。

第二十二条 承包单位应当依照法律、法规、规章的规定以及承包合同和安全生产管理协议的约定，及时将发包单位投入的安全资金落实到位，不得挪作他用。

第二十三条 承包单位应当依照有关规定制定施工方案，加强现场作业安全管理，及时发现并消除事故隐患，落实各项规章制度和安全操作规程。

承包单位发现事故隐患后应当立即治理；不能立即治理的应当采取必要的防范措施，并及时书面报告发包单位协商解决，消除事故隐患。

地下矿山工程承包单位及其项目部的主要负责人和领导班子其他成员应当严格依照《金属非金属地下矿山企业领导带班下井及监督检查暂行规定》执行带班下井制度。

第二十四条 承包单位应当接受发包单位组织的安全生产培训与指导，加强对本单位从业人员的安全生产教育和培训，保证从业人员掌握必需的安全生产知识和操作技能。

第二十五条 外包工程实行总承包的，总承包单位应当统一组织编制外包工程应急预案。总承包单位和分项承包单位应当按照国家有关规定和应急预案的要求，分别建立应急救援组织或者指定应急救援人员，配备救援设备设施和器材，并定期组织演练。

外包工程实行分项承包的，分项承包单位应当根据建设工程施工的特点、范围以及施工现场容易发生事故的部位和环节，编制现场应急处置方案，并配合发包单位定期进行演练。

第二十六条 外包工程发生事故后，事故现场有关人员应当立即向承包单位及项目部负责人报告。

承包单位及项目部负责人接到事故报告后，应当立即如实地向发包单位报告，并启动相应的应急预案，采取有效措施，组织抢救，防止事故扩大。

第二十七条 承包单位在登记注册地以外的省、自治区、直辖市从事施工作业的，应当向作业所在地的县级人民政府安全生产监督管理部门书面报告外包工程概况和本单位资质等级、主要负责人、安全生产管理人员、特种作业人员、主要安全设施设备等情况，并接受其监督检查。

第四章　监督管理

第二十八条　承包单位发生较大以上责任事故或者一年内发生三起以上一般事故的，事故发生地的省级人民政府安全生产监督管理部门应当向承包单位登记注册地的省级人民政府安全生产监督管理部门通报。

发生重大以上事故的，事故发生地省级人民政府安全生产监督管理部门应当邀请承包单位的安全生产许可证颁发机关参加事故调查处理工作。

第二十九条　安全生产监督管理部门应当加强对外包工程的安全生产监督检查，重点检查下列事项：

（一）发包单位非煤矿山安全生产许可证、安全生产管理协议、安全投入等情况；

（二）承包单位的施工资质、应当依法取得的非煤矿山安全生产许可证、安全投入落实、承包单位及其项目部的安全生产管理机构、技术力量配备、相关人员的安全资格和持证等情况；

（三）违法发包、转包、分项发包等行为。

第三十条　安全生产监督管理部门应当建立外包工程安全生产信息平台，将承包单位取得有关许可、施工资质和承揽工程、发生事故等情况载入承包单位安全生产业绩档案，实施安全生产信誉评定和公告制度。

第三十一条　外包工程发生事故的，事故数据应当纳入事故发生地的统计范围。

第五章　法律责任

第三十二条　发包单位违反本办法第六条的规定，违章指挥或者强令承包单位及其从业人员冒险作业的，责令改正，处 2 万元以上 3 万元以下的罚款；造成损失的，依法承担赔偿责任。

第三十三条　发包单位与承包单位、总承包单位与分项承包单位未依照本办法第八条规定签订安全生产管理协议的，责令限期改正，可以处 5 万元以下的罚款，对其直接负责的主管人员和其他直接责任人员可以处以 1 万元以下罚款；逾期未改正的，责令停产停业整顿。

第三十四条　有关发包单位有下列行为之一的，责令限期改正，给予警告，并处 1 万元以上 3 万元以下的罚款：

（一）违反本办法第十条、第十四条的规定，未对承包单位实施安全生产监督检查或者考核的；

（二）违反本办法第十一条的规定，未将承包单位及其项目部纳入本单位的安全管理体系，实行统一管理的；

（三）违反本办法第十三条的规定，未向承包单位进行外包工程技术交底，或者未按照合同约定向承包单位提供有关资料的。

第三十五条 对地下矿山实行分项发包的发包单位违反本办法第十二条的规定，在地下矿山正常生产期间，将主通风、主提升、供排水、供配电、主供风系统及其设备设施的运行管理进行分项发包的，责令限期改正，处2万元以上3万元以下罚款。

第三十六条 承包地下矿山工程的项目部负责人违反本办法第二十一条的规定，同时兼任其他工程的项目部负责人的，责令限期改正，处5000元以上1万元以下罚款。

第三十七条 承包单位违反本办法第二十二条的规定，将发包单位投入的安全资金挪作他用的，责令限期改正，给予警告，并处1万元以上3万元以下罚款。

承包单位未按照本办法第二十三条的规定排查治理事故隐患的，责令立即消除或者限期消除；承包单位拒不执行的，责令停产停业整顿，并处10万元以上50万元以下的罚款，对其直接负责的主管人员和其他直接责任人员处2万元以上5万元以下的罚款。

第三十八条 承包单位违反本办法第二十条规定对项目部疏于管理，未定期对项目部人员进行安全生产教育培训与考核或者未对项目部进行安全生产检查的，责令限期改正，可以处5万元以下的罚款；逾期未改正的，责令停产停业整顿，并处5万元以上10万元以下的罚款，对其直接负责的主管人员和其他直接责任人员处1万元以上2万元以下的罚款。

承包单位允许他人以本单位的名义承揽工程的，移送有关部门依法处理。

第三十九条 承包单位违反本办法第二十七条的规定，在登记注册的省、自治区、直辖市以外从事施工作业，未向作业所在地县级人民政府安全生产监督管理部门书面报告本单位取得有关许可和施工资质，以及所承包工程情况的，责令限期改正，处1万元以上3万元以下的罚款。

第四十条 安全生产监督管理部门的行政执法人员在外包工程安全监督管理过程中滥用职权、玩忽职守、徇私舞弊的，依照有关规定给予处分；构成犯罪的，依法追究刑事责任。

第四十一条 本办法规定的行政处罚，由县级人民政府以上安全生产监督管理部门实施。

有关法律、行政法规、规章对非煤矿山外包工程安全生产违法行为的行政处罚另有规定的，依照其规定。

第六章　附　　则

第四十二条　本办法下列用语的含义：

（一）非煤矿山，是指金属矿、非金属矿、水气矿和除煤矿以外的能源矿，以及石油天然气管道储运（不含成品油管道）及其附属设施的总称；

（二）金属非金属矿山，是指金属矿、非金属矿、水气矿和除煤矿、石油天然气以外的能源矿，以及选矿厂、尾矿库、排土场等矿山附属设施的总称；

（三）外包工程，是指发包单位与本单位以外的承包单位签订合同，由承包单位承揽与矿产资源开采活动有关的工程、作业活动或者技术服务项目；

（四）发包单位，是指将矿产资源开采活动有关的工程、作业活动或者技术服务项目，发包给外单位施工的非煤矿山企业；

（五）分项发包，是指发包单位将矿产资源开采活动有关的工程、作业活动或者技术服务项目，分为若干部分发包给若干承包单位进行施工的行为；

（六）总承包单位，是指整体承揽矿产资源开采活动或者独立生产系统的所有工程、作业活动或者技术服务项目的承包单位；

（七）承包单位，是指承揽矿产资源开采活动有关的工程、作业活动或者技术服务项目的单位；

（八）项目部，是指承包单位在承揽工程所在地设立的，负责其所承揽工程施工的管理机构；

（九）生产期间，是指新建矿山正式投入生产后或者矿山改建、扩建时仍然进行生产，并规模出产矿产品的时期。

第四十三条　省、自治区、直辖市人民政府安全生产监督管理部门可以根据本办法制定实施细则，并报国家安全生产监督管理总局备案。

第四十四条　本办法自2013年10月1日起施行。

国家安全生产监督管理总局令

第 25 号

《海洋石油安全管理细则》已经 2009 年 8 月 24 日国家安全生产监督管理总局局长办公会议审议通过，现予公布，自 2009 年 12 月 1 日起施行。

局长　骆琳

2009 年 9 月 7 日

海洋石油安全管理细则

（2009 年 9 月 7 日国家安全监管总局令第 25 号公布　根据 2013 年 8 月 29 日国家安全监管总局令第 63 号第一次修正　根据 2015 年 5 月 26 日国家安全监管总局令第 78 号第二次修正）

目　　录

第一章　总　　则

第一条　为了加强海洋石油安全管理工作，保障从业人员生命和财产安全，防止和减少海洋石油生产安全事故，根据安全生产法等法律、法规和标准，制定本细则。

第二条　在中华人民共和国的内水、领海、毗连区、专属经济区、大陆架，以及中华人民共和国管辖的其他海域内从事海洋石油(含天然气，下同)开采活动的安全生产及其监督管理，适用本细则。

第三条　海洋石油作业者和承包者是海洋石油安全生产的责任主体，对其安全生产工作负责。

第四条　国家安全生产监督管理总局海洋石油作业安全办公室(以下简称海油安办)对全国海洋石油安全生产工作实施监督管理；海油安办驻中国海洋石油总公司、中国石油化工集团公司、中国石油天然气集团公司分部(以下统称海油安办有关分部)分别负责中国海洋石油总公司、中国石油化工集团公司、中国石油天然气集团公司的海洋石油安全生产的监督管理。

第二章　设施的备案管理

第一节　生产设施的备案管理

第五条　海洋石油生产设施应当进行试生产。作业者或者承包者应当在试生产前 45 日报生产设施所在地的海油安办有关分部备案，并提交生产设施试生产备案申请书、海底长输油(气)管线投用备案申请书和下列资料：

(一) 发证检验机构对生产设施的最终检验证书(或者临时检验证书)和检验报告；

(二) 试生产安全保障措施；

(三) 建设阶段资料登记表；

(四) 安全设施设计审查合格、设计修改及审查合格的有关文件；

(五) 施工单位资质证明；

(六) 施工期间发生的生产安全事故及其他重大工程质量事故情况；

(七) 生产设施有关证书和文件登记表；

（八）生产设施主要技术说明、总体布置图和工艺流程图；

（九）生产设施运营的主要负责人和安全生产管理人员安全资格证书；

（十）生产设施所属设备的取证分类表及有关证书、证件；

（十一）生产设施运营安全手册；

（十二）生产设施运营安全应急预案。

生产设施是浮式生产储油装置的，除提交第一款规定的资料外，还应当提交快速解脱装置、系缆张力和距离测量装置的检验证书、出厂合格证书、安装后的试验报告。

生产设施是海底长输油（气）管线的，除提交第一款规定的资料外，还应当提交海底长输油（气）管线投用备案有关证书和文件登记表及有关证书、文件。

第六条 海油安办有关分部对作业者或者承包者提交的生产设施资料，应当进行严格审查。必要时，应当进行现场检查。

需要进行现场检查的，海油安办有关分部应当提前10日与作业者或承包者商定现场检查的具体事宜。作业者或承包者应当配合海油安办有关分部进行现场检查，并提供以下资料：

（一）人员安全培训证书登记表；

（二）消防和救生设备实际布置图和应变部署表；

（三）安全管理文件，主要包括：安全生产责任制、安全操作规程、工作许可制度、安全检查制度、船舶系泊装卸制度、直升机管理制度、危险物品管理制度、无人驻守平台遥控检测程序和油（气）外输管理制度等；

（四）对于滩海陆岸，还应准备通海路及沿通海路安装的设施设备合格文件、发证检验机构检验证书和安装后的试验报告。

经审查和现场检查符合规定的，海油安办有关分部向作业者或者承包者颁发生产设施试生产备案通知书；备案资料、设施现场安全状况等不符合规定的，及时书面通知作业者或者承包者进行整改。

第七条 作业者或者承包者应当严格按照备案文件中所列试生产安全保障措施组织试生产，生产设施试生产期限不得超过12个月。试生产正常后，作业者或者承包者应当组织安全竣工验收。

经竣工验收合格并办理安全生产许可证后，方可正式投入生产使用。

第八条 生产设施有下列情形之一的，作业者或者承包者应当及时向海油安办有关分部报告：

（一）更换或者拆卸井上和井下安全阀、火灾及可燃和有毒有害气体探测与报警系统、消防和救生设备等主要安全设施的；

（二）变动应急预案有关内容的；

（三）中断采油（气）作业 10 日以上或者终止采油（气）作业的；

（四）改变海底长输油（气）管线原设计用途的；

（五）超过海底长输油（气）管线设计允许最大输送量或者输送压力的；

（六）海底长输油（气）管线发生严重的损伤、断裂、爆破等事故的；

（七）海底长输油（气）管线输送的油（气）发生泄漏导致重大污染事故的；

（八）位置失稳、水平或者垂直移动、悬空、沉陷、漂浮等超出海底长输油（气）管线设计允许偏差值的；

（九）介质堵塞造成海底长输油（气）管线停产的；

（十）海底长输油（气）管线需进行大修和改造的；

（十一）海底长输油（气）管线安全保护系统（如紧急放空装置、定点截断装置等）长时间失效的；

（十二）其他对安全生产有重大影响的。

第二节　作业设施的备案管理

第九条　海洋石油作业设施从事物探、钻（修）井、铺管、起重和生活支持等活动应当向海油安办有关分部备案。作业者或者承包者应当在作业前 15 日向海油安办有关分部提交作业设施备案申请书和下列资料：

（一）作业设施备案申请有关证书登记表；

（二）作业设施所属设备的取证分类表及有关证书；

（三）操船手册；

（四）作业合同；

（五）作业设施运营安全手册；

（六）作业设施安全应急预案。

用作钻（修）井的作业设施，除提交第一款规定的资料外，还应当提交下列资料：

（一）钻（修）井专用设备、防喷器组、防喷器控制系统、阻流管汇及其控制盘、压井管汇、固井设备、测试设备的发证检验机构证书、出厂及修理后的合格证和安装后的试验报告；

（二）设施主要负责人和安全管理人员的安全资格证书；

（三）有自航能力的作业设施的船长、轮机长的适任证书。

对于自升式移动平台，除提交第一款规定的资料外，还应当提交稳性计算书、升降设备的发证检验机构的检验证书、出厂及修理后的合格证和安装后的试验报告等资料。

对于物探船，除提交第一款规定的资料外，还应当提交下列资料：

（一）震源系统、震源系统的主要压力容器和装置、震源的拖曳钢缆和绞车、电缆绞车等设备的出厂合格证、发证检验机构的检验证书和安装后的试验报告；

（二）震源危险品（包括炸药、雷管、易燃易爆气体等）的实际储存数量、储存条件、进出库管理办法和看管、使用制度等资料。

对于铺管船，除提交第一款规定的资料外，还应当提交下列资料：

（一）张紧器及其控制系统、管线收放绞车的出厂合格证、发证检验机构检验证书和安装后的试验报告；

（二）船长（或者船舶负责人）、起重机械司机、起重指挥人员及起重工的资格证书。

对于起重船和生活支持船，除提交第一款规定的资料外，还应当提交船长（或者船舶负责人）、起重机械司机、起重指挥人员及起重工的资格证书等资料。

第十条 海油安办有关分部对作业者或者承包者提交的作业设施资料，应当进行严格审查。必要时，进行现场检查。

需要进行现场检查的，海油安办有关分部应当提前10日与作业者或承包者商定现场检查的具体事宜。作业者或承包者应当配合海油安办有关分部进行现场检查，并提供以下资料：

（一）人员安全培训证书登记表；

（二）防火控制图、消防、救生设备实际布置图和应变部署表；

（三）安全管理文件，主要包括：安全管理机构的设置、安全生产责任制、安全操作规程、安全检查制度、工作许可制度等；

（四）安全活动、应急演习记录。

经审查和现场检查符合规定的，海油安办有关分部向作业者或者承包者颁发海洋石油作业设施备案通知书；备案资料、设施现场安全状况等不符合规定的，及时书面通知作业者或者承包者进行整改。

第十一条 通常情况下，海洋石油作业设施从事物探、钻（修）井、铺管、起重和生活支持等活动期限不超过1年。确需延期时，作业者或者承包者应当于期满前15日向海油安办有关分部提出延期申请，延期时间不得超过3个月。

第十二条 作业设施有下列情形之一的，作业者或者承包者应当及时向海油安办有关分部报告：

（一）改动井控系统的；

（二）更换或者拆卸火灾及可燃和有毒有害气体探测与报警系统、消防和救生设备等主要安全设施的；

（三）变更作业合同、作业者或者作业海区的；

（四）改变应急预案有关内容的；

（五）中断作业10日以上或者终止作业的；

（六）其他对作业安全生产有重大影响的。

第三节　延长测试设施的备案管理

第十三条　海上油田（井）进行延长测试前，作业者或者承包者应当提前15日向海油安办有关分部提交延长测试设施的书面报告和下列资料：

（一）延长测试设施备案有关证书和文件登记表；

（二）延长测试的工艺流程图、总体布置图及技术说明；

（三）增加的作业设施、生产设施主要负责人和安全管理人员安全资格证书；

（四）延长测试作业应急预案；

（五）油轮或者浮式生产储油装置的系泊点、锚、锚链、快速解脱装置、系缆张力和距离测量装置的证书和资料；

（六）延长测试专用设备或者系统的出厂合格证、发证检验机构的检验证书、安装后的试验报告。

前款所称延长测试专用设备或者系统，包括油气加热器、油气分离器、原油外输泵、天然气火炬分液包及凝析油泵、蒸汽锅炉、换热器、废油回收设备、井口装置、污油处理装置、机械采油装置、井上和井下防喷装置、防硫化氢的井口装置、检测设施及防护器具、惰气系统、柴油置换系统、火灾及可燃和有毒有害气体探测与报警系统等。

第十四条　海油安办有关分部对作业者或者承包者提交的延长测试设施资料，应当进行严格审查。必要时，可进行现场检查。

需要进行现场检查的，海油安办有关分部应当提前10日与作业者或承包者商定现场检查的具体事宜。作业者或承包者应当配合海油安办有关分部进行现场检查，并提供以下资料：

（一）原钻井装置增加的延长测试作业人员、油轮或浮式储油装置人员的安全培训证书登记表；

（二）原钻井装置新加装设备后，其消防和救生设备、火灾及可燃和有毒有害气体探测报警系统布置图、危险区域划分图和应变部署表；

（三）安全管理文件，主要包括：安全管理机构的设置、安全生产责任制、安全操作规程、安全检查制度、工作许可制度、船舶系泊装卸和油（气）外输管理制度等。

经审查和现场检查符合规定的，向作业者或者承包者颁发海上油田（井）延长测试设施备案通知书；有关资料、设施现场安全状况等不符合规定的，及时书面通知作业者或者承包者进行整改。

第十五条 通常情况下，海上油田(井)延长测试作业期限不超过1年。确需延期时，作业者或者承包者应当提前15日向海油安办有关分部提出延期申请，延期时间不得超过6个月。

第十六条 海上油田(井)延长测试设施有下列情形之一的，作业者或者承包者应当及时向海油安办有关分部报告：

（一）改动组成延长测试设施的主要结构、设备和井控系统的；

（二）更换火灾及可燃和有毒有害气体探测与报警系统、消防和救生设备等主要安全设施的；

（三）改变应急预案有关内容的；

（四）其他对生产作业安全有重大影响的。

第三章　生产作业的安全管理

第一节　基本要求

第十七条 在海洋石油生产作业中，作业者和承包者应当确保海洋石油生产、作业设施(以下简称设施)安全条件符合法律、法规、规章和相关国家标准、行业标准的要求，并建立完善的安全管理体系。设施主要负责人对设施的安全管理全面负责。

第十八条 按照设施不同区域的危险性，划分三个等级的危险区：

（一）0类危险区，是指在正常操作条件下，连续出现达到引燃或者爆炸浓度的可燃性气体或者蒸气的区域；

（二）1类危险区，是指在正常操作条件下，断续地或者周期性地出现达到引燃或者爆炸浓度的可燃性气体或者蒸气的区域；

（三）2类危险区，是指在正常操作条件下，不可能出现达到引燃或者爆炸浓度的可燃性气体或者蒸气；但在不正常操作条件下，有可能出现达到引燃或者爆炸浓度的可燃性气体或者蒸气的区域。

设施的作业者或者承包者应当将危险区等级准确地标注在设施操作手册的附图上。对于通往危险区的通道口、门或者舱口，应当在其外部标注清晰可见的中英文“危险区域”、“禁止烟火”和“禁带火种”等标志。

第十九条 设施的作业者或者承包者应当建立动火、电工作业、受限空间作业、高空作业和舷(岛)外作业等审批制度。

从事前款规定的作业前，作业单位应当提出书面申请，说明作业的性质、地点、期限及采取的安全措施等，经设施负责人批准签发作业通知单后，方可进行作业。作业通知单应当包含作业内容、有关检测报告、作业要求、安全程序、个体防护用品、安全设备和作业通知单有效期限等内容。

作业单位接到作业通知单后，应当按通知单的要求采取有关措施，并制定详细的检查和作业程序。

作业期间，如果施工条件发生重大变化的，应当暂停施工并立即报告设施负责人，得到准予施工的指令后方可继续施工。

作业完成后，作业负责人应当在作业通知单上填写完成时间、工作质量和安全情况，并交付设施负责人保存。作业通知单的保存期限至少 1 年。

第二十条 设施上所有通往救生艇(筏)、直升机平台的应急撤离通道和通往消防设备的通道应当设置明显标志，并保持畅通。

第二十一条 设施上的各种设备应当符合下列规定：

(一) 符合国家有关法律、法规、规章、标准的安全要求，有出厂合格证书或者检验合格证书；

(二) 对裸露且危及人身安全的运转部分要安装防护罩或者其他安全保护装置；

(三) 建立设备运转记录、设备缺陷和故障记录报告制度；

(四) 制定设备安全操作规程和定期维护、保养、检验制度，制定设备的定人定岗管理制度；

(五) 增加、拆除重要设备设施，或者改变其性能前，进行风险分析。属于改建、扩建项目的，按照有关规定向政府有关部门办理审批手续。

第二十二条 设施配备的救生艇、救助艇、救生筏、救生圈、救生衣、保温救生服及属具等救生设备，应当符合《国际海上人命安全公约》的规定，并经海油安办认可的发证检验机构检验合格。

海上石油设施配备救生设备的数量应当满足下列要求：

(一) 配备的刚性全封闭机动耐火救生艇能够容纳自升式和固定式设施上的总人数，或者浮式设施上总人数的 200%。无人驻守设施可以不配备刚性全封闭机动耐火救生艇。在设施建造、安装或者停产检修期间，通过风险分析，可以用救生筏代替救生艇；

(二) 气胀式救生筏能够容纳设施上的总人数，其放置点应满足距水面高度的要求。无人驻守设施可以按定员 12 人考虑；

(三) 至少配备并合理分布 8 个救生圈，其中 2 个带自亮浮灯，4 个带自亮浮灯和自发烟雾信号。每个带自亮浮灯和自发烟雾信号的救生圈配备 1 根可浮救生索，可浮救生索的长度为从救生圈的存放位置至最低天文潮位水面高度的 1.5 倍，并至少长 30 米；

(四) 救生衣按总人数的 210%配备，其中：住室内配备 100%，救生艇站配备100%，平台甲板工作区内配备10%，并可以配备一定数量的救生背心。在寒冷海区，每位工作人员配备一套保温救生服。对于无人驻守平台，在工作人员登平台时，根据作业海域水温情况，每人携带1件救生衣或者保温救生服。

滩海陆岸石油设施配备救生设备的数量应当满足下列要求：

（一）至少配备4个救生圈，每只救生圈上都拴有至少30米长的可浮救生索，其中2个带自亮浮灯，2个带自发烟雾信号和自亮浮灯；

（二）每人至少配备1件救生衣，在工作场所配备一定数量的工作救生衣或者救生背心。在寒冷海区，每位人员配备1件保温救生服。

所有救生设备都应当标注该设施的名称，按规定合理存放，并在设施的总布置图上标明存放位置。特殊施工作业情况下，配备的救生设备达不到要求时，应当制定相应的安全措施并报海油安办有关分部审查同意。

第二十三条 设施上的消防设备应当符合下列规定：

（一）根据国家有关规定，针对设施可能发生的火灾性质和危险程度，分别装设水消防系统、泡沫灭火系统、气体灭火系统和干粉灭火系统等固定灭火设备和装置，并经发证检验机构认可。无人驻守的简易平台，可以不设置水消防等灭火设备和装置；

（二）设置自动和手动火灾、可燃和有毒有害气体探测报警系统，总控制室内设总的报警和控制系统；

（三）配备4套消防员装备，包括隔热防护服、消防靴和手套、头盔、正压式空气呼吸器、消防斧以及可以连续使用3个小时的手提式安全灯。根据平台性质和工作人数，经发证检验机构同意，可以适当减少配备数量；

（四）滩海陆岸石油设施现场管理单位至少配备2套消防员装备，包括消防头盔、防护服、消防靴、安全灯、消防斧等，至少配备3套带气瓶的正压式空气呼吸器和可移动式消防泵1台；

（五）所有的消防设备都存放在易于取用的位置，并定期检查，始终保持完好状态。检查应当有检查记录标签。

第二十四条 在设施的危险区内进行测试、测井、修井等作业的设备应当采用防爆型，室内有非防爆电气的活动房应当采用正压防爆型。

第二十五条 起重作业应当符合下列规定：

（一）操作人员持有特种作业人员资格证书，熟悉起重设备的操作规程，并按规程操作；

（二）起重设备明确标识安全起重负荷；若为活动吊臂，标识吊臂在不同角度时的安全起重负荷；

（三）按规定对起重设备进行维护保养，保证刹车、限位、起重负荷指示、报警等装置齐全、准确、灵活、可靠；

（四）起重机及吊物附件按规定定期检验，并记录在起重设备检验簿上。

设施的载人吊篮作业，除符合第一款规定的要求外，还应当符合下列规定：

（一）限定乘员人数；

（二）乘员按规定穿救生背心或者救生衣；

（三）只允许用于起吊人员及随身物品；

（四）指定专人维护和检查，定期组织检验机构对其进行检验；

（五）当风速超过 15 米/秒或者影响吊篮安全起放时，立即停止使用；

（六）起吊人员时，尽量将载人吊篮移至水面上方再升降，并尽可能减少回转角度。

第二十六条 高处及舷（岛）外作业应当符合下列规定：

（一）高处及舷（岛）外作业人员佩戴安全帽和安全带，舷（岛）外作业人员穿救生衣，并采取其他必要的安全措施；

（二）风速超过 15 米/秒等恶劣天气时，立即停止作业。

第二十七条 危险物品管理应当符合下列规定：

（一）设施上任何危险物品（包括爆炸品、压缩气体和液化气体、易燃液体、易燃固体、自燃物品和遇湿易燃物品、氧化剂和有机过氧化物、有毒品和腐蚀品等）必须存放在远离危险区和生活区的指定地点和容器内，并将存放地点标注在设施操作手册的附图上；个人不得私自存放危险物品；

（二）设有专人负责危险物品的管理，并建立和保存危险物品入库、消耗和使用的记录；

（三）在通往危险物品存放地点的通道口、舱口处，设有醒目的中英文“危险物品”标识。

第二十八条 直升机起降管理应当符合下列规定：

（一）指定直升机起降联络负责人，负责指挥和配合直升机起降工作；

（二）配备与直升机起降有关的应急设备和工具，并注明中英文“直升机应急工具”字样；

（三）设施与机场的往返距离所需油量超过直升机自身储存油量的，按有关规定配备安全有效的直升机加油用储油罐、燃油质量检验设备和加油设备；

（四）直升机与设施建立联络后，经设施主要负责人准许，方可起飞或者降落（紧急情况除外）；

（五）直升机机长或者机组人员提出降落要求的，起降联络负责人立即向直升机提供风速、风向、能见度、海况等数据和资料；

（六）无线电报务员一直保持监听来自直升机的无线电信号，直至其降落为止；

（七）机组人员开启舱门后，起降联络负责人方可指挥乘机人员上下直升机、装卸物品或者进行加油作业。

直升机起飞或者降落前，起降联络负责人应当组织做好下列准备工作：

（一）清除直升机甲板的障碍物和易燃物；

（二）检查直升机甲板安全设施是否处于完好状态，包括灯光、防滑网、消防设备和应急工具等；

（三）停止靠近直升机甲板的吊装作业和甲板 15 米范围内的明火作业；

（四）禁止无关人员靠近直升机甲板；

（五）守护船在设施附近起锚待命，消防人员做好准备；

（六）排放天然气、射孔或者试油作业时，若未采取可靠的安全措施，禁止直升机靠近设施。

第二十九条 劳动防护应当符合下列规定：

（一）设施上所有工作人员配备符合相关安全标准的劳动防护用品；

（二）设施上的工作场所按照国家有关规定和设计要求配备劳动防护设备，并定期进行检测；

（三）按照国家有关职业病防治的规定，定期对从事有毒有害作业的人员进行职业健康体检，对职业病患者进行康复治疗。

第三十条 医务室应当符合下列规定：

（一）在有人驻守的设施上，配备具有基础医疗抢救条件的医务室。作业人员超过 15 人的，配备专职医务人员；低于 15 人的，可以配备兼职医务人员；

（二）按照国家有关规定配备常用药品、急救药品和氧气、医疗器械、病床等；

（三）按照国家有关规定，制定有关疫情病情的报告、处理和卫生检验制度；

（四）按照国家有关规定，制定应急抢救程序。

第三十一条 滩海陆岸应急避难房应当符合下列规定：

（一）能够容纳全部生产作业人员；

（二）结构强度比滩海陆岸井台高一个安全等级；

（三）地面高出挡浪墙 1 米；

（四）采用基础稳定、结构可靠的固定式钢筋混凝土结构，或者采用可移动式钢结构；

（五）配备可以供避难人员 5 日所需的救生食品和饮用水；

（六）配备急救箱，至少装有 2 套救生衣、防水手电及配套电池、简单的医疗包扎用品和常用药品；

（七）配备应急通讯装置。

第三十二条 滩海陆岸值班车应当符合下列规定：

（一）接受滩海陆岸石油设施作业负责人的指挥，不得擅自进入或者离开；

（二）配备的通讯工具保证随时与滩海陆岸石油设施和陆岸基地通话；

（三）能够容纳所服务的滩海陆岸石油设施的全部人员，并配备100%的救生衣；

（四）具有在应急救助和人员撤离等复杂情况下作业的能力；

（五）参加滩海陆岸石油设施上的营救演习。

第二节 守护船管理

第三十三条 承担设施守护任务的船舶（以下简称守护船）在开始承担守护作业前，其所属单位应当向海油安办有关分部提交守护船登记表和守护船有关证书登记表，办理守护船登记手续。经海油安办有关分部审查合格后，予以登记，并签发守护船登记证明。守护船登记后，其原申报条件发生变化或者终止承担守护任务的，应当向原负责守护船登记的海油安办有关分部报告。

第三十四条 守护船应当在距离所守护设施5海里之内的海区执行守护任务，不得擅自离开。在守护船的守护能力范围内，多座被守护设施可以共用一条守护船。

第三十五条 守护船应当服从被守护设施负责人的指挥，能够接纳所守护设施全部人员，并配备可以供守护设施全部人员1日所需的救生食品和饮用水。

第三十六条 守护船应当符合下列规定：

（一）船舶证书齐全、有效；

（二）具备守护海区的适航能力；

（三）在船舶的两舷设有营救区，并尽可能远离推进器，营救区应当有醒目标志。营救区长度不小于载货甲板长度的1/3，宽度不小于3米；

（四）甲板上设有露天空间，便于直升机绞车提升、平台吊篮下放等营救操作；

（五）营救区及甲板露天空间处于守护船船长视野之内，便于指挥操作和营救。

第三十七条 守护船应当配备能够满足应急救助和撤离人员需要的下列设备和器具：

（一）1副吊装担架和1副铲式担架；

（二）2副救助用长柄钩；

（三）至少1套抛绳器；

（四）4只带自亮浮灯、逆向反光带和绳子的救生圈，绳子长度不少于30米；

（五）用于简易包扎和急救的医疗用品；

（六）营救区舷侧的落水人员攀登用网；

（七）1 艘符合《国际海上人命安全公约》要求的救助艇；

（八）至少 2 只探照灯，可以提供营救作业区及周围海区照明；

（九）至少配备两种通讯工具，保证守护船与被守护设施和陆岸基地随时通话。

第三十八条 守护船船员应当符合下列条件：

（一）具有船员服务簿和适任证书等有效证件；

（二）至少有 3 名船员从事落水人员营救工作；

（三）至少有 2 名船员可以操纵救助艇；

（四）至少有 2 名船员经过医疗急救培训，能够承担急救处置、包扎和人工呼吸等工作；

（五）定期参加营救演习。

第三十九条 守护船的登记证明有效期为 3 年，有效期满前 15 日内应当重新办理登记手续。

第三节 租用直升机管理

第四十条 作业者或者承包者应当对提供直升机的公司进行安全条件审查和监督。

第四十一条 直升机公司应当符合下列条件：

（一）直升机持有中国民用航空局颁发的飞机适航证，并具备有效的飞机登记证和无线电台执照；

（二）具有符合安全飞行条件的直升机，并达到该机型最低设备放行清单的标准；

（三）具有符合安全飞行条件的驾驶员、机务维护人员和技术检查人员；

（四）对直升机驾驶员进行夜航和救生训练，保证完成规定的训练小时数；

（五）需要应急救援时，备有可以调用的直升机；

（六）完善和落实飞行安全的各种规章制度，杜绝超气象条件和不按规定的航线和高度飞行。

第四十二条 直升机应当配备下列应急救助设备：

（一）直升机应急浮筒；

（二）携带可以供机上所有人员使用的海上救生衣（在水温低于 10℃的海域应当配备保温救生服）、救生筏及救生包，并备有可以供直升机使用的救生绞车；

（三）直升机两侧有能够投弃的舱门或者具备足够的紧急逃生舱口。

第四十三条　在额定载荷条件下，直升机应当具有航行于飞行基地与海上石油设施之间的适航能力和夜航能力。

第四十四条　飞行作业前，直升机所属公司应当制定安全应急程序，并与作业者或者承包者编制的应急预案相协调。

第四十五条　直升机在飞行作业中必须配有 2 名驾驶员，并指定其中 1 人为责任机长；由中外籍驾驶员合作驾驶的直升机，2 名驾驶员应当有相应的语言技能水平，能够直接交流对话。

第四十六条　作业者或者承包者及直升机所属公司必须确保飞行基地(或者备用机场)和海上石油设施上的直升机起降设备处于安全和适用状态。

第四十七条　作业者或者承包者及直升机所属公司，应当通过协商制订飞行条件与应急飞行、乘机安全、载物安全和飞行故障、飞行事故报告等制度。

第四节　电气管理

第四十八条　设施应当制定电气设备检修前后的安全检查、日常运行检查、安全技术检查、定期安全检查等制度，建立健全电气设备的维修操作、电焊操作和手持电动工具操作等安全规程，并严格执行。

第四十九条　电气管理应当符合下列规定：

(一) 按照国家规定配备和使用电工安全用具，并按规定定期检查和校验；

(二) 遇停电、送电、倒闸、带电作业和临时用电等情况，按照有关作业许可制度进行审批。临时用电作业结束后，立即拆除增加的电气设备和线路；

(三) 按照国家标准规定的颜色和图形，对电气设备和线路作出明显、准确的标识；

(四) 电气设备作业期间，至少有 1 名电气作业经验丰富的监护人进行实时监护；

(五) 电气设备按照铭牌上规定的额定参数(电压、电流、功率、频率等)运行，安装必要的过载、短路和漏电保护装置并定期校验；金属外壳(安全电压除外)有可靠的接地装置；

(六) 在触电危险性较大的场所，手提灯、便携式电气设备、电动工具等设备工具按照国家标准的规定使用安全电压；确实无法使用安全电压的，经设施负责人批准，并采用有效的防触电措施；

(七) 安装在不同等级危险区域的电气设备符合该等级的防爆类型；防爆电气设备上的部件不得任意拆除，必须保持电气设备的防爆性能；

(八) 定期对电气设备和线路的绝缘电阻、耐压强度、泄漏电流等绝缘性能进行测定；长期停用的电气设备，在重新使用前应当进行检查，确认具备安全运行条件后方可使用；

（九）在带电体与人体、带电体与地面、带电体与带电体、带电体与其他设备之间，按照有关规范和标准的要求保持良好的绝缘性能和足够的安全距离；

（十）对生产和作业设施采取有效的防静电和防雷措施。

第五十条 设施必须配备必要的应急电源。应急电源应当符合下列规定：

（一）能够满足通讯、信号、照明、基本生存条件（包括生活区、救生艇、撤离通道、直升机甲板等）和其他动力（包括消防系统、井控系统、火灾及可燃和有毒有害气体检测报警系统、应急关断系统等）的电源要求；

（二）在主电源失电后，应急电源能够在45秒内自动安全启动供电；

（三）应急电源远离危险区和主电源。

第五节 井控管理

第五十一条 作业者或者承包者应当制定油（气）井井控安全措施和防井喷应急预案。

第五十二条 钻井作业应当符合下列规定：

（一）钻井装置在新井位就位前，作业者和承包者应收集和分析相应的地质资料；如有浅层气存在，安装分流系统等；

（二）钻井作业期间，在钻台上备有与钻杆相匹配的内防喷装置；

（三）下套管时，防喷器尺寸与所下套管尺寸相匹配，并备有与所下套管丝扣相匹配的循环接头；

（四）防喷器所用的橡胶密封件应当按厂商的技术要求进行维护和储存，不得将失效和技术条件不符的密封件安装到防喷器中；

（五）水龙头下部安装方钻杆上旋塞，方钻杆下部安装下旋塞，并配备开关旋塞的扳手；顶部驱动装置下部安装手动和自动内防喷器（考克）并配备开关防喷器的扳手；

（六）防喷器组由环形防喷器和闸板防喷器组成，闸板防喷器的闸板关闭尺寸与所使用钻杆或者管柱的尺寸相符；防喷器的额定工作压力，不得低于钻井设计压力，用于探井的不得低于70MPa；

（七）防喷器及相应设备的安装、维护和试验，满足井控要求；

（八）经常对防喷系统进行安全检查。检查时，优先使用防喷系统安全检查表。

第五十三条 防喷器组控制系统的安装应当符合下列规定：

（一）1套液压控制系统的储能器液体压力保持21MPa，储能器压力液体积为关闭全部防喷器并打开液动闸阀所需液体体积的1.5倍以上；

（二）除钻台安装1台控制盘（台）外，另1台辅助控制盘（台）安装在远离钻台、便于操作的位置；

（三）防喷器组配备与其额定工作压力相一致的防喷管汇、节流管汇和压井管汇；

（四）压井管汇和节流管汇的防喷管线上，分别安装2个控制阀；其中一个为手动，处于常开位置；另一个必须是远程控制；

（五）安装自动灌井液系统。

第五十四条 水下防喷器组应当符合下列规定：

（一）若有浅层气或者地质情况不清时，导管上安装分流系统；

（二）在表层套管和中间(技术)套管上安装1个或者2个环形防喷器、2个双闸板防喷器，其中1副闸板为全封剪切闸板防喷器；

（三）安装1组水下储能器，便于就近迅速提供液压能，以尽快开关各防喷器及其闸门；同时，采用互为备用的双控制盒系统，当一个控制盒系统正在使用时，另一个控制盒系统保持良好的工作状态作为备用；

（四）如需修理或者更换防喷器组，必须保证井眼安全，尽量在下完套管固井后或者未钻穿水泥塞前进行；必要时，打1个水泥塞或者下桥塞后再进行修理或者更换；

（五）使用复合式钻柱的，装有可变闸板，以适应不同的钻具尺寸。

第五十五条 水上防喷器组应当符合下列基本规定：

（一）若有浅层气或者地质情况不清时，隔水(导)管上安装分流系统；

（二）表层套管上安装1个环形防喷器，1个双闸板防喷器；大于$13\frac{3}{8}''$表层套管上可以只安装1个环形防喷器；

（三）中间(技术)套管上安装1个环形、1个双闸板(或者2个单闸板)和1个剪切全封闭闸板防喷器；

（四）使用复合式钻柱的，装有可变闸板，以适应不同的钻具尺寸。

第五十六条 水上防喷器组的开关活动，应当符合下列规定：

（一）闸板防喷器定期进行开关活动；

（二）全封闸板防喷器每次起钻后进行开关活动；若每日多次起钻，只开关活动一次即可；

（三）每起下钻一次，2个防喷器控制盘(台)交换动作一次；如果控制盘(台)失去动作功能，在恢复功能后，才能进行钻井作业；

（四）节流管汇的阀门、方钻杆旋塞和钻杆内防喷装置，每周开关活动一次。

水下防喷器的开关活动，除了闸板防喷器1日进行开关活动一次外，其他开关活动次数与水上防喷器组开关活动次数相同。

第五十七条 防喷器系统的试压，应当符合下列规定：

（一）所有的防喷器及管汇在进行高压试验之前，进行 2.1MPa 的低压试验；

（二）防喷器安装前或者更换主要配件后，进行整体压力试验；

（三）按照井控车间（基地）组装、现场安装、钻开油气层前及更换井控装置部件的次序进行防喷器试压。试压的间隔不超过 14 日；

（四）对于水上防喷器组，防喷器组在井控车间（基地）组装后，按额定工作压力进行试验；现场安装后，试验压力在不超过套管抗内压强度 80%的前提下，环形防喷器的试验压力为额定工作压力的 70%，闸板防喷器和相应控制设备的试验压力为额定工作压力；

（五）对于水下防喷器组，水下防喷器和所有有关井控设备的试验压力为其额定工作压力的 70%；防喷器组在现场安装完成后，控制设备和防喷器闸板按照水上防喷器组试压的规定进行。

第五十八条 防喷器系统的检查与维护，应当符合下列规定：

（一）整套防喷器系统、隔水（导）管和配套设备，按照制造厂商推荐的程序进行检查和维护；

（二）在海况及气候条件允许的情况下，防喷器系统和隔水（导）管至少每日外观检查一次，水下设备的检查可以通过水下电视等工具完成。

第五十九条 井液池液面和气体检测装置应当具备声光报警功能，其报警仪安装在钻台和综合录井室内；应当配备井液性能试验仪器。井液量应当符合下列规定：

（一）开钻前，计算井液材料最小需要量，落实紧急情况补充井液的储备计划；

（二）记录并保存井液材料（包括加重材料）的每日储存量；若储存量达不到所规定的最小数量时，停止钻井作业；

（三）作业时，当返出井液密度比进口井液密度小 $0.02g/cm^3$ 时，将环形空间井液循环到地面，并对井液性能进行气体或者液体侵入的检查和处理；

（四）起钻时，向井内灌注井液；当井内静止液面下降或者每起出 3 至 5 柱钻具之后应当灌满井液；

（五）从井内起出钻杆测试工具前，井液应当进行循环或者反循环。

第六十条 完井、试油和修井作业应当符合下列规定：

（一）配备与作业相适应的防喷器及其控制系统；

（二）按计划储备井液材料，其性能符合作业要求；

（三）井控要求参照钻井作业有关规定执行；

（四）滩海陆岸井控装置至少配备 1 套控制系统。

第六十一条 气井、自喷井、自溢井应当安装井下封隔器；在海床面30米以下，应当安装井下安全阀，并符合下列规定：

（一）定期进行水上控制的井下安全阀现场试验，试验间隔不得超过6个月；新安装或者重新安装的也应当进行试验；

（二）海床完井的单井、卫星井或者多井基盘上，每口井安装水下控制的井下安全阀；

（三）地面安全阀保持良好的工作状态；

（四）配备适用的井口测压防喷盒。

紧急关闭系统应当保持良好的工作状态。作业者应当妥善保存各种水下安全装置的安装和调试记录等资料。

第六十二条 进行电缆射孔、生产测井、钢丝作业时，在工具下井前，应当对防喷管汇进行压力试验。

第六十三条 钻开油气层前100米时，应当通过钻井循环通道和节流管汇做一次低泵冲泵压试验。

第六十四条 放喷管线应当使用专用管线。

在寒冷季节，应当对井控装备、防喷管汇、节流管汇、压力管汇和仪表等进行防冻保温。

第六节 硫化氢防护管理

第六十五条 钻遇未知含硫化氢地层时，应当提前采取防范措施；钻遇已知含硫化氢地层时，应当实施检测和控制。

硫化氢探测、报警系统应当符合下列规定：

（一）钻井装置上安装硫化氢报警系统；当空气中硫化氢的浓度超过15mg/m^3（10ppm）时，系统即能以声光报警方式工作；固定式探头至少应当安装在喇叭口、钻台、振动筛、井液池、生活区、发电及配电房进风口等位置；

（二）至少配备探测范围0～30mg/m^3（0～20ppm）和0～150mg/m^3（0～100ppm）的便携式硫化氢探测器各1套；

（三）探测器件的灵敏度达到7.5mg/m^3（5ppm）；

（四）储备足够数量的硫化氢检测样品，以便随时检测探头。

人员保护器具应当符合下列规定：

（一）通常情况下，钻井装置上配备15～20套正压式空气呼吸器；其中，生活区6～9套，钻台上5～6套，井液池附近（泥浆舱）2套，录井房2～3套。钻进已知含硫化氢地层前，或者临时钻遇含硫化氢地层时，钻井装置上配备供全员使用的正压式空气呼吸器，并配备足够的备用气瓶；

（二）钻井装置上配备1台呼吸器空气压缩机；

（三）医务室配备处理硫化氢中毒的医疗用品、心肺复苏器和氧气瓶。

标志信号应当符合下列规定：

（一）在人员易于看见的位置，安装风向标、风速仪；

（二）当空气中含硫化氢浓度小于 15mg/m^3（10ppm）时，挂标有硫化氢字样的绿牌；

（三）当空气中含硫化氢浓度处于 15~30mg/m^3（10~20ppm）时，挂标有硫化氢字样的黄牌；

（四）当空气中含硫化氢浓度大于 30mg/m^3（20ppm）时，挂标有硫化氢字样的红牌。

第六十六条 在可能含有硫化氢地层进行钻井作业时，应当采取下列硫化氢防护措施：

（一）在可能含有硫化氢地区的钻井设计中，标明含硫化氢地层及其深度，估算硫化氢的可能含量，以提醒有关作业人员注意，并制定必要的安全和应急措施；

（二）当空气中硫化氢浓度达到 15mg/m^3（10ppm）时，及时通知所有平台人员注意，加密观察和测量硫化氢浓度的次数，检查并准备好正压式空气呼吸器；

（三）当空气中硫化氢浓度达到 30mg/m^3（20ppm）时，在岗人员迅速取用正压式空气呼吸器，其他人员到达安全区；通知守护船在平台上风向海域起锚待命；

（四）当空气中含硫化氢浓度达到 150mg/m^3（100ppm）时，组织所有人员撤离平台；

（五）使用适合于钻遇含硫化氢地层的井液，钻井液的 pH 值保持在 10 以上。净化剂、添加剂和防腐剂等有适当的储备；钻井液中脱出的硫化氢气体集中排放，有条件情况下，可以点火燃烧；

（六）钻遇含硫化氢地层，起钻时使用钻杆刮泥器；若将湿钻杆放在甲板上，必要时，作业人员佩戴正压式空气呼吸器；钻进中发现空气中含硫化氢浓度达到 30mg/m^3（20ppm）时，立即暂时停止钻进，并循环井液；

（七）在含硫化氢地层取芯，当取芯筒起出地面之前 10~20 个立柱，以及从岩芯筒取出岩芯时，操作人员戴好正压式空气呼吸器；运送含硫化氢岩芯时，采取相应包装措施密封岩芯，并标明岩芯含硫化氢字样；在井液录井中若发现有硫化氢显示时，及时向钻井监督报告；

（八）在预计含硫化氢地层进行中途测试时，测试时间尽量安排在白天，测试器具附近尽量减少操作人员；严禁采用常规的中途测试工具对深部含硫化氢的地层进行测试；

（九）钻穿含硫化氢地层后，增加工作区的监测频率，加强硫化氢监测；

（十）对于在含硫化氢地层进行试油，试油前召开安全会议，落实人员防护器具和人员急救程序及应急措施。在试油设备附近，人员减少到最低限度。

第六十七条 在可能含有硫化氢地层进行钻进作业时，其钻井设备、器具应当符合下列规定：

（一）钻井设备具备抗硫应力开裂的性能；

（二）管材具有在硫化氢环境中使用的性能，并按照国家有关标准的要求使用；

（三）对所使用作业设备、管材、生产流程及附件等，定期进行安全检查和检测检验。

第六十八条 完井和修井作业的硫化氢防护，参照钻井作业的有关要求执行。

第六十九条 在可能含有硫化氢地层进行生产作业时，应当采取下列硫化氢防护措施：

（一）生产设施上配备 6 套正压式空气呼吸器。在已知存在含硫油气生产设施上，全员配备正压式空气呼吸器，并配备一定数量的备用气瓶及 1 台呼吸器空气压缩机；

（二）生产设施上配备 2 至 3 套便携式硫化氢探测仪、1 套便携式比色指示管探测仪和 1 套便携式二氧化硫探测仪。在已知存在硫化氢的生产装置上，安装硫化氢报警装置；

（三）当空气中硫化氢达到 $15mg/m^3$（10ppm）或者二氧化硫达到 $5.4mg/m^3$（2ppm）时，作业人员佩戴正压式空气呼吸器；

（四）装置上配有用于处理硫化氢中毒的医疗用品、心肺复苏器和氧气瓶；

（五）在油气井投产前，采取有效措施，加强对硫化氢、二氧化硫和二氧化碳的防护；

（六）用于油气生产的设备、设施和管道等具有抗硫化氢腐蚀的性能。

第七节 系物管理

第七十条 作业者和承包者应当加强系泊和起重作业过程中系物器具和被系器具的安全管理。

第七十一条 作业者和承包者应当制定系物器具和被系器具的安全管理责任制，明确各岗位和各工种责任制；应当制定系物器具和被系器具的使用管理规定，对系物器具和被系器具进行经常性维护、保养，保证正常使用。维护、保养应当作好记录，并由有关人员签字。

第七十二条 系物器具应当按照有关规定由海油安办认可的检验机构对其

定期进行检验，并作出标记。作业者和承包者为满足特殊需要，自行加工制造系物器具和被系器具的，系物器具和被系器具必须经海油安办认可的检验机构检验合格后，方可投入使用。

第七十三条 箱件的使用，除了符合本细则第七十一条和第七十二条规定要求外，还应当满足下列要求：

（一）箱外有明显的尺寸、自重和额定安全载重标记；

（二）定期对其主要受力部位进行检验。

第七十四条 吊网的使用，除了符合第七十一条和第七十二条规定外，还应当符合下列要求：

（一）标有安全工作负荷标记；

（二）非金属网不得超过其使用范围和环境。

第七十五条 乘人吊篮必须专用，并标有额定载重和限乘人数的标记；应当按产品说明书的规定定期进行技术检验。

第七十六条 系物器具和被系器具有下列情形之一的，应当停止使用：

（一）已达到报废标准而未报废，或者已经报废的；

（二）未标明检验日期的；

（三）超过规定检验期限的。

第八节 危险物品管理

第七十七条 作业者、承包者应当建立放射性、爆炸性物品（以下简称危险物品）的领取和归还制度。危险物品的领取和归还应当遵守下列规定：

（一）领取人持有领取单领取相应的危险物品；领取单详细记载危险物品的种类和数量；

（二）领取和归还危险物品时，使用专用的工具；放射性源盛装在罐内，爆炸性物品存放在箱内；

（三）出入库的放射性源罐，配有浮标或者其他示位器具；

（四）危险物品出入库有记录，领取人和库管员在出入库单上签字；

（五）未用完的危险物品，及时归还。

第七十八条 危险物品的运输，应当符合下列规定：

（一）符合国家有关法律、法规、规章、标准的要求，并有专人押运；

（二）有可靠的安全措施和应急措施；

（三）符合有关运输手续，有明显的危险物品运输标识。

第七十九条 危险物品的使用，应当符合下列规定：

（一）作业前，按照有关规定申请使用许可证。取得使用许可证后，方可使用危险物品；使用有详细记录。使用后，及时将未使用完的危险物品回收入库；

（二）作业时，制定安全可靠的作业规程；有关作业人员熟悉并遵守作业规程；

（三）现场设有明显、清晰的危险标识，以防止非作业人员进入作业区；

（四）现场至少配备 1 台便携式放射性强度测量仪；

（五）按照国家有关标准的要求，对放射源与载源设备的性能进行检验。

第八十条 危险物品的存放，应当符合下列规定：

（一）存放场所远离生活区、人员密集区及危险区，并标有明显的"危险品"标识；

（二）采取有效的防火安全措施；

（三）不得将爆炸性物品中的炸药与雷管或者放射性物品存放在同一储存室内。

第八十一条 对失效的或者外壳泄漏试验不合格（超过 185Bq）的放射源，应当采取安全的方式妥善处置。

第八十二条 作业人员使用放射性物品的，应当采取下列防护措施：

（一）配有个人辐照剂量检测用具，并建立辐照剂量档案；

（二）每年至少进行一次体检，体检结果存档；

（三）发现作业人员受到放射性伤害的，立即调离其工作岗位，并按照有关规定进行治疗和康复；

（四）作业人员调动工作的，其辐照剂量档案和体检档案随工作岗位一起调动。

第九节 弃井管理

第八十三条 作业者或者承包者在进行弃井作业或者清除井口遗留物 30 日前，应当向海油安办有关分部报送下列材料：

（一）弃井作业或者清除井口遗留物安全风险评价报告；

（二）弃井或者清除井口遗留物施工方案、作业程序、时间安排、井液性能等。

海油安办有关分部应当对作业者或者承包者报送的材料进行审核；材料内容不符合技术要求的，通知作业者或者承包者进行完善。

第八十四条 弃井作业或者清除井口遗留物施工作业期间，海油安办有关分部认为必要时，进行现场监督。

施工作业完成后 15 日内，作业者或者承包者应当向海油安办有关分部提交下列资料：

（一）弃井或者清除井口遗留物作业完工图；

（二）弃井作业最终报告表。

第八十五条 对于永久性弃井的，应当符合下列要求：

（一）在裸露井眼井段，对油、气、水等渗透层进行全封，在其上部打至少50米水泥塞，以封隔油、气、水等渗透层，防止互窜或者流出海底；裸眼井段无油、气、水时，在最后一层套管的套管鞋以下和以上各打至少30米水泥塞；

（二）已下尾管的，在尾管顶部上下30米的井段各打至少30米水泥塞；

（三）已在套管或者尾管内进行了射孔试油作业的，对射孔层进行全封，在其上部打至少50米的水泥塞；

（四）已切割的每层套管内，保证切割处上下各有至少20米的水泥塞；

（五）表层套管内水泥塞长度至少有45米，且水泥塞顶面位于海底泥面下4米至30米之间。

对于临时弃井的，应当符合下列要求：

（一）在最深层套管柱的底部至少打50米水泥塞；

（二）在海底泥面以下4米的套管柱内至少打30米水泥塞。

第八十六条　永久弃井时，所有套管、井口装置或者桩应当按照国家有关规定实施清除作业。对保留在海底的水下井口装置或者井口帽，应当按照国家有关规定向海油安办有关分部进行报告。

第四章　安全培训

第八十七条　作业者和承包者的主要负责人和安全生产管理人员应当具备相应的安全生产知识和管理能力，经海油安办考核合格。

第八十八条　作业者和承包者应当组织对海上石油作业人员进行安全生产培训。未经培训并取得培训合格证书的作业人员，不得上岗作业。

作业者和承包者应当建立海上石油作业人员的培训档案，加强对出海作业人员(包括在境外培训的人员)的培训证书的审查。未取得培训合格证书的，一律不得出海作业。

第八十九条　出海人员必须接受“海上石油作业安全救生”的专门培训，并取得培训合格证书。

安全培训的内容和时间应当符合下列要求：

（一）长期出海人员接受“海上石油作业安全救生”全部内容的培训，培训时间不少于40课时；每5年进行一次再培训；

（二）短期出海人员接受“海上石油作业安全救生”综合内容的培训，培训时间不少于24课时；每3年进行一次再培训；

（三）临时出海人员接受“海上石油作业安全救生”电化教学的培训，培训时间不少于4课时；每1年进行一次再培训；

（四）不在设施上留宿的临时出海人员可以只接受作业者或者承包者现场安

全教育；

（五）没有直升机平台或者已明确不使用直升机倒班的海上设施人员，可以免除“直升机遇险水下逃生”内容的培训；

（六）没有配备救生艇筏的海上设施作业人员，可以免除“救生艇筏操纵”的培训。

第九十条 海上油气生产设施兼职消防队员应当接受“油气消防”的培训，培训时间不少于24课时。每4年应当进行一次再培训。

第九十一条 从事钻井、完井、修井、测试作业的监督、经理、高级队长、领班，以及司钻、副司钻和井架工、安全监督等人员应当接受“井控技术”的培训，培训时间不少于56课时，并取得培训合格证书。每4年应当进行一次再培训。

第九十二条 稳性压载人员（含钻井平台、浮式生产储油装置的稳性压载、平台升降的技术人员）应当接受“稳性与压载技术”的培训，培训时间不少于36课时，并取得培训合格证书。每4年应当进行一次再培训。

第九十三条 在作业过程中已经出现或者可能出现硫化氢的场所从事钻井、完井、修井、测试、采油及储运作业的人员，应当进行“防硫化氢技术”的专门培训，培训时间不少于16课时，并取得培训合格证书。每4年应当进行一次再培训。

第九十四条 无线电技术操作人员应当按政府有关主管部门的要求进行培训，取得相应的资格证书。

第九十五条 属于特种作业人员范围的特种作业人员应当按照有关法律法规的要求进行专门培训，取得特种作业操作资格证书。

第九十六条 外方人员在国外合法注册和政府认可的培训机构取得的证书和证件，经中方作业者或者承包者确认后在中国继续有效。

第五章　应急管理

第九十七条 作业者和承包者应当按照有关法律、法规、规章和标准的要求，结合生产实际编制应急预案，并报海油安办有关分部备案。

作业者和承包者应当根据海洋石油作业的变化，及时对应急预案进行修改、补充和完善。

第九十八条 根据海洋石油作业的特点，作业者和承包者编制的应急预案应当包括下列内容：

（一）作业者和承包者的基本情况、危险特性、可以利用的应急救援设备；

（二）应急组织机构、职责划分、通讯联络；

（三）应急预案启动、应急响应、信息处理、应急状态中止、后续恢复等处置程序；

（四）应急演习与训练。

第九十九条 应急预案的应急范围包括井喷失控、火灾与爆炸、平台遇险、直升机失事、船舶海损、油(气)生产设施与管线破损和泄漏、有毒有害物品泄漏、放射性物品遗散、潜水作业事故；人员重伤、死亡、失踪及暴发性传染病、中毒；溢油事故、自然灾害以及其他紧急情况。

第一百条 除作业者和承包者编制的公司一级应急预案外，针对每个生产和作业设施应当结合工作实际，编制应急预案。应急预案包括主件和附件两个部分内容。

主件部分应当包括下列主要内容：

（一）生产或者作业设施名称、作业海区、编写者和编写日期；

（二）生产或者作业设施的应急组织机构、指挥系统、医疗机构及各级应急岗位人员职责；

（三）处置各类突发性事故或者险情的措施和联络报告程序；

（四）生产或者作业设施上所具有的通讯设备类型、能力以及应急通讯频率；

（五）应急组织、上级主管部门和有关部门的负责人通讯录，包括通讯地址、电话和传真等；

（六）与有关部门联络的应急工作联系程序图或者网络图；

（七）应急训练内容、频次和要求；

（八）其他需要明确的内容。

附件部分应当包括下列主要内容：

（一）生产或者作业设施的主要基础数据；

（二）生产或者作业设施所处自然环境的描述，包括：作业海区的气象资料，可能出现的灾害性天气(如台风等)；作业海区的海洋水文资料，水深、水温、海流的速度和方向、浪高等；生产或者作业设施与陆岸基地、附近港口码头及海区其他设施的位置简图；

（三）各种应急搜救设备及材料，包括应急设备及应急材料的名称、类型、数量、性能和存放地点等情况；

（四）生产或者作业设施配备的气象海况测定装置的规格和型号；

（五）其他有关资料。

第一百零一条 作业者和承包者应当组织生产和作业设施的相关人员定期开展应急预案的演练，演练期限不超过下列时间间隔的要求：

（一）消防演习：每倒班期一次。

（二）弃平台演习：每倒班期一次。

（三）井控演习：每倒班期一次。

（四）人员落水救助演习：每季度一次。

（五）硫化氢演习：钻遇含硫化氢地层前和对含硫化氢油气井进行试油或者修井作业前，必须组织一次防硫化氢演习；对含硫化氢油气井进行正常钻井、试油或者修井作业，每隔 7 日组织一次演习；含硫化氢油气井正常生产时，每倒班期组织一次演习。不含硫化氢的，每半年组织一次。

各类应急演练的记录文件应当至少保存 1 年。

第一百零二条 事故发生后，作业现场有关人员应当及时向所属作业者和承包者报告；接到报告后，应当立即启动相应的应急预案，组织开展救援活动，防止事故扩大，减少人员伤亡和财产损失。

第一百零三条 针对海洋石油作业过程中发生事故的特点，在实施应急救援过程中，作业者和承包者应当做好下列工作：

（一）立即组织现场疏散，保护作业人员安全；

（二）立即调集作业现场的应急力量进行救援，同时向有关方面发出求助信息，动员有关力量，保证应急队伍、设备、器材、物资及必要的后勤支持；

（三）制订现场救援方案并组织实施；

（四）确定警戒及防控区域，实行区域管制；

（五）采取相应的保护措施，防止事故扩大和引发次生灾害；

（六）迅速组织医疗救援力量，抢救受伤人员；

（七）尽力防止出现石油大面积泄漏和扩散。

第六章　事故报告和调查处理

第一百零四条 在海上石油天然气勘探、开发、生产、储运及油田废弃等作业中，发生下列生产安全事故，作业现场有关人员应当立即向所属作业者和承包者报告；作业者和承包者接到报告后，应当立即按规定向海油安办有关分部的地区监督处、当地政府和海事部门报告：

（一）井喷失控；

（二）火灾与爆炸；

（三）平台遇险(包括平台失控漂移、拖航遇险、被碰撞或者翻沉)；

（四）飞机事故；

（五）船舶海损(包括碰撞、搁浅、触礁、翻沉、断损)；

（六）油(气)生产设施与管线破损(包括单点系泊、电气管线、海底油气管线等的破损、泄漏、断裂)；

（七）有毒有害物品和气体泄漏或者遗散；

（八）急性中毒；

（九）潜水作业事故；

（十）大型溢油事故（溢油量大于100吨）；

（十一）其他造成人员伤亡或者直接经济损失的事故。

第一百零五条 海油安办有关分部的地区监督处接到事故报告后，应当立即上报海油安办有关分部。海油安办有关分部接到较大事故及以上的事故报告后，应当在1小时内上报国家安全生产监督管理总局。

飞机事故、船舶海损、大型溢油除报告海油安办外，还应当按规定报告有关政府主管部门。

第一百零六条 海洋石油的生产安全事故按照下列规定进行调查：

（一）没有人员伤亡的一般事故，海油安办有关分部可以委托作业者和承包者组织生产、技术、安全等有关人员及工会成员组成事故调查组进行调查；

（二）造成人员伤亡的一般事故，由海油安办有关分部牵头组织有关部门及工会成立事故调查组进行调查，并邀请人民检察院派人参加；

（三）造成较大事故，由海油安办牵头组织有关部门成立事故调查组进行调查，并邀请人民检察院派人参加；

（四）重大事故，由国家安全生产监督管理总局牵头组织有关部门成立事故调查组进行调查，并邀请人民检察院派人参加；

（五）特别重大事故，按照国务院有关规定执行。

飞机失事、船舶海损、放射性物品遗散和大型溢油等海洋石油生产安全事故依法由民航、海事、环保等有关部门组织调查处理。

第一百零七条 海洋石油的生产安全事故调查报告按照下列规定批复：

（一）一般事故的调查报告，在征得海油安办同意后，由海油安办有关分部批复；

（二）较大、重大事故的调查报告由国家安全生产监督管理总局批复；

（三）特别重大事故调查报告的批复按照国务院有关规定执行。

第一百零八条 作业者和承包者应当按照事故调查报告的批复，对负有责任的人员进行处理。

事故发生单位应当认真吸取事故教训，落实防范和整改措施，防止事故再次发生。

第七章 监督管理

第一百零九条 海油安办及其有关分部应当按照法律、行政法规、规章和标准的规定，依法对海洋石油生产经营单位的安全生产实施监督检查。

第一百一十条 海油安办有关分部应当建立生产设施、作业设施的备案档案管理制度，并于每年1月31日前将上一年度的备案情况报海油安办。备案档案应当至少保存3年。

第一百一十一条 海油安办有关分部应当对安全培训机构、作业者和承包者安全教育培训情况进行监督检查。

第一百一十二条 海油安办及其有关分部应当按照生产安全事故的批复，依照有关法律、行政法规和规章的规定，对事故发生单位和有关人员进行行政处罚；对负有事故责任的国家工作人员，按照干部管理权限交由有关单位和行政监察机关追究。

第八章 罚 则

第一百一十三条 作业者和承包者有下列行为之一的，给予警告，可以并处3万元以下的罚款：

（一）生产设施、作业设施未按规定备案的；

（二）未配备守护船，或者未按规定登记的；

（三）海洋石油专业设备未按期进行检验的；

（四）拒绝、阻碍海油安办及有关分部依法监督检查的。

第一百一十四条 作业者和承包者有下列行为之一的，依法责令停产整顿，给予相应的行政处罚：

（一）未履行新建、改建、扩建项目“三同时”程序的；

（二）对存在的重大事故隐患，不按期进行整改的。

第一百一十五条 海油安办及有关分部监督检查人员在海洋石油监督检查中滥用职权、玩忽职守、徇私舞弊的，依照有关规定给予行政处分。

第九章 附 则

第一百一十六条 本细则中下列用语的含义：

（一）海洋石油作业设施，是指用于海洋石油作业的海上移动式钻井船（平台）、物探船、铺管船、起重船、固井船、酸化压裂船等设施；

（二）海洋石油生产设施，是指以开采海洋石油为目的的海上固定平台、单点系泊、浮式生产储油装置（FPSO）、海底管线、海上输油码头、滩海陆岸、人工岛和陆岸终端等海上和陆岸结构物；

（三）滩海陆岸石油设施，是指最高天文潮位以下滩海区域内，采用筑路或者栈桥等方式与陆岸相连接，从事石油作业活动中修筑的滩海通井路、滩海井台及有关石油设施；

（四）专业设备，是指海洋石油开采过程中使用的危险性较大或者对安全生产有较大影响的设备，包括海上结构、采油设备、海上锅炉和压力容器、钻井和修井设备、起重和升降设备、火灾和可燃气体探测、报警及控制系统、安全阀、救生设备、消防器材、钢丝绳等系物及被系物、电气仪表等；

（五）海底长输油（气）管线，是指从一个海上油（气）田外输油（气）的计量点至陆岸终端计量点或者至海上输油（气）终端计量点的长输管线，包括管段、立管、附件、控制系统、仪表及支撑件等互相连接的系统和中间泵站等；

（六）延长测试作业，是指在油层参数或者早期地质油藏资料不能满足工程需要的情况下，为获取这些数据资料，在原钻井装置或者井口平台上实施，并有油轮或者浮式生产装置作为储油装置的测试作业；

（七）延长测试设施，是指延长测试作业时，在原钻井装置或井口平台上临时安装的配套工艺设备、以及油轮或浮式生产储油装置（FPSO）等设施的总称；

（八）长期出海人员，是指每次在海上作业15日以上（含15日），或者年累计在海上作业30日以上（含30日），负责海上石油设施管理、操作、维修等作业的人员；

（九）短期出海人员，是指每次在海上作业5～15日以下（含5日），或者年累计出海时间在10~30日（含10日）的海上石油作业人员；

（十）临时出海人员，是指每次出海在5日以下的人员，或者年累计10日以下；

（十一）海上油气生产设施兼职消防队员，是指海上油（气）生产设施上，直接从事消防设备操作、现场灭火指挥的关键人员；

（十二）“海上石油作业安全救生”培训，是指“海上求生”、“海上平台消防”、“救生艇筏操纵”、“海上急救”、“直升机遇险水下逃生”5项内容的培训；

（十三）弃井作业，是指为了防止海洋污染、保证油井和海上运输安全而对油井采取的防止溢油和碰撞的一系列措施，包括永久性弃井作业和临时弃井作业；永久性弃井，是指对废弃的井进行封堵井眼及回收井口装置的作业；临时弃井，是指对正在钻井，因故中止作业或者对已完成作业的井需保留井口而进行的封堵井眼，戴井口帽及设置井口信号标志的作业。

第一百一十七条 本细则所规定的有关文书格式，由海油安办统一式样。

第一百一十八条 从事内陆湖泊的石油开采活动，参照本细则有关规定执行。

第一百一十九条 本细则自2009年12月1日起施行。

国家安全生产监督管理总局令

第 20 号

新修订的《非煤矿矿山企业安全生产许可证实施办法》已经 2009 年 4 月 30 日国家安全生产监督管理总局局长办公会议审议通过，现予公布，自公布之日起施行。原国家安全生产监督管理局（国家煤矿安全监察局）2004 年 5 月 17 日公布的《非煤矿矿山企业安全生产许可证实施办法》同时废止。

局长　骆琳

2009 年 6 月 8 日

非煤矿矿山企业安全生产许可证实施办法

（2009 年 6 月 8 日国家安全生产监督管理总局第 20 号公布　根据 2015 年 5 月 26 日国家安全生产监督管理总局第 78 号修正）

目　　录

第一章　总　　则

第一条　为了严格规范非煤矿矿山企业安全生产条件，做好非煤矿矿山企业安全生产许可证的颁发管理工作，根据《安全生产许可证条例》等法律、行政法规，制定本实施办法。

第二条　非煤矿矿山企业必须依照本实施办法的规定取得安全生产许可证。未取得安全生产许可证的，不得从事生产活动。

第三条　非煤矿矿山企业安全生产许可证的颁发管理工作实行企业申请、

两级发证、属地监管的原则。

第四条 国家安全生产监督管理总局指导、监督全国非煤矿矿山企业安全生产许可证的颁发管理工作，负责海洋石油天然气企业安全生产许可证的颁发和管理。

省、自治区、直辖市人民政府安全生产监督管理部门(以下简称省级安全生产许可证颁发管理机关)负责本行政区域内除本条第一款规定以外的非煤矿矿山企业安全生产许可证的颁发和管理。

省级安全生产许可证颁发管理机关可以委托设区的市级安全生产监督管理部门实施非煤矿矿山企业安全生产许可证的颁发管理工作；但中央管理企业所属非煤矿矿山的安全生产许可证颁发管理工作不得委托实施。

第五条 本实施办法所称的非煤矿矿山企业包括金属非金属矿山企业及其尾矿库、地质勘探单位、采掘施工企业、石油天然气企业。

金属非金属矿山企业，是指从事金属和非金属矿产资源开采活动的下列单位：

1. 专门从事矿产资源开采的生产单位；

2. 从事矿产资源开采、加工的联合生产企业及其矿山生产单位；

3. 其他非矿山企业中从事矿山生产的单位。

尾矿库，是指筑坝拦截谷口或者围地构成的，用以贮存金属非金属矿石选别后排出尾矿的场所，包括氧化铝厂赤泥库，不包括核工业矿山尾矿库及电厂灰渣库。

地质勘探单位，是指采用钻探工程、坑探工程对金属非金属矿产资源进行勘探作业的单位。

采掘施工企业，是指承担金属非金属矿山采掘工程施工的单位。

石油天然气企业，是指从事石油和天然气勘探、开发生产、储运的单位。

第二章 安全生产条件和申请

第六条 非煤矿矿山企业取得安全生产许可证，应当具备下列安全生产条件：

（一）建立健全主要负责人、分管负责人、安全生产管理人员、职能部门、岗位安全生产责任制；制定安全检查制度、职业危害预防制度、安全教育培训制度、生产安全事故管理制度、重大危险源监控和重大隐患整改制度、设备安全管理制度、安全生产档案管理制度、安全生产奖惩制度等规章制度；制定作业安全规程和各工种操作规程；

（二）安全投入符合安全生产要求，依照国家有关规定足额提取安全生产费用；

（三）设置安全生产管理机构，或者配备专职安全生产管理人员；

（四）主要负责人和安全生产管理人员经安全生产监督管理部门考核合格，取得安全资格证书；

（五）特种作业人员经有关业务主管部门考核合格，取得特种作业操作资格证书；

（六）其他从业人员依照规定接受安全生产教育和培训，并经考试合格；

（七）依法参加工伤保险，为从业人员缴纳保险费；

（八）制定防治职业危害的具体措施，并为从业人员配备符合国家标准或者行业标准的劳动防护用品；

（九）新建、改建、扩建工程项目依法进行安全评价，其安全设施经验收合格；

（十）危险性较大的设备、设施按照国家有关规定进行定期检测检验；

（十一）制定事故应急救援预案，建立事故应急救援组织，配备必要的应急救援器材、设备；生产规模较小可以不建立事故应急救援组织的，应当指定兼职的应急救援人员，并与邻近的矿山救护队或者其他应急救援组织签订救护协议；

（十二）符合有关国家标准、行业标准规定的其他条件。

第七条 海洋石油天然气企业申请领取安全生产许可证，向国家安全生产监督管理总局提出申请。

本条第一款规定以外的其他非煤矿矿山企业申请领取安全生产许可证，向企业所在地省级安全生产许可证颁发管理机关或其委托的设区的市级安全生产监督管理部门提出申请。

第八条 非煤矿矿山企业申请领取安全生产许可证，应当提交下列文件、资料：

（一）安全生产许可证申请书；

（二）工商营业执照复印件；

（三）采矿许可证复印件；

（四）各种安全生产责任制复印件；

（五）安全生产规章制度和操作规程目录清单；

（六）设置安全生产管理机构或者配备专职安全生产管理人员的文件复印件；

（七）主要负责人和安全生产管理人员安全资格证书复印件；

（八）特种作业人员操作资格证书复印件；

（九）足额提取安全生产费用的证明材料；

（十）为从业人员缴纳工伤保险费的证明材料；因特殊情况不能办理工伤保险的，可以出具办理安全生产责任保险的证明材料；

（十一）涉及人身安全、危险性较大的海洋石油开采特种设备和矿山井下特种设备由具备相应资质的检测检验机构出具合格的检测检验报告，并取得安全使用证或者安全标志；

（十二）事故应急救援预案，设立事故应急救援组织的文件或者与矿山救护队、其他应急救援组织签订的救护协议；

（十三）矿山建设项目安全设施验收合格的书面报告。

第九条 非煤矿矿山企业总部申请领取安全生产许可证，不需要提交本实施办法第八条第（三）、（八）、（九）、（十）、（十一）、（十二）、（十三）项规定的文件、资料。

第十条 金属非金属矿山企业从事爆破作业的，除应当依照本实施办法第八条的规定提交相应文件、资料外，还应当提交《爆破作业单位许可证》。

第十一条 尾矿库申请领取安全生产许可证，不需要提交本实施办法第八条第（三）项规定的文件、资料。

第十二条 地质勘探单位申请领取安全生产许可证，不需要提交本实施办法第八条第（三）、（九）、（十三）项规定的文件、资料，但应当提交地质勘查资质证书复印件；从事爆破作业的，还应当提交《爆破作业单位许可证》。

第十三条 采掘施工企业申请领取安全生产许可证，不需要提交本实施办法第八条第（三）、（九）、（十三）项规定的文件、资料，但应当提交矿山工程施工相关资质证书复印件；从事爆破作业的，还应当提交《爆破作业单位许可证》。

第十四条 石油天然气勘探单位申请领取安全生产许可证，不需要提交本实施办法第八条第（三）、（十三）项规定的文件、资料；石油天然气管道储运单位申请领取安全生产许可证不需要提交本实施办法第八条第（三）项规定的文件、资料。

第十五条 非煤矿矿山企业应当对其向安全生产许可证颁发管理机关提交的文件、资料实质内容的真实性负责。

从事安全评价、检测检验的中介机构应当对其出具的安全评价报告、检测检验结果负责。

第三章 受理、审核和颁发

第十六条 安全生产许可证颁发管理机关对非煤矿矿山企业提交的申请书及文件、资料，应当依照下列规定分别处理：

（一）申请事项不属于本机关职权范围的，应当即时作出不予受理的决定，并告知申请人向有关机关申请；

（二）申请材料存在可以当场更正的错误的，应当允许或者要求申请人当场更正，并即时出具受理的书面凭证；

（三）申请材料不齐全或者不符合要求的，应当当场或者在 5 个工作日内一次性书面告知申请人需要补正的全部内容，逾期不告知的，自收到申请材料之日起即为受理；

（四）申请材料齐全、符合要求或者依照要求全部补正的，自收到申请材料或者全部补正材料之日起为受理。

第十七条　安全生产许可证颁发管理机关应当依照本实施办法规定的法定条件组织，对非煤矿矿山企业提交的申请材料进行审查，并在受理申请之日起 45 日内作出颁发或者不予颁发安全生产许可证的决定。安全生产许可证颁发管理机关认为有必要到现场对非煤矿矿山企业提交的申请材料进行复核的，应当到现场进行复核。复核时间不计算在本款规定的期限内。

对决定颁发的，安全生产许可证颁发管理机关应当自决定之日起 10 个工作日内送达或者通知申请人领取安全生产许可证；对决定不予颁发的，应当在 10 个工作日内书面通知申请人并说明理由。

第十八条　安全生产许可证颁发管理机关应当依照下列规定颁发非煤矿矿山企业安全生产许可证：

（一）对金属非金属矿山企业，向企业及其所属各独立生产系统分别颁发安全生产许可证；对于只有一个独立生产系统的企业，只向企业颁发安全生产许可证；

（二）对中央管理的陆上石油天然气企业，向企业总部直接管理的分公司、子公司以及下一级与油气勘探、开发生产、储运直接相关的生产作业单位分别颁发安全生产许可证；对设有分公司、子公司的地方石油天然气企业，向企业总部及其分公司、子公司颁发安全生产许可证；对其他陆上石油天然气企业，向具有法人资格的企业颁发安全生产许可证；

（三）对海洋石油天然气企业，向企业及其直接管理的分公司、子公司以及下一级与油气开发生产直接相关的生产作业单位、独立生产系统分别颁发安全生产许可证；对其他海洋石油天然气企业，向具有法人资格的企业颁发安全生产许可证；

（四）对地质勘探单位，向最下级具有企事业法人资格的单位颁发安全生产许可证；对采掘施工企业，向企业颁发安全生产许可证；

（五）对尾矿库单独颁发安全生产许可证。

第四章　安全生产许可证延期和变更

第十九条　安全生产许可证的有效期为3年。安全生产许可证有效期满后需要延期的，非煤矿矿山企业应当在安全生产许可证有效期届满前3个月向原安全生产许可证颁发管理机关申请办理延期手续，并提交下列文件、资料：

（一）延期申请书；

（二）安全生产许可证正本和副本；

（三）本实施办法第二章规定的相应文件、资料。

金属非金属矿山独立生产系统和尾矿库，以及石油天然气独立生产系统和作业单位还应当提交由具备相应资质的中介服务机构出具的合格的安全现状评价报告。

金属非金属矿山独立生产系统和尾矿库在提出延期申请之前6个月内经考评合格达到安全标准化等级的，可以不提交安全现状评价报告，但需要提交安全标准化等级的证明材料。

安全生产许可证颁发管理机关应当依照本实施办法第十六条、第十七条的规定，对非煤矿矿山企业提交的材料进行审查，并作出是否准予延期的决定。决定准予延期的，应当收回原安全生产许可证，换发新的安全生产许可证；决定不准予延期的，应当书面告知申请人并说明理由。

第二十条　非煤矿矿山企业符合下列条件的，当安全生产许可证有效期届满申请延期时，经原安全生产许可证颁发管理机关同意，不再审查，直接办理延期手续：

（一）严格遵守有关安全生产的法律法规的；

（二）取得安全生产许可证后，加强日常安全生产管理，未降低安全生产条件，并达到安全标准化等级二级以上的；

（三）接受安全生产许可证颁发管理机关及所在地人民政府安全生产监督管理部门的监督检查的；

（四）未发生死亡事故的。

第二十一条　非煤矿矿山企业在安全生产许可证有效期内有下列情形之一的，应当自工商营业执照变更之日起30个工作日内向原安全生产许可证颁发管理机关申请变更安全生产许可证：

（一）变更单位名称的；

（二）变更主要负责人的；

（三）变更单位地址的；

（四）变更经济类型的；

（五）变更许可范围的。

第二十二条　非煤矿矿山企业申请变更安全生产许可证时，应当提交下列文件、资料：

（一）变更申请书；

（二）安全生产许可证正本和副本；

（三）变更后的工商营业执照、采矿许可证复印件及变更说明材料。

变更本实施办法第二十一条第（二）项的，还应当提交变更后的主要负责人的安全资格证书复印件。

对已经受理的变更申请，安全生产许可证颁发管理机关对申请人提交的文件、资料审查无误后，应当在10个工作日内办理变更手续。

第二十三条　安全生产许可证申请书、审查书、延期申请书和变更申请书由国家安全生产监督管理总局统一格式。

第二十四条　非煤矿矿山企业安全生产许可证分为正本和副本，正本和副本具有同等法律效力，正本为悬挂式，副本为折页式。

非煤矿矿山企业安全生产许可证由国家安全生产监督管理总局统一印制和编号。

第五章　安全生产许可证的监督管理

第二十五条　非煤矿矿山企业取得安全生产许可证后，应当加强日常安全生产管理，不得降低安全生产条件，并接受所在地县级以上安全生产监督管理部门的监督检查。

第二十六条　地质勘探单位、采掘施工单位在登记注册的省、自治区、直辖市以外从事作业的，应当向作业所在地县级以上安全生产监督管理部门书面报告。

第二十七条　非煤矿矿山企业不得转让、冒用、买卖、出租、出借或者使用伪造的安全生产许可证。

第二十八条　非煤矿矿山企业发现在安全生产许可证有效期内采矿许可证到期失效的，应当在采矿许可证到期前15日内向原安全生产许可证颁发管理机关报告，并交回安全生产许可证正本和副本。

采矿许可证被暂扣、撤销、吊销和注销的，非煤矿矿山企业应当在暂扣、撤销、吊销和注销后5日内向原安全生产许可证颁发管理机关报告，并交回安全生产许可证正本和副本。

第二十九条　安全生产许可证颁发管理机关应当坚持公开、公平、公正的原则，严格依照本实施办法的规定审查、颁发安全生产许可证。

安全生产许可证颁发管理机关工作人员在安全生产许可证颁发、管理和监督检查工作中，不得索取或者接受非煤矿矿山企业的财物，不得谋取其他利益。

第三十条 安全生产许可证颁发管理机关发现有下列情形之一的，应当撤销已经颁发的安全生产许可证：

（一）超越职权颁发安全生产许可证的；

（二）违反本实施办法规定的程序颁发安全生产许可证的；

（三）不具备本实施办法规定的安全生产条件颁发安全生产许可证的；

（四）以欺骗、贿赂等不正当手段取得安全生产许可证的。

第三十一条 取得安全生产许可证的非煤矿矿山企业有下列情形之一的，安全生产许可证颁发管理机关应当注销其安全生产许可证：

（一）终止生产活动的；

（二）安全生产许可证被依法撤销的；

（三）安全生产许可证被依法吊销的。

第三十二条 非煤矿矿山企业隐瞒有关情况或者提供虚假材料申请安全生产许可证的，安全生产许可证颁发管理机关不予受理，该企业在1年内不得再次申请安全生产许可证。

非煤矿矿山企业以欺骗、贿赂等不正当手段取得安全生产许可证后被依法予以撤销的，该企业3年内不得再次申请安全生产许可证。

第三十三条 县级以上地方人民政府安全生产监督管理部门负责本行政区域内取得安全生产许可证的非煤矿矿山企业的日常监督检查，并将监督检查中发现的问题及时报告安全生产许可证颁发管理机关。中央管理的非煤矿矿山企业由设区的市级以上地方人民政府安全生产监督管理部门负责日常监督检查。

国家安全生产监督管理总局负责取得安全生产许可证的中央管理的非煤矿矿山企业总部和海洋石油天然气企业的日常监督检查。

第三十四条 安全生产许可证颁发管理机关每6个月向社会公布取得安全生产许可证的非煤矿矿山企业名单。

第三十五条 安全生产许可证颁发管理机关应当将非煤矿矿山企业安全生产许可证颁发管理情况通报非煤矿矿山企业所在地县级以上地方人民政府及其安全生产监督管理部门。

第三十六条 安全生产许可证颁发管理机关应当加强对非煤矿矿山企业安全生产许可证的监督管理，建立、健全非煤矿矿山企业安全生产许可证信息管理制度。

省级安全生产许可证颁发管理机关应当在安全生产许可证颁发之日起1个月内将颁发和管理情况录入到全国统一的非煤矿矿山企业安全生产许可证管理系统。

第三十七条　任何单位或者个人对违反《安全生产许可证条例》和本实施办法规定的行为，有权向安全生产许可证颁发管理机关或者监察机关等有关部门举报。

第六章　罚　　则

第三十八条　安全生产许可证颁发管理机关工作人员有下列行为之一的，给予降级或者撤职的行政处分；构成犯罪的，依法追究刑事责任：

（一）向不符合本实施办法规定的安全生产条件的非煤矿矿山企业颁发安全生产许可证的；

（二）发现非煤矿矿山企业未依法取得安全生产许可证擅自从事生产活动，不依法处理的；

（三）发现取得安全生产许可证的非煤矿矿山企业不再具备本实施办法规定的安全生产条件，不依法处理的；

（四）接到对违反本实施办法规定行为的举报后，不及时处理的；

（五）在安全生产许可证颁发、管理和监督检查工作中，索取或者接受非煤矿矿山企业的财物，或者谋取其他利益的。

第三十九条　承担安全评价、认证、检测、检验工作的机构，出具虚假证明的，没收违法所得；违法所得在10万元以上的，并处违法所得2倍以上5倍以下的罚款；没有违法所得或者违法所得不足10万元的，单处或者并处10万元以上20万元以下的罚款；对其直接负责的主管人员和其他直接责任人员处2万元以上5万元以下的罚款；给他人造成损害的，与建设单位承担连带赔偿责任；构成犯罪的，依照刑法有关规定追究刑事责任。

对有前款违法行为的机构，吊销其相应资质。

第四十条　取得安全生产许可证的非煤矿矿山企业不再具备本实施办法第六条规定的安全生产条件之一的，应当暂扣或者吊销其安全生产许可证。

第四十一条　取得安全生产许可证的非煤矿矿山企业有下列行为之一的，吊销其安全生产许可证：

（一）倒卖、出租、出借或者以其他形式非法转让安全生产许可证的；

（二）暂扣安全生产许可证后未按期整改或者整改后仍不具备安全生产条件的。

第四十二条　非煤矿矿山企业有下列行为之一的，责令停止生产，没收违法所得，并处10万元以上50万元以下的罚款：

（一）未取得安全生产许可证，擅自进行生产的；

（二）接受转让的安全生产许可证的；

（三）冒用安全生产许可证的；

(四) 使用伪造的安全生产许可证的。

第四十三条 非煤矿矿山企业在安全生产许可证有效期内出现采矿许可证有效期届满和采矿许可证被暂扣、撤销、吊销、注销的情况，未依照本实施办法第二十八条的规定向安全生产许可证颁发管理机关报告并交回安全生产许可证的，处 1 万元以上 3 万元以下罚款。

第四十四条 非煤矿矿山企业在安全生产许可证有效期内，出现需要变更安全生产许可证的情形，未按本实施办法第二十一条的规定申请、办理变更手续的，责令限期办理变更手续，并处 1 万元以上 3 万元以下罚款。

地质勘探单位、采掘施工单位在登记注册地以外进行跨省作业，以及跨省(自治区、直辖市)运营的石油天然气管道管理的单位，未按照本实施办法第二十六条的规定书面报告的，责令限期办理书面报告手续，并处 1 万元以上 3 万元以下的罚款。

第四十五条 非煤矿矿山企业在安全生产许可证有效期满未办理延期手续，继续进行生产的，责令停止生产，限期补办延期手续，没收违法所得，并处 5 万元以上 10 万元以下的罚款；逾期仍不办理延期手续，继续进行生产的，依照本实施办法第四十二条的规定处罚。

第四十六条 非煤矿矿山企业转让安全生产许可证的，没收违法所得，并处 10 万元以上 50 万元以下的罚款。

第四十七条 本实施办法规定的行政处罚，由安全生产许可证颁发管理机关决定。安全生产许可证颁发管理机关可以委托县级以上安全生产监督管理部门实施行政处罚。但撤销、吊销安全生产许可证和撤销有关资格的行政处罚除外。

第七章　附　　则

第四十八条 本实施办法所称非煤矿矿山企业独立生产系统，是指具有相对独立的采掘生产系统及通风、运输(提升)、供配电、防排水等辅助系统的作业单位。

第四十九条 危险性较小的地热、温泉、矿泉水、卤水、砖瓦用粘土等资源开采活动的安全生产许可，由省级安全生产许可证颁发管理机关决定。

第五十条 同时开采煤炭与金属非金属矿产资源且以煤炭、煤层气为主采矿种的煤系矿山企业应当申请领取煤矿企业安全生产许可证，不再申请领取非煤矿矿山企业安全生产许可证。

第五十一条 本实施办法自公布之日起施行。2004 年 5 月 17 日原国家安全生产监督管理局(国家煤矿安全监察局)公布的《非煤矿山企业安全生产许可证实施办法》同时废止。

国家安全生产监督管理总局令

第4号

《海洋石油安全生产规定》已经2006年1月6日国家安全生产监督管理总局局长办公会议审议通过，现予公布，自2006年5月1日起施行，原石油工业部1986年颁布的《海洋石油作业安全管理规定》同时废止。

局长　李毅中

2006年2月7日

海洋石油安全生产规定

（2006年2月7日国家安全监管总局令第4号公布　根据2013年8月29日国家安全生产监督管理总局令第63号第一次修正　根据2015年5月26日国家安全生产监督管理总局令第78号第二次修正）

第一章　总　　则

第一条　为了加强海洋石油安全生产工作，防止和减少海洋石油生产安全事故和职业危害，保障从业人员生命和财产安全，根据《安全生产法》及有关法律、行政法规，制定本规定。

第二条　在中华人民共和国的内水、领海、毗连区、专属经济区、大陆架以及中华人民共和国管辖的其他海域内的海洋石油开采活动的安全生产，适用本规定。

第三条　海洋石油作业者和承包者是海洋石油安全生产的责任主体。

本规定所称作业者是指负责实施海洋石油开采活动的企业，或者按照石油合同的约定负责实施海洋石油开采活动的实体。

本规定所称承包者是指向作业者提供服务的企业或者实体。

第四条　国家安全生产监督管理总局（以下简称安全监管总局）对海洋石油安全生产实施综合监督管理。

安全监管总局设立海洋石油作业安全办公室（以下简称海油安办）作为实施海洋石油安全生产综合监督管理的执行机构。海油安办根据需要设立分部，各分部依照有关规定实施具体的安全监督管理。

第二章　安全生产保障

第五条　作业者和承包者应当遵守有关安全生产的法律、行政法规、部门规章、国家标准和行业标准，具备安全生产条件。

第六条 作业者应当加强对承包者的安全监督和管理，并在承包合同中约定各自的安全生产管理职责。

第七条 作业者和承包者的主要负责人对本单位的安全生产工作全面负责。

作业者和从事物探、钻井、测井、录井、试油、井下作业等活动的承包者及海洋石油生产设施的主要负责人、安全管理人员应当按照安全监管总局的规定，经过安全资格培训，具备相应的安全生产知识和管理能力，经考核合格取得安全资格证书。

第八条 作业者和承包者应当对从业人员进行安全生产教育和培训，保证从业人员具备必要的安全生产知识，熟悉有关的安全生产规章制度和安全操作规程，掌握本岗位的安全操作技能。

第九条 出海作业人员应当接受海洋石油作业安全救生培训，经考核合格后方可出海作业。

临时出海人员应接受必要的安全教育。

第十条 特种作业人员应当按照安全监管总局有关规定经专门的安全技术培训，考核合格取得特种作业操作资格证书后方可上岗作业。

第十一条 海洋石油建设项目在可行性研究阶段或者总体开发方案编制阶段应当进行安全预评价。

在设计阶段，海洋石油生产设施的重要设计文件及安全专篇，应当经海洋石油生产设施发证检验机构(以下简称发证检验机构)审查同意。发证检验机构应当在审查同意的设计文件、图纸上加盖印章。

第十二条 海洋石油生产设施应当由具有相应资质或者能力的专业单位施工，施工单位应当按照审查同意的设计方案或者图纸施工。

第十三条 海洋石油生产设施试生产前，应当经发证检验机构检验合格，取得最终检验证书或者临时检验证书，并制订试生产的安全措施，于试生产前45日报海油安办有关分部备案。

海油安办有关分部应对海洋石油生产设施的状况及安全措施的落实情况进行检查。

第十四条 海洋石油生产设施试生产正常后，应当由作业者或承包者负责组织对其安全设施进行竣工验收，并形成书面报告备查。

经验收合格并办理安全生产许可证后，方可正式投入生产使用。

第十五条 作业者和承包者应当向作业人员如实告知作业现场和工作岗位存在的危险因素和职业危害因素，以及相应的防范措施和应急措施。

第十六条 作业者和承包者应当为作业人员提供符合国家标准或者行业标

准的劳动防护用品，并监督、教育作业人员按照使用规则佩戴、使用。

第十七条 作业者和承包者应当制定海洋石油作业设施、生产设施及其专业设备的安全检查、维护保养制度，建立安全检查、维护保养档案，并指定专人负责。

第十八条 作业者和承包者应当加强防火防爆管理，按照有关规定划分和标明安全区与危险区；在危险区作业时，应当对作业程序和安全措施进行审查。

第十九条 作业者和承包者应当加强对易燃、易爆、有毒、腐蚀性等危险物品的管理，按国家有关规定进行装卸、运输、储存、使用和处置。

第二十条 海洋石油的专业设备应当由专业设备检验机构检验合格，方可投入使用。专业设备检验机构对检验结果负责。

第二十一条 海洋石油作业设施首次投入使用前或者变更作业区块前，应当制订作业计划和安全措施。

作业计划和安全措施应当在开始作业前15日报海油安办有关分部备案。

外国海洋石油作业设施进入中华人民共和国管辖海域前按照上述要求执行。

第二十二条 作业者和承包者应当建立守护船值班制度，在海洋石油生产设施和移动式钻井船(平台)周围应备有守护船值班。无人值守的生产设施和陆岸结构物除外。

第二十三条 作业者或者承包者在编制钻井、采油和井下作业等作业计划时，应当根据地质条件与海域环境确定安全可靠的井控程序和防硫化氢措施。

打开油(气)层前，作业者或者承包者应当确认井控和防硫化氢措施的落实情况。

第二十四条 作业者和承包者应当保存安全生产的相关资料，主要包括作业人员名册、工作日志、培训记录、事故和险情记录、安全设备维修记录、海况和气象情况等。

第二十五条 在海洋石油生产设施的设计、建造、安装以及生产的全过程中，实施发证检验制度。

海洋石油生产设施的发证检验包括建造检验、生产过程中的定期检验和临时检验。

第二十六条 发证检验工作由作业者委托具有资质的发证检验机构进行。

第二十七条 发证检验机构应当依照有关法律、行政法规、部门规章和国家标准、行业标准或者作业者选定的技术标准实施审查、检验，并对审查、检验结果负责。

作业者选定的技术标准不得低于国家标准和行业标准。

海油安办对发证检验机构实施的设计审查程序、检验程序进行监督。

第三章　安全生产监督管理

第二十八条　海油安办及其各分部对海洋石油安全生产履行以下监督管理职责：

（一）组织起草海洋石油安全生产法规、规章、标准；

（二）监督检查作业者和承包者安全生产条件、设备设施安全和劳动防护用品使用情况；

（三）监督检查作业者和承包者安全生产教育培训情况；负责作业者，从事物探、钻井、测井、录井、试油、井下作业等的承包者和海洋石油生产设施的主要负责人、安全管理人员和特种作业人员的安全培训考核工作；

（四）监督核查海洋石油建设项目生产设施安全竣工验收工作，负责安全生产许可证的发放工作；

（五）负责海洋石油生产设施发证检验、专业设备检测检验、安全评价和安全咨询等社会中介服务机构的资质审查；

（六）组织生产安全事故的调查处理；协调事故和险情的应急救援工作。

第二十九条　监督检查人员必须熟悉海洋石油安全法律法规和安全技术知识，能胜任海洋石油安全检查工作，经考核合格，取得相应的执法资格。

第三十条　海油安办及其各分部依法对作业者和承包者执行有关安全生产的法律、行政法规和国家标准或者行业标准的情况进行监督检查，行使以下职权：

（一）对作业者和承包者进行安全检查，调阅有关资料，向有关单位和人员了解情况；

（二）对检查中发现的安全生产违法行为，当场予以纠正或者要求限期改正；

（三）对检查中发现的事故隐患，应当责令立即排除；重大事故隐患排除前或者排除过程中无法保证安全的，应当责令从危险区域内撤出作业人员，责令暂时停产停业或者停止使用；重大事故隐患排除后，经审查同意，方可恢复生产和使用；

（四）对有根据认为不符合保障安全生产的国家标准或者行业标准的设施、设备、器材予以查封或者扣押，并应当在 15 日内依法作出处理决定。

第三十一条　监督检查人员进行监督检查时，应履行以下义务：

（一）忠于职守，坚持原则，秉公执法；

（二）执行监督检查任务时，必须出示有效的监督执法证件，使用统一的行政执法文书；

(三) 遵守作业者和承包者的有关现场管理规定，不得影响正常生产活动；

(四) 保守作业者和承包者的有关技术秘密和商业秘密。

第三十二条 监督检查人员在进行安全监督检查期间，作业者或者承包者应当免费提供必要的交通工具、防护用品等工作条件。

第三十三条 承担海洋石油生产设施发证检验、专业设备检测检验、安全评价和安全咨询的中介机构应当具备国家规定的资质。

第四章 应急预案与事故处理

第三十四条 作业者应当建立应急救援组织，配备专职或者兼职救援人员，或者与专业救援组织签订救援协议，并在实施作业前编制应急预案。

承包者在实施作业前应编制应急预案。

应急预案应当报海油安办有关分部和其他有关政府部门备案。

第三十五条 应急预案应当包括以下主要内容：作业者和承包者的基本情况、危险特性、可利用的应急救援设备；应急组织机构、职责划分、通讯联络；应急预案启动、应急响应、信息处理、应急状态中止、后续恢复等处置程序；应急演习与训练。

第三十六条 应急预案应充分考虑作业内容、作业海区的环境条件、作业设施的类型、自救能力和可以获得的外部支援等因素，应能够预防和处置各类突发性事故和可能引发事故的险情，并随实际情况的变化及时修改或者补充。

事故和险情包括以下情况：井喷失控、火灾与爆炸、平台遇险、飞机或者直升机失事、船舶海损、油(气)生产设施与管线破损/泄漏、有毒有害物质泄漏、放射性物质遗散、潜水作业事故；人员重伤、死亡、失踪及暴发性传染病、中毒；溢油事故、自然灾害以及其他紧急情况等。

第三十七条 当发生事故或者出现可能引发事故的险情时，作业者和承包者应当按应急预案的规定实施应急措施，防止事态扩大，减少人员伤亡和财产损失。

当发生应急预案中未规定的事件时，现场工作人员应当及时向主要负责人报告。主要负责人应当及时采取相应的措施。

第三十八条 事故和险情发生后，当事人、现场人员、作业者和承包者负责人、各分部和海油安办根据有关规定逐级上报。

第三十九条 海油安办及其有关分部、有关部门接到重大事故报告后，应当立即赶到事故现场，组织事故抢救、事故调查。

第四十条 无人员伤亡事故、轻伤、重伤事故由作业者和承包者负责人或其指定的人员组织生产、技术、安全等有关人员及工会代表参加的事故调查组进行调查。

其他事故的调查处理，按有关规定执行。

第四十一条 作业者应当建立事故统计和分析制度，定期对事故进行统计和分析。事故统计年报应当报海油安办有关分部、政府有关部门。

承包者在提供服务期间发生的事故由作业者负责统计。

第五章 罚 则

第四十二条 监督检查人员在海洋石油安全生产监督检查中滥用职权、玩忽职守、徇私舞弊的，依照有关规定给予行政处分；构成犯罪的，依法追究刑事责任。

第四十三条 作业者和承包者有下列行为之一的，给予警告，并处3万元以下的罚款：

（一）未按规定执行发证检验或者用非法手段获取检验证书的；

（二）未按规定配备守护船，或者使用不满足有关规定要求的船舶做守护船，或者守护船未按规定履行登记手续的；

（三）未按照本规定第三十四条的规定履行备案手续的；

（四）未按有关规定制订井控措施和防硫化氢措施，或者井控措施和防硫化氢措施不落实的。

第四十四条 本规定所列行政处罚，由海油安办及其各分部实施。

《安全生产法》等法律、行政法规对安全生产违法行为的行政处罚另有规定的，依照其规定。

第六章 附 则

第四十五条 本规定下列用语的定义：

（一）石油，是指蕴藏在地下的、正在采出的和已经采出的原油和天然气。

（二）石油合同，是指中国石油企业与外国企业为合作开采中华人民共和国海洋石油资源，依法订立的石油勘探、开发和生产的合同。

（三）海洋石油开采活动，是指在本规定第二条所述海域内从事的石油勘探、开发、生产、储运、油田废弃及其有关的活动。

（四）海洋石油作业设施，是指用于海洋石油作业的海上移动式钻井船（平台）、物探船、铺管船、起重船、固井船、酸化压裂船等设施。

（五）海洋石油生产设施，是指以开采海洋石油为目的的海上固定平台、单点系泊、浮式生产储油装置、海底管线、海上输油码头、滩海陆岸、人工岛和陆岸终端等海上和陆岸结构物。

（六）专业设备，是指海洋石油开采过程中使用的危险性较大或者对安全生产有较大影响的设备，包括海上结构、采油设备、海上锅炉和压力容器、钻井和修井设备、起重和升降设备、火灾和可燃气体探测、报警及控制系统、安全阀、救生设备、消防器材、钢丝绳等系物及被系物、电气仪表等。

第四十六条 内陆湖泊的石油开采的安全生产监督管理，参照本规定相应条款执行。

第四十七条 本规定自 2006 年 5 月 1 日起施行，原石油工业部 1986 年颁布的《海洋石油作业安全管理规定》同时废止。

国家安全监管总局关于印发非煤矿山领域遏制重特大事故工作方案的通知

安监总管一〔2016〕60号

各省、自治区、直辖市及新疆生产建设兵团安全生产监督管理局，海油安办各分部，有关中央企业：

为认真贯彻落实党中央、国务院决策部署，坚决防范遏制非煤矿山重特大事故发生，根据《国务院安委会办公室关于印发标本兼治遏制重特大事故工作指南的通知》（安委办〔2016〕3号）要求，国家安全监管总局制定了《非煤矿山领域遏制重特大事故工作方案》，现印发给你们，请遵照执行。

国家安全监管总局

2016年5月27日

非煤矿山领域遏制重特大事故工作方案

为推动各地区及非煤矿山企业强化风险管控，坚决防范遏制重特大事故，根据国务院安委会办公室《标本兼治遏制重特大事故工作指南》，制定本方案。

一、全面加强安全风险分级管控和隐患排查治理双重预防性工作机制建设

（一）进一步完善非煤矿山安全风险分级方法，明确非煤矿山重大隐患判定标准，推动构建非煤矿山安全风险分级管控和隐患排查治理双重预防性工作机制。

（二）确定每一座非煤矿山及矿山内部各生产区域、岗位的安全风险级别，建立非煤矿山企业安全风险和事故隐患数据库，分类制定落实安全风险管控措施。

（三）完善非煤矿山安全风险公告、岗位安全风险确认制度，在非煤矿山企业推行安全操作“明白卡”。

（四）针对非煤矿山可能引发重特大事故的环节，强制推行6项重大风险防控措施：

1. 单班井下作业人数50人及以上的地下矿山，必须在2016年12月底前将井下人员定位系统、监测监控系统纳入到当地安全监管部门的安全生产综合信息平台。

2. 开采深度800米及以上的地下矿山，必须在2016年12月底前安装在线地压监测系统。

3. 乘载人数30人及以上的提升罐笼，必须将每半年一次的钢丝绳检验报告(平衡用钢丝绳和摩擦式提升机的提升用钢丝绳除外)和每年一次的提升系统检测报告报送安全监管部门。

4. 所有地下矿山必须于2016年7月底前配齐符合安全生产强制性标准要求、具有矿用产品安全标志的便携式气体检测报警仪和自救器。

5. 水文地质条件中等及以上的地下矿山，必须于2016年12月底前配备超前探放水设备。

6. 边坡高度200米以上的露天矿山高陡边坡、堆置高度200米以上的排土场、三等及以上等级的尾矿库，必须进行在线监测，定期进行稳定性专项分析。

二、全面提升安全技术装备水平

(一) 制定公布金属非金属矿山第三批淘汰落后、第二批推广先进设备及工艺目录。

(二) 加大执法检查力度，推动非煤矿山企业在限期内淘汰落后设备及工艺。

(三) 研究推进小型金属非金属地下矿山机械化建设的意见，推动小型金属非金属地下矿山不断提高机械化水平。

三、严厉惩治各类违法违规行为

(一) 地方各级安全监管部门每季度都要开展1次集中执法媒体曝光行动，严厉打击非煤矿山违法违规行为，在地方主流媒体公开曝光。

(二) 广泛开展按风险等级检查和“双随机”检查及暗查暗访相结合的安全检查执法工作，保持非煤矿山领域打击违法违规行为高压态势。

四、严格安全生产源头治理

(一) 推动各地区全面制定提高金属非金属矿山主要矿种最小开采规模标准，不符合国家或本地区规定的最小开采规模标准的矿山一律不予安全许可。

(二) 制定完善尾矿库闭库销号管理办法，落实闭库后尾矿库的安全监管责任，规范安全管理。

(三) 推动地方政府将金属非金属矿山整顿升级纳入“十三五”转方式调结构总体方案。推动各地区按照“淘汰关闭一批、改造提升一批、整合做大一批”的原则，整治淘汰不具备安全生产条件的小矿山。

(四) 研究制定有关油页岩、页岩气开采等非煤矿山领域新业态的安全生产标准，对于没有相关标准的建设项目暂时不予许可。

(五) 健全非煤矿山建设项目安全预评价、安全设施设计、重大设计变更、安全验收评价和安全设施竣工验收管控标准体系。

五、开展保护生命重点工程建设

（一）推动开展金属非金属地下矿山采空区治理工程。

（二）推动开展尾矿库“头顶库”重大隐患治理工程。

通过政策引导，建立一批采空区和“头顶库”治理试点工程，采取综合治理措施，利用2~3年时间完成两项重大隐患治理。

六、切实提升应急处置能力

（一）督促非煤矿山企业完善各类事故专项应急预案和高风险岗位现场处置方案，并定期组织演练。

（二）根据透水、火灾、坠罐、冒顶片帮、中毒窒息等各类事故特点，有针对性地开展警示教育和应急培训，强化现场应急处置和初次救援，杜绝盲目施救。

（三）推动各地区根据实际，在矿山集中的地区组建机动性强、专业力量匹配的矿山应急救援队伍，健全地企联动、协调有效的救援机制。

国家安全监管总局关于非煤矿山安全生产风险分级监管工作的指导意见

安监总管一〔2015〕91 号

各省、自治区、直辖市及新疆生产建设兵团安全生产监督管理局，海洋石油作业安全办公室各分部：

为认真贯彻落实党中央、国务院关于加强安全生产工作的决策部署，推动加强创新型、学习型、服务型非煤矿山安全监管队伍建设，不断提高非煤矿山安全监管工作的科学化水平，努力解决非煤矿山安全监管人员总量偏少、专业人员匮乏和监管方式方法比较落后三重叠加的突出矛盾和问题，促进非煤矿山安全生产形势持续稳定好转，结合《国家安全监管总局关于全面开展非煤矿山“三项监管”工作的通知》(安监总管一〔2015〕22 号)要求，现就全面推行非煤矿山安全生产风险分级监管工作提出如下意见：

一、工作目标和基本原则

(一) 工作目标。

1. 事故总量、死亡人数和较大事故持续下降，有效遏制重特大事故。

2. 非煤矿山企业规模化、机械化、标准化、信息化水平明显提高，矿山数量明显下降。

3. 非煤矿山安全监管工作的科学化水平明显提高，企业安全生产主体责任得到更好落实。

(二) 基本原则。

1. 关注风险、突出重点。从固有风险、设备设施、安全管理、人员素质和安全业绩 5 个方面，综合评估企业风险程度和存在的重点问题，从而采取有针对性的监管措施。

2. 定性分析与定量评估相结合。结合安全生产标准化评级和专家“会诊”结果，采用定性分析的方式评估企业固有风险、设备设施、安全管理、人员素质和安全业绩，倡导采用权重设置、赋值分析等定量分析方法。

3. 动态分级，差异监管。根据企业风险因素变化情况，及时调整企业风险级别，并对不同风险级别的企业在执法检查频次、执法检查内容等方面体现差异化。

4. 因地制宜，符合实际。各省级安全监管局要根据本意见，结合实际，科学制定本地区的风险分级监管实施办法。

二、分级方法

（一）专家评估。

充分发挥专家“会诊”的作用，将专家“会诊”的结果作为风险分级的重要参考依据。

（二）综合研判。

综合评估企业固有风险、设备设施、安全管理、人员素质和安全业绩等方面的风险因素，结合安全生产标准化评级和专家“会诊”结果，将企业按照风险程度由低到高划分为 A、B、C、D 四个级别。

对于存在以下固有风险情形的企业，结合其技术装备水平、风险管理能力、人员素质和安全业绩等方面的情况，一般应当将其纳入高风险级别实施重点监管。

1. 地下矿山：井下同期作业人数超过 30 人（含 30 人，下同）、开采深度超过 800 米、“三下开采”以及水文地质条件、工程地质条件或者周边环境复杂。

2. 露天矿山：边坡高度超过 200 米以及水文地质条件、工程地质条件或者周边环境复杂。

3. 尾矿库：库容超过 1 亿立方米、坝高超过 200 米以及库址地质条件或者周边环境复杂。

4. 陆上石油天然气开采企业：井口产出天然气中硫化氢含量超过 20ppm、原油站场储罐容量超过 3 万立方米、天然气站场净化处理能力超过 100 万立方米/天或者周边环境复杂。

（三）一票否决。

对于存在以下情况的企业，应当将其评定为 D 级企业，依法严厉处罚，并责令其限期整改隐患；逾期不整改或者整改不到位的，依法予以关闭。

1. 地下矿山：未形成完善的机械通风系统，提升设备未按规定检测检验合格，未为井下作业人员配备符合要求的自救器和便携式气体检测报警仪，井下单班作业人数超过 30 人未建立人员定位系统，井下存在独立规模大于 3 万立方米或者总规模大于 50 万立方米的采空区，未配备相关工程技术人员，图纸与实际情况严重不符等。

2. 露天矿山：未进行自上而下、分台阶（分层）开采，未建立边坡管理和检查制度，未采用机械铲装、机械二次破碎，未采用中深孔爆破，排土场无正规设计，排土场为病级或者危险级，未配备相关工程技术人员等。

3. 尾矿库：安全度为危级或者险级，防排洪系统缺失或者失效，调洪库容不足，安全超高或者最小干滩长度不满足要求，排渗设施失效，浸润线埋深小于控制浸润线埋深，坝体出现贯穿性横向裂缝等。

4. 陆上石油天然气开采企业：在含硫化氢环境中的作业人员上岗前未经培训合格，高含硫油气井的井下工具及地面配套管材不满足抗硫要求等。

（四）风险公告。

企业应当在醒目位置设置公告栏，标明本企业的风险级别、主要风险及应对措施，以及安全监管部门对企业实施的监管措施；应当为每名员工量身定制风险告知卡，列出岗位职责、岗位风险、岗位安全规程、事故预防及应急措施等内容。

三、评估重点内容

（一）安全生产固有风险重点评估内容。

1. 地下矿山：设计施工情况、井下同期作业人数、开采深度、开拓方式、采矿方法、采空区情况、水文地质条件、工程地质条件和周边环境等。

2. 露天矿山：设计施工情况、边坡高度、边坡角、水文地质条件、工程地质条件、封闭圈以下深度、排土场情况和周边环境等。

3. 尾矿库：设计施工情况、库容、坝高、汇水面积、筑坝方式、库址地质条件和周边环境等。

4. 陆上石油天然气开采企业：高含硫井口数、产出物硫化氢含量、原油储罐容量、净化处理能力和周边环境等。

（二）设备设施重点评估内容。

1. 采掘、支护和运输系统的机械化程度，通风、排水和提升系统的自动化水平。

2. 生产、调度、管理、监控信息化和智能化水平。

3. 设备设施的技术水平，先进适用技术和装备的应用情况。

4. 设备设施取得矿用产品安全标志情况。

5. 设备设施定期检测检验执行情况。

6. 禁止使用设备的淘汰情况。

（三）企业安全管理水平重点评估内容。

1. 企业管理人员和岗位工人安全责任清单制定情况，安全管理制度、作业安全规程、各工种操作规程等制度建立和落实情况。

2. 安全管理机构设置和安全管理人员配备情况。

3. 安全投入情况。

4. 隐患排查治理体系建立和运行情况。

5. 安全生产标准化体系建立和运行情况。

6. 事故应急救援预案编制和演练情况。

7. 作业现场管理情况。

8. 安全风险公告情况。

（四）企业人员素质重点评估内容。

1. 主要负责人、安全生产管理人员培训和现场考核情况。

2. 特种作业人员培训和现场考核情况。

3. 从业人员安全培训及安全考核情况。

4. 各类专业技术人员配备情况。

（五）企业安全业绩重点评估内容。

1. 建矿以来生产安全事故情况。

2. 建矿以来安全生产监管指令落实情况。

3. 安全生产非法违法情况。

四、监管方法

（一）动态监管。

各级安全监管部门应当根据企业风险变化，及时调整其风险级别，实施动态化评估分级。对于发生致人死亡生产安全事故的企业，应当立即将其调整为C级或D级；对于发生较大以上事故的企业，应当立即将其调整为D级。企业安全生产条件有较大改善或整改完成后，应根据情况重新评估并确定其风险级别。

（二）差异化监管。

各级安全监管部门要结合自身监管力量，针对不同风险级别的企业制定科学合理的执法检查计划，在执法检查频次、执法检查重点等方面体现差异化。鼓励A级企业强化自我管理，促进B级企业提升安全管理水平，推动C级企业改善安全生产条件，督促D级企业采取有效的风险控制措施，努力降低安全生产风险。

五、其他事项

（一）请各省级安全监管局根据本意见，制定本地区非煤矿山风险分级监管实施办法，并于2015年9月底前报送国家安全监管总局监管一司。

（二）海洋石油开采企业风险分级监管办法由国家安全监管总局海洋石油作业安全办公室另行制定。

安全监管总局

2015年8月19日

国家安全监管总局办公厅
关于切实加强海洋石油安全监管工作的通知

安监总厅海油〔2012〕38号

海洋石油作业安全办公室各分部，有关中央企业：

为深入贯彻落实《国务院关于进一步加强企业安全生产工作的通知》（国发〔2010〕23号，以下简称《通知》）、《国务院关于坚持科学发展安全发展促进安全生产形势持续稳定好转的意见》（国发〔2011〕40号，以下简称《意见》）和国务院安委会全体会议、全国安全生产电视电话会议、全国安全生产工作会议精神，进一步做好海洋石油安全生产工作，有效防范各类事故发生，促进海洋石油安全生产形势持续稳定好转，现就切实加强海洋石油安全监管工作有关事项通知如下：

一、牢固树立科学发展、安全发展的理念，推动实现安全与发展的有机统一

（一）充分认识当前海洋石油安全生产形势。近年来，我国海洋石油安全生产形势总体趋稳趋好，但人员伤亡、重大事故险情尚未得到有效遏制，安全生产基础尚不牢固，深海油气开发安全防范技术尚处于探索阶段，海洋石油安全监管体制机制尚未根本理顺，台风等恶劣气候对安全生产的压力始终客观存在。因此，必须牢固树立科学发展、安全发展的理念，始终坚持以人为本，始终保持清醒头脑，充分认识海洋石油安全生产的极端重要性，切实增强紧迫感、危机感和责任感。

（二）大力宣传深入贯彻科学发展、安全发展新要求。要利用各种方法途径，在海洋石油企业大力宣传《通知》和《意见》精神，以科学发展、安全发展为主题，组织开展好第11个全国"安全生产月"活动，切实把党中央、国务院坚持科学发展安全发展、促进安全生产形势持续稳定好转的重大决策部署和政策措施深入到基层、深入到岗位。

（三）推动落实安全发展战略。坚持"安全第一、预防为主、综合治理"的方针，更加注重依法行政，更加注重自身能力建设，进一步提高安全监管效能。督促指导海洋石油企业加大《通知》和《意见》贯彻落实力度，正确处理好企业发展与安全生产的关系，完善相关规章制度，推动实现安全与发展的有机统一。

二、强化隐患排查治理，着力防范各类事故

（四）适时开展专项检查工作。2012年上半年，国家安全监管总局将在海洋石油企业组织开展一次专项检查工作，重点检查相关法规、制度贯彻落实情况。海洋石油作业安全办公室各分部（以下简称各分部）要组织专家队伍深入基层、深入现场、深入岗位，排查企业存在的普遍性问题，分析深层次原因，指导企业完善并落实规章制度。

（五）突出隐患排查重点。认真吸取美国“深水地平线”钻井平台井喷事故、俄罗斯“科尔斯卡耶”钻井平台倾覆事故教训，认真分析我国近年来几起典型事故特点，重点加强钻井、作业、测井等作业过程，平台拖航、就位等作业环节，单点系泊等关键装置，接近服务年限、设备陈旧老化生产作业设施，以及应急状态下应对措施的隐患排查。

（六）建立重大隐患逐级挂牌督办制度。各分部对重大隐患要及时下发限期整改通知书，督促企业做到整改措施、责任、资金、时限和预案“五落实”。重大隐患逾期未整改到位的，要依法对企业予以处罚。督促海洋石油企业建立完善隐患排查治理信息平台，并及时将重大隐患报相关分部、监督处备案。

三、强化安全生产责任落实，着力提高安全监管效能

（七）进一步加强监管队伍建设。加强沟通协调，着力完善海洋石油安全监管体制机制。进一步充实基层监管力量，各监督处专职监管人员不得少于 3 人。

（八）加大行政执法力度。各监督处要制定年度执法计划，重点对人员持证上岗、设施设备检测检验、建设项目安全“三同时”等情况开展执法检查，每年对所辖生产作业设施的监督检查覆盖面要达到 50%以上。要逐步推行使用行政执法文书，规范执法行为，海洋石油作业安全办公室将适时对执法文书使用情况进行抽查。

（九）推动落实领导干部现场跟班制度。各分部要督促企业制定和落实领导干部跟班制度，尤其是节假日、台风（风暴潮）季节和平台长距离拖航、大型吊装作业等重要时段和重点作业环节，领导干部必须现场跟班。对发生事故而没有领导干部现场跟班的，要依法严肃处理。

四、推动安全生产标准化建设，着力夯实安全生产基础

（十）建立完善相关标准制度。国家安全监管总局将以安全生产行业标准（AQ）发布《石油行业安全生产标准化规范导则》及《石油行业安全生产标准化规范海上油气生产实施指南》等标准，印发配套评分办法和评审管理办法。各分部要加强组织领导，落实工作责任，积极做好相关工作。

（十一）做好标准宣贯和创建试点工作。各分部要督促评审组织单位和评审单位，采取印发教材、集中培训等方式，在辖区内企业大力宣贯相关标准和评分办法。选树企业进行安全生产标准化创建试点，适时召开现场会，全面推动工作。

（十二）全面组织开展标准化达标工作。按照安全生产标准化工作要求，督促海洋石油企业开展对标自评和整改工作，力争2012年底前60%以上海洋石油生产作业单位达到安全生产标准化三级以上水平。

五、推动法规制度建设，着力规范安全生产秩序

（十三）配套完善相关制度标准。组织开展《海上固定平台安全规则》修订调研。研究起草海底管道、锅炉和压力容器、安全阀等海洋石油专业设备检测检验标准（规则），推动检测检验工作规范化。研究制定海洋石油建设项目职业卫生审查办法，规范职业病危害预评价报告审核（备案）、职业病防护设施设计审查和竣工验收（备案）等工作。研究起草超过设计年限海洋石油生产设施安全管理办法。

（十四）规范事故信息报告和处置工作。各分部及监督处要严格按照《国家安全监管总局办公厅关于进一步加强和改进海洋石油生产安全事故信息报告和处置工作的通知》（安监总厅海油函〔2011〕173号）要求，及时报告和处置各类事故和险情。

（十五）严格事故查处。按照“四不放过”和“科学严谨、依法依规、实事求是、注重实效”的原则，严肃认真做好事故调查处理工作。建立完善事故查处分级挂牌督办制度，一般事故、较大以上事故分别由海洋石油作业安全办公室和国务院安委会办公室挂牌督办。建立完善事故诫勉约谈制度，重大险情和未发生人员死亡的一般事故由相关分部约谈事故单位主要负责人，社会影响较大的事故险情和发生人员死亡的事故由海洋石油作业安全办公室进行约谈。

六、推动保障能力建设，着力提升安全技术水平

（十六）严格海洋石油安全中介机构管理。以海洋石油安全中介机构资质换（发）证为契机，进一步规范审查程序，细化许可条件，适当提高准入门槛。组织对海洋石油安全培训教材进行规范和统一。督促有关机构加大注册安全工程师培养力度，做好安全评价报告等信息网上公开工作。强化日常监管，对违法违规、弄虚作假的机构按照有关规定予以严厉处罚。

（十七）大力开展安全技术研究。组织相关单位继续开展海洋（深海）石油开采安全监管体系课题研究，进一步完善海洋石油安全监管制度和标准。着手开展海洋石油设施完整性管理研究，探索解决海上油气生产设施从设计到弃置全过程、全寿命的安全管理问题。针对深海油气开发薄弱环节，鼓励海洋石油企业积极开展相关安全技术研究。探索建设海洋石油安全监管信息平台和基础资料数据库。

（十八）加强国际交流与合作。通过论坛交流、实地考察、委托培训等途径，学习国外海洋石油尤其是深海油气开发方面的安全管理经验，借鉴国外在法规体系建设、监管机构设置等方面的好做法，力求在我国海洋石油安全监督管理方面有所创新。

七、推动应急能力建设，着力提升应急救援水平

（十九）完善应急指挥机制。建立完善作业现场负责人紧急撤人避险制度，在安全隐患没有排除、不具备安全生产条件或作业现场遇到事故险情时，作业现场负责人有权组织人员撤离，避免事态扩大。监督指导企业进一步优化应急指挥机制，力求层级精简，切实提高应急时效。

（二十）定期组织应急演练。各分部要监督检查企业应急演练情况，督促指导企业不断引进先进装备和技术，加大应急投入，提高应急装备配备水平和实际救援能力。

国家安全监管总局办公厅

2012 年 4 月 1 日

国家安全监管总局办公厅关于进一步加强和改进海洋石油生产安全事故信息报告和处置工作的通知

安监总厅海油函〔2011〕173号

海洋石油作业安全办公室各分部，有关海洋石油企业：

为适应新形势下海洋石油安全生产工作的需要，进一步加强和改进海洋石油生产安全事故信息报告和处置工作，根据《生产安全事故报告和调查处理条例》(国务院令第493号)、《海洋石油安全管理细则》(国家安全监管总局令第25号)和《国家安全监管总局关于进一步加强和改进生产安全事故信息报告和处理工作的通知》(安监总统计〔2010〕24号)等规定，现将有关事项通知如下：

一、事故信息报告范围

在海洋石油天然气勘探、开发生产、储运及设施废弃等作业过程中，发生下列事故必须报告：

(一) 造成人员死亡或3人以上(含3人)重伤(包括急性工业中毒)；

(二) 井喷及井喷失控；

(三) 火灾与爆炸；

(四) 平台失控漂移、翻沉、拖航遇险；

(五) 浮式生产储油装置失控、单点系泊损坏；

(六) 海底油气管线破损、断裂；

(七) 有毒有害物质泄漏或遗散；

(八) 船舶海损、直升机事故、溢油事故等其他类型事故或重大险情。

二、事故信息报告程序

(一) 事故发生后，现场人员应当立即向本单位负责人报告，单位负责人接到报告后，应当于1小时内向海洋石油作业安全办公室(以下简称海油安办)有关分部的地区监督处报告。

对于船舶海损、直升机事故、溢油事故等，除按照规定报告政府有关主管部门外，还应当同时报告海油安办有关分部的地区监督处。

(二) 海油安办有关分部的地区监督处接到报告后，应当在1小时内向海油安办有关分部报告。

(三) 海油安办有关分部接到报告后，应当在1小时内书面向国家安全监管总局总值班室报告(电话：010-64463100，64463200，64463220〈传真〉)。

三、事故信息报告内容

(一) 事故发生单位概况；

(二) 事故发生的时间、地点以及事故现场情况；

(三) 事故的简要经过；

(四) 事故已经造成的死亡人数和和失踪、下落不明的人数，以及初步估计的直接经济损失；

(五) 已经采取的措施；

(六) 事故报告单位联系人及联系电话；

(七) 其他应当报告的情况。

四、事故现场督导

(一) 接到事故报告后，海油安办有关分部的地区监督处或海油安办有关分部应当安排有关人员立即赶赴现场进行督导。

(二) 发生人员死亡、井喷失控、平台翻沉等事故，或国家安全监管总局领导对事故或险情作出明确指示的，海油安办应当安排有关人员立即赶赴现场进行督导。

五、其他事项

(一) 事故详细情况一时难以核实清楚的，可先通过电话向国家安全监管总局总值班室报告事故概况，随后及时报告文字材料。

(二) 事故处置期间，事故单位、海油安办有关分部的地区监督处、海油安办有关分部应每天至少逐级续报一次；如发生新的情况，应随时报告。

(三) 必要时，事故单位、海油安办各分部的地区监督处可以越级上报事故信息。

2011 年 8 月 10 日

国家安全监管总局关于进一步加强非煤矿山安全生产标准化建设工作的通知

安监总管一〔2011〕104号

各省、自治区、直辖市及新疆生产建设兵团安全生产监督管理局，海油安办各分部，有关中央企业：

近年来，按照国家安全监管总局的统一部署，在各级安全监管部门和非煤矿山企业的共同努力下，全国金属非金属矿山（尾矿库）安全生产标准化建设取得初步成效，石油天然气生产单位全面推行健康、安全和环境（HSE）管理体系并持续加以改进。为深入贯彻落实《国务院关于进一步加强企业安全生产工作的通知》（国发〔2010〕23号，以下简称《国务院通知》）和《国务院安委会关于深入开展企业安全生产标准化建设的指导意见》（安委〔2011〕4号，以下简称《指导意见》）精神，进一步加强非煤矿山安全生产标准化建设（以下简称标准化建设），不断提高非煤矿山安全管理水平和安全保障能力，促进全国安全生产形势持续稳定好转，现就有关要求通知如下：

一、进一步明确标准化建设的总体思路和工作目标

1. 总体思路。深入贯彻落实科学发展观，坚持“安全第一、预防为主、综合治理”的方针，牢固树立以人为本、安全发展理念，切实落实《国务院通知》和《指导意见》精神，本着规范工作、全面推进的原则，健全完善标准化建设评审标准体系、评审组织体系和奖励约束体系；强化石油天然气生产单位HSE管理体系建设，按照标准化建设要求分级达标；促进非煤矿山实现全员参与、过程控制和持续改进，推进本质安全水平和管理水平的提高，有效消除事故隐患，防范生产安全事故发生。

2. 工作目标。2011年底前，大中型金属非金属矿山和三等以上尾矿库达到三级以上安全生产标准化水平，颁布实施HSE管理体系分级及评分办法；2013年底前，所有非煤矿山和尾矿库达到三级以上安全生产标准化水平；2015年底前，80%的大中型非煤矿山达到二级以上安全生产标准化水平。

二、健全完善标准化建设工作体系

1. 健全完善评审标准体系。非煤矿山安全生产标准化评审采用标准化得分和安全绩效两个指标确定等级，分为一级、二级、三级共3个等级，其中一级为最高。对金属非金属矿山地下开采系统、露天开采系统、尾矿库、小型露天

采石场和石油天然气生产单位分别按照相应的评分办法进行评审、确定达标等级。

2. 健全完善评审组织体系。国家安全监管总局负责非煤矿山一级标准化和海洋石油天然气生产单位标准化评审组织工作；省级安全监管部门负责非煤矿山(不含海洋石油天然气生产单位)二级、三级标准化评审组织工作。

国家安全监管总局确定非煤矿山一级标准化和海洋石油天然气生产单位标准化评审组织单位和评审单位；省级安全监管部门确定非煤矿山(不含海洋石油天然气生产单位)二级、三级标准化评审组织单位和评审单位，并报国家安全监管总局备案。

评审组织单位负责安全生产标准化评审申请受理、组织评审单位进行评审、向安全监管部门提交评审材料、颁发安全生产标准化证书和牌匾等工作。

评审单位按照评审组织单位工作安排和安全生产标准化评分办法，依法独立开展安全生产标准化评审工作。

3. 健全完善激励约束体系。各级安全监管部门(海油安办及分部，下同)要按照《非煤矿矿山企业安全生产许可证实施办法》(国家安全监管总局令第20号)的有关要求，将标准化建设与安全生产许可制度相结合；要积极研究采取相关激励政策措施，对于达到标准化等级的非煤矿山，各地可探索在落实相关安全生产经济政策等方面采取优惠措施，鼓励其不断提高标准化等级。同时，将达标结果向银行业、证券业、保险业、担保业等主管部门通报，作为企业绩效考核、信用评级、投融资等的重要参考依据，促进其提高达标建设的质量和水平；对在2013年底前未达到三级以上标准化等级的非煤矿山，要暂扣其安全生产许可证，责令停产整顿，限期达标；对整改逾期未达标的，要提请地方政府依法予以关闭。

三、标准化评审程序

1. 安全生产标准化等级评审定级程序为：非煤矿山自评，评审组织单位组织评审，安全监管部门审核公告。

2. 非煤矿山自评。已取得安全生产许可证(尾矿库为正常库)，建立标准化体系并良好运行6个月以上的非煤矿山，可成立自评组织机构，自评确定相应等级，形成安全生产标准化自评报告。

3. 申请评审。非煤矿山根据自评等级，向安全监管部门确定的评审组织单位提出书面评审申请(格式见附件1)。

4. 评审、报告。评审组织单位收到评审申请后，应从安全监管部门确定的评审单位中随机选择评审单位，委托其开展评审工作。评审完成后，评审组织单位应进行审核，认定其符合要求并确定等级后，向负责审核公告的安全监管部门提交评审报告表(格式见附件2)、评审报告等相关材料。

5. 审核、公告。安全监管部门对评审组织单位提交的评审报告材料进行审核，对符合条件的予以公告。

6. 颁发证书、牌匾。经安全监管部门公告后，由评审组织单位颁发非煤矿山安全生产标准化证书(式样见附件3)、牌匾(式样见附件4)。证书、牌匾由国家安全监管总局监制，按照相应等级统一编号。

四、工作要求

1. 统一思想，加强领导。各级安全监管部门和非煤矿山要把思想统一到《国务院通知》和《指导意见》精神上来，充分认识标准化建设对加强安全生产工作的重要意义，加强组织领导，制定和完善工作方案，落实工作责任。要加大工作力度，不断总结经验，推进标准化建设规范、有序开展，并及时报送标准化建设信息。

2. 强化指导，分类推进。各级安全监管部门对已经取得安全生产标准化等级证书的，要抓巩固、抓提升、抓改进，有效期满后按本通知要求重新评审定级；对已经开展标准化创建工作，尚未评定等级的，要抓规范、抓过程、抓实效，按本通知要求评审定级；对尚未开展标准化创建工作的，要抓指导、抓促进、抓达标，按照工作目标限期完成标准化建设工作任务。

3. 统筹规划，分步实施。各级安全监管部门要在认真总结标准化建设工作经验的基础上，根据全国标准化建设的总体目标，研究制定符合本地区实际的工作方案，明确各年度工作具体目标。同时，对辖区内未开展标准化建设的非煤矿山，要按照经济性质、矿山种类、生产规模、开采工艺等进行分类，本着先易后难的原则，有步骤地推进标准化建设工作。

4. 典型示范，务求实效。各级安全监管部门要引导规模大、管理水平高的非煤矿山率先达到相应标准化水平，发挥辐射和示范带动作用；要促进中小矿山开展标准化建设，不断提升本质安全程度，进一步提高安全管理水平和安全保障能力。非煤矿山要把重点放在加强标准化建设的过程中，并持续改进；要注重工作实效，真抓实干，防止走形式、走过场。

5. 加强培训，严格监管。各级安全监管部门要依托评审组织单位或相关机构，对安全监管部门、非煤矿山和评审单位相关人员进行业务能力培训；要制定评审组织单位、评审单位和评审人员管理办法，加大对其工作过程的监督力度，对违反有关规定的依法予以处罚。要本着服务与监管相结合的原则，加强对各类非煤矿山标准化建设工作的指导，对于不按规定开展标准化建设的，要运用法律、经济、行政的手段督促其尽快启动实施；要加强对非煤矿山安全费用提取情况的监督检查，督促其加大对安全生产标准化建设的投入，切实改善安全设施、设备和安全条件，提高安全管理水平。各级安全监管部门不得在标准化创建工作中收取费用。

《国家安全监管总局关于加强金属非金属矿山安全标准化建设的指导意见》(安监总管一〔2009〕80 号)同时废止。

附件：1. 非煤矿山安全生产标准化评审申请书

2. 非煤矿山安全生产标准化评审报告表

3. 非煤矿山安全生产标准化证书式样

4. 非煤矿山安全生产标准化牌匾式样

国家安全生产监督管理总局

2011 年 7 月 5 日

附件 1

申请编号：________ 受理编号：________
申请日期：________ 受理日期：________

非煤矿山安全生产标准化

评审申请书

申请单位 ________
联 系 人 ________
联系电话 ________
填写日期 ________

国家安全生产监督管理总局制

填 表 说 明

一、本申请书适用于非煤矿山申请安全生产标准化评审，由申请单位用钢笔、签字笔填写或用计算机打印，要求字迹清楚、工整。

二、申请书封面的“申请编号”、“申请日期”、“受理编号”、“受理日期”由评审组织单位填写，其余各项由申请单位填写。其中，“联系人”是指申请单位指定的办理申请事宜的人员。

三、申请书表格中“申请单位意见”栏内，必须由主要负责人或法定代表人用钢笔或签字笔签字。

四、申请书表格中“上级主管单位意见”栏内，如无上级主管单位，应填写“无”。

五、申请书表格中“安全监管部门意见”栏内，申请安全生产标准化(不含海洋石油天然气生产单位)一级评审的，由省级安全监管部门填写；申请海洋石油天然气生产单位安全生产标准化一级、二级、三级评审的，由海油安办分部填写；申请安全生产标准化(不含海洋石油天然气生产单位)二级、三级评审的，由省级安全监管部门确定。

六、非煤矿山提交申请书时，应附以下文件资料：

1. 安全生产许可证复印件；
2. 安全生产组织机构及安全管理人员名录；
3. 自评报告；
4. 评审需要的其他资料。

<table>
<tr><td rowspan="16">申
请
单
位</td><td>名　称</td><td colspan="6"></td></tr>
<tr><td>地　址</td><td colspan="6"></td></tr>
<tr><td>邮政编码</td><td></td><td>从业人数</td><td></td><td colspan="2">专职安全管理人员数量</td><td></td></tr>
<tr><td>安全生产许可证号</td><td colspan="2"></td><td colspan="2">发证日期</td><td colspan="2"></td></tr>
<tr><td>发证机关</td><td colspan="2"></td><td colspan="2">经济类型</td><td colspan="2"></td></tr>
<tr><td>法定代表人</td><td></td><td>办公电话</td><td></td><td colspan="2">移动电话</td><td></td></tr>
<tr><td>安全负责人</td><td></td><td>办公电话</td><td></td><td colspan="2">移动电话</td><td></td></tr>
<tr><td colspan="7">以下由金属非金属矿山填写</td></tr>
<tr><td>开 采 矿 种</td><td colspan="2"></td><td colspan="2">开 采 方 式</td><td colspan="2"></td></tr>
<tr><td>设计服务年限</td><td colspan="2"></td><td colspan="2">设计生产能力</td><td colspan="2"></td></tr>
<tr><td colspan="7">以下由尾矿库单位填写</td></tr>
<tr><td>库 类 型</td><td colspan="6">□山谷型　□傍山形　□平地型　□截河型</td></tr>
<tr><td>筑坝方式</td><td colspan="2">□上游式　□下游式　□中线式</td><td>安 全 度</td><td colspan="3"></td></tr>
<tr><td>设计库容</td><td colspan="2">万立方米</td><td>库 等 别</td><td colspan="3"></td></tr>
<tr><td colspan="7">以下由石油天然气生产单位填写</td></tr>
<tr><td colspan="7">□采油　□采气　□储运　□油田服务　□其他</td></tr>
<tr><td rowspan="2">本次申请</td><td colspan="7">□初次申请　□延期</td></tr>
<tr><td colspan="7">□一级　□二级　□三级</td></tr>
<tr><td>自评等级</td><td colspan="7">□一级　□二级　□三级</td></tr>
<tr><td>申请单位意见</td><td colspan="7">（申请单位盖章）
年　月　日</td></tr>
<tr><td>上级主管单位意见</td><td colspan="7">（主管单位盖章）
年　月　日</td></tr>
<tr><td>安全监管部门意见</td><td colspan="7">（安全监管部门盖章）
年　月　日</td></tr>
</table>

附件 2

非煤矿山安全生产标准化

评审报告表

评审组织单位 ____________________

评　审　单　位 ____________________

申　请　单　位 ____________________

评　审　日　期 ____________________

国家安全生产监督管理总局制

填 表 说 明

一、本评审报告表适用于评审组织单位向相应安全监管部门申请非煤矿山安全生产标准化审核、公告，由评审组织单位用钢笔、签字笔填写或用计算机打印，要求字迹清楚、工整。

二、评审报告表中“评审组长签字”和“评审单位负责人签字”栏内，必须由评审组长和评审单位负责人用钢笔或签字笔签字。

三、评审报告表中“评审小组人员”栏可根据评审小组实际人数增减。

四、评审组织单位提交评审报告表时，应附评审报告。

<table>
<tr><td colspan="7">评审单位情况</td></tr>
<tr><td colspan="2">评审单位</td><td colspan="5"></td></tr>
<tr><td colspan="2">单位地址</td><td colspan="3"></td><td>邮政编码</td><td></td></tr>
<tr><td colspan="2">主要负责人</td><td></td><td>电话</td><td></td><td>手机</td><td></td></tr>
<tr><td colspan="2" rowspan="2">联系人</td><td></td><td>电话</td><td></td><td>传真</td><td></td></tr>
<tr><td></td><td>手机</td><td></td><td>电子邮箱</td><td></td></tr>
<tr><td rowspan="8">评审小组人员</td><td></td><td>姓名</td><td>单位/职务/职称</td><td>电话</td><td>备注</td><td></td></tr>
<tr><td>组长</td><td></td><td></td><td></td><td></td><td></td></tr>
<tr><td>成员</td><td></td><td></td><td></td><td></td><td></td></tr>
<tr><td></td><td></td><td></td><td></td><td></td><td></td></tr>
<tr><td></td><td></td><td></td><td></td><td></td><td></td></tr>
<tr><td></td><td></td><td></td><td></td><td></td><td></td></tr>
<tr><td></td><td></td><td></td><td></td><td></td><td></td></tr>
<tr><td></td><td></td><td></td><td></td><td></td><td></td></tr>
<tr><td colspan="7">申请单位情况</td></tr>
<tr><td colspan="2">申请单位</td><td colspan="5"></td></tr>
<tr><td colspan="2">申请类型</td><td colspan="5">□地下矿山　□露天矿山　□小型露天采石场　□尾矿库
□石油天然气生产单位</td></tr>
<tr><td colspan="2">法定代表人</td><td></td><td>电话</td><td></td><td>手机</td><td></td></tr>
<tr><td colspan="2" rowspan="2">联系人</td><td></td><td>电话</td><td></td><td>传真</td><td></td></tr>
<tr><td></td><td>手机</td><td></td><td>电子邮箱</td><td></td></tr>
<tr><td colspan="7">评审结果</td></tr>
<tr><td colspan="7">评审等级　□一级　□二级　□三级</td></tr>
<tr><td colspan="7">评审组长签字：

评审单位负责人签字：

（评审单位盖章）
年　月　日</td></tr>
<tr><td colspan="7">评审组织单位意见：

（评审组织单位盖章）
年　月　日</td></tr>
</table>

附件 3

注：一级企业证书编号为(国)AQBKⅠ×××× ××××；二级企业证书编号为(省、自治区、直辖市简称)AQBKⅡ×××× ××××；三级企业证书编号为(省、自治区、直辖市简称)AQBKⅢ ×××× ××××。编号前4位数为发证年份，后4位数为编号。

附件 4

单位名称：

非煤矿山安全生产标准化

×级企业(矿山)

编号(同证书编号)

国家安全生产监督管理总局监制

××××年××月(有效期三年)

单位名称：

非煤矿山安全生产标准化

×级企业(尾矿库)

编号(同证书编号)

国家安全生产监督管理总局监制

××××年××月(有效期三年)

单位名称：

非煤矿山安全生产标准化

×级企业（采石场）

编号（同证书编号）

国家安全生产监督管理总局监制

××××年××月（有效期三年）

单位名称：

非煤矿山安全生产标准化

×级企业（石油天然气）

编号（同证书编号）

国家安全生产监督管理总局监制

××××年××月（有效期三年）

说明：

1. 牌匾材料为弧面不锈钢镀钛板，长60cm，高40cm，四周加亮边（亮边宽度15mm），文字腐蚀，20mm立墙。

2. 牌匾上的日期以安全监管部门公告的日期为准。

国家安监局关于进一步加强海洋石油安全生产工作的通知

安监总海油〔2010〕100号

中国石油天然气集团公司、中国石油化工集团公司、中国海洋石油总公司，海洋石油作业安全办公室各分部：

为贯彻落实党中央、国务院关于安全生产工作的一系列重要指示精神，深刻吸取美国墨西哥湾深水地平线钻井平台“4·20”井喷、爆炸、原油泄漏事故(以下简称美国墨西哥湾钻井平台事故)教训，有效防范我国海洋石油类似事故的发生，确保我国海洋石油安全生产形势持续稳定好转，现将有关要求通知如下：

一、深刻认识海上石油开采安全生产面临的严峻形势，不断增强抓好海洋石油安全工作的责任感和紧迫感

海洋石油工业是安全风险最大的行业之一。海洋石油作业环境恶劣，活动空间狭小，设备设施布置高度集中，作业场所各种危险、危害因素多，集中有大量的易燃易爆物质；台风、热带气旋、风暴潮、海啸、地震、海冰等自然灾害严重威胁着海洋石油作业的安全；作业地点远离陆地，一旦发生事故，作业人员逃生和施救非常困难。目前，我国海洋石油面临着开发风险逐年增加，生产设施老化严重，应急救援能力薄弱，恶劣气候强度、频度加大等各种不利因素，安全生产形势十分严峻。有关部门、有关单位和各海洋石油企业一定要增强抓好海洋石油安全生产工作的责任感和紧迫感，把安全生产各项措施落到实处。

二、认真落实企业安全生产主体责任，抓好海洋石油安全生产基础建设

(一) 加强领导，落实责任。要深入贯彻落实科学发展观，坚持安全发展理念，牢固树立安全生产责任意识。要加强领导、落实责任，把安全生产作为首要工程、战略性工程、生命线工程，常抓不懈、务求实效。要进一步增强风险意识，加强风险评估，尤其要切实加强对承包商的管理，严把资质审核、健康安全环保(HSE)业绩、人员素质、施工管理和现场管理等“五关”，强化安全责任落实、施工方案审查、作业现场监管和HSE业绩考核，严格落实施工过程中各项安全防范措施。

(二) 建立健全制度，深入持久地开展海洋石油隐患排查治理工作。各海洋石油企业要建立健全隐患排查治理制度，形成有效的工作机制，使隐患排查治理制度化、规范化、常态化；要加大隐患排查治理工作力度，以防井喷失控、防台风、防风暴潮、防火防爆、防中毒为重点，开展经常性的隐患排查治理工作；特别要消除麻痹思想和侥幸心理，日常生产中要做好重要设备设施、关键工艺环节和重点部位、要害岗位的隐患排查治理工作；及时发现和整改存在的隐患和问题，形成检查有总结、问题有整改、整改有落实的闭环管理模式。海油安办各分部、监督处及从事海洋石油勘探开发单位的上级单位要加强对作业现场隐患排查治理情况的监督检查。各海洋石油企业要加强与气象部门沟通、联系，根据气象预报和有关预警通知，合理安排生产任务，必要时应停止生产并及时撤出危险区域作业人员，严禁冒险作业。

（三）加大投入，提高海洋石油开发本质安全水平。各海洋石油企业要加大对在役生产设施特别是接近服务年限、设备陈旧老化生产设施和井控装置的升级改造，淘汰落后的、不安全的工艺、技术、装备、设施，采用先进、安全的工艺、技术、设备；要吸取美国墨西哥湾钻井平台事故教训，开展对500米以深海域石油天然气开采安全等海上生产相关技术和装备的专题立项研究，提出深海石油安全生产技术措施、装备的配套需求以及安全生产的长效机制；探索能够使潜水员潜水深度从目前的800米增加到1500~2000米的可行性，提高深水的作业能力和事故救援能力。重新审验在建的深水钻井平台防喷器控制系统，确保在平台倾覆沉没后，仍能通过备用系统自动关闭水下防喷器组；要推广使用出海人员动态跟踪管理系统和作业设施可视化系统，实现对出海作业人员的作业资质、乘船乘机调度和出海人员状态等情况的实时动态管理。

（四）注重实效，大力加强HSE管理体系建设。各海洋石油企业要从设计、建造到生产运行，对海上新改扩建工程项目、油气生产设施和关键施工环节，全面推广危险与可操作性分析，强化施工作业过程和工艺流程风险识别，进一步识别和评估存在的各类风险，以及各种误操作可能带来的巨大风险，落实有效的风险控制措施。各级海洋石油安全监管机构要指导督促海洋石油企业立足于危险源辨识和风险评价，紧紧围绕现场、工艺、技术、设备、管理等方面，按照“准备与策划、实施与运行、监督与评价、改进与提高”的创建过程，做到全员参与、过程控制、持续改进，不断提高企业的安全管理水平。各海洋石油企业要按照HSE管理体系要求，抓好海上专业设备设施和施工作业的现场管理工作，对关键设备设施的管理和施工要落实作业许可制度和挂牌锁定制度，编制相应的作业计划、作业指导书和安全措施；对作业场所安全设备和报警装置、防护用品、警示标识、放射性同位素使用和维护要落实管理责任，加强现场监督检查；严格执行各项工艺纪律、劳动纪律和岗位安全规程，坚决杜绝“三违”

现象；加强对重大危险源的管控，努力做到科学化、制度化、严细化；加强对承包商的管理，确保海洋石油物探、钻井、测井、录井等作业的生产安全。各海洋石油企业要严格按客观规律办事，严禁因抢进度、抢工期、抢效益，不顾安全而突击生产、草率投产，严禁超能力、超强度、超定员组织生产，严禁为降成本而减少安全投入、减少监管力量和减少应急演练次数。

（五）切实加强海洋石油应急救援能力建设，进一步提升应对海上突发事件能力。各海洋石油企业要在抓好应急平台体系建设的同时，逐级掌握应急资源，建立健全应急预案、应急队伍、应急装备物资、应急专家等应急资源数据库和重大危险源数据库，摸清资源现状，为实现资源共享、做好应急管理奠定基础；要进一步完善应急救援预案，加大应急预案的演练力度，提高对设备操作、应急程序、应急职能的熟练程度；尤其要细化各种紧急情况下的各项应急措施和应急预案演练方式，结合实际组织开展多种形式的、有针对性的应急演练，以增强预案的衔接性和救援的协作性；要切实提高演练的针对性、实效性、整体性，并要注意在演练中发现问题，及时对预案进行修改、完善；要针对美国墨西哥湾钻井平台事故教训，组织制订本企业相应的抢险和防污染应急预案，并组织开展有针对性的应急演练，切实提升我国海上突发事件的应对能力；要健全应急救援指挥机构和应急救援队伍，完善国家与地方、部门与部门、地方与企业、地面与海上等的协同应对机制，建立防范应对由自然灾害引发事故灾难的应急协调机制；要做好一切应急准备，确保发生事故时，能够及时启动应急救援预案，做到组织领导到位、技术指导到位、抢险物资到位、救援人员到位；要加强应急装备建设，努力形成立体救援能力，确保人员疏散、伤员救治、物资运输、现场灭火、海上清污等能够及时、有力、有序、有效开展。

三、大力加强海洋石油安全生产法制体制机制建设

（一）进一步完善海洋石油安全生产法规标准。国家安全监管总局将抓紧对原国家经贸委发布的《海上固定平台安全规则》进行修订，以适应海洋石油新技术新装备的发展和推广应用。要针对所辖海域特点，督促各海洋石油企业抓紧对涉及海洋石油作业安全的行业标准和规程进行制修订。

（二）明确职责，加大对海洋石油开发的监管力度。国家安全监管总局会同有关部门努力构建相关工作机制，进一步加强沟通协调，明确职责、相互配合，共同做好海洋石油开发的安全监管工作；海洋石油安全监管部门要坚持不懈地推进海洋石油安全监管机构和队伍建设，切实提高履职能力。海油安办各分部和监督处所在企业要解决好海油安办分部和监督处监管人员不足、力量薄弱的问题；要加强对海洋石油安全监管人员专业技术和法规方面的业务培训，全面提高安全监管人员的业务素质，提升安全监管水平。

（三）探索在海洋石油开发生产中推行安全生产责任保险机制。采取政府推动和市场化运作相结合的方式，探索在海洋石油企业中推行安全生产责任保险，充分利用保险的风险控制和社会管理功能，突出加强事故预防和安全管理，建立安全监管部门、保险机构、海洋石油企业和职工个人多方共赢互动的激励约束机制。

四、高度重视，切实加强海洋石油安全监管工作

（一）切实加强日常监管，坚持从严执法。海油安办各分部、各监督处要完善监管和执法制度，健全监管执法程序，加强对监管执法工作的考核与监督，促进监管执法工作的有效开展。尤其要在执法过程中不断探索总结经验，明晰并落实监管执法责任，经常深入企业、现场开展监督检查和执法工作，督促企业经常深入细致、彻底地排查治理隐患。对重大隐患要挂牌督办，限期整改，一时难以整改到位的，要做到计划、资金、时限、责任、预案五落实，确保万无一失。要坚决做到有法必依、执法必严、违法必究，坚决做到认真执法、从严执法、公正执法、廉洁执法。对监督检查中发现的各类问题，要处理坚决、行为果断，及时予以解决。

（二）严格许可，做好安全生产设施“三同时”审查工作。严格落实建设项目安全设施“三同时”制度，加强对建设项目的全过程管理。认真做好安全预评价评审、备案工作，规范设计审查备案程序，加强对发证检验机构设计审查备案的管理。落实海洋石油生产设施试生产前备案制度，企业在试生产一年内必须提出竣工验收申请。要进一步规范安全竣工验收的审查程序和现场检查内容等，及时做好新、改、扩建建设项目的安全竣工验收工作。开展 HSE 管理体系建设，进一步促进企业法定代表人安全生产负责制的落实，切实加强企业内部的生产、质量、技术、设备、劳动等专业管理，提高风险意识和分析、防范风险的能力。把 HSE 管理体系建设与安全许可结合起来，将 HSE 管理体系作为取得安全生产许可证的基本条件，完善海洋石油企业安全生产的自我约束和激励机制。

（三）加强安全教育培训。各海洋石油企业要针对海洋石油的生产特点，加强经常性的安全教育，搞好企业安全文化建设；制定海洋石油安全监管人员培训计划，力争到明年底，所有海洋石油安全监管人员都至少接受一次专门的业务培训；加强对企业负责人、安全管理人员以及出海作业人员的安全培训和再培训工作，做到持证上岗、持证出海；强化海上应急培训，增强安全防范意识和自我保护、应急处置能力。

（四）加大对海洋石油安全中介技术服务机构的监管力度。国家安全监管总局将重点加强对海洋石油生产设施发证检验、专业设备检测检验、安全培训和安全评价等海洋石油安全中介机构的资质条件、技术服务范围的管理，提高海洋石油安全中介机构的自身水平、服务能力和工作质量。

（五）严肃查处事故，严格责任追究。各级海洋石油安全监管机构和企业，都要从小事抓起，严肃查处每一起事故，深究原因，举一反三、总结教训、着眼改进。与此同时，要严厉追究相关责任人的责任，以事故教训推动安全生产工作。

国家安全生产监督管理总局

2010 年 6 月 21 日

国家安全监管总局办公厅关于印发《海洋石油安全管理细则》文书格式的通知

安监总厅海油〔2010〕8号

中国石油天然气集团公司、中国石油化工集团公司、中国海洋石油总公司，海洋石油作业安全办公室各分部：

为确保《海洋石油安全管理细则》(国家安全监管总局令第25号)的贯彻实施，我局制定了《海洋石油安全管理细则》文书格式。现印发给你们，请遵照执行。

国家安全生产监督管理总局办公厅

2010年1月22日

目　录

附件 1.1

生产设施试生产备案申请书

海洋石油作业安全办公室________分部：

遵照《海洋石油安全管理细则》(国家安全监管总局令第 25 号)第五条的规定，特为生产设施__________申请颁发生产设施试生产备案通知书。

一、生产设施位置：地址：____________________________________

或东经：__________ 北纬：________________

二、生产设施建造日期：__________年____月____日

三、采油(气)井数：__________________口

四、储油(气)设施类型：______________

储油(气)能力________________________万立方米

五、滩海陆岸井台高程：______________米

滩海通井路形式：________________ 高程：______________米

滩海通井路路面宽度：________米 错车道间距：________米

六、单点系泊类型和转油能力：________________

七、作业者名称：____________________________

八、作业者主要负责人

姓名：

职务：____________________

地址：____________________

电话：____________________

传真：____________________

签字：__________________________

(单位盖章)

申请日期：________年____月____日

附件 1.2

生产设施建设阶段资料登记表

（依据《海洋石油安全管理细则》第五条制定）

生产设施名称：______________________

序号	名　称	内　容
1	安全预评价报告备案单位名称	
2	安全预评价报告备案证明文件编号	
3	设计审查备案单位名称	
4	设计审查备案证明文件编号	
5	施工单位名称	
6	施工单位资质证书编号	
7	发证检验单位名称	
8	发证检验单位资质证书编号	
9	建设项目生产能力（原油：万立方米/年，天然气：万立方米/年）	
10	建设项目总投资（万元）	
	其中：安全设施投资（万元）	

填表人：________　填表日期：____年____月____日　　填表单位（盖章）：

附件 1.3

生产设施有关证书和文件登记表

（依据《海洋石油安全管理细则》第五条制定）

生产设施名称：______________________________

序号	证书名称	证书编号	发证单位	发证日期	有效期
1	作业者营业执照				
2	油（气）田开发方案批准书				
3	发证检验证书				
4	浮式生产储油装置证书包括：入级证书、国际船舶载重线证书、吨位证书				
5	固定式生产平台或浮式生产储油装置的国际防止油污证书				
6	生产设施投保单				
7	无线电台执照				
8	其他证书				

填表人：________ 填表日期：____年____月____日 填表单位（盖章）：

附件 1.4

设施(生产设施、作业设施)所属设备的取证分类表

（依据《海洋石油安全管理细则》第五条、第九条制定）

生产设施名称：______________________

设备名称	条　　件	取证要求			取证情况		
		A	B	C	A	B	C
泵类	非标准设计和制造	○					
	高压和高排量泵——往复注入		○				
	潜水泵/深井泵		○				
	消防泵		○				
	原油外输泵		○				
	其他泵			○			
锅炉、压力容器	全部		○				
压缩机	非标设计和制造的压缩机	○					
	其他压缩机		○				
燃气轮机	全部		○				
柴油机	全部		○				
起重机	全部		○				
救生艇	全部		○				
消防设备	全部		○				
探测、报警装置	全部		○				
主电站	全部		○				

续表

设备名称	条　件	取证要求			取证情况		
		A	B	C	A	B	C
应急电站	全部		○				
防爆设备	全部		○				
FPSO 锚、锚缆、锚链和锚机	全部		○				
井控设备	全部		○				
测试管汇及其控制盘	全部		○				
固井设备	全部		○				
钻、修井主要专用设备	钻井绞车、泥浆泵、转盘、井架、天车、游动滑车、大钩、水龙头		○				
油(气)生产设备	全部		○				
油(气)集输管线	全部		○				
油(气)处理设备	全部		○				
注水设备	全部		○				
污水处理设备	全部		○				
FPSO 快速解脱装置、系缆张力和距离测量装置	全部		○				

注："取证要求"列中"○"所对应的具体内容参见"填表说明"。对于满足取证要求的设备，请在"取证情况"列中对应位置填写"√"；不满足的，填写"×"。

填表人：________　填表日期：____年____月____日　　　填表单位(盖章)：

填 表 说 明

表中的设备按 A、B、C 三类进行检验取证，其原则是 A、B 类设备应具有检验机构证书；C 类只需制造厂证书。检验机构应审核 A、B 类设备制造厂的质量保证和质量控制体系。开工前，检验机构应审核制造厂的质量保证计划，根据该计划批准质量控制点和检验活动类别。

三类设备取证要求如下：

一、A 类设备取证要求

1. 设计图纸应经过检验机构审查批准；
2. 开工前，有关施工文件应经过检验机构审查批准；作业者和检验机构派代表参加开工会；
3. 制造过程中，制造厂应根据质量保证计划报检；
4. 功能试验、压力试验和负荷试验应报检；
5. 检验机构应审查设备制造记录。

二、B 类设备取证要求

1. 与安全有关的设计图纸应经过检验机构审查批准；
2. 功能试验、压力试验和负荷试验应报检；
3. 检验机构应审查制造记录。

三、C 类设备制造厂取证要求

制造厂应按照普遍认可的制造方法和规范、标准进行制造。

附件 1.5

生产设施(海底管线)试生产备案申请书

海洋石油作业安全办公室________分部：

遵照《海洋石油安全管理细则》(国家安全监管总局令第 25 号)第五条的规定，特为生产设施(海底管线)________________________申请颁发生产设施试生产备案通知书。

一、海底管线名称：__________________

二、海底管线设计寿命：______________年

三、海底管线所经海域：______________

四、长输油(气)管线总长度：______________千米

五、输油(气)管线地理座标位置

起点：______________________________

终点：______________________________

中间泵站：__________________________

六、海底管线结构形式

单层管：

管道直径：__________毫米　　壁厚：____________毫米

双层管：

内管直径：__________毫米　　内管壁厚：________毫米

外管直径：__________毫米　　外管壁厚：________毫米

保温层厚度：________毫米

七、海底管线防腐形式

内防腐涂层厚度：__________毫米

外防腐涂层厚度：__________毫米

混凝土加重层厚度：________毫米

腐蚀裕量：________________毫米

牺牲阳极配置情况：____________________________

八、海底管线介质输送形式：____________________

九、海底管线铺设方法：________________________

十、海底管线清管方式：________________________

十一、海底管线运行参数：

海底管线设计最大输量：

油：________________万立方米/年

天然气：____________万立方米/年

水：________________万立方米/年

海底管线设计压力：

起点压力：______________kPa　　终点压力：__________kPa

最大设计压力：__________kPa

海管设计温度：

入口温度：__________℃　　终点温度：______________℃

十二、海底管线设计输送介质性质：

（一）石油

黏度：

20℃时，________MPa·s　　50℃时，________MPa·s

倾点：__________℃

闪点：__________℃

含蜡量：__________%（质量）

含硫量：__________%（质量）

含水量：__________%（质量）

（二）天然气

硫化氢含量：____________%（分子）

二氧化碳含量：__________%（分子）

露点：__________℃

十三、海底管线铺设完工日期：________年______月______日

十四、海底管线预计开始试生产日期：______年______月______日

十五、海底管线作业者名称：________________

十六、作业者主要负责人：

姓名：______________________

职务：______________________

地址：______________________

电话：______________________

传真：______________________

签字：________________

（单位盖章）

申请日期：________年____月____日

附件 1.6

海底管线试生产备案有关证书和文件登记表

（依据《海洋石油安全管理细则》第五条制定）

管线名称：______________________

序号	项　　目	提交情况
1	发证检验机构颁发的海底管线检验证书	
2	海底管线竣工图并标注： 1. 表示海底管线相对位置的平台、建筑物、航道、港湾及相距管线中心线 150 米范围内的海底通讯电缆、沉船、海上装置、海底井口、暗礁、漂石和其他沉积物、障碍物的位置； 2. 海底管线与立管连接处、水下接头、阀门的位置； 3. 海底管线与其他管线及电缆交叉的位置。	
3	海底管线建造质量控制有关资料，包括： 1. 管子与管件材料出厂合格证书； 2. 海底管线焊接无损探伤检验合格证书； 3. 海底管线主要安全控制装置检验、试验合格的证明文件，包括紧急关闭系统、超压保护系统、报警装置、压力和流量测量装置、泄漏监测装置、腐蚀监测装置、清管球发送接收系统等。	
4	海底管线铺设的有关证件和资料，包括： 1. 为避免海底管线失稳所采取措施的描述及评价； 2. 海底管线竣工位置与原设计走向位置偏差距离及与路线勘察宽度的允许最大偏差距离极限的说明。	
5	作业者应急预案中有关海底管线内容的部分。	
6	海底管线安全操作规程、管理制度。	
7	作业者和有关单位就渔业、电讯、交通等有关影响海底管线安全问题的协议书或备忘录。	
8	有关部门在海底管线沿线安全带实施威胁海底管线安全的施工、航行等活动时，作业者与有关部门联系、解决的有关情况协议书或备忘录。	

填表人：________　填表日期：____年____月____日　　　填表单位（盖章）：

附件 1.7

生产设施试生产备案通知书

备案通知书编号：____________________

备案时间：________ 年_____ 月_____ 日

作业者名称：______________________

生产设施名称：____________________

经国家安全生产监督管理总局海洋石油作业安全办公室_________分部审查，以上生产设施符合《海洋石油安全管理细则》第六条的规定，予以备案。

请于 12 个月内，向海洋石油作业安全办公室_________分部提出安全竣工验收申请。

批准人签字：______________

（单位盖章）

签发日期：　　　年　　月　　日

附件 2.1

作业设施备案申请书

海洋石油作业安全办公室________分部：

遵照《海洋石油安全管理细则》(国家安全监管总局令第 25 号)第九条的规定，特为作业设施__________________申请颁发作业设施备案通知书。

一、作业设施基本数据

1. 主尺度：长__________米、宽__________米、型深________米
2. 建造日期：________年______月______日
3. 设计工作水深：________________米
4. 登记号：______________________
5. 设施呼号：____________________
6. 直升机停机坪规格：____________米　承载能力：________吨

移动式钻井平台(船)还应填写：

7. 最大钻井深度：__________________米
8. 最大可变负荷：

作业状态：__________吨

风暴状态：__________吨

9. 设计最大抗风能力：______________级

设计最大波高：_____________________米

二、作业合同基本数据(不同合同分别填写)

1. 作业合同签字日期：________年____月____日
2. 作业海区：_____________________________
3. 作业合同规定作业的起止时间：

从________年____月____日至________年____月____日

4. 作业内容描述：

____

____

____

三、作业者名称：________________________________

四、申请单位名称：________________________________

申请单位主要负责人：

姓名：____________________________

职务：____________________________

地址：____________________________

电话：____________________________

传真：____________________________

签字：____________

（单位盖章）

申请日期：________年____月____日

附件 2.2

作业设施备案申请有关证书登记表

（依据《海洋石油安全管理细则》第九条制定）

作业设施名称：________________

证书名称	证书编号	发证单位	发证日期	有效期
承包者营业执照				
船舶国籍证书				
国际船舶载重线证书				
船级证书				
吨位证书				
国际防止油污证书				
船舶无线电台执照				
船舶起货设备检验簿				
作业设施安全证书或(或货船设备安全证书、货船构造安全证书、货船无线电报安全证书、货船无线电话安全证书)				
作业设施投保单				
其他证书				

填表人：________ 填表日期：____年____月____日 填表单位(盖章)：

附件 2.4

作业设施备案通知书

备案通知书编号：____________________

备案时间：__________年_____月_____日

作业者名称：____________________

承包者名称：____________________

作业设施名称：____________________

作业海区：____________________

作业的主要内容简述：____

____

经国家安全生产监督管理总局海洋石油作业安全办公室_________分部审查，以上作业设施符合《海洋石油安全管理细则》第十条相关要求，予以备案。

本通知书有效期自_____年____月____日至_____年____月____日。

请于通知书有效期满前 15 日，向海洋石油作业安全办公室_________分部提出重新备案的申请。

批准人签字：__________

（单位盖章）

签发日期：_____年____月____日

附件 2.5

作业设施延期备案申请书

海洋石油作业安全办公室________分部：

遵照《海洋石油安全管理细则》(国家安全监督总局令第 25 号)第十一条的规定，特为作业设施________________________申请颁发作业设施延期备案通知书。

一、申请延期作业的原因

____

____

____

____

二、延期作业预计终止日期：________年______月______日

三、申请单位主要负责人

姓名：______________________

职务：______________________

地址：______________________

电话：______________________

传真：______________________

签字：____________

(单位盖章)

申请日期：________年____月____日

附件 3.1

延长测试设施备案申请书

海洋石油作业安全办公室______分部：

遵照《海洋石油安全管理细则》（国家安全监管总局令第 25 号）第十三条的规定，特为延长测试设施__________________申请颁发延长测试设施备案通知书。

一、油田名称：____

油井位置：北纬：________________东经：__________________

二、预计延长测试作业时间：自____________年____月____日

至____________年____月____日

三、设施（固定平台、作业设施）名称：______________________

建造日期：____________年____月____日

设施类型：______________________________

四、储油设施名称：______________________

建造日期：____________年____月____日

设施类型：____________________

储油能力：____________________万立方米

五、管线类型：____________________

尺寸：________________________毫米

长度：________________________米

日设计最大输量：

油：____________万立方米/日

天然气：________万立方米/日

水：____________万立方米/日

设计最大压力：______________________kPa

六、系泊类型：__________________

最大拉力：______________________kN(t)

七、作业者名称：________________________

八、作业者主要负责人：

姓名：____________________

职务：____________________

地址：____________________

电话：____________________

传真：____________________

签字：__________

（单位盖章）

申请日期：______年____月____日

附件 3.2

延长测试设施备案有关证书和文件登记表

油田名称：________________________________

设施	证书名称	证书编号	发证单位	发证日期	有效期
井口平台作业设施	作业(生产)设施备案通知书				
	船舶国籍证书(钻井船)				
	检验证书				
	国际防止油污证书				
	投保单				
储油设施	生产设施备案通知书				
	船舶国籍证书(油轮)				
	船级证书、国际船舶载重线证书、吨位证书				
	国际防污染证书				
	投保单				

填表人：________ 填表日期：____年____月____日 填表单位(盖章)：

附件 3.3

延长测试设施备案通知书

备案通知书编号：________________________

备案时间：____________年______月______日

油田名称：____________________________

作业者名称：__________________________

参与延长测试的主要设施、装置（生产设施、作业设施、储油装置等）名称：

____

____

经国家安全生产监督管理总局海洋石油作业安全办公室__________分部审查，以上设施、装置符合《海洋石油安全管理细则》相关要求，予以备案。

本通知书有效期自______年____月____日至______年____月____日。

批准人签字：____________

（单位盖章）

签发日期：______年____月____日

附件 4.1

守护船登记申请表

海洋石油作业安全办公室________分部：

遵照《海洋石油安全管理细则》（国家安全监管总局令第 25 号）第三十三条的规定，特为守护船________________________申请颁发守护船登记证明。

一、守护船名称：________________________

建造时间：__________年____月____日

船级和冰级：________________________

主尺度：长____________m、宽____________m、型深________m

主机功率：____________kW（HP） 航速：_______________kts

电台型号：____________

电台功率：____________W 电台呼号：__________

二、消防设备等级：__________________

能力：____________________________m^3/h

三、救助艇规格：____________________________

数量：______________ 航速：______________kts

可载人数：__________

四、营救区布置图

五、救生及医疗器具清单

六、船长及按本规则第八条要求的船员培训证书的清单

七、守护船船主公司名称：________________________

船主公司主要负责人：

姓名：________________________

职务：________________________

地址：________________________

电话：________________________

传真：________________________

签字：____________

（单位盖章）

申请日期：________年____月____日

附件 4.2

守护船有关证书登记表

守护船名称：____________________

证书名称	证书编号	发证单位	发证日期	有效期
国籍证书(或船舶登记证书)				
船级证书				
吨位证书				
载重线证书				
适航证书				
无线电台执照				
防止污染证书				
船舶安全证书				

填表人：________ 填表日期：____年____月____日 填表单位(盖章)：

附件 4.3

守护船登记证明

守护船登记证明编号：____________________

登记时间：____________年______月________日

有效期至：____________年______月________日

守护船船主公司名称：____________________

守护船名称：____________________________

经国家安全生产监督管理总局海洋石油作业安全办公室__________分部审查，以上船舶符合《海洋石油安全管理细则》第三十三条的规定，予以登记。

请于有效期满前 15 日，向海洋石油作业安全办公室__________分部提出重新登记的申请。

批准人签字：____________

（单位盖章）

签发日期：　　　年　　月　　日

附件 5.1

弃井作业最终报告表

井　　名：________________

井　　别：________________

井位坐标：北纬：____________；东经：________________

（WGS-84）X：____________；Y：________________

地理位置：________________

构造位置：________________

井　　型：________________

完钻井深：________________米

深度零点：________________米

补心海拔：________________米

井位水深：________________米

水深基准面：________________米

主要目的层：________________米

完钻地层：________________米

试油层位：________________米

弃井作业性质（永久性、临时性）：________

泥面以下深度：________________米

泥面以上高度：________________米

海上标志：________________

弃井作业时间：____年__月__日至____年__月__日

施工设施：________________

作业者名称：________________

作业者主要负责人：

姓名：________________

职务：________________

地址：________________

电话：________________

传真：________________

签字：__________

（单位盖章）

申请日期：______年____月____日

2017

附件5.2

弃井作业备案通知书

弃井作业备案通知书编号：________________

备案时间：____________年_____ 月_______日

作业者名称：___________________________

井名：_________________________________

井别：_________________________________

弃井作业性质(永久、临时)：____________

经国家安全生产监督管理总局海洋石油作业安全办公室_________分部审查，以上弃井作业满足《海洋石油安全管理细则》第八十三条的规定，予以备案。

批准人签字：__________

(单位盖章)

签发日期：　　　年　　月　　日

附件 6.1

防喷系统安全检查表

（依据《海洋石油安全管理细则》第五十二条制定）

设施名称：______________________

序号	检查内容	符合情况	备注
一	钻井工程设计		
1	套管程序设计及依据。		
2	泥浆程序设计及依据。		
二	井控设备		
3	在钻井装置上是否张贴防喷系统实况图（包括防喷器组、管线、闸门和管汇），该系统各部分的额定工作压力。流程是否合理。		
4	防喷器组是否可以强行起下钻。		
5	钻台上是否有钻杆、钻铤用的内防喷器，方钻杆旋塞扳手和适用的安全阀。		
6	节流管线固定是否牢固。		
7	水上防喷器组的管线连接是否牢固，是否便于调节。		
8	灌泥浆管线是否与压井管线分开。		
9	司钻台仪表是否定期校正、显示准确、灵敏。		
10	防喷器试压塞是否齐全、完好。		
11	井上是否有备用钢圈和易损件。		
12	防喷器是否按保养程序正常维护，并持有相应试压记录。		
13	防喷器组在以下情况同时具备时是否能关闭：停泵后 19 秒或更少的时间内，在 98kPa（1400 磅/平方英寸）的压力下，储能器留有容积 50%的液压油。		
14	电缆防喷盒是否试压至最大预期压力。		

续表

序号	检查内容	符合情况	备注
15	危险区内的照明和电路系统是否防爆，或仪器仪表箱(台)正压防爆。		
16	含硫化氢井的钻井气防设备完好。		
三	钻井过程控制		
17	浅层气预报、控制措施。		
18	BOP 现场功能试验和试压记录。		
19	固井质量检测结果和地层破裂压力试验数据。		
20	钻入油气层前的全员防喷演习。		
21	井喷警报信息是否能及时上报、发布。		
22	泥浆量增量在线监测系统及报警值设定。		
23	起下钻泥浆计量罐是否投入使用、并正确记录。		
24	正确、定期做低泵冲试验、并保持记录数据有效性。		
25	钻井装置上是否张贴有在用钻具与替换泥浆量的对照表。		
26	钻台上有适用的压井工作图表，副司钻以上岗位人员会使用。		
27	定期进行钻台防喷演习。		
28	最大允许关井井口压力。		
29	下套管配套的循环头，及能否迅速关井。		
30	副司钻以上岗位人员是否能操作压井设备和泥浆除气设备。		
31	井架工是否有逃生的降滑装置。		
32	消防设备是否放在合适的地点。		
33	异常地层压力的监测和预报方法。		
四	人员资质		
34	钻井井架工以上岗位人员持有合格的井控培训证书。		
35	全体人员持有合格的“海上石油作业安全救生”培训证书。		

检查人：________ 检查日期：____年____月____日

海洋石油天然气作业事故灾难应急预案

国家安全生产监督管理总局

2006 年 10 月

目　　录

海洋石油天然气作业事故灾难应急预案

1　总则

1.1　目的

进一步增强应对和防范海洋石油天然气作业事故风险和事故灾难的能力，最大限度地减少事故灾难造成的人员伤亡和财产损失。

1.2　工作原则

（1）以人为本，安全第一。海洋石油天然气作业事故灾难应急救援工作，要始终把保障人民群众的生命安全和身体健康放在首位，切实加强应急救援人员的安全防护，最大限度地减少事故灾难造成的人员伤亡和危害。

（2）统一领导，分级管理。国家安全生产监督管理总局（以下简称安全监管总局）在国务院及国务院安全生产委员会（以下简称国务院安委会）的统一领导下，负责指导、协调海洋石油天然气作业事故灾难应急救援工作。地方各级人民政府、有关部门和企业按照各自职责和权限，负责事故灾难的应急管理和应急处置工作。

（3）条块结合，属地为主。海洋石油作业事故灾难现场指挥以地方人民政府为主，国务院有关部门和专家参与。发生事故的企业是事故应急救援的第一响应者。按照分级响应的原则，地方各级人民政府及时启动相应的应急预案。

（4）依靠科学，依法规范。遵循科学原理，充分发挥专家的作用，实现科学民主决策。依靠科技进步，不断改进和完善应急救援的装备、设施和手段。依法规范应急救援工作，确保预案的科学性、权威性和可操作性。

（5）预防为主，平战结合。贯彻落实“安全第一，预防为主，综合治理”的方针，坚持事故应急与预防相结合。按照长期准备、重点建设的要求，做好应对海洋石油天然气作业事故的思想准备、预案准备、物资和经费准备、工作准备，加强培训演练，做到常备不懈。将日常管理工作和应急救援工作相结合，充分利用现有专业力量，努力实现一队多能；培养兼职应急救援力量并发挥其作用。

1.3　编制依据

《安全生产法》、《海上交通安全法》、《消防法》、《海洋环境保护法》等有关法律、法规和《国家安全生产事故灾难应急预案》。

1.4　适用范围

本预案适用于在中华人民共和国的内海、领海、大陆架以及其他属于中华人民共和国海洋资源管辖的海域内，海洋石油天然气作业(勘探、开发、生产、储运)发生的下列事故灾难应对工作：

(1) 特别重大海洋石油天然气作业事故灾难；

(2) 超出省(区、市)人民政府应急处置能力的事故灾难；

(3) 跨省级行政区、跨多个领域(行业和部门)的事故灾难；

(4) 安全监管总局认为需要处置的事故灾难。

2　组织指挥体系与职责

2.1　协调指挥机构与职责

在国务院及国务院安委会统一领导下，安全监管总局负责统一指导、协调海洋石油天然气作业事故灾难应急救援工作，国家安全生产应急救援指挥中心(以下简称应急指挥中心)具体承办有关工作。安全监管总局成立海洋石油天然气作业事故应急工作领导小组(以下简称领导小组)。领导小组的组成及成员单位主要职责：

组长：安全监管总局局长

副组长：安全监管总局分管调度、应急管理和海洋石油天然气作业安全监管工作的副局长

成员单位：办公厅、政策法规司、安全生产协调司、调度统计司、海洋石油作业安全办公室(以下简称海油安办)、应急指挥中心、机关服务中心、通信信息中心

(1) 办公厅：负责应急值守，及时向安全监管总局领导报告事故信息，传达安全监管总局领导关于事故救援工作的批示和意见；向中央办公厅、国务院办公厅报送《值班信息》，同时抄送国务院有关部门；接收党中央、国务院领导同志的重要批示、指示，迅速呈报安全监管总局领导阅批，并负责督办落实；需派工作组前往现场协助救援和开展事故调查时，及时向国务院有关部门、事发地省级政府等通报情况，并协调有关事宜。

(2) 政策法规司：负责事故信息发布工作，与中宣部、国务院新闻办及新华社、人民日报社、中央人民广播电台、中央电视台等主要新闻媒体联系，协

助有关部门做好事故现场新闻发布工作，正确引导媒体和公众舆论。

（3）安全生产协调司：根据安全监管总局领导指示和有关规定，组织协调安全监察专员赶赴事故现场参与事故应急救援和调查处理工作。

（4）调度统计司：负责应急值守，接收、处置各地、各部门上报的事故信息，及时报告安全监管总局领导，同时转送安全监管总局办公厅、海油安办和应急指挥中心；按照安全监管总局领导指示，起草事故救援处理工作指导意见；跟踪、续报事故救援进展情况。

（5）海油安办：提供事故单位相关信息，参加海洋石油天然气作业安全事故应急救援，参与或组织事故调查处理工作。

（6）应急指挥中心：按照安全监管总局领导指示和有关规定下达有关指令，协调指导事故应急救援工作；提出应急救援建议方案，跟踪事故救援情况，及时向安全监管总局领导报告；协调组织专家咨询，为应急救援提供技术支持；根据需要，组织、协调调集相关资源参加救援工作。

（7）机关服务中心：负责安全监管总局事故应急处置过程中的后勤保障工作。

（8）通信信息中心：负责保障安全监管总局外网、内网畅通运行，及时通过网站发布事故信息及救援进展情况。

2.2 有关部门(机构)职责

根据事故情况，需要有关部门配合时，国务院安委会办公室按照《国家安全生产事故灾难应急预案》协调有关部门配合和提供支持。

由于海洋石油天然气作业事故灾难造成人员坠海需要海事部门配合搜救时，按照《国家海上搜救应急预案》组织协助搜救。由于海洋石油天然气作业事故灾难造成的海上溢油事故，按照《海洋石油勘探开发重大海上溢油应急预案》组织配合协调指挥。

2.3 事故现场应急救援指挥部及职责

按事故灾难等级(见6.2响应分级标准)和分级响应原则，由相应的地方人民政府组成事故现场应急救援指挥部，总指挥由地方人民政府负责人担任，全面负责应急救援指挥工作。按照有关规定由熟悉事故现场情况的有关领导具体负责现场救援指挥。现场应急救援指挥部负责指挥所有参与应急救援的队伍和人员实施应急救援，并及时向安全监管总局报告事故及救援情况；需要外部力量增援的，报请安全监管总局协调，并说明需要的救援力量、救援装备等情况。

发生的事故灾难涉及多个领域、跨多个地区或影响特别重大时，由国务院安委会办公室或者国务院有关部门组织成立现场应急救援指挥部，负责应急救援协调指挥工作。地方人民政府安全生产事故应急救援指挥机构与职责，由地方人民政府比照国家安全生产应急救援指挥机构和相关部门职责，结合本地实际确定。

3　预警和预防机制

3.1　信息监控与报告

安全生产事故灾难信息由安全监管总局负责统一接收、处理、统计分析，经核实后及时上报国务院。

海油安办分部和地区监督处、各级地方应急救援指挥机构和有关企业按照《关于规范重大危险源监督与管理工作的通知》(安监总协调字〔2005〕125 号)对海洋石油天然气作业重大危险源进行监控和信息分析，对可能引发海洋石油天然气作业事故的其他灾害和事件的信息进行监控和分析。可能造成Ⅱ级以上事故的信息，要及时上报安全监管总局。

特别重大安全生产事故灾难(Ⅰ级)发生后，事故现场有关人员应当立即报告单位负责人，单位负责人接到报告后应当立即报告当地人民政府和相应的海油安办地区监督处(中央企业同时上报安全监管总局和企业总部)。当地人民政府接到报告后应当立即报告上级人民政府，并应当在 2 小时内报告至省(区、市)人民政府，紧急情况下可越级上报；海油安办地区监督处接到报告后应当立即报告所属的海油安办分部，海油安办分部应当在接到事故报告 2 小时内报告安全监管总局。

事故灾难发生地的省(区、市)人民政府应当在接到特别重大事故报告后 2 小时内，向国务院报告，同时抄送安全监管总局。

3.2　预警预防行动

各级、各部门安全生产事故应急救援指挥机构确认可能导致安全生产事故灾难的信息后，要及时研究确定应对方案，通知有关部门、单位采取相应行动预防事故发生；当本级、本部门应急救援指挥机构认为需要支援时，请求上级应急救援指挥机构协调。

发生重大安全生产事故灾难(Ⅱ级)时，安全监管总局要密切关注事态发展，做好应急准备；并根据事态进展，按有关规定报告国务院，通报其他有关地方、部门、救援队伍和专家，做好相应的应急准备工作。

国务院安委会办公室分析事故灾难预警信息，必要时建议国务院安委会发布安全生产事故灾难预警信息。

4　应急响应

4.1　分级响应

按事故灾难的可控性、严重程度和影响范围，将海洋石油天然气作业事故分为特别重大事故(Ⅰ级)、重大事故(Ⅱ级)、较大事故(Ⅲ级)和一般事故(Ⅳ级)(见 6.2 响应分级标准)。事故发生后，发生事故的企业及其所在地人民政府立即启动应急预案，并根据事故等级及时上报。

发生Ⅰ级事故及险情，启动本预案及以下各级预案。Ⅱ级及以下应急响应行动的组织实施由省级人民政府决定。地方各级人民政府根据事故灾难或险情的严重程度启动相应的应急预案，超出本级应急救援处置能力时，及时报请上一级应急救援指挥机构启动上一级应急预案实施救援。

4.2　启动条件

（1）事故等级达到Ⅱ级或省级人民政府应急预案启动后，本预案进入启动准备状态。

（2）下列情况下，启动本预案：

① 发生Ⅰ级响应条件的海洋石油天然气作业事故；

② 接到省级人民政府关于海洋石油天然气作业事故救援增援请求；

③ 接到上级关于海洋石油天然气作业事故救援增援的指示；

④ 安全监管总局领导认为有必要启动；

⑤ 执行其他应急预案时需要启动本预案。

4.3　响应程序

（1）进入启动准备状态时，根据事故发展态势和现场救援进展情况，执行如下应急响应程序：

① 立即向领导小组报告事故情况；

② 密切关注、及时掌握事态发展和现场救援情况，及时向领导小组报告；

③ 通知有关专家、队伍、国务院安委会有关成员、相关单位做好应急准备；

④ 向事故发生地省级人民政府提出事故救援指导意见；

⑤ 派有关人员和专家赶赴事故现场指导救援；

⑥ 提供相关的预案、专家、队伍、装备、物资等信息，组织专家咨询。

（2）进入启动状态时，根据事故发展态势和现场救援进展情况，执行如下应急响应程序：

① 通知领导小组组长及成员到调度统计司；

② 及时向国务院报告事故情况；

③ 组织专家咨询，提出事故救援协调指挥方案，提供相关的预案、专家、队伍、装备、物资等信息；

④ 派有关领导赶赴现场进行指导协调、协助指挥；

⑤ 通知有关部门做好交通、通信、气象、物资、财政、环保等支援工作；

⑥ 调动有关队伍、专家组参加现场救援工作，调动有关装备、物资支援现场救援；

⑦ 及时向公众及媒体发布事故应急救援信息，掌握公众反映及舆论动态，回复有关质询；

⑧ 必要时，国务院安委会办公室通知国务院安委会有关成员，按照《国家安全生产事故灾难应急预案》进行协调指挥。

4.4 信息处理

省级安全生产应急救援指挥机构、海油安办分部接到Ⅱ级以上海洋石油天然气作业事故报告后要及时报安全监管总局。

中石油、中石化、中海油公司可将所属企业发生的Ⅱ级以上海洋石油天然气作业事故信息直接报安全监管总局。

海洋石油天然气作业事故现场应急救援指挥部、省级安全生产应急救援指挥机构要跟踪续报事故发展、救援工作进展以及事故可能造成的影响等信息，发布必要的海上交通通告，并及时提出需要上级协调解决的问题和提供的支援。

安全监管总局通过办公厅向国务院办公厅上报事故信息。领导小组根据需要，及时研究解决有关问题、协调增援。

事故灾难中的伤亡、失踪、被困人员有港澳台或外国人员时，安全监管总局及时通知外交部、港澳办或台办。

4.5 指挥和协调

海洋石油天然气作业事故应急救援现场指挥坚持属地为主的原则。事故发生后，发生事故的企业应立即启动企业预案，组织救援。按照分级响应的原则由当地人民政府成立现场应急救援指挥部，按照相关处置预案，统一协调指挥事故救援。本预案启动后，安全监管总局协调指挥的主要内容是：

（1）根据现场救援工作需要和全国安全生产应急救援力量的布局，协调调动有关的队伍、装备、物资，保障事故救援需要；

（2）组织有关专家指导现场救援工作，协助当地人民政府提出救援方案，制定防止事故引发次生灾害的方案，责成有关方面实施；

（3）针对事故引发或可能引发的次生灾害，适时通知有关方面启动相关应急预案；

（4）协调事故发生地相邻地区配合、支援救援工作；

（5）必要时，通过国务院安委会协调民航、交通和公安等力量和资源参加应急救援；

（6）需要国际支援时，通过国务院安委会协调外交部、民航总局、海关总署等部门尽快办理相关事宜。

4.6 现场紧急处置

事故发生后，海洋石油天然气作业现场应及时向所属企业报告，同时组织自救，遏制事态扩大。企业接到报告后要及时组织救援并向有关方面发出求助信息。

针对海洋石油天然气作业中出现的井喷失控、油气泄漏、火灾爆炸等事故的特点，在对事故实施应急救援的过程中，要注意做好以下工作：

（1）做好现场疏散工作、保护作业人员安全；

（2）立即调集作业现场的应急力量进行救援，同时向有关方面发出求助信息，动员相关力量，保证应急队伍、设备、器材、物资及必要的后勤支持；

（3）制定救援方案并组织实施；

（4）确定警戒及防控区域，实行海域渔船、交通管制；

（5）对可能受到威胁的环境敏感区和易受损资源采取保护措施，保护周边生产装置和设施，防止事态扩大和引发次生灾害；

（6）迅速组织医疗救援力量，抢救受伤人员；

（7）尽力防止出现石油大面积泄漏和扩散对海洋环境造成灾难性污染；

（8）立即通知事故可能波及区域的人民政府启动相关应急预案；

（9）根据事态发展变化情况，出现急剧恶化的特殊险情时，现场应急救援指挥部在充分考虑专家和有关方面意见的基础上，依法采取紧急处置措施。涉及跨省(区、市)、跨领域的影响严重的紧急处置方案，由安全监管总局协调实施，影响特别严重的报国务院决定。

4.7　信息发布

安全监管总局是海洋石油天然气作业事故灾难信息的指定来源。安全监管总局负责海洋石油天然气作业事故灾难信息对外发布工作。必要时，国务院新闻办派员参加事故现场应急救援指挥部工作，负责指导协调海洋石油天然气作业事故灾难的对外报道工作。

4.8　应急结束

事故现场得以控制，环境符合有关标准，导致次生、衍生事故隐患消除后，经现场应急救援指挥部确认和批准，现场应急处置工作结束，应急救援队伍撤离现场。海洋石油天然气作业事故灾难善后处置工作完成后，现场应急救援指挥部组织完成应急救援总结报告，报送安全监管总局和省(区、市)人民政府，省(区、市)人民政府宣布应急处置结束。

5　保障措施

5.1　通信与信息保障

有关人员和有关单位的联系方式保证能够随时取得联系，有关单位的调度值班电话保证24小时有人值守。

通过有线电话、移动电话、卫星、微波等通信手段，保证各有关方面的通讯联系畅通。

安全监管总局负责建立与海洋石油天然气作业事故灾难应急救援各有关部门、专业应急救援指挥机构、省级应急救援指挥机构和中石油、中石化、中海油公司应急救援指挥机构以及专家组的通讯联系；开发和建立全国重大危险源和应急资源信息数据库，并组织管理和维护；组织制定有关安全生产应急救援机构事故灾难信息管理办法，统一信息分析、处理和传输技术标准。

省级应急救援指挥机构和各专业应急救援指挥机构负责本地区、本部门相关信息收集、分析、处理，并向安全监管总局报送重要信息，必要时，按有关规定报告国务院。

5.2　应急支援与装备保障

（1）救援装备保障。在陆岸基地与海上石油天然气作业区应按规定配备与作业规模相适应的应急装备，其类型、性能、运输方法与可调动性要符合有关规定；海上石油作业平台应配备符合国际通用规格的通讯设施及必要的气象、海况测定装置。中石油、中石化、中海油公司根据本企业海洋石油天然气作业事故救援的需要和特点，建立特种专业队伍，储备有关特种装备。依托现有资源，合理布局并补充完善应急救援力量；统一清理、登记可供应急响应单位使用的应急装备类型、数量、性能和存放位置，建立完善相应的保障措施。

（2）应急队伍保障。海洋石油天然气作业事故应急救援队伍以海洋石油天然气作业企业的专业应急救援队伍为基础，以相关大中型企业的应急救援队伍为重点，按照有关规定配备人员、装备，开展培训、演习。各级安全生产监督管理部门依法进行监督检查，促使其保持战斗力，常备不懈。

海上搜救、海上救助打捞专业队伍是海洋石油天然气作业事故应急救援的重要支援力量。

（3）交通运输保障。安全监管总局建立全国主要海洋石油天然气作业地点的地理信息系统。在应急响应时，充分利用有关企业的交通资源，必要时，协调铁道、民航、海事和军队等系统提供陆、海、空交通支援，协调有关地方人民政府提供必要的交通警戒，并调集交通工具，以保证救援工作需要。

（4）医疗卫生保障。由事故发生地省级卫生行政部门负责应急处置工作中的医疗卫生保障，组织协调各级医疗机构实施医疗救治，并根据海洋石油天然气作业事故造成人员伤亡的特点，组织落实专用药品和器材。医疗机构接到指令后要迅速组织医疗队伍进行现场医疗急救，各级医院负责后续治疗。

必要时，安全监管总局通过国务院安委会协调医疗卫生行政部门组织医疗救治力量支援。

（5）治安保障。事故发生地省级人民政府与当地海事部门建立海上应急救援现场的治安警戒和交通管制机制。

（6）物资保障。海洋石油天然气作业企业按照有关规定储备应急救援物资，地方各级人民政府以及中石油、中石化、中海油公司根据本地、本企业海洋石油天然气作业实际情况储备一定数量的常备应急救援物资；应急响应时所需物资的调用、采购、储备、管理，遵循“服从调动、服务大局”的原则，保证应急救援的需求。

国家储备物资相关经费由国家财政解决；地方常备物资经费由地方财政解决；企业常备物资经费由企业自筹资金解决，列入生产成本。

必要时，地方人民政府依据有关法律法规及时动员和征用社会物资。跨省（区、市）、跨部门的物资调用，由安全监管总局报请国务院安委会协调。

（7）气象保障。在应急状态下，由安全监管总局协调海洋局、气象局适时监测海况、气象等信息，充分利用现有资源，为应急救援提供所需的气象资料和气象咨询。

5.3　技术储备与保障

安全监管总局和中石油、中石化、中海油公司要充分利用现有的技术人才资源和技术设备设施资源，提供在应急状态下的技术支持。

应急响应状态下，当地气象部门要为海洋石油天然气作业事故的应急救援决策和响应行动提供所需要的气象资料和气象技术支持。

5.4　宣传、培训和演习

（1）公众信息交流。各级政府、各海洋石油天然气作业企业要按规定向公众和员工说明海洋石油天然气作业的危险性及发生事故可能造成的危害，广泛宣传应急救援有关法律法规和海洋石油天然气作业事故预防、避险、避灾、自救、互救的常识。

（2）培训。海洋石油天然气作业有关应急救援队伍按照有关规定参加业务培训；海洋石油天然气作业企业按照有关规定对员工进行应急培训；各级安全生产监督管理部门负责对应急救援培训情况进行监督检查。各级应急救援管理机构加强应急管理、救援人员的岗前培训和常规性培训。

（3）演习。海洋石油天然气作业企业按有关规定定期组织应急演习；中石油、中石化、中海油公司，有关专业应急机构定期组织海洋石油天然气作业事故应急救援演习，并于演习结束后向安全监管总局提交书面总结。应急指挥中心每年会同有关部门和地方政府组织一次应急演习。

5.5　监督检查

安全监管总局对海洋石油天然气作业事故灾难预案实施的全过程进行监督和检查。

6　附则

6.1　名词术语定义

海洋石油天然气作业指在中华人民共和国的内海、领海、大陆架以及其他属于中华人民共和国海洋资源管辖的海域内进行的石油天然气勘探、开发和生产作业及其有关的活动。

6.2 响应分级标准

按照事故灾难的可控性、严重程度和影响范围，将海洋石油天然气作业事故应急响应级别分为Ⅰ级(特别重大事故)响应、Ⅱ级(重大事故)响应、Ⅲ级(较大事故)响应、Ⅳ级(一般事故)响应。

出现下列情况时启动Ⅰ级响应：海洋石油天然气勘探、开发、生产过程中，发生特别重大井喷失控、油气泄漏、火灾、爆炸、中毒等事故，已经严重危及周边区域人民群众生命财产安全和环境安全，造成或可能造成30人以上死亡、或100人以上中毒、或疏散转移10万人以上、或1亿元以上直接经济损失、或特别重大社会影响，事故事态发展严重，且亟待外部力量应急救援等。

出现下列情况时启动Ⅱ级响应：海洋石油天然气勘探、开发、生产过程中，发生重大井喷失控、油气泄漏、火灾、爆炸、中毒等事故，已经危及海洋石油作业人员生命和国家财产安全，造成或可能造成10~29人死亡、或50~100人中毒、或5000万~10000万元直接经济损失、或重大社会影响等。

出现下列情况时启动Ⅲ级响应：海洋石油天然气勘探、开发、生产过程中，发生较大井喷失控、油气泄漏、火灾、爆炸、中毒等事故，已经危及海洋石油作业人员生命和国家财产安全，造成或可能造成3~9人死亡、或30~50人中毒、或直接经济损失较大、或较大社会影响等。

出现下列情况时启动Ⅳ级响应：海洋石油天然气勘探、开发、生产过程中，发生井喷失控、油气泄漏、火灾、爆炸、中毒等事故，已经危及海洋石油作业人员生命和国家财产安全，造成或可能造成3人以下死亡、或30人以下中毒、或一定社会影响等。

6.3 预案管理与更新

省级安全生产应急救援指挥机构和有关应急保障单位以及中石油、中石化、中海油公司，都要根据本预案和所承担的应急处置任务，制定相应的应急预案，报安全监管总局备案。

本预案所依据的法律法规、所涉及的机构和人员发生重大改变，或在执行中发现存在重大缺陷时，由安全监管总局及时组织修订。安全监管总局定期组织对本预案评审，并及时根据评审结论组织修订。

6.4 预案解释部门

本预案由安全监管总局负责解释。

6.5 预案实施时间

本预案自发布之日起施行。

7 附件(略)

卫生部关于发布《深海石油作业职业卫生管理办法》的通知

卫监督发〔2005〕40 号

各省、自治区、直辖市卫生厅局，中国海洋石油总公司：

根据《职业病防治法》的有关规定，为了加强海洋石油作业用人单位的职业病防治工作，有效地预防、控制海洋石油作业职业病危害，现将《深海石油作业职业卫生管理办法》印发你们，请遵照执行。

2005 年 1 月 31 日

深海石油作业职业卫生管理办法

第一条 为了预防、控制和消除深海石油作业职业病危害，保护劳动者健康，依据《中华人民共和国职业病防治法》(以下简称职业病防治法)，结合深海石油作业职业卫生管理的特殊情况，制定本办法。

第二条 本办法适用于中华人民共和国领域内深海石油、天然气的勘探、开发、生产等上游项目及石油、天然气的加工利用等中下游项目的职业病防治活动。

第三条 本办法所称上游项目，是指海深 5 米以上海底石油、天然气的勘探、开发、生产等作业；

本办法所称中下游项目，是指对深海开采的石油、天然气陆地后续加工等作业。

第四条 卫生部是深海石油作业职业卫生监督管理的主管部门。

中国海洋石油总公司负责本公司所属用人单位的职业病防治的监督管理，设立海洋石油作业职业卫生监督管理办公室(以下简称海卫办)。

第五条 深海石油作业用人单位(以下简称用人单位)应当建立健全职业病防治责任制，加强职业病防治管理，为劳动者创造符合国家职业卫生标准和卫生要求的工作环境和条件，对本单位产生的职业病危害承担责任。

第六条 深海石油作业的新建、改建、扩建、技术改造、技术引进项目(以下统称建设项目)应当执行职业病危害预评价、控制效果评价的制度和职业病危害防护设施的“三同时”制度。

第七条 对上游建设项目，在项目的总体开发方案阶段，建设单位应当委托具有相应资质的职业卫生技术服务机构对建设项目进行职业病危害预评价。

对中下游建设项目，在项目的可行性论证阶段，建设单位应当委托具有相应资质的职业卫生技术服务机构对建设项目进行职业病危害预评价。

第八条 核准建设项目的审查要求。

（一）报国务院投资主管部门核准的建设项目。

在基本设计前，建设单位应当向海卫办提交职业病危害预评价报告书，其报告书应当经海卫办初审合格后，报卫生部审核。

预评价报告确定为严重职业病危害的建设项目，在基本设计阶段，建设单位应当将职业病防护设施设计报海卫办初审合格后，报卫生部审查，符合国家职业卫生标准和卫生要求的，方可施工。

（二）非国务院投资主管部门核准的建设项目。

按规定不需要报国务院投资主管部门核准的上游建设项目，建设单位应当将预评价报告书报海卫办审查。预评价报告确定为严重职业病危害的建设项目，在基本设计阶段，建设单位应当将职业病防护设施设计报海卫办审查，符合国家职业卫生标准和卫生要求的，方可施工。海卫办将审查结果报卫生部备案。

按规定不需要报国务院投资主管部门核准的中下游建设项目，建设项目的职业病危害预评价应当按所在地省级卫生行政部门的规定执行。

第九条 基本设计阶段，建设单位应编写建设项目的职业卫生专篇，并落实经审核同意的预评价报告所提出的职业病防护措施。

第十条 设计阶段，建设项目的设计单位应当依据《工业企业设计卫生标准》，并根据深海石油、天然气作业环境的特殊性，结合国际通行的规范标准，对建设项目卫生辅助用室及建筑物的采光、通风等内容进行设计。

第十一条 建设项目在施工过程中，职业病防护设施要与主体工程同时设计、同时施工、同时投入生产和使用。

第十二条 建设项目试投产后六个月内，建设单位应当委托具有相应资质的职业卫生技术服务机构进行职业病危害控制效果评价，并按照本办法第八条的分类规定进行验收，合格后，方可投入正式生产和使用。

第十三条 用人单位应当按照职业病防治法的规定，采取职业病防治管理措施，并建立健全职业健康监护、职业病危害告知等规章制度。

用人单位应当在可能发生职业病危害的作业场所配备专职的职业卫生医师或者专职、兼职职业卫生管理人员，负责作业场所职业病防治管理和现场监护。

用人单位应当在可能发生职业病危害的作业场所配备急救设施和药品。

第十四条 用人单位的负责人应当接受海卫办组织的深海石油作业职业卫生培训，并按照《职业病防治法》及本办法，负责本单位的职业病防治工作。

用人单位应当组织员工进行上岗前、在岗期间的深海石油健康检查及职业病防护作业培训，培训内容和考核结果应当存入用人单位职业卫生档案。

从事作业场所职业病防治的职业卫生医师和卫生管理人员应当参加经海卫办组织或认可的职业病防治知识培训，经考核合格后，方可上岗。

第十五条 用人单位应当根据职业病危害预评价报告对作业过程中存在或者潜在的职业病危害因素进行识别、告知和控制。

对患有职业禁忌征的员工不得安排其从事所禁忌的作业；对在职业健康检查中发现有与所从事的作业相关的健康损害的员工，应当及时调离原工作岗位。

第十六条 用人单位应当建立健全深海石油作业的操作规程，保护员工的职业健康。对有可能接触职业病危害因素的员工应配备相应的个人防护用品；个人防护用品必须符合职业病防治的要求。

第十七条 用人单位应当对存在硫化氢、放射性同位素危害等特殊作业场所安装报警装置，并设置中、英文警示标识。

第十八条 当作业场所发生职业病危害事故时，专职医生或者专职、兼职职业卫生管理人员应当及时对受害员工进行现场抢救并采取控制措施，组织同一作业场所的员工进行应急性健康检查；情况紧急时，所在地的监督管理机构应当迅速启动应急救援预案。

用人单位应当将职业病危害事故情况及时报告监督管理机构和海卫办，海卫办接到报告后，应当及时会同有关部门组织调查处理，必要时，可以采取临时控制措施。

第十九条 用人单位应当委托具有相应资质的职业卫生技术服务机构对作业场所的职业病危害因素进行检测，每年至少一次，检测结果存入用人单位职业卫生档案，并及时将检测结果向员工公布。

用人单位应当将检测结果定期向海卫办报告。中下游项目的用人单位应当按规定同时向所在地行政主管部门报告。

第二十条 用人单位应当保证作业场所的职业病危害因素的浓度(或强度)符合国家职业卫生标准和卫生要求。对于职业病危害因素超过国家卫生标准的工作场所，应当配备有效的职业病防护设备，并加强对职业病防护设施的管理和维护，保证其处于正常运行状态。

第二十一条 用人单位的职业病危害项目应当按照卫生部《职业病危害项目申报管理办法》的规定向海卫办申报，由海卫办负责向国家行政主管部门申报；中下游项目的用人单位应当同时按规定向所在地行政主管部门申报。

第二十二条 用人单位发现有职业病病人或者疑似职业病人，应当按照卫生部《职业病诊断与鉴定管理办法》的规定报告和妥善处理，保障职业病病人依法享有国家规定的职业病待遇。

第二十三条 凡具备下列条件的职业卫生技术服务机构，可以向海卫办提出申请，经海卫办审核合格后，可为深海石油作业提供职业卫生技术服务。包括建设项目职业病危害评价、职业病危害因素的检测与评价、职业健康检查。

（一）取得卫生部建设项目职业病危害评价甲级资质的；取得省级卫生行政部门批准的职业健康检查资质的；

（二）熟悉深海石油作业特点，并具备相应的专业技术人员和工作经验的；

（三）制定有出海开展职业卫生技术服务的防范意外事故方案、应急措施、海上安全管理规章与服务行为规范；

（四）出海从事职业卫生技术服务的人员必须持有相应的健康证和接受过海上求救培训并取得相应证书；

（五）作业场所应当使用经鉴定合格的防爆型设备。

海卫办应当定期向用人单位公布符合条件的职业卫生技术服务机构的名册，供建设单位或用人单位选择。

第二十四条 职业卫生服务机构出具的建设项目职业病危害预评价报告书，应当符合深海石油作业的特点，评价建设项目的职业病危害程度时，应当符合以下要求：

（一）建设项目职业病危害程度的确定，应当符合卫生部《建设项目职业病危害分类管理办法》的规定，并评估建设项目职业病危害发生的可能性及后果，确定建设项目属一般或严重职业病危害项目；

（二）预评价报告中必须对硫化氢、放射性危害做出风险评价，并充分考虑噪音、化学危险品、高温等对作业人员的危害。

第二十五条 职业卫生技术服务机构出具的建设项目职业病危害控制效果评价报告书，应当针对深海石油作业的特点，提出符合职业卫生法律法规、标准和技术规范的要求和建议，并写明下列事项：

（一）建设项目的职业病危害程度，职业病防护设施的运行情况及效果；

（二）职业病危害及其事故的防范原则、防范措施以及安全操作程序和人员培训；

（三）建设项目投入使用后的日常监督和检测实施方案。

第二十六条 海卫办监督管理深海石油作业职业病防治活动，履行下列职责：

（一）负责组织起草深海石油作业职业卫生管理规定及相关标准，报卫生部审查同意后，纳入国家职业卫生立法及标准体系；

（二）负责对深海石油作业用人单位职业病防治的监督管理；

（三）负责对深海石油作业新建、改建、扩建项目的职业病危害预评价报告、控制效果评价报告和严重职业病危害项目的防护设施设计的初步审查，经审查后，报卫生部审批；

（四）负责接受深海石油作业用人单位的职业病危害项目申报及管理工作，并按规定向国家行政主管部门报告；

（五）负责组织深海石油作业用人单位职业卫生法规、规范及标准的宣传培训工作；

（六）负责深海石油作业用人单位职业病病人或疑似职业病病人的报告及统计工作，并按规定向卫生部报告；

（七）完成卫生部交办的其他工作。

第二十七条 根据工作需要海卫办可设立地区职业卫生监督管理机构，监督管理机构履行下列职责：

（一）用人单位职业病防治各项规章制度建立情况的监督检查；

（二）用人单位职业卫生培训情况的监督检查；

（三）职业病危害防护设施使用和维护情况的监督检查；

（四）职业病危害检测和职业健康监护工作情况的监督检查；

（五）建设项目职业病危害预评价、控制效果评价及职业病防护设施“三同时”执行情况的监督检查；

（六）用人单位职业禁忌和职业病患者的处理情况的监督检查；

（七）每季度向海卫办报告职业卫生监督检查的情况；

（八）当所在辖区用人单位发生职业病危害事故时，应当立即采取应急救援和控制措施，并及时向海卫办报告，协助海卫办进行调查处理；

（九）完成海卫办交办的其他工作。

第二十八条 海卫办及所属的监督管理机构在执行任务时，有权采取下列措施：

（一）进入被检查单位和职业病危害现场，了解情况，调查取证，要求派人协助工作；

（二）对违反职业病防治法律、法规的用人单位提出整改要求；

（三）发现危及劳动者健康的重大职业病危害，有权通知现场负责人立即采取防护措施或暂停作业；

（四）控制职业病危害事故的现场，封存造成职业病危害事故或者可能导致职业病危害事故发生的材料和设备。

第二十九条 用人单位违反《职业病防治法》及有关法规、规章及本办法规定的，由海卫办按照有关规定予以处罚。

第三十条 本办法自 2005 年 4 月 1 日起施行。

第四篇

建筑施工类

中华人民共和国主席令

第 46 号

《全国人民代表大会常务委员会关于修改〈中华人民共和国建筑法〉的决定》已由中华人民共和国第十一届全国人民代表大会常务委员会第 20 次会议于 2011 年 4 月 22 日通过，现予公布，自 2011 年 7 月 1 日起施行。

中华人民共和国主席　胡锦涛

2011 年 4 月 22 日

中华人民共和国建筑法

（1997 年 11 月 1 日第八届全国人民代表大会常务委员会第二十八次会议通过　根据 2011 年 4 月 22 日第十一届全国人民代表大会常务委员会第二十次会议《关于修改〈中华人民共和国建筑法〉的决定》修正）

目　　录

第一章　总　　则

第一条　为了加强对建筑活动的监督管理，维护建筑市场秩序，保证建筑工程的质量和安全，促进建筑业健康发展，制定本法。

第二条 在中华人民共和国境内从事建筑活动，实施对建筑活动的监督管理，应当遵守本法。

本法所称建筑活动，是指各类房屋建筑及其附属设施的建造和与其配套的线路、管道、设备的安装活动。

第三条 建筑活动应当确保建筑工程质量和安全，符合国家的建筑工程安全标准。

第四条 国家扶持建筑业的发展，支持建筑科学技术研究，提高房屋建筑设计水平，鼓励节约能源和保护环境，提倡采用先进技术、先进设备、先进工艺、新型建筑材料和现代管理方式。

第五条 从事建筑活动应当遵守法律、法规，不得损害社会公共利益和他人的合法权益。

任何单位和个人都不得妨碍和阻挠依法进行的建筑活动。

第六条 国务院建设行政主管部门对全国的建筑活动实施统一监督管理。

第二章 建筑许可

第一节 建筑工程施工许可

第七条 建筑工程开工前，建设单位应当按照国家有关规定向工程所在地县级以上人民政府建设行政主管部门申请领取施工许可证；但是，国务院建设行政主管部门确定的限额以下的小型工程除外。

按照国务院规定的权限和程序批准开工报告的建筑工程，不再领取施工许可证。

第八条 申请领取施工许可证，应当具备下列条件：

（一）已经办理该建筑工程用地批准手续；

（二）在城市规划区的建筑工程，已经取得规划许可证；

（三）需要拆迁的，其拆迁进度符合施工要求；

（四）已经确定建筑施工企业；

（五）有满足施工需要的施工图纸及技术资料；

（六）有保证工程质量和安全的具体措施；

（七）建设资金已经落实；

（八）法律、行政法规规定的其他条件。

建设行政主管部门应当自收到申请之日起十五日内，对符合条件的申请颁发施工许可证。

第九条 建设单位应当自领取施工许可证之日起三个月内开工。因故不能按期开工的，应当向发证机关申请延期；延期以两次为限，每次不超过三个月。

既不开工又不申请延期或者超过延期时限的，施工许可证自行废止。

第十条 在建的建筑工程因故中止施工的，建设单位应当自中止施工之日起一个月内，向发证机关报告，并按照规定做好建筑工程的维护管理工作。

建筑工程恢复施工时，应当向发证机关报告；中止施工满一年的工程恢复施工前，建设单位应当报发证机关核验施工许可证。

第十一条 按照国务院有关规定批准开工报告的建筑工程，因故不能按期开工或者中止施工的，应当及时向批准机关报告情况。因故不能按期开工超过六个月的，应当重新办理开工报告的批准手续。

第二节 从业资格

第十二条 从事建筑活动的建筑施工企业、勘察单位、设计单位和工程监理单位，应当具备下列条件：

（一）有符合国家规定的注册资本；

（二）有与其从事的建筑活动相适应的具有法定执业资格的专业技术人员；

（三）有从事相关建筑活动所应有的技术装备；

（四）法律、行政法规规定的其他条件。

第十三条 从事建筑活动的建筑施工企业、勘察单位、设计单位和工程监理单位，按照其拥有的注册资本、专业技术人员、技术装备和已完成的建筑工程业绩等资质条件，划分为不同的资质等级，经资质审查合格，取得相应等级的资质证书后，方可在其资质等级许可的范围内从事建筑活动。

第十四条 从事建筑活动的专业技术人员，应当依法取得相应的执业资格证书，并在执业资格证书许可的范围内从事建筑活动。

第三章 建筑工程发包与承包

第一节 一般规定

第十五条 建筑工程的发包单位与承包单位应当依法订立书面合同，明确双方的权利和义务。

发包单位和承包单位应当全面履行合同约定的义务。不按照合同约定履行义务的，依法承担违约责任。

第十六条 建筑工程发包与承包的招标投标活动，应当遵循公开、公正、平等竞争的原则，择优选择承包单位。

建筑工程的招标投标，本法没有规定的，适用有关招标投标法律的规定。

第十七条 发包单位及其工作人员在建筑工程发包中不得收受贿赂、回扣或者索取其他好处。

承包单位及其工作人员不得利用向发包单位及其工作人员行贿、提供回扣或者给予其他好处等不正当手段承揽工程。

第十八条 建筑工程造价应当按照国家有关规定，由发包单位与承包单位在合同中约定。公开招标发包的，其造价的约定，须遵守招标投标法律的规定。

发包单位应当按照合同的约定，及时拨付工程款项。

第二节 发 包

第十九条 建筑工程依法实行招标发包，对不适于招标发包的可以直接发包。

第二十条 建筑工程实行公开招标的，发包单位应当依照法定程序和方式，发布招标公告，提供载有招标工程的主要技术要求、主要的合同条款、评标的标准和方法以及开标、评标、定标的程序等内容的招标文件。

开标应当在招标文件规定的时间、地点公开进行。开标后应当按照招标文件规定的评标标准和程序对标书进行评价、比较，在具备相应资质条件的投标者中，择优选定中标者。

第二十一条 建筑工程招标的开标、评标、定标由建设单位依法组织实施，并接受有关行政主管部门的监督。

第二十二条 建筑工程实行招标发包的，发包单位应当将建筑工程发包给依法中标的承包单位。建筑工程实行直接发包的，发包单位应当将建筑工程发包给具有相应资质条件的承包单位。

第二十三条 政府及其所属部门不得滥用行政权力，限定发包单位将招标发包的建筑工程发包给指定的承包单位。

第二十四条 提倡对建筑工程实行总承包，禁止将建筑工程肢解发包。

建筑工程的发包单位可以将建筑工程的勘察、设计、施工、设备采购一并发包给一个工程总承包单位，也可以将建筑工程勘察、设计、施工、设备采购的一项或者多项发包给一个工程总承包单位；但是，不得将应当由一个承包单位完成的建筑工程肢解成若干部分发包给几个承包单位。

第二十五条 按照合同约定，建筑材料、建筑构配件和设备由工程承包单位采购的，发包单位不得指定承包单位购入用于工程的建筑材料、建筑构配件和设备或者指定生产厂、供应商。

第三节 承 包

第二十六条 承包建筑工程的单位应当持有依法取得的资质证书，并在其资质等级许可的业务范围内承揽工程。

禁止建筑施工企业超越本企业资质等级许可的业务范围或者以任何形式用其他建筑施工企业的名义承揽工程。禁止建筑施工企业以任何形式允许其他单位或者个人使用本企业的资质证书、营业执照，以本企业的名义承揽工程。

第二十七条　大型建筑工程或者结构复杂的建筑工程，可以由两个以上的承包单位联合共同承包。共同承包的各方对承包合同的履行承担连带责任。

两个以上不同资质等级的单位实行联合共同承包的，应当按照资质等级低的单位的业务许可范围承揽工程。

第二十八条　禁止承包单位将其承包的全部建筑工程转包给他人，禁止承包单位将其承包的全部建筑工程肢解以后以分包的名义分别转包给他人。

第二十九条　建筑工程总承包单位可以将承包工程中的部分工程发包给具有相应资质条件的分包单位；但是，除总承包合同中约定的分包外，必须经建设单位认可。施工总承包的，建筑工程主体结构的施工必须由总承包单位自行完成。

建筑工程总承包单位按照总承包合同的约定对建设单位负责；分包单位按照分包合同的约定对总承包单位负责。总承包单位和分包单位就分包工程对建设单位承担连带责任。

禁止总承包单位将工程分包给不具备相应资质条件的单位。禁止分包单位将其承包的工程再分包。

第四章　建筑工程监理

第三十条　国家推行筑工程监理制度。

国务院可以规定实行强制监理的建筑工程的范围。

第三十一条　实行监理的建筑工程，由建设单位委托具有相应资质条件的工程监理单位监理。建设单位与其委托的工程监理单位应当订立书面委托监理合同。

第三十二条　建筑工程监理应当依照法律、行政法规及有关的技术标准、设计文件和建筑工程承包合同，对承包单位在施工质量、建设工期和建设资金使用等方面，代表建设单位实施监督。

工程监理人员认为工程施工不符合工程设计要求、施工技术标准和合同约定的，有权要求建筑施工企业改正。

工程监理人员发现工程设计不符合建筑工程质量标准或者合同约定的质量要求的，应当报告建设单位要求设计单位改正。

第三十三条　实施建筑工程监理前，建设单位应当将委托的工程监理单位、监理的内容及监理权限，书面通知被监理的建筑施工企业。

第三十四条　工程监理单位应当在其资质等级许可的监理范围内，承担工程监理业务。

工程监理单位应当根据建设单位的委托，客观、公正地执行监理任务。

工程监理单位与被监理工程的承包单位以及建筑材料、建筑构配件和设备供应单位不得有隶属关系或者其他利害关系。

工程监理单位不得转让工程监理业务。

第三十五条 工程监理单位不按照委托监理合同的约定履行监理义务，对应当监督检查的项目不检查或者不按照规定检查，给建设单位造成损失的，应当承担相应的赔偿责任。

工程监理单位与承包单位串通，为承包单位谋取非法利益，给建设单位造成损失的，应当与承包单位承担连带赔偿责任。

第五章 建筑安全生产管理

第三十六条 建筑工程安全生产管理必须坚持安全第一、预防为主的方针，建立健全安全生产的责任制度和群防群治制度。

第三十七条 建筑工程设计应当符合按照国家规定制定的建筑安全规程和技术规范，保证工程的安全性能。

第三十八条 建筑施工企业在编制施工组织设计时，应当根据建筑工程的特点制定相应的安全技术措施；对专业性较强的工程项目，应当编制专项安全施工组织设计，并采取安全技术措施。

第三十九条 建筑施工企业应当在施工现场采取维护安全、防范危险、预防火灾等措施；有条件的，应当对施工现场实行封闭管理。

施工现场对毗邻的建筑物、构筑物和特殊作业环境可能造成损害的，建筑施工企业应当采取安全防护措施。

第四十条 建设单位应当向建筑施工企业提供与施工现场相关的地下管线资料，建筑施工企业应当采取措施加以保护。

第四十一条 建筑施工企业应当遵守有关环境保护和安全生产的法律、法规的规定，采取控制和处理施工现场的各种粉尘、废气、废水、固体废物以及噪声、振动对环境的污染和危害的措施。

第四十二条 有下列情形之一的，建设单位应当按照国家有关规定办理申请批准手续：

（一）需要临时占用规划批准范围以外场地的；

（二）可能损坏道路、管线、电力、邮电通讯等公共设施的；

（三）需要临时停水、停电、中断道路交通的；

（四）需要进行爆破作业的；

（五）法律、法规规定需要办理报批手续的其他情形。

第四十三条 建设行政主管部门负责建筑安全生产的管理，并依法接受劳动行政主管部门对建筑安全生产的指导和监督。

第四十四条 建筑施工企业必须依法加强对建筑安全生产的管理，执行安全生产责任制度，采取有效措施，防止伤亡和其他安全生产事故的发生。

建筑施工企业的法定代表人对本企业的安全生产负责。

第四十五条 施工现场安全由建筑施工企业负责。实行施工总承包的，由总承包单位负责。分包单位向总承包单位负责，服从总承包单位对施工现场的安全生产管理。

第四十六条 建筑施工企业应当建立健全劳动安全生产教育培训制度，加强对职工安全生产的教育培训；未经安全生产教育培训的人员，不得上岗作业。

第四十七条 建筑施工企业和作业人员在施工过程中，应当遵守有关安全生产的法律、法规和建筑行业安全规章、规程，不得违章指挥或者违章作业。作业人员有权对影响人身健康的作业程序和作业条件提出改进意见，有权获得安全生产所需的防护用品。作业人员对危及生命安全和人身健康的行为有权提出批评、检举和控告。

第四十八条 建筑施工企业应当依法为职工参加工伤保险缴纳工伤保险费。鼓励企业为从事危险作业的职工办理意外伤害保险，支付保险费。

第四十九条 涉及建筑主体和承重结构变动的装修工程，建设单位应当在施工前委托原设计单位或者具有相应资质条件的设计单位提出设计方案；没有设计方案的，不得施工。

第五十条 房屋拆除应当由具备保证安全条件的建筑施工单位承担，由建筑施工单位负责人对安全负责。

第五十一条 施工中发生事故时，建筑施工企业应当采取紧急措施减少人员伤亡和事故损失，并按照国家有关规定及时向有关部门报告。

第六章 建筑工程质量管理

第五十二条 建筑工程勘察、设计、施工的质量必须符合国家有关建筑工程安全标准的要求，具体管理办法由国务院规定。

有关建筑工程安全的国家标准不能适应确保建筑安全的要求时，应当及时修订。

第五十三条 国家对从事建筑活动的单位推行质量体系认证制度。从事建筑活动的单位根据自愿原则可以向国务院产品质量监督管理部门或者国务院产品质量监督管理部门授权的部门认可的认证机构申请质量体系认证。经认证合格的，由认证机构颁发质量体系认证证书。

第五十四条 建设单位不得以任何理由，要求建筑设计单位或者建筑施工企业在工程设计或者施工作业中，违反法律、行政法规和建筑工程质量、安全标准，降低工程质量。

建筑设计单位和建筑施工企业对建设单位违反前款规定提出的降低工程质量的要求，应当予以拒绝。

第五十五条 建筑工程实行总承包的，工程质量由工程总承包单位负责，总承包单位将建筑工程分包给其他单位的，应当对分包工程的质量与分包单位承担连带责任。分包单位应当接受总承包单位的质量管理。

第五十六条 建筑工程的勘察、设计单位必须对其勘察、设计的质量负责。勘察、设计文件应当符合有关法律、行政法规的规定和建筑工程质量、安全标准、建筑工程勘察、设计技术规范以及合同的约定。设计文件选用的建筑材料、建筑构配件和设备，应当注明其规格、型号、性能等技术指标，其质量要求必须符合国家规定的标准。

第五十七条 建筑设计单位对设计文件选用的建筑材料、建筑构配件和设备，不得指定生产厂、供应商。

第五十八条 建筑施工企业对工程的施工质量负责。

建筑施工企业必须按照工程设计图纸和施工技术标准施工，不得偷工减料。工程设计的修改由原设计单位负责，建筑施工企业不得擅自修改工程设计。

第五十九条 建筑施工企业必须按照工程设计要求、施工技术标准和合同的约定，对建筑材料、建筑构配件和设备进行检验，不合格的不得使用。

第六十条 建筑物在合理使用寿命内，必须确保地基基础工程和主体结构的质量。

建筑工程竣工时，屋顶、墙面不得留有渗漏、开裂等质量缺陷；对已发现的质量缺陷，建筑施工企业应当修复。

第六十一条 交付竣工验收的建筑工程，必须符合规定的建筑工程质量标准，有完整的工程技术经济资料和经签署的工程保修书，并具备国家规定的其他竣工条件。

建筑工程竣工经验收合格后，方可交付使用；未经验收或者验收不合格的，不得交付使用。

第六十二条 建筑工程实行质量保修制度。

建筑工程的保修范围应当包括地基基础工程、主体结构工程、屋面防水工程和其他土建工程，以及电气管线、上下水管线的安装工程，供热、供冷系统工程等项目；保修的期限应当按照保证建筑物合理寿命年限内正常使用，维护使用者合法权益的原则确定。具体的保修范围和最低保修期限由国务院规定。

第六十三条 任何单位和个人对建筑工程的质量事故、质量缺陷都有权向建设行政主管部门或者其他有关部门进行检举、控告、投诉。

第七章　法律责任

第六十四条　违反本法规定，未取得施工许可证或者开工报告未经批准擅自施工的，责令改正，对不符合开工条件的责令停止施工，可以处以罚款。

第六十五条　发包单位将工程发包给不具有相应资质条件的承包单位的，或者违反本法规定将建筑工程肢解发包的，责令改正，处以罚款。

超越本单位资质等级承揽工程的，责令停止违法行为，处以罚款，可以责令停业整顿，降低资质等级；情节严重的，吊销资质证书；有违法所得的，予以没收。

未取得资质证书承揽工程的，予以取缔，并处罚款；有违法所得的，予以没收。

以欺骗手段取得资质证书的，吊销资质证书，处以罚款；构成犯罪的，依法追究刑事责任。

第六十六条　建筑施工企业转让、出借资质证书或者以其他方式允许他人以本企业的名义承揽工程的，责令改正，没收违法所得，并处罚款，可以责令停业整顿，降低资质等级；情节严重的，吊销资质证书。对因该项承揽工程不符合规定的质量标准造成的损失，建筑施工企业与使用本企业名义的单位或者个人承担连带赔偿责任。

第六十七条　承包单位将承包的工程转包的，或者违反本法规定进行分包的，责令改正，没收违法所得，并处罚款，可以责令停业整顿，降低资质等级；情节严重的，吊销资质证书。

承包单位有前款规定的违法行为的，对因转包工程或者违法分包的工程不符合规定的质量标准造成的损失，与接受转包或者分包的单位承担连带赔偿责任。

第六十八条　在工程发包与承包中索贿、受贿、行贿，构成犯罪的，依法追究刑事责任；不构成犯罪的，分别处以罚款，没收贿赂的财物，对直接负责的主管人员和其他直接责任人员给予处分。

对在工程承包中行贿的承包单位，除依照前款规定处罚外，可以责令停业整顿，降低资质等级或者吊销资质证书。

第六十九条　工程监理单位与建设单位或者建筑施工企业串通，弄虚作假、降低工程质量的，责令改正，处以罚款，降低资质等级或者吊销资质证书；有违法所得的，予以没收；造成损失的，承担连带赔偿责任；构成犯罪的，依法追究刑事责任。

工程监理单位转让监理业务的，责令改正，没收违法所得，可以责令停业整顿，降低资质等级；情节严重的，吊销资质证书。

第七十条 违反本法规定，涉及建筑主体或者承重结构变动的装修工程擅自施工的，责令改正，处以罚款；造成损失的，承担赔偿责任；构成犯罪的，依法追究刑事责任。

第七十一条 建筑施工企业违反本法规定，对建筑安全事故隐患不采取措施予以消除的，责令改正，可以处以罚款；情节严重的，责令停业整顿，降低资质等级或者吊销资质证书；构成犯罪的，依法追究刑事责任。

建筑施工企业的管理人员违章指挥、强令职工冒险作业，因而发生重大伤亡事故或者造成其他严重后果的，依法追究刑事责任。

第七十二条 建设单位违反本法规定，要求建筑设计单位或者建筑施工企业违反建筑工程质量、安全标准，降低工程质量的，责令改正，可以处以罚款；构成犯罪的，依法追究刑事责任。

第七十三条 建筑设计单位不按照建筑工程质量、安全标准进行设计的，责令改正，处以罚款；造成工程质量事故的，责令停业整顿，降低资质等级或者吊销资质证书，没收违法所得，并处罚款；造成损失的，承担赔偿责任；构成犯罪的，依法追究刑事责任。

第七十四条 建筑施工企业在施工中偷工减料的，使用不合格的建筑材料、建筑构配件和设备的，或者有其他不按照工程设计图纸或者施工技术标准施工的行为的，责令改正，处以罚款；情节严重的，责令停业整顿，降低资质等级或者吊销资质证书；造成建筑工程质量不符合规定的质量标准的，负责返工、修理，并赔偿因此造成的损失；构成犯罪的，依法追究刑事责任。

第七十五条 建筑施工企业违反本法规定，不履行保修义务或者拖延履行保修义务的，责令改正，可以处以罚款，并对在保修期内因屋顶、墙面渗漏、开裂等质量缺陷造成的损失，承担赔偿责任。

第七十六条 本法规定的责令停业整顿、降低资质等级和吊销资质证书的行政处罚，由颁发资质证书的机关决定；其他行政处罚，由建设行政主管部门或者有关部门依照法律和国务院规定的职权范围决定。

依照本法规定被吊销资质证书的，由工商行政管理部门吊销其营业执照。

第七十七条 违反本法规定，对不具备相应资质等级条件的单位颁发该等级资质证书的，由其上级机关责令收回所发的资质证书，对直接负责的主管人员和其他直接责任人员给予行政处分；构成犯罪的，依法追究刑事责任。

第七十八条 政府及其所属部门的工作人员违反本法规定，限定发包单位将招标发包的工程发包给指定的承包单位的，由上级机关责令改正；构成犯罪的，依法追究刑事责任。

第七十九条 负责颁发建筑工程施工许可证的部门及其工作人员对不符合施工条件的建筑工程颁发施工许可证的，负责工程质量监督检查或者竣工验收的部门及其工作人员对不合格的建筑工程出具质量合格文件或者按合格工程验收的，由上级机关责令改正，对责任人员给予行政处分；构成犯罪的，依法追究刑事责任；造成损失的，由该部门承担相应的赔偿责任。

第八十条 在建筑物的合理使用寿命内，因建筑工程质量不合格受到损害的，有权向责任者要求赔偿。

第八章 附 则

第八十一条 本法关于施工许可、建筑施工企业资质审查和建筑工程发包、承包、禁止转包，以及建筑工程监理、建筑工程安全和质量管理的规定，适用于其他专业建筑工程的建筑活动，具体办法由国务院规定。

第八十二条 建设行政主管部门和其他有关部门在对建筑活动实施监督管理中，除按照国务院有关规定收取费用外，不得收取其他费用。

第八十三条 省、自治区、直辖市人民政府确定的小型房屋建筑工程的建筑活动，参照本法执行。

依法核定作为文物保护的纪念建筑物和古建筑等的修缮，依照文物保护的有关法律规定执行。

抢险救灾及其他临时性房屋建筑和农民自建低层住宅的建筑活动，不适用本法。

第八十四条 军用房屋建筑工程建筑活动的具体管理办法，由国务院、中央军事委员会依据本法制定。

第八十五条 本法自 1998 年 3 月 1 日起施行。

中华人民共和国国务院令
第 393 号

《建设工程安全生产管理条例》已经 2003 年 11 月 12 日国务院第 28 次常务会议通过，现予公布，自 2004 年 2 月 1 日起施行。

总理　温家宝

2003 年 11 月 24 日

建设工程安全生产管理条例

目　　录

第一章　总　　则

第一条　为了加强建设工程安全生产监督管理，保障人民群众生命和财产安全，根据《中华人民共和国建筑法》、《中华人民共和国安全生产法》，制定本条例。

第二条　在中华人民共和国境内从事建设工程的新建、扩建、改建和拆除等有关活动及实施对建设工程安全生产的监督管理，必须遵守本条例。

本条例所称建设工程，是指土木工程、建筑工程、线路管道和设备安装工程及装修工程。

第三条　建设工程安全生产管理，坚持安全第一、预防为主的方针。

第四条　建设单位、勘察单位、设计单位、施工单位、工程监理单位及其他与建设工程安全生产有关的单位，必须遵守安全生产法律、法规的规定，保证建设工程安全生产，依法承担建设工程安全生产责任。

第五条 国家鼓励建设工程安全生产的科学技术研究和先进技术的推广应用，推进建设工程安全生产的科学管理。

第二章 建设单位的安全责任

第六条 建设单位应当向施工单位提供施工现场及毗邻区域内供水、排水、供电、供气、供热、通信、广播电视等地下管线资料，气象和水文观测资料，相邻建筑物和构筑物、地下工程的有关资料，并保证资料的真实、准确、完整。

建设单位因建设工程需要，向有关部门或者单位查询前款规定的资料时，有关部门或者单位应当及时提供。

第七条 建设单位不得对勘察、设计、施工、工程监理等单位提出不符合建设工程安全生产法律、法规和强制性标准规定的要求，不得压缩合同约定的工期。

第八条 建设单位在编制工程概算时，应当确定建设工程安全作业环境及安全施工措施所需费用。

第九条 建设单位不得明示或者暗示施工单位购买、租赁、使用不符合安全施工要求的安全防护用具、机械设备、施工机具及配件、消防设施和器材。

第十条 建设单位在申请领取施工许可证时，应当提供建设工程有关安全施工措施的资料。

依法批准开工报告的建设工程，建设单位应当自开工报告批准之日起 15 日内，将保证安全施工的措施报送建设工程所在地的县级以上地方人民政府建设行政主管部门或者其他有关部门备案。

第十一条 建设单位应当将拆除工程发包给具有相应资质等级的施工单位。

建设单位应当在拆除工程施工 15 日前，将下列资料报送建设工程所在地的县级以上地方人民政府建设行政主管部门或者其他有关部门备案：

（一）施工单位资质等级证明；

（二）拟拆除建筑物、构筑物及可能危及毗邻建筑的说明；

（三）拆除施工组织方案；

（四）堆放、清除废弃物的措施。

实施爆破作业的，应当遵守国家有关民用爆炸物品管理的规定。

第三章 勘察、设计、工程监理及其他有关单位的安全责任

第十二条 勘察单位应当按照法律、法规和工程建设强制性标准进行勘察，提供的勘察文件应当真实、准确，满足建设工程安全生产的需要。

勘察单位在勘察作业时，应当严格执行操作规程，采取措施保证各类管线、设施和周边建筑物、构筑物的安全。

第十三条 设计单位应当按照法律、法规和工程建设强制性标准进行设计，防止因设计不合理导致生产安全事故的发生。

设计单位应当考虑施工安全操作和防护的需要，对涉及施工安全的重点部位和环节在设计文件中注明，并对防范生产安全事故提出指导意见。

采用新结构、新材料、新工艺的建设工程和特殊结构的建设工程，设计单位应当在设计中提出保障施工作业人员安全和预防生产安全事故的措施建议。

设计单位和注册建筑师等注册执业人员应当对其设计负责。

第十四条 工程监理单位应当审查施工组织设计中的安全技术措施或者专项施工方案是否符合工程建设强制性标准。

工程监理单位在实施监理过程中，发现存在安全事故隐患的，应当要求施工单位整改；情况严重的，应当要求施工单位暂时停止施工，并及时报告建设单位。施工单位拒不整改或者不停止施工的，工程监理单位应当及时向有关主管部门报告。

工程监理单位和监理工程师应当按照法律、法规和工程建设强制性标准实施监理，并对建设工程安全生产承担监理责任。

第十五条 为建设工程提供机械设备和配件的单位，应当按照安全施工的要求配备齐全有效的保险、限位等安全设施和装置。

第十六条 出租的机械设备和施工机具及配件，应当具有生产(制造)许可证、产品合格证。

出租单位应当对出租的机械设备和施工机具及配件的安全性能进行检测，在签订租赁协议时，应当出具检测合格证明。

禁止出租检测不合格的机械设备和施工机具及配件。

第十七条 在施工现场安装、拆卸施工起重机械和整体提升脚手架、模板等自升式架设设施，必须由具有相应资质的单位承担。

安装、拆卸施工起重机械和整体提升脚手架、模板等自升式架设设施，应当编制拆装方案、制定安全施工措施，并由专业技术人员现场监督。

施工起重机械和整体提升脚手架、模板等自升式架设设施安装完毕后，安装单位应当自检，出具自检合格证明，并向施工单位进行安全使用说明，办理验收手续并签字。

第十八条 施工起重机械和整体提升脚手架、模板等自升式架设设施的使用达到国家规定的检验检测期限的，必须经具有专业资质的检验检测机构检测。经检测不合格的，不得继续使用。

第十九条 检验检测机构对检测合格的施工起重机械和整体提升脚手架、模板等自升式架设设施，应当出具安全合格证明文件，并对检测结果负责。

第四章 施工单位的安全责任

第二十条 施工单位从事建设工程的新建、扩建、改建和拆除等活动，应当具备国家规定的注册资本、专业技术人员、技术装备和安全生产等条件，依法取得相应等级的资质证书，并在其资质等级许可的范围内承揽工程。

第二十一条 施工单位主要负责人依法对本单位的安全生产工作全面负责。施工单位应当建立健全安全生产责任制度和安全生产教育培训制度，制定安全生产规章制度和操作规程，保证本单位安全生产条件所需资金的投入，对所承担的建设工程进行定期和专项安全检查，并做好安全检查记录。

施工单位的项目负责人应当由取得相应执业资格的人员担任，对建设工程项目的安全施工负责，落实安全生产责任制度、安全生产规章制度和操作规程，确保安全生产费用的有效使用，并根据工程的特点组织制定安全施工措施，消除安全事故隐患，及时、如实报告生产安全事故。

第二十二条 施工单位对列入建设工程概算的安全作业环境及安全施工措施所需费用，应当用于施工安全防护用具及设施的采购和更新、安全施工措施的落实、安全生产条件的改善，不得挪作他用。

第二十三条 施工单位应当设立安全生产管理机构，配备专职安全生产管理人员。

专职安全生产管理人员负责对安全生产进行现场监督检查。发现安全事故隐患，应当及时向项目负责人和安全生产管理机构报告；对违章指挥、违章操作的，应当立即制止。

专职安全生产管理人员的配备办法由国务院建设行政主管部门会同国务院其他有关部门制定。

第二十四条 建设工程实行施工总承包的，由总承包单位对施工现场的安全生产负总责。

总承包单位应当自行完成建设工程主体结构的施工。

总承包单位依法将建设工程分包给其他单位的，分包合同中应当明确各自的安全生产方面的权利、义务。总承包单位和分包单位对分包工程的安全生产承担连带责任。

分包单位应当服从总承包单位的安全生产管理，分包单位不服从管理导致生产安全事故的，由分包单位承担主要责任。

第二十五条 垂直运输机械作业人员、安装拆卸工、爆破作业人员、起重信号工、登高架设作业人员等特种作业人员，必须按照国家有关规定经过专门的安全作业培训，并取得特种作业操作资格证书后，方可上岗作业。

第二十六条 施工单位应当在施工组织设计中编制安全技术措施和施工现场临时用电方案，对下列达到一定规模的危险性较大的分部分项工程编制专项施工方案，并附具安全验算结果，经施工单位技术负责人、总监理工程师签字后实施，由专职安全生产管理人员进行现场监督：

（一）基坑支护与降水工程；

（二）土方开挖工程；

（三）模板工程；

（四）起重吊装工程；

（五）脚手架工程；

（六）拆除、爆破工程；

（七）国务院建设行政主管部门或者其他有关部门规定的其他危险性较大的工程。

对前款所列工程中涉及深基坑、地下暗挖工程、高大模板工程的专项施工方案，施工单位还应当组织专家进行论证、审查。

本条第一款规定的达到一定规模的危险性较大工程的标准，由国务院建设行政主管部门会同国务院其他有关部门制定。

第二十七条 建设工程施工前，施工单位负责项目管理的技术人员应当对有关安全施工的技术要求向施工作业班组、作业人员作出详细说明，并由双方签字确认。

第二十八条 施工单位应当在施工现场入口处、施工起重机械、临时用电设施、脚手架、出入通道口、楼梯口、电梯井口、孔洞口、桥梁口、隧道口、基坑边沿、爆破物及有害危险气体和液体存放处等危险部位，设置明显的安全警示标志。安全警示标志必须符合国家标准。

施工单位应当根据不同施工阶段和周围环境及季节、气候的变化，在施工现场采取相应的安全施工措施。施工现场暂时停止施工的，施工单位应当做好现场防护，所需费用由责任方承担，或者按照合同约定执行。

第二十九条 施工单位应当将施工现场的办公、生活区与作业区分开设置，并保持安全距离；办公、生活区的选址应当符合安全性要求。职工的膳食、饮水、休息场所等应当符合卫生标准。施工单位不得在尚未竣工的建筑物内设置员工集体宿舍。

施工现场临时搭建的建筑物应当符合安全使用要求。施工现场使用的装配式活动房屋应当具有产品合格证。

第三十条 施工单位对因建设工程施工可能造成损害的毗邻建筑物、构筑物和地下管线等，应当采取专项防护措施。

施工单位应当遵守有关环境保护法律、法规的规定，在施工现场采取措施，防止或者减少粉尘、废气、废水、固体废物、噪声、振动和施工照明对人和环境的危害和污染。

在城市市区内的建设工程，施工单位应当对施工现场实行封闭围挡。

第三十一条 施工单位应当在施工现场建立消防安全责任制度，确定消防安全责任人，制定用火、用电、使用易燃易爆材料等各项消防安全管理制度和操作规程，设置消防通道、消防水源，配备消防设施和灭火器材，并在施工现场入口处设置明显标志。

第三十二条 施工单位应当向作业人员提供安全防护用具和安全防护服装，并书面告知危险岗位的操作规程和违章操作的危害。

作业人员有权对施工现场的作业条件、作业程序和作业方式中存在的安全问题提出批评、检举和控告，有权拒绝违章指挥和强令冒险作业。

在施工中发生危及人身安全的紧急情况时，作业人员有权立即停止作业或者在采取必要的应急措施后撤离危险区域。

第三十三条 作业人员应当遵守安全施工的强制性标准、规章制度和操作规程，正确使用安全防护用具、机械设备等。

第三十四条 施工单位采购、租赁的安全防护用具、机械设备、施工机具及配件，应当具有生产(制造)许可证、产品合格证，并在进入施工现场前进行查验。

施工现场的安全防护用具、机械设备、施工机具及配件必须由专人管理，定期进行检查、维修和保养，建立相应的资料档案，并按照国家有关规定及时报废。

第三十五条 施工单位在使用施工起重机械和整体提升脚手架、模板等自升式架设设施前，应当组织有关单位进行验收，也可以委托具有相应资质的检验检测机构进行验收；使用承租的机械设备和施工机具及配件的，由施工总承包单位、分包单位、出租单位和安装单位共同进行验收。验收合格的方可使用。

《特种设备安全监察条例》规定的施工起重机械，在验收前应当经有相应资质的检验检测机构监督检验合格。

施工单位应当自施工起重机械和整体提升脚手架、模板等自升式架设设施验收合格之日起30日内，向建设行政主管部门或者其他有关部门登记。登记标志应当置于或者附着于该设备的显著位置。

第三十六条 施工单位的主要负责人、项目负责人、专职安全生产管理人员应当经建设行政主管部门或者其他有关部门考核合格后方可任职。

施工单位应当对管理人员和作业人员每年至少进行一次安全生产教育培训，其教育培训情况记入个人工作档案。安全生产教育培训考核不合格的人员，不得上岗。

第三十七条 作业人员进入新的岗位或者新的施工现场前，应当接受安全生产教育培训。未经教育培训或者教育培训考核不合格的人员，不得上岗作业。

施工单位在采用新技术、新工艺、新设备、新材料时，应当对作业人员进行相应的安全生产教育培训。

第三十八条 施工单位应当为施工现场从事危险作业的人员办理意外伤害保险。

意外伤害保险费由施工单位支付。实行施工总承包的，由总承包单位支付意外伤害保险费。意外伤害保险期限自建设工程开工之日起至竣工验收合格止。

第五章 监督管理

第三十九条 国务院负责安全生产监督管理的部门依照《中华人民共和国安全生产法》的规定，对全国建设工程安全生产工作实施综合监督管理。

县级以上地方人民政府负责安全生产监督管理的部门依照《中华人民共和国安全生产法》的规定，对本行政区域内建设工程安全生产工作实施综合监督管理。

第四十条 国务院建设行政主管部门对全国的建设工程安全生产实施监督管理。国务院铁路、交通、水利等有关部门按照国务院规定的职责分工，负责有关专业建设工程安全生产的监督管理。

县级以上地方人民政府建设行政主管部门对本行政区域内的建设工程安全生产实施监督管理。县级以上地方人民政府交通、水利等有关部门在各自的职责范围内，负责本行政区域内的专业建设工程安全生产的监督管理。

第四十一条 建设行政主管部门和其他有关部门应当将本条例第十条、第十一条规定的有关资料的主要内容抄送同级负责安全生产监督管理的部门。

第四十二条 建设行政主管部门在审核发放施工许可证时，应当对建设工程是否有安全施工措施进行审查，对没有安全施工措施的，不得颁发施工许可证。

建设行政主管部门或者其他有关部门对建设工程是否有安全施工措施进行审查时，不得收取费用。

第四十三条 县级以上人民政府负有建设工程安全生产监督管理职责的部门在各自的职责范围内履行安全监督检查职责时，有权采取下列措施：

（一）要求被检查单位提供有关建设工程安全生产的文件和资料；

（二）进入被检查单位施工现场进行检查；

（三）纠正施工中违反安全生产要求的行为；

（四）对检查中发现的安全事故隐患，责令立即排除；重大安全事故隐患排除前或者排除过程中无法保证安全的，责令从危险区域内撤出作业人员或者暂时停止施工。

第四十四条 建设行政主管部门或者其他有关部门可以将施工现场的监督检查委托给建设工程安全监督机构具体实施。

第四十五条 国家对严重危及施工安全的工艺、设备、材料实行淘汰制度。具体目录由国务院建设行政主管部门会同国务院其他有关部门制定并公布。

第四十六条 县级以上人民政府建设行政主管部门和其他有关部门应当及时受理对建设工程生产安全事故及安全事故隐患的检举、控告和投诉。

第六章　生产安全事故的应急救援和调查处理

第四十七条 县级以上地方人民政府建设行政主管部门应当根据本级人民政府的要求，制定本行政区域内建设工程特大生产安全事故应急救援预案。

第四十八条 施工单位应当制定本单位生产安全事故应急救援预案，建立应急救援组织或者配备应急救援人员，配备必要的应急救援器材、设备，并定期组织演练。

第四十九条 施工单位应当根据建设工程施工的特点、范围，对施工现场易发生重大事故的部位、环节进行监控，制定施工现场生产安全事故应急救援预案。实行施工总承包的，由总承包单位统一组织编制建设工程生产安全事故应急救援预案，工程总承包单位和分包单位按照应急救援预案，各自建立应急救援组织或者配备应急救援人员，配备救援器材、设备，并定期组织演练。

第五十条 施工单位发生生产安全事故，应当按照国家有关伤亡事故报告和调查处理的规定，及时、如实地向负责安全生产监督管理的部门、建设行政主管部门或者其他有关部门报告；特种设备发生事故的，还应当同时向特种设备安全监督管理部门报告。接到报告的部门应当按照国家有关规定，如实上报。

实行施工总承包的建设工程，由总承包单位负责上报事故。

第五十一条 发生生产安全事故后，施工单位应当采取措施防止事故扩大，保护事故现场。需要移动现场物品时，应当做出标记和书面记录，妥善保管有关证物。

第五十二条 建设工程生产安全事故的调查、对事故责任单位和责任人的处罚与处理，按照有关法律、法规的规定执行。

第七章　法律责任

第五十三条　违反本条例的规定，县级以上人民政府建设行政主管部门或者其他有关行政管理部门的工作人员，有下列行为之一的，给予降级或者撤职的行政处分；构成犯罪的，依照刑法有关规定追究刑事责任：

（一）对不具备安全生产条件的施工单位颁发资质证书的；

（二）对没有安全施工措施的建设工程颁发施工许可证的；

（三）发现违法行为不予查处的；

（四）不依法履行监督管理职责的其他行为。

第五十四条　违反本条例的规定，建设单位未提供建设工程安全生产作业环境及安全施工措施所需费用的，责令限期改正；逾期未改正的，责令该建设工程停止施工。

建设单位未将保证安全施工的措施或者拆除工程的有关资料报送有关部门备案的，责令限期改正，给予警告。

第五十五条　违反本条例的规定，建设单位有下列行为之一的，责令限期改正，处20万元以上50万元以下的罚款；造成重大安全事故，构成犯罪的，对直接责任人员，依照刑法有关规定追究刑事责任；造成损失的，依法承担赔偿责任：

（一）对勘察、设计、施工、工程监理等单位提出不符合安全生产法律、法规和强制性标准规定的要求的；

（二）要求施工单位压缩合同约定的工期的；

（三）将拆除工程发包给不具有相应资质等级的施工单位的。

第五十六条　违反本条例的规定，勘察单位、设计单位有下列行为之一的，责令限期改正，处10万元以上30万元以下的罚款；情节严重的，责令停业整顿，降低资质等级，直至吊销资质证书；造成重大安全事故，构成犯罪的，对直接责任人员，依照刑法有关规定追究刑事责任；造成损失的，依法承担赔偿责任：

（一）未按照法律、法规和工程建设强制性标准进行勘察、设计的；

（二）采用新结构、新材料、新工艺的建设工程和特殊结构的建设工程，设计单位未在设计中提出保障施工作业人员安全和预防生产安全事故的措施建议的。

第五十七条　违反本条例的规定，工程监理单位有下列行为之一的，责令限期改正；逾期未改正的，责令停业整顿，并处10万元以上30万元以下的罚款；情节严重的，降低资质等级，直至吊销资质证书；造成重大安全事故，构成犯罪的，对直接责任人员，依照刑法有关规定追究刑事责任；造成损失的，依法承担赔偿责任：

（一）未对施工组织设计中的安全技术措施或者专项施工方案进行审查的；

（二）发现安全事故隐患未及时要求施工单位整改或者暂时停止施工的；

（三）施工单位拒不整改或者不停止施工，未及时向有关主管部门报告的；

（四）未依照法律、法规和工程建设强制性标准实施监理的。

第五十八条 注册执业人员未执行法律、法规和工程建设强制性标准的，责令停止执业 3 个月以上 1 年以下；情节严重的，吊销执业资格证书，5 年内不予注册；造成重大安全事故的，终身不予注册；构成犯罪的，依照刑法有关规定追究刑事责任。

第五十九条 违反本条例的规定，为建设工程提供机械设备和配件的单位，未按照安全施工的要求配备齐全有效的保险、限位等安全设施和装置的，责令限期改正，处合同价款 1 倍以上 3 倍以下的罚款；造成损失的，依法承担赔偿责任。

第六十条 违反本条例的规定，出租单位出租未经安全性能检测或者经检测不合格的机械设备和施工机具及配件的，责令停业整顿，并处 5 万元以上 10 万元以下的罚款；造成损失的，依法承担赔偿责任。

第六十一条 违反本条例的规定，施工起重机械和整体提升脚手架、模板等自升式架设设施安装、拆卸单位有下列行为之一的，责令限期改正，处 5 万元以上 10 万元以下的罚款；情节严重的，责令停业整顿，降低资质等级，直至吊销资质证书；造成损失的，依法承担赔偿责任：

（一）未编制拆装方案、制定安全施工措施的；

（二）未由专业技术人员现场监督的；

（三）未出具自检合格证明或者出具虚假证明的；

（四）未向施工单位进行安全使用说明，办理移交手续的。

施工起重机械和整体提升脚手架、模板等自升式架设设施安装、拆卸单位有前款规定的第（一）项、第（三）项行为，经有关部门或者单位职工提出后，对事故隐患仍不采取措施，因而发生重大伤亡事故或者造成其他严重后果，构成犯罪的，对直接责任人员，依照刑法有关规定追究刑事责任。

第六十二条 违反本条例的规定，施工单位有下列行为之一的，责令限期改正；逾期未改正的，责令停业整顿，依照《中华人民共和国安全生产法》的有关规定处以罚款；造成重大安全事故，构成犯罪的，对直接责任人员，依照刑法有关规定追究刑事责任：

（一）未设立安全生产管理机构、配备专职安全生产管理人员或者分部分项工程施工时无专职安全生产管理人员现场监督的；

（二）施工单位的主要负责人、项目负责人、专职安全生产管理人员、作业人员或者特种作业人员，未经安全教育培训或者经考核不合格即从事相关工作的；

（三）未在施工现场的危险部位设置明显的安全警示标志，或者未按照国家有关规定在施工现场设置消防通道、消防水源、配备消防设施和灭火器材的；

（四）未向作业人员提供安全防护用具和安全防护服装的；

（五）未按照规定在施工起重机械和整体提升脚手架、模板等自升式架设设施验收合格后登记的；

（六）使用国家明令淘汰、禁止使用的危及施工安全的工艺、设备、材料的。

第六十三条 违反本条例的规定，施工单位挪用列入建设工程概算的安全生产作业环境及安全施工措施所需费用的，责令限期改正，处挪用费用20%以上50%以下的罚款；造成损失的，依法承担赔偿责任。

第六十四条 违反本条例的规定，施工单位有下列行为之一的，责令限期改正；逾期未改正的，责令停业整顿，并处5万元以上10万元以下的罚款；造成重大安全事故，构成犯罪的，对直接责任人员，依照刑法有关规定追究刑事责任：

（一）施工前未对有关安全施工的技术要求作出详细说明的；

（二）未根据不同施工阶段和周围环境及季节、气候的变化，在施工现场采取相应的安全施工措施，或者在城市市区内的建设工程的施工现场未实行封闭围挡的；

（三）在尚未竣工的建筑物内设置员工集体宿舍的；

（四）施工现场临时搭建的建筑物不符合安全使用要求的；

（五）未对因建设工程施工可能造成损害的毗邻建筑物、构筑物和地下管线等采取专项防护措施的。

施工单位有前款规定第（四）项、第（五）项行为，造成损失的，依法承担赔偿责任。

第六十五条 违反本条例的规定，施工单位有下列行为之一的，责令限期改正；逾期未改正的，责令停业整顿，并处10万元以上30万元以下的罚款；情节严重的，降低资质等级，直至吊销资质证书；造成重大安全事故，构成犯罪的，对直接责任人员，依照刑法有关规定追究刑事责任；造成损失的，依法承担赔偿责任：

（一）安全防护用具、机械设备、施工机具及配件在进入施工现场前未经查验或者查验不合格即投入使用的；

（二）使用未经验收或者验收不合格的施工起重机械和整体提升脚手架、模板等自升式架设设施的；

（三）委托不具有相应资质的单位承担施工现场安装、拆卸施工起重机械和整体提升脚手架、模板等自升式架设设施的；

（四）在施工组织设计中未编制安全技术措施、施工现场临时用电方案或者专项施工方案的。

第六十六条 违反本条例的规定，施工单位的主要负责人、项目负责人未履行安全生产管理职责的，责令限期改正；逾期未改正的，责令施工单位停业整顿；造成重大安全事故、重大伤亡事故或者其他严重后果，构成犯罪的，依照刑法有关规定追究刑事责任。

作业人员不服管理、违反规章制度和操作规程冒险作业造成重大伤亡事故或者其他严重后果，构成犯罪的，依照刑法有关规定追究刑事责任。

施工单位的主要负责人、项目负责人有前款违法行为，尚不够刑事处罚的，处 2 万元以上 20 万元以下的罚款或者按照管理权限给予撤职处分；自刑罚执行完毕或者受处分之日起，5 年内不得担任任何施工单位的主要负责人、项目负责人。

第六十七条 施工单位取得资质证书后，降低安全生产条件的，责令限期改正；经整改仍未达到与其资质等级相适应的安全生产条件的，责令停业整顿，降低其资质等级直至吊销资质证书。

第六十八条 本条例规定的行政处罚，由建设行政主管部门或者其他有关部门依照法定职权决定。

违反消防安全管理规定的行为，由公安消防机构依法处罚。

有关法律、行政法规对建设工程安全生产违法行为的行政处罚决定机关另有规定的，从其规定。

第八章 附 则

第六十九条 抢险救灾和农民自建低层住宅的安全生产管理，不适用本条例。

第七十条 军事建设工程的安全生产管理，按照中央军事委员会的有关规定执行。

第七十一条 本条例自 2004 年 2 月 1 日起施行。

中华人民共和国住房和城乡建设部令

第22号

《建筑业企业资质管理规定》已经第20次部常务会议审议通过，现予发布，自2015年3月1日起施行。

住房城乡建设部部长　陈政高

2015年1月22日

建筑业企业资质管理规定

目　录

第一章　总　则

第一条　为了加强对建筑活动的监督管理，维护公共利益和规范建筑市场秩序，保证建设工程质量安全，促进建筑业的健康发展，根据《中华人民共和国建筑法》、《中华人民共和国行政许可法》、《建设工程质量管理条例》、《建设工程安全生产管理条例》等法律、行政法规，制定本规定。

第二条　在中华人民共和国境内申请建筑业企业资质，实施对建筑业企业资质监督管理，适用本规定。

本规定所称建筑业企业，是指从事土木工程、建筑工程、线路管道设备安装工程的新建、扩建、改建等施工活动的企业。

第三条　企业应当按照其拥有的资产、主要人员、已完成的工程业绩和技术装备等条件申请建筑业企业资质，经审查合格，取得建筑业企业资质证书后，方可在资质许可的范围内从事建筑施工活动。

第四条　国务院住房城乡建设主管部门负责全国建筑业企业资质的统一监督管理。国务院交通运输、水利、工业信息化等有关部门配合国务院住房城乡建设主管部门实施相关资质类别建筑业企业资质的管理工作。

省、自治区、直辖市人民政府住房城乡建设主管部门负责本行政区域内建筑业企业资质的统一监督管理。省、自治区、直辖市人民政府交通运输、水利、通信等有关部门配合同级住房城乡建设主管部门实施本行政区域内相关资质类别建筑业企业资质的管理工作。

第五条 建筑业企业资质分为施工总承包资质、专业承包资质、施工劳务资质三个序列。

施工总承包资质、专业承包资质按照工程性质和技术特点分别划分为若干资质类别，各资质类别按照规定的条件划分为若干资质等级。施工劳务资质不分类别与等级。

第六条 建筑业企业资质标准和取得相应资质的企业可以承担工程的具体范围，由国务院住房城乡建设主管部门会同国务院有关部门制定。

第七条 国家鼓励取得施工总承包资质的企业拥有全资或者控股的劳务企业。

建筑业企业应当加强技术创新和人员培训，使用先进的建造技术、建筑材料，开展绿色施工。

第二章 申请与许可

第八条 企业可以申请一项或多项建筑业企业资质。

企业首次申请或增项申请资质，应当申请最低等级资质。

第九条 下列建筑业企业资质，由国务院住房城乡建设主管部门许可：

(一)施工总承包资质序列特级资质、一级资质及铁路工程施工总承包二级资质；

(二)专业承包资质序列公路、水运、水利、铁路、民航方面的专业承包一级资质及铁路、民航方面的专业承包二级资质；涉及多个专业的专业承包一级资质。

第十条 下列建筑业企业资质，由企业工商注册所在地省、自治区、直辖市人民政府住房城乡建设主管部门许可：

(一)施工总承包资质序列二级资质及铁路、通信工程施工总承包三级资质；

(二)专业承包资质序列一级资质(不含公路、水运、水利、铁路、民航方面的专业承包一级资质及涉及多个专业的专业承包一级资质)；

(三)专业承包资质序列二级资质(不含铁路、民航方面的专业承包二级资质)；铁路方面专业承包三级资质；特种工程专业承包资质。

第十一条 下列建筑业企业资质，由企业工商注册所在地设区的市人民政府住房城乡建设主管部门许可：

(一)施工总承包资质序列三级资质(不含铁路、通信工程施工总承包三级资质)；

(二)专业承包资质序列三级资质(不含铁路方面专业承包资质)及预拌混凝土、模板脚手架专业承包资质；

(三)施工劳务资质；

(四)燃气燃烧器具安装、维修企业资质。

第十二条 申请本规定第九条所列资质的，应当向企业工商注册所在地省、自治区、直辖市人民政府住房城乡建设主管部门提出申请。其中，国务院国有资产管理部门直接监管的建筑企业及其下属一层级的企业，可以由国务院国有资产管理部门直接监管的建筑企业向国务院住房城乡建设主管部门提出申请。

省、自治区、直辖市人民政府住房城乡建设主管部门应当自受理申请之日起 20 个工作日内初审完毕，并将初审意见和申请材料报国务院住房城乡建设主管部门。

国务院住房城乡建设主管部门应当自省、自治区、直辖市人民政府住房城乡建设主管部门受理申请材料之日起 60 个工作日内完成审查，公示审查意见，公示时间为 10 个工作日。其中，涉及公路、水运、水利、通信、铁路、民航等方面资质的，由国务院住房城乡建设主管部门会同国务院有关部门审查。

第十三条 本规定第十条规定的资质许可程序由省、自治区、直辖市人民政府住房城乡建设主管部门依法确定，并向社会公布。

本规定第十一条规定的资质许可程序由设区的市级人民政府住房城乡建设主管部门依法确定，并向社会公布。

第十四条 企业申请建筑业企业资质，应当提交以下材料：

(一)建筑业企业资质申请表及相应的电子文档；

(二)企业营业执照正副本复印件；

(三)企业章程复印件；

(四)企业资产证明文件复印件；

(五)企业主要人员证明文件复印件；

(六)企业资质标准要求的技术装备的相应证明文件复印件；

(七)企业安全生产条件有关材料复印件；

(八)按照国家有关规定应提交的其他材料。

第十五条 企业申请建筑业企业资质，应当如实提交有关申请材料。资质许可机关收到申请材料后，应当按照《中华人民共和国行政许可法》的规定办理受理手续。

第十六条 资质许可机关应当及时将资质许可决定向社会公开，并为公众查询提供便利。

第十七条 建筑业企业资质证书分为正本和副本，由国务院住房城乡建设主管部门统一印制，正、副本具备同等法律效力。资质证书有效期为5年。

第三章 延续与变更

第十八条 建筑业企业资质证书有效期届满，企业继续从事建筑施工活动的，应当于资质证书有效期届满3个月前，向原资质许可机关提出延续申请。

资质许可机关应当在建筑业企业资质证书有效期届满前做出是否准予延续的决定；逾期未做出决定的，视为准予延续。

第十九条 企业在建筑业企业资质证书有效期内名称、地址、注册资本、法定代表人等发生变更的，应当在工商部门办理变更手续后1个月内办理资质证书变更手续。

第二十条 由国务院住房城乡建设主管部门颁发的建筑业企业资质证书的变更，企业应当向企业工商注册所在地省、自治区、直辖市人民政府住房城乡建设主管部门提出变更申请，省、自治区、直辖市人民政府住房城乡建设主管部门应当自受理申请之日起2日内将有关变更证明材料报国务院住房城乡建设主管部门，由国务院住房城乡建设主管部门在2日内办理变更手续。

前款规定以外的资质证书的变更，由企业工商注册所在地的省、自治区、直辖市人民政府住房城乡建设主管部门或者设区的市人民政府住房城乡建设主管部门依法另行规定。变更结果应当在资质证书变更后15日内，报国务院住房城乡建设主管部门备案。

涉及公路、水运、水利、通信、铁路、民航等方面的建筑业企业资质证书的变更，办理变更手续的住房城乡建设主管部门应当将建筑业企业资质证书变更情况告知同级有关部门。

第二十一条 企业发生合并、分立、重组以及改制等事项，需承继原建筑业企业资质的，应当申请重新核定建筑业企业资质等级。

第二十二条 企业需更换、遗失补办建筑业企业资质证书的，应当持建筑业企业资质证书更换、遗失补办申请等材料向资质许可机关申请办理。资质许可机关应当在2个工作日内办理完毕。

企业遗失建筑业企业资质证书的，在申请补办前应当在公众媒体上刊登遗失声明。

第二十三条 企业申请建筑业企业资质升级、资质增项，在申请之日起前一年至资质许可决定作出前，有下列情形之一的，资质许可机关不予批准其建筑业企业资质升级申请和增项申请：

（一）超越本企业资质等级或以其他企业的名义承揽工程，或允许其他企业或个人以本企业的名义承揽工程的；

（二）与建设单位或企业之间相互串通投标，或以行贿等不正当手段谋取中标的；

（三）未取得施工许可证擅自施工的；

（四）将承包的工程转包或违法分包的；

（五）违反国家工程建设强制性标准施工的；

（六）恶意拖欠分包企业工程款或者劳务人员工资的；

（七）隐瞒或谎报、拖延报告工程质量安全事故，破坏事故现场、阻碍对事故调查的；

（八）按照国家法律、法规和标准规定需要持证上岗的现场管理人员和技术工种作业人员未取得证书上岗的；

（九）未依法履行工程质量保修义务或拖延履行保修义务的；

（十）伪造、变造、倒卖、出租、出借或者以其他形式非法转让建筑业企业资质证书的；

（十一）发生过较大以上质量安全事故或者发生过两起以上一般质量安全事故的；

（十二）其他违反法律、法规的行为。

第四章　监督管理

第二十四条　县级以上人民政府住房城乡建设主管部门和其他有关部门应当依照有关法律、法规和本规定，加强对企业取得建筑业企业资质后是否满足资质标准和市场行为的监督管理。

上级住房城乡建设主管部门应当加强对下级住房城乡建设主管部门资质管理工作的监督检查，及时纠正建筑业企业资质管理中的违法行为。

第二十五条　住房城乡建设主管部门、其他有关部门的监督检查人员履行监督检查职责时，有权采取下列措施：

（一）要求被检查企业提供建筑业企业资质证书、企业有关人员的注册执业证书、职称证书、岗位证书和考核或者培训合格证书，有关施工业务的文档，有关质量管理、安全生产管理、合同管理、档案管理、财务管理等企业内部管理制度的文件；

（二）进入被检查企业进行检查，查阅相关资料；

（三）纠正违反有关法律、法规和本规定及有关规范和标准的行为。

监督检查人员应当将监督检查情况和处理结果予以记录，由监督检查人员和被检查企业的有关人员签字确认后归档。

第二十六条 住房城乡建设主管部门、其他有关部门的监督检查人员在实施监督检查时，应当出示证件，并要有两名以上人员参加。

监督检查人员应当为被检查企业保守商业秘密，不得索取或者收受企业的财物，不得谋取其他利益。

有关企业和个人对依法进行的监督检查应当协助与配合，不得拒绝或者阻挠。

监督检查机关应当将监督检查的处理结果向社会公布。

第二十七条 企业违法从事建筑活动的，违法行为发生地的县级以上地方人民政府住房城乡建设主管部门或者其他有关部门应当依法查处，并将违法事实、处理结果或者处理建议及时告知该建筑业企业资质的许可机关。

对取得国务院住房城乡建设主管部门颁发的建筑业企业资质证书的企业需要处以停业整顿、降低资质等级、吊销资质证书行政处罚的，县级以上地方人民政府住房城乡建设主管部门或者其他有关部门，应当通过省、自治区、直辖市人民政府住房城乡建设主管部门或者国务院有关部门，将违法事实、处理建议及时报送国务院住房城乡建设主管部门。

第二十八条 取得建筑业企业资质证书的企业，应当保持资产、主要人员、技术装备等方面满足相应建筑业企业资质标准要求的条件。

企业不再符合相应建筑业企业资质标准要求条件的，县级以上地方人民政府住房城乡建设主管部门、其他有关部门，应当责令其限期改正并向社会公告，整改期限最长不超过 3 个月；企业整改期间不得申请建筑业企业资质的升级、增项，不能承揽新的工程；逾期仍未达到建筑业企业资质标准要求条件的，资质许可机关可以撤回其建筑业企业资质证书。

被撤回建筑业企业资质证书的企业，可以在资质被撤回后 3 个月内，向资质许可机关提出核定低于原等级同类别资质的申请。

第二十九条 有下列情形之一的，资质许可机关应当撤销建筑业企业资质：

（一）资质许可机关工作人员滥用职权、玩忽职守准予资质许可的；

（二）超越法定职权准予资质许可的；

（三）违反法定程序准予资质许可的；

（四）对不符合资质标准条件的申请企业准予资质许可的；

（五）依法可以撤销资质许可的其他情形。

以欺骗、贿赂等不正当手段取得资质许可的，应当予以撤销。

第三十条 有下列情形之一的，资质许可机关应当依法注销建筑业企业资质，并向社会公布其建筑业企业资质证书作废，企业应当及时将建筑业企业资质证书交回资质许可机关：

(一)资质证书有效期届满，未依法申请延续的；

(二)企业依法终止的；

(三)资质证书依法被撤回、撤销或吊销的；

(四)企业提出注销申请的；

(五)法律、法规规定的应当注销建筑业企业资质的其他情形。

第三十一条　有关部门应当将监督检查情况和处理意见及时告知资质许可机关。资质许可机关应当将涉及有关公路、水运、水利、通信、铁路、民航等方面的建筑业企业资质许可被撤回、撤销、吊销和注销的情况告知同级有关部门。

第三十二条　资质许可机关应当建立、健全建筑业企业信用档案管理制度。建筑业企业信用档案应当包括企业基本情况、资质、业绩、工程质量和安全、合同履约、社会投诉和违法行为等情况。

企业的信用档案信息按照有关规定向社会公开。

取得建筑业企业资质的企业应当按照有关规定，向资质许可机关提供真实、准确、完整的企业信用档案信息。

第三十三条　县级以上地方人民政府住房城乡建设主管部门或其他有关部门依法给予企业行政处罚的，应当将行政处罚决定以及给予行政处罚的事实、理由和依据，通过省、自治区、直辖市人民政府住房城乡建设主管部门或者国务院有关部门报国务院住房城乡建设主管部门备案。

第三十四条　资质许可机关应当推行建筑业企业资质许可电子化，建立建筑业企业资质管理信息系统。

第五章　法律责任

第三十五条　申请企业隐瞒有关真实情况或者提供虚假材料申请建筑业企业资质的，资质许可机关不予许可，并给予警告，申请企业在1年内不得再次申请建筑业企业资质。

第三十六条　企业以欺骗、贿赂等不正当手段取得建筑业企业资质的，由原资质许可机关予以撤销；由县级以上地方人民政府住房城乡建设主管部门或者其他有关部门给予警告，并处3万元的罚款；申请企业3年内不得再次申请建筑业企业资质。

第三十七条　企业有本规定第二十三条行为之一，《中华人民共和国建筑法》、《建设工程质量管理条例》和其他有关法律、法规对处罚机关和处罚方式有规定的，依照法律、法规的规定执行；法律、法规未作规定的，由县级以上地方人民政府住房城乡建设主管部门或者其他有关部门给予警告，责令改正，并处1万元以上3万元以下的罚款。

第三十八条 企业未按照本规定及时办理建筑业企业资质证书变更手续的，由县级以上地方人民政府住房城乡建设主管部门责令限期办理；逾期不办理的，可处以1000元以上1万元以下的罚款。

第三十九条 企业在接受监督检查时，不如实提供有关材料，或者拒绝、阻碍监督检查的，由县级以上地方人民政府住房城乡建设主管部门责令限期改正，并可以处3万元以下罚款。

第四十条 企业未按照本规定要求提供企业信用档案信息的，由县级以上地方人民政府住房城乡建设主管部门或者其他有关部门给予警告，责令限期改正；逾期未改正的，可处以1000元以上1万元以下的罚款。

第四十一条 县级以上人民政府住房城乡建设主管部门及其工作人员，违反本规定，有下列情形之一的，由其上级行政机关或者监察机关责令改正；对直接负责的主管人员和其他直接责任人员，依法给予行政处分；直接负责的主管人员和其他直接责任人员构成犯罪的，依法追究刑事责任：

（一）对不符合资质标准规定条件的申请企业准予资质许可的；

（二）对符合受理条件的申请企业不予受理或者未在法定期限内初审完毕的；

（三）对符合资质标准规定条件的申请企业不予许可或者不在法定期限内准予资质许可的；

（四）发现违反本规定规定的行为不予查处，或者接到举报后不依法处理的；

（五）在企业资质许可和监督管理中，利用职务上的便利，收受他人财物或者其他好处，以及有其他违法行为的。

第六章 附 则

第四十二条 本规定自2015年3月1日起施行。2007年6月26日建设部颁布的《建筑业企业资质管理规定》（建设部令第159号）同时废止。

中华人民共和国住房和城乡建设部令

第 17 号

《建筑施工企业主要负责人、项目负责人和专职安全生产管理人员安全生产管理规定》已经第 13 次部常务会议审议通过，现予发布，自 2014 年 9 月 1 日起施行。

住房城乡建设部部长　姜伟新

2014 年 6 月 25 日

建筑施工企业主要负责人、项目负责人和专职安全生产管理人员安全生产管理规定

目　录

第一章　总　则

第一条　为了加强房屋建筑和市政基础设施工程施工安全监督管理，提高建筑施工企业主要负责人、项目负责人和专职安全生产管理人员(以下合称“安管人员”)的安全生产管理能力，根据《中华人民共和国安全生产法》、《建设工程安全生产管理条例》等法律法规，制定本规定。

第二条　在中华人民共和国境内从事房屋建筑和市政基础设施工程施工活动的建筑施工企业的“安管人员”，参加安全生产考核，履行安全生产责任，以及对其实施安全生产监督管理，应当符合本规定。

第三条　企业主要负责人，是指对本企业生产经营活动和安全生产工作具有决策权的领导人员。

项目负责人，是指取得相应注册执业资格，由企业法定代表人授权，负责具体工程项目管理的人员。

专职安全生产管理人员，是指在企业专职从事安全生产管理工作的人员，包括企业安全生产管理机构的人员和工程项目专职从事安全生产管理工作的人员。

第四条 国务院住房城乡建设主管部门负责对全国“安管人员”安全生产工作进行监督管理。

县级以上地方人民政府住房城乡建设主管部门负责对本行政区域内“安管人员”安全生产工作进行监督管理。

第二章 考核发证

第五条 “安管人员”应当通过其受聘企业，向企业工商注册地的省、自治区、直辖市人民政府住房城乡建设主管部门(以下简称考核机关)申请安全生产考核，并取得安全生产考核合格证书。安全生产考核不得收费。

第六条 申请参加安全生产考核的“安管人员”，应当具备相应文化程度、专业技术职称和一定安全生产工作经历，与企业确立劳动关系，并经企业年度安全生产教育培训合格。

第七条 安全生产考核包括安全生产知识考核和管理能力考核。

安全生产知识考核内容包括：建筑施工安全的法律法规、规章制度、标准规范，建筑施工安全管理基本理论等。

安全生产管理能力考核内容包括：建立和落实安全生产管理制度、辨识和监控危险性较大的分部分项工程、发现和消除安全事故隐患、报告和处置生产安全事故等方面的能力。

第八条 对安全生产考核合格的，考核机关应当在20个工作日内核发安全生产考核合格证书，并予以公告；对不合格的，应当通过“安管人员”所在企业通知本人并说明理由。

第九条 安全生产考核合格证书有效期为3年，证书在全国范围内有效。

证书式样由国务院住房城乡建设主管部门统一规定。

第十条 安全生产考核合格证书有效期届满需要延续的，“安管人员”应当在有效期届满前3个月内，由本人通过受聘企业向原考核机关申请证书延续。准予证书延续的，证书有效期延续3年。

对证书有效期内未因生产安全事故或者违反本规定受到行政处罚，信用档案中无不良行为记录，且已按规定参加企业和县级以上人民政府住房城乡建设主管部门组织的安全生产教育培训的，考核机关应当在受理延续申请之日起20个工作日内，准予证书延续。

第十一条 “安管人员”变更受聘企业的，应当与原聘用企业解除劳动关系，并通过新聘用企业到考核机关申请办理证书变更手续。考核机关应当在受理变更申请之日起5个工作日内办理完毕。

第十二条 “安管人员”遗失安全生产考核合格证书的，应当在公共媒体上声明作废，通过其受聘企业向原考核机关申请补办。考核机关应当在受理申请之日起5个工作日内办理完毕。

第十三条 “安管人员”不得涂改、倒卖、出租、出借或者以其他形式非法转让安全生产考核合格证书。

第三章 安全责任

第十四条 主要负责人对本企业安全生产工作全面负责，应当建立健全企业安全生产管理体系，设置安全生产管理机构，配备专职安全生产管理人员，保证安全生产投入，督促检查本企业安全生产工作，及时消除安全事故隐患，落实安全生产责任。

第十五条 主要负责人应当与项目负责人签订安全生产责任书，确定项目安全生产考核目标、奖惩措施，以及企业为项目提供的安全管理和技术保障措施。

工程项目实行总承包的，总承包企业应当与分包企业签订安全生产协议，明确双方安全生产责任。

第十六条 主要负责人应当按规定检查企业所承担的工程项目，考核项目负责人安全生产管理能力。发现项目负责人履职不到位的，应当责令其改正；必要时，调整项目负责人。检查情况应当记入企业和项目安全管理档案。

第十七条 项目负责人对本项目安全生产管理全面负责，应当建立项目安全生产管理体系，明确项目管理人员安全职责，落实安全生产管理制度，确保项目安全生产费用有效使用。

第十八条 项目负责人应当按规定实施项目安全生产管理，监控危险性较大分部分项工程，及时排查处理施工现场安全事故隐患，隐患排查处理情况应当记入项目安全管理档案；发生事故时，应当按规定及时报告并开展现场救援。

工程项目实行总承包的，总承包企业项目负责人应当定期考核分包企业安全生产管理情况。

第十九条 企业安全生产管理机构专职安全生产管理人员应当检查在建项目安全生产管理情况，重点检查项目负责人、项目专职安全生产管理人员履责情况，处理在建项目违规违章行为，并记入企业安全管理档案。

第二十条 项目专职安全生产管理人员应当每天在施工现场开展安全检查，现场监督危险性较大的分部分项工程安全专项施工方案实施。对检查中发现的安全事故隐患，应当立即处理；不能处理的，应当及时报告项目负责人和企业安全生产管理机构。项目负责人应当及时处理。检查及处理情况应当记入项目安全管理档案。

第二十一条 建筑施工企业应当建立安全生产教育培训制度，制定年度培训计划，每年对“安管人员”进行培训和考核，考核不合格的，不得上岗。培训情况应当记入企业安全生产教育培训档案。

第二十二条 建筑施工企业安全生产管理机构和工程项目应当按规定配备相应数量和相关专业的专职安全生产管理人员。危险性较大的分部分项工程施工时，应当安排专职安全生产管理人员现场监督。

第四章 监督管理

第二十三条 县级以上人民政府住房城乡建设主管部门应当依照有关法律法规和本规定，对“安管人员”持证上岗、教育培训和履行职责等情况进行监督检查。

第二十四条 县级以上人民政府住房城乡建设主管部门在实施监督检查时，应当有两名以上监督检查人员参加，不得妨碍企业正常的生产经营活动，不得索取或者收受企业的财物，不得谋取其他利益。

有关企业和个人对依法进行的监督检查应当协助与配合，不得拒绝或者阻挠。

第二十五条 县级以上人民政府住房城乡建设主管部门依法进行监督检查时，发现“安管人员”有违反本规定行为的，应当依法查处并将违法事实、处理结果或者处理建议告知考核机关。

第二十六条 考核机关应当建立本行政区域内“安管人员”的信用档案。违法违规行为、被投诉举报处理、行政处罚等情况应当作为不良行为记入信用档案，并按规定向社会公开。

“安管人员”及其受聘企业应当按规定向考核机关提供相关信息。

第五章 法律责任

第二十七条 “安管人员”隐瞒有关情况或者提供虚假材料申请安全生产考核的，考核机关不予考核，并给予警告；“安管人员”1 年内不得再次申请考核。

“安管人员”以欺骗、贿赂等不正当手段取得安全生产考核合格证书的，由原考核机关撤销安全生产考核合格证书；“安管人员”3 年内不得再次申请考核。

第二十八条 “安管人员”涂改、倒卖、出租、出借或者以其他形式非法转让安全生产考核合格证书的，由县级以上地方人民政府住房城乡建设主管部门给予警告，并处1000元以上5000元以下的罚款。

第二十九条 建筑施工企业未按规定开展“安管人员”安全生产教育培训考核，或者未按规定如实将考核情况记入安全生产教育培训档案的，由县级以上地方人民政府住房城乡建设主管部门责令限期改正，并处2万元以下的罚款。

第三十条 建筑施工企业有下列行为之一的，由县级以上人民政府住房城乡建设主管部门责令限期改正；逾期未改正的，责令停业整顿，并处2万元以下的罚款；导致不具备《安全生产许可证条例》规定的安全生产条件的，应当依法暂扣或者吊销安全生产许可证：

（一）未按规定设立安全生产管理机构的；

（二）未按规定配备专职安全生产管理人员的；

（三）危险性较大的分部分项工程施工时未安排专职安全生产管理人员现场监督的；

（四）“安管人员”未取得安全生产考核合格证书的。

第三十一条 “安管人员”未按规定办理证书变更的，由县级以上地方人民政府住房城乡建设主管部门责令限期改正，并处1000元以上5000元以下的罚款。

第三十二条 主要负责人、项目负责人未按规定履行安全生产管理职责的，由县级以上人民政府住房城乡建设主管部门责令限期改正；逾期未改正的，责令建筑施工企业停业整顿；造成生产安全事故或者其他严重后果的，按照《生产安全事故报告和调查处理条例》的有关规定，依法暂扣或者吊销安全生产考核合格证书；构成犯罪的，依法追究刑事责任。

主要负责人、项目负责人有前款违法行为，尚不够刑事处罚的，处2万元以上20万元以下的罚款或者按照管理权限给予撤职处分；自刑罚执行完毕或者受处分之日起，5年内不得担任建筑施工企业的主要负责人、项目负责人。

第三十三条 专职安全生产管理人员未按规定履行安全生产管理职责的，由县级以上地方人民政府住房城乡建设主管部门责令限期改正，并处1000元以上5000元以下的罚款；造成生产安全事故或者其他严重后果的，按照《生产安全事故报告和调查处理条例》的有关规定，依法暂扣或者吊销安全生产考核合格证书；构成犯罪的，依法追究刑事责任。

第三十四条 县级以上人民政府住房城乡建设主管部门及其工作人员，有下列情形之一的，由其上级行政机关或者监察机关责令改正，对直接负责的主管人员和其他直接责任人员依法给予处分；构成犯罪的，依法追究刑事责任：

（一）向不具备法定条件的“安管人员”核发安全生产考核合格证书的；

（二）对符合法定条件的“安管人员”不予核发或者不在法定期限内核发安

全生产考核合格证书的；

（三）对符合法定条件的申请不予受理或者未在法定期限内办理完毕的；

（四）利用职务上的便利，索取或者收受他人财物或者谋取其他利益的；

（五）不依法履行监督管理职责，造成严重后果的。

第六章　附　　则

第三十五条　本规定自 2014 年 9 月 1 日起施行。

国家质量监督检验检疫总局令
第 140 号

《国家质量监督检验检疫总局关于修改<特种设备作业人员监督管理办法>的决定》已在 2010 年 11 月 23 日国家质量监督检验检疫总局局务会议审议通过，现予公布，自 2011 年 7 月 1 日起施行。

局长　支树平

2011 年 5 月 3 日

特种设备作业人员监督管理办法

（2005 年 1 月 10 日国家质量监督检验检疫总局令第 70 号公布　根据 2011 年 5 月 3 日《国家质量监督检验检疫总局关于修改<特种设备作业人员监督管理办法>的决定》修订）

目　录

第一章　总　则

第一条　为了加强特种设备作业人员监督管理工作，规范作业人员考核发证程序，保障特种设备安全运行，根据《中华人民共和国行政许可法》、《特种设备安全监察条例》和《国务院对确需保留的行政审批项目设定行政许可的决定》，制定本办法。

第二条　锅炉、压力容器(含气瓶)、压力管道、电梯、起重机械、客运索道、大型游乐设施、场(厂)内专用机动车辆等特种设备的作业人员及其相关管理人员统称特种设备作业人员。特种设备作业人员作业种类与项目目录由国家质量监督检验检疫总局统一发布。

从事特种设备作业的人员应当按照本办法的规定，经考核合格取得《特种设备作业人员证》，方可从事相应的作业或者管理工作。

第三条　国家质量监督检验检疫总局(以下简称国家质检总局)负责全国特种设备作业人员的监督管理，县以上质量技术监督部门负责本辖区内的特种设备作业人员的监督管理。

第四条　申请《特种设备作业人员证》的人员，应当首先向省级质量技术监督部门指定的特种设备作业人员考试机构(以下简称考试机构)报名参加考试。

对特种设备作业人员数量较少不需要在各省、自治区、直辖市设立考试机构的，由国家质检总局指定考试机构。

第五条　特种设备生产、使用单位(以下统称用人单位)应当聘(雇)用取得《特种设备作业人员证》的人员从事相关管理和作业工作，并对作业人员进行严格管理。

特种设备作业人员应当持证上岗，按章操作，发现隐患及时处置或者报告。

第二章　考试和审核发证程序

第六条　特种设备作业人员考核发证工作由县以上质量技术监督部门分级负责。省级质量技术监督部门决定具体的发证分级范围，负责对考核发证工作的日常监督管理。

申请人经指定的考试机构考试合格的，持考试合格凭证向考试场所所在地的发证部门申请办理《特种设备作业人员证》。

第七条　特种设备作业人员考试机构应当具备相应的场所、设备、师资、监考人员以及健全的考试管理制度等必备条件和能力，经发证部门批准，方可承担考试工作。

发证部门应当对考试机构进行监督，发现问题及时处理。

第八条　特种设备作业人员考试和审核发证程序包括：考试报名、考试、领证申请、受理、审核、发证。

第九条　发证部门和考试机构应当在办公处所公布本办法、考试和审核发证程序、考试作业人员种类、报考具体条件、收费依据和标准、考试机构名称及地点、考试计划等事项。其中，考试报名时间、考试科目、考试地点、考试时间等具体考试计划事项，应当在举行考试之日 2 个月前公布。

有条件的应当在有关网站、新闻媒体上公布。

第十条　申请《特种设备作业人员证》的人员应当符合下列条件：

(一) 年龄在 18 周岁以上；

(二) 身体健康并满足申请从事的作业种类对身体的特殊要求；

（三）有与申请作业种类相适应的文化程度；

（四）具有相应的安全技术知识与技能；

（五）符合安全技术规范规定的其他要求。

作业人员的具体条件应当按照相关安全技术规范的规定执行。

第十一条 用人单位应当对作业人员进行安全教育和培训，保证特种设备作业人员具备必要的特种设备安全作业知识、作业技能和及时进行知识更新。作业人员未能参加用人单位培训的，可以选择专业培训机构进行培训。

作业人员培训的内容按照国家质检总局制定的相关作业人员培训考核大纲等安全技术规范执行。

第十二条 符合条件的申请人员应当向考试机构提交有关证明材料，报名参加考试。

第十三条 考试机构应当制订和认真落实特种设备作业人员的考试组织工作的各项规章制度，严格按照公开、公正、公平的原则，组织实施特种设备作业人员的考试，确保考试工作质量。

第十四条 考试结束后，考试机构应当在20个工作日内将考试结果告知申请人，并公布考试成绩。

第十五条 考试合格的人员，凭考试结果通知单和其他相关证明材料，向发证部门申请办理《特种设备作业人员证》。

第十六条 发证部门应当在5个工作日内对报送材料进行审查，或者告知申请人补正申请材料，并作出是否受理的决定。能够当场审查的，应当当场办理。

第十七条 对同意受理的申请，发证部门应当在20个工作日内完成审核批准手续。准予发证的，在10个工作日内向申请人颁发《特种设备作业人员证》；不予发证的，应当书面说明理由。

第十八条 特种设备作业人员考核发证工作遵循便民、公开、高效的原则。为方便申请人办理考核发证事项，发证部门可以将受理和发放证书的地点设在考试报名地点，并在报名考试时委托考试机构对申请人是否符合报考条件进行审查，考试合格后发证部门可以直接办理受理手续和审核、发证事项。

第三章 证书使用及监督管理

第十九条 持有《特种设备作业人员证》的人员，必须经用人单位的法定代表人（负责人）或者其授权人雇（聘）用后，方可在许可的项目范围内作业。

第二十条 用人单位应当加强对特种设备作业现场和作业人员的管理，履行下列义务：

（一）制订特种设备操作规程和有关安全管理制度；

（二）聘用持证作业人员，并建立特种设备作业人员管理档案；

（三）对作业人员进行安全教育和培训；

（四）确保持证上岗和按章操作；

（五）提供必要的安全作业条件；

（六）其他规定的义务。

用人单位可以指定一名本单位管理人员作为特种设备安全管理负责人，具体负责前款规定的相关工作。

第二十一条 特种设备作业人员应当遵守以下规定：

（一）作业时随身携带证件，并自觉接受用人单位的安全管理和质量技术监督部门的监督检查；

（二）积极参加特种设备安全教育和安全技术培训；

（三）严格执行特种设备操作规程和有关安全规章制度；

（四）拒绝违章指挥；

（五）发现事故隐患或者不安全因素应当立即向现场管理人员和单位有关负责人报告；

（六）其他有关规定。

第二十二条 《特种设备作业人员证》每 4 年复审一次。持证人员应当在复审期届满 3 个月前，向发证部门提出复审申请。对持证人员在 4 年内符合有关安全技术规范规定的不间断作业要求和安全、节能教育培训要求，且无违章操作或者管理等不良记录、未造成事故的，发证部门应当按照有关安全技术规范的规定准予复审合格，并在证书正本上加盖发证部门复审合格章。

复审不合格、逾期未复审的，其《特种设备作业人员证》予以注销。

第二十三条 有下列情形之一的，应当撤销《特种设备作业人员证》：

（一）持证作业人员以考试作弊或者以其他欺骗方式取得《特种设备作业人员证》的；

（二）持证作业人员违反特种设备的操作规程和有关的安全规章制度操作，情节严重的；

（三）持证作业人员在作业过程中发现事故隐患或者其他不安全因素未立即报告，情节严重的；

（四）考试机构或者发证部门工作人员滥用职权、玩忽职守、违反法定程序或者超越发证范围考核发证的；

（五）依法可以撤销的其他情形。

违反前款第（一）项规定的，持证人 3 年内不得再次申请《特种设备作业人员证》。

第二十四条 《特种设备作业人员证》遗失或者损毁的，持证人应当及时报告发证部门，并在当地媒体予以公告。查证属实的，由发证部门补办证书。

第二十五条 任何单位和个人不得非法印制、伪造、涂改、倒卖、出租或者出借《特种设备作业人员证》。

第二十六条 各级质量技术监督部门应当对特种设备作业活动进行监督检查，查处违法作业行为。

第二十七条 发证部门应当加强对考试机构的监督管理，及时纠正违规行为，必要时应当派人现场监督考试的有关活动。

第二十八条 发证部门要建立特种设备作业人员监督管理档案，记录考核发证、复审和监督检查的情况。发证、复审及监督检查情况要定期向社会公布。

发证部门应当在发证或者复审合格后20个工作日内，将特种设备作业人员相关信息录入国家质检总局特种设备作业人员公示查询系统。

第二十九条 特种设备作业人员考试报名、考试、领证申请、受理、审核、发证等环节的具体规定，以及考试机构的设立、《特种设备作业人员证》的注销和复审等事项，按照国家质检总局制定的特种设备作业人员考核规则等安全技术规范执行。

第四章 罚　　则

第三十条 申请人隐瞒有关情况或者提供虚假材料申请《特种设备作业人员证》的，不予受理或者不予批准发证，并在1年内不得再次申请《特种设备作业人员证》。

第三十一条 有下列情形之一的，责令用人单位改正，并处1000元以上3万元以下罚款：

(一) 违章指挥特种设备作业的；

(二) 作业人员违反特种设备的操作规程和有关的安全规章制度操作，或者在作业过程中发现事故隐患或者其他不安全因素未立即向现场管理人员和单位有关负责人报告，用人单位未给予批评教育或者处分的。

第三十二条 非法印制、伪造、涂改、倒卖、出租、出借《特种设备作业人员证》，或者使用非法印制、伪造、涂改、倒卖、出租、出借《特种设备作业人员证》的，处1000元以下罚款；构成犯罪的，依法追究刑事责任。

第三十三条 发证部门未按规定程序组织考试和审核发证，或者发证部门未对考试机构严格监督管理影响特种设备作业人员考试质量的，由上一级发证部门责令整改；情节严重的，其负责的特种设备作业人员的考核工作由上一级发证部门组织实施。

第三十四条 考试机构未按规定程序组织考试工作，责令整改；情节严重的，暂停或者撤销其批准。

第三十五条 发证部门或者考试机构工作人员滥用职权、玩忽职守、以权谋私的，应当依法给予行政处分；构成犯罪的，依法追究刑事责任。

第三十六条 特种设备作业人员未取得《特种设备作业人员证》上岗作业，或者用人单位未对特种设备作业人员进行安全教育和培训的，按照《特种设备安全监察条例》第八十六条的规定对用人单位予以处罚。

第五章 附 则

第三十七条 《特种设备作业人员证》的格式、印制等事项由国家质检总局统一规定。

第三十八条 考试收费按照财政和价格主管部门的规定执行。省级质量技术监督部门负责对本辖区内《特种设备作业人员证》考试收费工作进行监督检查，并按有关规定通报相关部门。

第三十九条 本办法不适用于从事房屋建筑工地和市政工程工地起重机械、场(厂)内专用机动车辆作业及其相关管理的人员。

第四十条 本办法由国家质检总局负责解释。

第四十一条 本办法自 2005 年 7 月 1 日起施行。原有规定与本办法要求不一致的，以本办法为准。

中华人民共和国建设部令
第 166 号

《建筑起重机械安全监督管理规定》已于 2008 年 1 月 8 号经建设部第 145 次常务会议讨论通过，现予发布，自 2008 年 6 月 1 日起施行。

建设部部长　汪光焘

2008 年 1 月 28 日

建筑起重机械安全监督管理规定

第一条　为了加强建筑起重机械的安全监督管理，防止和减少生产安全事故，保障人民群众生命和财产安全，依据《建设工程安全生产管理条例》、《特种设备安全监察条例》、《安全生产许可证条例》，制定本规定。

第二条　建筑起重机械的租赁、安装、拆卸、使用及其监督管理，适用本规定。

本规定所称建筑起重机械，是指纳入特种设备目录，在房屋建筑工地和市政工程工地安装、拆卸、使用的起重机械。

第三条　国务院建设主管部门对全国建筑起重机械的租赁、安装、拆卸、使用实施监督管理。

县级以上地方人民政府建设主管部门对本行政区域内的建筑起重机械的租赁、安装、拆卸、使用实施监督管理。

第四条　出租单位出租的建筑起重机械和使用单位购置、租赁、使用的建筑起重机械应当具有特种设备制造许可证、产品合格证、制造监督检验证明。

第五条　出租单位在建筑起重机械首次出租前，自购建筑起重机械的使用单位在建筑起重机械首次安装前，应当持建筑起重机械特种设备制造许可证、产品合格证和制造监督检验证明到本单位工商注册所在地县级以上地方人民政府建设主管部门办理备案。

第六条　出租单位应当在签订的建筑起重机械租赁合同中，明确租赁双方的安全责任，并出具建筑起重机械特种设备制造许可证、产品合格证、制造监督检验证明、备案证明和自检合格证明，提交安装使用说明书。

第七条　有下列情形之一的建筑起重机械，不得出租、使用：

（一）属国家明令淘汰或者禁止使用的；

（二）超过安全技术标准或者制造厂家规定的使用年限的；

（三）经检验达不到安全技术标准规定的；

（四）没有完整安全技术档案的；

（五）没有齐全有效的安全保护装置的。

第八条 建筑起重机械有本规定第七条第（一）、（二）、（三）项情形之一的，出租单位或者自购建筑起重机械的使用单位应当予以报废，并向原备案机关办理注销手续。

第九条 出租单位、自购建筑起重机械的使用单位，应当建立建筑起重机械安全技术档案。

建筑起重机械安全技术档案应当包括以下资料：

（一）购销合同、制造许可证、产品合格证、制造监督检验证明、安装使用说明书、备案证明等原始资料；

（二）定期检验报告、定期自行检查记录、定期维护保养记录、维修和技术改造记录、运行故障和生产安全事故记录、累计运转记录等运行资料；

（三）历次安装验收资料。

第十条 从事建筑起重机械安装、拆卸活动的单位（以下简称安装单位）应当依法取得建设主管部门颁发的相应资质和建筑施工企业安全生产许可证，并在其资质许可范围内承揽建筑起重机械安装、拆卸工程。

第十一条 建筑起重机械使用单位和安装单位应当在签订的建筑起重机械安装、拆卸合同中明确双方的安全生产责任。

实行施工总承包的，施工总承包单位应当与安装单位签订建筑起重机械安装、拆卸工程安全协议书。

第十二条 安装单位应当履行下列安全职责：

（一）按照安全技术标准及建筑起重机械性能要求，编制建筑起重机械安装、拆卸工程专项施工方案，并由本单位技术负责人签字；

（二）按照安全技术标准及安装使用说明书等检查建筑起重机械及现场施工条件；

（三）组织安全施工技术交底并签字确认；

（四）制定建筑起重机械安装、拆卸工程生产安全事故应急救援预案；

（五）将建筑起重机械安装、拆卸工程专项施工方案，安装、拆卸人员名单，安装、拆卸时间等材料报施工总承包单位和监理单位审核后，告知工程所在地县级以上地方人民政府建设主管部门。

第十三条 安装单位应当按照建筑起重机械安装、拆卸工程专项施工方案及安全操作规程组织安装、拆卸作业。

安装单位的专业技术人员、专职安全生产管理人员应当进行现场监督，技术负责人应当定期巡查。

第十四条 建筑起重机械安装完毕后，安装单位应当按照安全技术标准及安装使用说明书的有关要求对建筑起重机械进行自检、调试和试运转。自检合格的，应当出具自检合格证明，并向使用单位进行安全使用说明。

第十五条 安装单位应当建立建筑起重机械安装、拆卸工程档案。

建筑起重机械安装、拆卸工程档案应当包括以下资料：

(一)安装、拆卸合同及安全协议书；

(二)安装、拆卸工程专项施工方案；

(三)安全施工技术交底的有关资料；

(四)安装工程验收资料；

(五)安装、拆卸工程生产安全事故应急救援预案。

第十六条 建筑起重机械安装完毕后，使用单位应当组织出租、安装、监理等有关单位进行验收，或者委托具有相应资质的检验检测机构进行验收。建筑起重机械经验收合格后方可投入使用，未经验收或者验收不合格的不得使用。

实行施工总承包的，由施工总承包单位组织验收。

建筑起重机械在验收前应当经有相应资质的检验检测机构监督检验合格。

检验检测机构和检验检测人员对检验检测结果、鉴定结论依法承担法律责任。

第十七条 使用单位应当自建筑起重机械安装验收合格之日起30日内，将建筑起重机械安装验收资料、建筑起重机械安全管理制度、特种作业人员名单等，向工程所在地县级以上地方人民政府建设主管部门办理建筑起重机械使用登记。登记标志置于或者附着于该设备的显著位置。

第十八条 使用单位应当履行下列安全职责：

(一)根据不同施工阶段、周围环境以及季节、气候的变化，对建筑起重机械采取相应的安全防护措施；

(二)制定建筑起重机械生产安全事故应急救援预案；

(三)在建筑起重机械活动范围内设置明显的安全警示标志，对集中作业区做好安全防护；

(四)设置相应的设备管理机构或者配备专职的设备管理人员；

(五)指定专职设备管理人员、专职安全生产管理人员进行现场监督检查；

(六)建筑起重机械出现故障或者发生异常情况的，立即停止使用，消除故障和事故隐患后，方可重新投入使用。

第十九条 使用单位应当对在用的建筑起重机械及其安全保护装置、吊具、索具等进行经常性和定期的检查、维护和保养，并做好记录。

使用单位在建筑起重机械租期结束后，应当将定期检查、维护和保养记录移交出租单位。

建筑起重机械租赁合同对建筑起重机械的检查、维护、保养另有约定的，从其约定。

第二十条 建筑起重机械在使用过程中需要附着的，使用单位应当委托原安装单位或者具有相应资质的安装单位按照专项施工方案实施，并按照本规定第十六条规定组织验收。验收合格后方可投入使用。

建筑起重机械在使用过程中需要顶升的，使用单位委托原安装单位或者具有相应资质的安装单位按照专项施工方案实施后，即可投入使用。

禁止擅自在建筑起重机械上安装非原制造厂制造的标准节和附着装置。

第二十一条 施工总承包单位应当履行下列安全职责：

（一）向安装单位提供拟安装设备位置的基础施工资料，确保建筑起重机械进场安装、拆卸所需的施工条件；

（二）审核建筑起重机械的特种设备制造许可证、产品合格证、制造监督检验证明、备案证明等文件；

（三）审核安装单位、使用单位的资质证书、安全生产许可证和特种作业人员的特种作业操作资格证书；

（四）审核安装单位制定的建筑起重机械安装、拆卸工程专项施工方案和生产安全事故应急救援预案；

（五）审核使用单位制定的建筑起重机械生产安全事故应急救援预案；

（六）指定专职安全生产管理人员监督检查建筑起重机械安装、拆卸、使用情况；

（七）施工现场有多台塔式起重机作业时，应当组织制定并实施防止塔式起重机相互碰撞的安全措施。

第二十二条 监理单位应当履行下列安全职责：

（一）审核建筑起重机械特种设备制造许可证、产品合格证、制造监督检验证明、备案证明等文件；

（二）审核建筑起重机械安装单位、使用单位的资质证书、安全生产许可证和特种作业人员的特种作业操作资格证书；

（三）审核建筑起重机械安装、拆卸工程专项施工方案；

（四）监督安装单位执行建筑起重机械安装、拆卸工程专项施工方案情况；

（五）监督检查建筑起重机械的使用情况；

（六）发现存在生产安全事故隐患的，应当要求安装单位、使用单位限期整改，对安装单位、使用单位拒不整改的，及时向建设单位报告。

第二十三条 依法发包给两个及两个以上施工单位的工程，不同施工单位在同一施工现场使用多台塔式起重机作业时，建设单位应当协调组织制定防止塔式起重机相互碰撞的安全措施。

安装单位、使用单位拒不整改生产安全事故隐患的，建设单位接到监理单位报告后，应当责令安装单位、使用单位立即停工整改。

第二十四条 建筑起重机械特种作业人员应当遵守建筑起重机械安全操作规程和安全管理制度，在作业中有权拒绝违章指挥和强令冒险作业，有权在发生危及人身安全的紧急情况时立即停止作业或者采取必要的应急措施后撤离危险区域。

第二十五条 建筑起重机械安装拆卸工、起重信号工、起重司机、司索工等特种作业人员应当经建设主管部门考核合格，并取得特种作业操作资格证书后，方可上岗作业。

省、自治区、直辖市人民政府建设主管部门负责组织实施建筑施工企业特种作业人员的考核。

特种作业人员的特种作业操作资格证书由国务院建设主管部门规定统一的样式。

第二十六条 建设主管部门履行安全监督检查职责时，有权采取下列措施：

(一)要求被检查的单位提供有关建筑起重机械的文件和资料；

(二)进入被检查单位和被检查单位的施工现场进行检查；

(三)对检查中发现的建筑起重机械生产安全事故隐患，责令立即排除；重大生产安全事故隐患排除前或者排除过程中无法保证安全的，责令从危险区域撤出作业人员或者暂时停止施工。

第二十七条 负责办理备案或者登记的建设主管部门应当建立本行政区域内的建筑起重机械档案，按照有关规定对建筑起重机械进行统一编号，并定期向社会公布建筑起重机械的安全状况。

第二十八条 违反本规定，出租单位、自购建筑起重机械的使用单位，有下列行为之一的，由县级以上地方人民政府建设主管部门责令限期改正，予以警告，并处以5000元以上1万元以下罚款：

(一)未按照规定办理备案的；

(二)未按照规定办理注销手续的；

(三)未按照规定建立建筑起重机械安全技术档案的。

第二十九条 违反本规定，安装单位有下列行为之一的，由县级以上地方人民政府建设主管部门责令限期改正，予以警告，并处以5000元以上3万元以下罚款：

（一）未履行第十二条第（二）、（四）、（五）项安全职责的；

（二）未按照规定建立建筑起重机械安装、拆卸工程档案的；

（三）未按照建筑起重机械安装、拆卸工程专项施工方案及安全操作规程组织安装、拆卸作业的。

第三十条 违反本规定，使用单位有下列行为之一的，由县级以上地方人民政府建设主管部门责令限期改正，予以警告，并处以5000元以上3万元以下罚款：

（一）未履行第十八条第（一）、（二）、（四）、（六）项安全职责的；

（二）未指定专职设备管理人员进行现场监督检查的；

（三）擅自在建筑起重机械上安装非原制造厂制造的标准节和附着装置的。

第三十一条 违反本规定，施工总承包单位未履行第二十一条第（一）、（三）、（四）、（五）、（七）项安全职责的，由县级以上地方人民政府建设主管部门责令限期改正，予以警告，并处以5000元以上3万元以下罚款。

第三十二条 违反本规定，监理单位未履行第二十二条第（一）、（二）、（四）、（五）项安全职责的，由县级以上地方人民政府建设主管部门责令限期改正，予以警告，并处以5000元以上3万元以下罚款。

第三十三条 违反本规定，建设单位有下列行为之一的，由县级以上地方人民政府建设主管部门责令限期改正，予以警告，并处以5000元以上3万元以下罚款；逾期未改的，责令停止施工：

（一）未按照规定协调组织制定防止多台塔式起重机相互碰撞的安全措施的；

（二）接到监理单位报告后，未责令安装单位、使用单位立即停工整改的。

第三十四条 违反本规定，建设主管部门的工作人员有下列行为之一的，依法给予处分；构成犯罪的，依法追究刑事责任：

（一）发现违反本规定的违法行为不依法查处的；

（二）发现在用的建筑起重机械存在严重生产安全事故隐患不依法处理的；

（三）不依法履行监督管理职责的其他行为。

第三十五条 本规定自2008年6月1日起施行。

国家质量监督检验检疫总局令

第 92 号

《起重机械安全监察规定》已经 2006 年 11 月 27 日国家质量监督检验检疫总局局务会议审议通过，现予公布，自 2007 年 6 月 1 日起施行。

局长　李长江

2006 年 12 月 29 日

起重机械安全监察规定

目　录

第一章　总　则

第一条　为了加强起重机械安全监察工作，防止和减少起重机械事故，保障人身和财产安全，根据《特种设备安全监察条例》，制定本规定。

第二条　起重机械的制造、安装、改造、维修、使用、检验检测及其监督检查，应当遵守本规定。

房屋建筑工地和市政工程工地用起重机械的安装、使用的监督管理按照有关法律、法规的规定执行。

第三条　国家质量监督检验检疫总局(以下简称国家质检总局)负责全国起重机械安全监察工作，县以上地方质量技术监督部门负责本行政区域内起重机械的安全监察工作。

第二章　起重机械制造

第四条　制造单位应当依法取得起重机械制造许可，方可从事相应的制造活动。

起重机械制造许可实施分级管理，制造单位取得制造许可应当具备相应条件，具体要求按照有关安全技术规范等规定执行。

第五条 起重机械制造许可证有效期为 4 年。

制造单位应当在许可证有效期届满 6 个月前提出书面换证申请；经审查后，许可部门应当在有效期满前做出准予许可或者不予许可的决定。

起重机械制造许可证有效期届满而未换证的，不得继续从事起重机械制造活动。

第六条 制造单位应当采用符合安全技术规范要求的起重机械设计文件。

第七条 按照安全技术规范的要求，应当进行型式试验的起重机械产品、部件或者试制起重机械新产品、新部件，必须进行整机或者部件的型式试验。

第八条 起重机械制造过程应当按照安全技术规范等规定的范围、项目和要求，由制造所在地的检验检测机构进行监督检验。

第九条 制造单位应当在被许可的场所内制造起重机械；但结构不可拆分且运输超限的，可以在使用现场制造，由制造现场所在地的检验检测机构按照安全技术规范等要求进行监督检验。

第十条 制造单位不得将主要受力结构件(主梁、主副吊臂、主支撑腿、标准节，下同)全部委托加工或者购买并用于起重机械制造。

主要受力结构件需要部分委托加工或者购买的，制造单位应当委托取得相应起重机械类型和级别资质的制造单位加工或者购买其加工的主要受力结构件并用于起重机械制造。

第十一条 起重机械出厂时，应当附有设计文件(包括总图、主要受力结构件图、机械传动图和电气、液压系统原理图)、产品质量合格证明、安装及使用维修说明、监督检验证明、有关型式试验合格证明等文件。

第三章 起重机械安装改造维修

第十二条 起重机械安装、改造、维修单位应当依法取得安装、改造、维修许可，方可从事相应的活动。

起重机械安装、改造、维修许可实施分级管理，安装、改造、维修单位取得安装、改造、维修许可应当具备相应条件，具体要求按照有关安全技术规范等规定执行。

从事起重机械改造活动，应当具有相应类型和级别的起重机械制造能力。

第十三条 起重机械安装、改造、维修许可证有效期为 4 年。

安装、改造、维修单位应当在许可证有效期届满 6 个月前提出书面换证申请；经审查后，许可部门应当在有效期满前做出准予许可或者不予许可的决定。

起重机械安装、改造、维修许可证有效期届满而未换证的，不得继续从事起重机械安装、改造、维修活动。

第十四条 从事安装、改造、维修的单位应当按照规定向质量技术监督部门告知，告知后方可施工。

对流动作业并需要重新安装的起重机械，异地安装时，应当按照规定向施工所在地的质量技术监督部门办理安装告知后方可施工。

施工前告知应当采用书面形式，告知内容包括：单位名称、许可证书号及联系方式，使用单位名称及联系方式，施工项目、拟施工的起重机械、监督检验证书号、型式试验证书号、施工地点、施工方案、施工日期，持证作业人员名单等。

第十五条 从事安装、改造、重大维修的单位应当在施工前向施工所在地的检验检测机构申请监督检验。

检验检测机构应当到施工现场实施监督检验，监督检验按照相应安全技术规范等要求执行。

第十六条 安装、改造、维修单位应当在施工验收后30日内，将安装、改造、维修的技术资料移交使用单位。

第四章 起重机械使用

第十七条 起重机械在投入使用前或者投入使用后30日内，使用单位应当按照规定到登记部门办理使用登记。

流动作业的起重机械，使用单位应当到产权单位所在地的登记部门办理使用登记。

第十八条 起重机械使用单位发生变更的，原使用单位应当在变更后30日内到原登记部门办理使用登记注销；新使用单位应当按规定到所在地的登记部门办理使用登记。

第十九条 起重机械报废的，使用单位应当到登记部门办理使用登记注销。

第二十条 起重机械使用单位应当履行下列义务：

（一）使用具有相应许可资质的单位制造并经监督检验合格的起重机械；

（二）建立健全相应的起重机械使用安全管理制度；

（三）设置起重机械安全管理机构或者配备专（兼）职安全管理人员从事起重机械安全管理工作；

（四）对起重机械作业人员进行安全技术培训，保证其掌握操作技能和预防事故的知识，增强安全意识；

（五）对起重机械的主要受力结构件、安全附件、安全保护装置、运行机构、控制系统等进行日常维护保养，并做出记录；

（六）配备符合安全要求的索具、吊具，加强日常安全检查和维护保养，保证索具、吊具安全使用；

（七）制定起重机械事故应急救援预案，根据需要建立应急救援队伍，并且定期演练。

第二十一条 使用单位应当建立起重机械安全技术档案。起重机械安全技术档案应当包括以下内容：

（一）设计文件、产品质量合格证明、监督检验证明、安装技术文件和资料、使用和维护说明；

（二）安全保护装置的型式试验合格证明；

（三）定期检验报告和定期自行检查的记录；

（四）日常使用状况记录；

（五）日常维护保养记录；

（六）运行故障和事故记录；

（七）使用登记证明。

第二十二条 起重机械定期检验周期最长不超过 2 年，不同类别的起重机械检验周期按照相应安全技术规范执行。

使用单位应当在定期检验有效期届满 1 个月前，向检验检测机构提出定期检验申请。

流动作业的起重机械异地使用的，使用单位应当按照检验周期等要求向使用所在地检验检测机构申请定期检验，使用单位应当将检验结果报登记部门。

第二十三条 旧起重机械应当符合下列要求，使用单位方可投入使用：

（一）具有原使用单位的使用登记注销证明；

（二）具有新使用单位的使用登记证明；

（三）具有完整的安全技术档案；

（四）监督检验和定期检验合格。

第二十四条 起重机械承租使用单位应当按照本规定第二十条第（五）项规定，在承租使用期间对起重机械进行日常维护保养并记录，对承租起重机械的使用安全负责。

禁止承租使用下列起重机械：

（一）没有在登记部门进行使用登记的；

（二）没有完整安全技术档案的；

（三）监督检验或者定期检验不合格的。

第二十五条　起重机械的拆卸应当由具有相应安装许可资质的单位实施。

起重机械拆卸施工前，应当制定周密的拆卸作业指导书，按照拆卸作业指导书的要求进行施工，保证起重机械拆卸过程的安全。

第二十六条　起重机械具有下列情形之一的，使用单位应当及时予以报废并采取解体等销毁措施：

（一）存在严重事故隐患，无改造、维修价值的；

（二）达到安全技术规范等规定的设计使用年限或者报废条件的。

第二十七条　起重机械出现故障或者发生异常情况，使用单位应当停止使用，对其全面检查，消除故障和事故隐患后，方可重新投入使用。

第二十八条　发生起重机械事故，使用单位必须按照有关规定要求，及时向所在地的质量技术监督部门和相关部门报告。

第五章　监督检查

第二十九条　质量技术监督部门依照《特种设备安全监察条例》和本规定等有关要求，对起重机械的制造、安装、改造、维修、使用、检验检测实施安全监察。

第三十条　质量技术监督部门的安全监察人员等行政执法人员从事安全监察活动，应当忠于职守、坚持原则、秉公执法、依法执法。

第三十一条　质量技术监督部门在安全监察工作中，需要当地人民政府和有关部门支持和配合处理起重机械事故隐患或违法行为的，应当及时报告或者通知当地人民政府和有关部门。

第三十二条　起重机械安全事故的调查处理，按照国家有关规定执行。

第六章　法律责任

第三十三条　违反本规定第六条规定的，责令改正，处以 2 万元以上 3 万元以下罚款。

第三十四条　制造单位违反本规定第九条规定，未在被许可的场所内制造起重机械的，责令改正，处以 2 万元以上 3 万元以下罚款。

第三十五条　违反本规定第十条第一款或者第二款规定的，责令改正，处以 1 万元以上 3 万元以下罚款。

第三十六条　起重机械使用单位发生变更，原使用单位违反本规定第十八条规定，未在变更后 30 日内到原登记部门办理使用登记注销的，责令改正，处以 2 千元以上 2 万元以下罚款。

第三十七条　使用不符合本规定第二十三条第（一）项规定要求的起重机械

的，责令改正，处以2千元以上2万元以下罚款。

第三十八条 违反本规定第二十四条第二款规定的，责令改正，处以2千元以上2万元以下罚款。

第三十九条 违反本规定第二十五条第二款规定的，责令改正，处以1万元以下罚款。

第四十条 违反本规定其他要求，构成《特种设备安全监察条例》等规定的违法行为的，按照其规定实施处罚。

第四十一条 起重机械安全监察人员等行政执法人员在工作中滥用职权、玩忽职守、徇私舞弊的，依法追究法律责任。

第七章 附 则

第四十二条 本规定所称起重机械，是指《特种设备安全监察条例》第八十八条所规定的起重机械，包括其附属的安全附件和安全保护装置。

起重机械的具体类别(类型)、品种(型式)按照国务院批准的目录执行。

第四十三条 本规定下列用语的含义是：

改造，是指改变原起重机械主要受力结构件、主要材料、主要配置、控制系统，致使原性能参数与技术指标发生改变的活动。

维修，是指拆卸或更换原有主要零部件、调整控制系统、更换安全附件和安全保护装置，但不改变起重机械的原性能参数与技术指标的修理活动。

重大维修，是指拆卸或者更换原有主要受力结构件、主要配置、控制系统，但不改变起重机械的原性能参数与技术指标的维修活动。

第四十四条 起重机械作业人员、检验检测机构及检验检测人员的监督管理，按照有关规定执行。

第四十五条 本规定由国家质检总局负责解释。

第四十六条 本规定自2007年6月1日起实施。

中华人民共和国建设部令

第 128 号

《建筑施工企业安全生产许可证管理规定》已于 2004 年 6 月 29 日经第 37 次部常务会议讨论通过，现予发布，自公布之日起施行。

部长　汪光袅

2004 年 7 月 5 日

建筑施工企业安全生产许可证管理规定

目　　录

第一章　总　　则

第一条　为了严格规范建筑施工企业安全生产条件，进一步加强安全生产监督管理，防止和减少生产安全事故，根据《安全生产许可证条例》、《建设工程安全生产管理条例》等有关行政法规，制定本规定。

第二条　国家对建筑施工企业实行安全生产许可制度。

建筑施工企业未取得安全生产许可证的，不得从事建筑施工活动。

本规定所称建筑施工企业，是指从事土木工程、建筑工程、线路管道和设备安装工程及装修工程的新建、扩建、改建和拆除等有关活动的企业。

第三条　国务院建设主管部门负责中央管理的建筑施工企业安全生产许可证的颁发和管理。

省、自治区、直辖市人民政府建设主管部门负责本行政区域内前款规定以外的建筑施工企业安全生产许可证的颁发和管理，并接受国务院建设主管部门的指导和监督。

市、县人民政府建设主管部门负责本行政区域内建筑施工企业安全生产许可证的监督管理，并将监督检查中发现的企业违法行为及时报告安全生产许可证颁发管理机关。

第二章　安全生产条件

第四条　建筑施工企业取得安全生产许可证，应当具备下列安全生产条件：

（一）建立、健全安全生产责任制，制定完备的安全生产规章制度和操作规程；

（二）保证本单位安全生产条件所需资金的投入；

（三）设置安全生产管理机构，按照国家有关规定配备专职安全生产管理人员；

（四）主要负责人、项目负责人、专职安全生产管理人员经建设主管部门或者其他有关部门考核合格；

（五）特种作业人员经有关业务主管部门考核合格，取得特种作业操作资格证书；

（六）管理人员和作业人员每年至少进行一次安全生产教育培训并考核合格；

（七）依法参加工伤保险，依法为施工现场从事危险作业的人员办理意外伤害保险，为从业人员交纳保险费；

（八）施工现场的办公、生活区及作业场所和安全防护用具、机械设备、施工机具及配件符合有关安全生产法律、法规、标准和规程的要求；

（九）有职业危害防治措施，并为作业人员配备符合国家标准或者行业标准的安全防护用具和安全防护服装；

（十）有对危险性较大的分部分项工程及施工现场易发生重大事故的部位、环节的预防、监控措施和应急预案；

（十一）有生产安全事故应急救援预案、应急救援组织或者应急救援人员，配备必要的应急救援器材、设备；

（十二）法律、法规规定的其他条件。

第三章　安全生产许可证的申请与颁发

第五条　建筑施工企业从事建筑施工活动前，应当依照本规定向省级以上建设主管部门申请领取安全生产许可证。

中央管理的建筑施工企业（集团公司、总公司）应当向国务院建设主管部门申请领取安全生产许可证。

前款规定以外的其他建筑施工企业，包括中央管理的建筑施工企业（集团公司、总公司）下属的建筑施工企业，应当向企业注册所在地省、自治区、直辖市人民政府建设主管部门申请领取安全生产许可证。

第六条 建筑施工企业申请安全生产许可证时，应当向建设主管部门提供下列材料：

（一）建筑施工企业安全生产许可证申请表；

（二）企业法人营业执照；

（三）第四条规定的相关文件、材料。

建筑施工企业申请安全生产许可证，应当对申请材料实质内容的真实性负责，不得隐瞒有关情况或者提供虚假材料。

第七条 建设主管部门应当自受理建筑施工企业的申请之日起45日内审查完毕；经审查符合安全生产条件的，颁发安全生产许可证；不符合安全生产条件的，不予颁发安全生产许可证，书面通知企业并说明理由。企业自接到通知之日起应当进行整改，整改合格后方可再次提出申请。

建设主管部门审查建筑施工企业安全生产许可证申请，涉及铁路、交通、水利等有关专业工程时，可以征求铁路、交通、水利等有关部门的意见。

第八条 安全生产许可证的有效期为3年。安全生产许可证有效期满需要延期的，企业应当于期满前3个月向原安全生产许可证颁发管理机关申请办理延期手续。

企业在安全生产许可证有效期内，严格遵守有关安全生产的法律法规，未发生死亡事故的，安全生产许可证有效期届满时，经原安全生产许可证颁发管理机关同意，不再审查，安全生产许可证有效期延期3年。

第九条 建筑施工企业变更名称、地址、法定代表人等，应当在变更后10日内，到原安全生产许可证颁发管理机关办理安全生产许可证变更手续。

第十条 建筑施工企业破产、倒闭、撤销的，应当将安全生产许可证交回原安全生产许可证颁发管理机关予以注销。

第十一条 建筑施工企业遗失安全生产许可证，应当立即向原安全生产许可证颁发管理机关报告，并在公众媒体上声明作废后，方可申请补办。

第十二条 安全生产许可证申请表采用建设部规定的统一式样。

安全生产许可证采用国务院安全生产监督管理部门规定的统一式样。

安全生产许可证分正本和副本，正、副本具有同等法律效力。

第四章 监督管理

第十三条 县级以上人民政府建设主管部门应当加强对建筑施工企业安全生产许可证的监督管理。建设主管部门在审核发放施工许可证时，应当对已经确定的建筑施工企业是否有安全生产许可证进行审查，对没有取得安全生产许可证的，不得颁发施工许可证。

第十四条 跨省从事建筑施工活动的建筑施工企业有违反本规定行为的，由工程所在地的省级人民政府建设主管部门将建筑施工企业在本地区的违法事实、处理结果和处理建议抄告原安全生产许可证颁发管理机关。

第十五条 建筑施工企业取得安全生产许可证后，不得降低安全生产条件，并应当加强日常安全生产管理，接受建设主管部门的监督检查。安全生产许可证颁发管理机关发现企业不再具备安全生产条件的，应当暂扣或者吊销安全生产许可证。

第十六条 安全生产许可证颁发管理机关或者其上级行政机关发现有下列情形之一的，可以撤销已经颁发的安全生产许可证：

（一）安全生产许可证颁发管理机关工作人员滥用职权、玩忽职守颁发安全生产许可证的；

（二）超越法定职权颁发安全生产许可证的；

（三）违反法定程序颁发安全生产许可证的；

（四）对不具备安全生产条件的建筑施工企业颁发安全生产许可证的；

（五）依法可以撤销已经颁发的安全生产许可证的其他情形。

依照前款规定撤销安全生产许可证，建筑施工企业的合法权益受到损害的，建设主管部门应当依法给予赔偿。

第十七条 安全生产许可证颁发管理机关应当建立、健全安全生产许可证档案管理制度，定期向社会公布企业取得安全生产许可证的情况，每年向同级安全生产监督管理部门通报建筑施工企业安全生产许可证颁发和管理情况。

第十八条 建筑施工企业不得转让、冒用安全生产许可证或者使用伪造的安全生产许可证。

第十九条 建设主管部门工作人员在安全生产许可证颁发、管理和监督检查工作中，不得索取或者接受建筑施工企业的财物，不得谋取其他利益。

第二十条 任何单位或者个人对违反本规定的行为，有权向安全生产许可证颁发管理机关或者监察机关等有关部门举报。

第五章　罚　　则

第二十一条 违反本规定，建设主管部门工作人员有下列行为之一的，给予降级或者撤职的行政处分；构成犯罪的，依法追究刑事责任：

（一）向不符合安全生产条件的建筑施工企业颁发安全生产许可证的；

（二）发现建筑施工企业未依法取得安全生产许可证擅自从事建筑施工活动，不依法处理的；

（三）发现取得安全生产许可证的建筑施工企业不再具备安全生产条件，不依法处理的；

（四）接到对违反本规定行为的举报后，不及时处理的；

（五）在安全生产许可证颁发、管理和监督检查工作中，索取或者接受建筑施工企业的财物，或者谋取其他利益的。

由于建筑施工企业弄虚作假，造成前款第（一）项行为的，对建设主管部门工作人员不予处分。

第二十二条 取得安全生产许可证的建筑施工企业，发生重大安全事故的，暂扣安全生产许可证并限期整改。

第二十三条 建筑施工企业不再具备安全生产条件的，暂扣安全生产许可证并限期整改；情节严重的，吊销安全生产许可证。

第二十四条 违反本规定，建筑施工企业未取得安全生产许可证擅自从事建筑施工活动的，责令其在建项目停止施工，没收违法所得，并处 10 万元以上 50 万元以下的罚款；造成重大安全事故或者其他严重后果，构成犯罪的，依法追究刑事责任。

第二十五条 违反本规定，安全生产许可证有效期满未办理延期手续，继续从事建筑施工活动的，责令其在建项目停止施工，限期补办延期手续，没收违法所得，并处 5 万元以上 10 万元以下的罚款；逾期仍不办理延期手续，继续从事建筑施工活动的，依照本规定第二十四条的规定处罚。

第二十六条 违反本规定，建筑施工企业转让安全生产许可证的，没收违法所得，处 10 万元以上 50 万元以下的罚款，并吊销安全生产许可证；构成犯罪的，依法追究刑事责任；接受转让的，依照本规定第二十四条的规定处罚。

冒用安全生产许可证或者使用伪造的安全生产许可证的，依照本规定第二十四条的规定处罚。

第二十七条 违反本规定，建筑施工企业隐瞒有关情况或者提供虚假材料申请安全生产许可证的，不予受理或者不予颁发安全生产许可证，并给予警告，1 年内不得申请安全生产许可证。

建筑施工企业以欺骗、贿赂等不正当手段取得安全生产许可证的，撤销安全生产许可证，3 年内不得再次申请安全生产许可证；构成犯罪的，依法追究刑事责任。

第二十八条 本规定的暂扣、吊销安全生产许可证的行政处罚，由安全生产许可证的颁发管理机关决定；其他行政处罚，由县级以上地方人民政府建设主管部门决定。

第六章　附　　则

第二十九条　本规定施行前已依法从事建筑施工活动的建筑施工企业，应当自《安全生产许可证条例》施行之日起(2004 年 1 月 13 日起)1 年内向建设主管部门申请办理建筑施工企业安全生产许可证；逾期不办理安全生产许可证，或者经审查不符合本规定的安全生产条件，未取得安全生产许可证，继续进行建筑施工活动的，依照本规定第二十四条的规定处罚。

第三十条　本规定自公布之日起施行。

国家质量监督检验检疫总局令

第 46 号

《气瓶安全监察规定》已经 2003 年 4 月 3 日国家质量监督检验检疫总局局务会议审议通过，现予公布，自 2003 年 6 月 1 日起施行。

局长　李长江

2003 年 4 月 24 日

气瓶安全监察规定

《气瓶安全监察规定》于 2003 年 4 月 24 日国家质量监督检验检疫总局令第 46 号公布　根据 2015 年 8 月 25 日国家质量监督检验检疫总局令第 166 号《国家质量监督检验检疫总局关于修改部分规章的决定》修订)

目　　录

第一章　总　　则

第一条　为加强气瓶安全监察工作，保证气瓶安全使用，保护人民生命和财产安全，根据《特种设备安全监察条例》和《危险化学品安全管理条例》的有关要求，制定本规定。

第二条　本规定适用于正常环境温度(-40~60℃)下使用的、公称工作压力大于或等于 0.2MPa(表压)且压力与容积的乘积大于或等于 1.0MPa·L 的盛装气体、液化气体和标准沸点等于或低于 60℃的液体的气瓶(不含仅在灭火时承受压力、储存时不承受压力的灭火用气瓶)。

军事装备、核设施、航空航天器、铁路机车、船舶和海上设施使用的气瓶不适用本规定。

第三条 在中华人民共和国境内使用的气瓶，其设计、制造、充装、运输、储存、销售、使用和检验等各项活动，应当遵守本规定。

第四条 国家质量监督检验检疫总局(以下简称国家质检总局)负责全国范围内气瓶的安全监察工作，县以上地方质量技术监督行政部门(以下简称质监部门)对本行政区域内的气瓶实施安全监察。

第二章 气瓶设计与制造

第五条 气瓶设计实行设计文件鉴定制度。气瓶设计文件应当经国家质检总局特种设备安全监察机构(以下简称总局安全监察机构)核准的检验检测机构鉴定，方可用于制造。

第六条 气瓶制造单位申请设计文件鉴定时，应当提交齐全的设计文件和产品型式试验报告。气瓶设计文件应当包括：

(一) 设计任务书；

(二) 设计图样(含钢印印模图样)；

(三) 设计计算书；

(四) 设计说明书；

(五) 标准化审查报告；

(六) 使用说明书。

改变气瓶瓶体主体结构、设计厚度、瓶体材料牌号时，气瓶制造单位应当重新申请设计文件鉴定。

第七条 气瓶设计文件应当符合有关安全技术规范的规定，并满足相应国家标准(行业标准)或企业标准的要求。

第八条 液化石油气气瓶上应当设计装配防止超装的液位限制装置；易燃气体气瓶和助燃气体气瓶的瓶口螺纹和阀门出气口应当设计成不同的左右螺纹的旋向和内外螺纹的结构。

第九条 在我国境内使用的气瓶及其附件(包括气瓶瓶阀、减压阀、液位限制阀等，下同)，其境内外制造企业应当取得国家质检总局颁发的制造许可证书，方可从事制造活动。气瓶及其附件的制造许可按照《锅炉压力容器制造监督管理办法》的规定执行。

从事气瓶焊接和无损检测的人员，应当经安全监察机构考核合格，并取得证书后，方可从事相应工作。

第十条 在我国境内使用的气瓶应当按照我国安全技术规范和国家标准(行业标准)生产。暂时没有国家标准(行业标准)时，应当制定符合安全技术规范要求的企业标准。

第十一条 在符合有关气瓶安全技术规范和国家标准的条件下，气瓶制造单位可按气瓶充装单位的要求，生产专用标识气瓶。

第十二条 气瓶及附件正式投产前，应当按照安全技术规范及相关标准的要求进行型式试验。改变设计文件或者主要制造工艺或者停产时间超过 6 个月重新生产时，应当进行气瓶的型式试验。

第十三条 研制、开发气瓶及其附件新产品，应当进行型式试验和技术评定。

第十四条 气瓶应当逐只进行监督检验后方可出厂(出口气瓶按合同或其他有关规定执行)。气瓶出厂时，制造单位应当在产品的明显位置上，以钢印(或者其他固定形式)注明制造单位的制造许可证编号和企业代号标志以及气瓶出厂编号，并向用户逐只出具铭牌式或者其他能固定于气瓶上的产品合格证，按批出具批量检验质量证明书。产品合格证和批量检验质量证明书的内容，应当符合相应的安全技术规范及产品标准的规定。

第十五条 气瓶及其附件制造单位必须对设计、制造的气瓶及其附件的安全性能和产品质量负责。气瓶阀门制造单位应当保证气瓶阀门至少安全使用到气瓶的下一个检验周期。

第三章 气瓶制造监督检验

第十六条 承担气瓶制造监督检验工作的检验机构(以下简称监检机构)，应当经国家质检总局核准。监检机构所监督检验的产品，应当符合受检单位所取得的制造许可证书所规定的品种范围。

第十七条 监督检验的主要内容包括：

(一) 对气瓶制造过程中涉及安全的水压试验、气瓶出厂编号和打监督检验钢印等重要项目进行逐只监督检验；

(二) 对气瓶材料的复验、气瓶爆破试验和产品试样的力学性能和其他理化性能测试进行现场监督确认；

(三) 对受检单位的气瓶制造质量管理体系运转情况进行监督。

气瓶制造监督检验报告应当包括上述 3 项内容和结论。

第十八条 监检机构应当加强对监督检验工作的管理，根据受检单位生产的实际情况，派出相应的监督检验人员，及时完成监督检验任务；应当对监督检验人员进行培训和定期考核，为检验人员配备必要的检验和检测工具，确保监督检验工作质量。监检机构应当对出具的监督检验报告负责。

第十九条 监督检验人员应当认真履行职责，监督检验到位。应当根据有关安全技术规范及标准的要求实施监督检验，认真做好监督检验记录，对受检单位提供的技术资料等应当妥善保管，并予以保密。

签发监督检验报告的检验人员，应当持有国家质检总局颁发的压力容器检验师证书。

第二十条 监督检验人员发现受检单位质量管理体系运转失控而影响产品质量时，应当及时书面通知受检单位改正，并报告受检单位制造许可证发证部门。监督检验人员在监督检验中发现零部件存在安全质量问题时，有权制止零部件流入下道工序。

第二十一条 在监督检验过程中，受检单位和监检机构发生争议时，可提请受检单位所在地的地（市）级质监部门处理。必要时，可提请上一级质监部门处理。

第二十二条 监检机构所在地的地（市）级质监部门安全监察机构，应当每年对监检机构和受检单位进行监督检查。发现监检机构不能履行职责和受检单位逃避监督检验的问题，应当及时处理，并报告监检机构的核准部门和受检单位制造许可证发证部门。

第四章　气瓶充装

第二十三条 气瓶充装单位应当向省级质监部门特种设备安全监察机构提出充装许可书面申请。经审查，确认符合条件者，由省级质监部门颁发《气瓶充装许可证》。未取得《气瓶充装许可证》的，不得从事气瓶充装工作。

第二十四条 《气瓶充装许可证》有效期为4年，有效期满前，气瓶充装单位应当向原批准部门申请更换《气瓶充装许可证》。未按规定提出申请或未获准更换《气瓶充装许可证》的，有效期满后不得继续从事气瓶充装工作。

第二十五条 气瓶充装单位应当符合以下条件：

（一）具有营业执照；

（二）有适应气瓶充装和安全管理需要的技术人员和特种设备作业人员，具有与充装的气体种类相适应的完好的充装设施、工器具、检测手段、场地厂房，有符合要求的安全设施；

（三）具有一定的气体储存能力和足够数量的自有产权气瓶；

（四）符合相应气瓶充装站安全技术规范及国家标准的要求，建立健全的气瓶充装质量保证体系和安全管理制度。

第二十六条 气瓶充装单位应当履行以下义务：

（一）向气体消费者提供气瓶，并对气瓶的安全全面负责；

（二）负责气瓶的维护、保养和颜色标志的涂敷工作；

（三）按照安全技术规范及有关国家标准的规定，负责做好气瓶充装前的检查和充装记录，并对气瓶的充装安全负责；

(四) 负责对充装作业人员和充装前检查人员进行有关气体性质、气瓶的基础知识、潜在危险和应急处理措施等内容的培训；

(五) 负责向气瓶使用者宣传安全使用知识和危险性警示要求，并在所充装的气瓶上粘贴符合安全技术规范及国家标准规定的警示标签和充装标签；

(六) 负责气瓶的送检工作，将不符合安全要求的气瓶送交地(市)级或地(市)级以上质监部门指定的气瓶检验机构报废销毁；

(七) 配合气瓶安全事故调查工作。

车用气瓶、呼吸用气瓶、灭火用气瓶、非重复充装气瓶和其他经省级质监部门安全监察机构同意的气瓶充装单位，应当履行上述规定的第(三)项、第(四)项、第(五)项、第(七)项义务。

第二十七条 充装单位应当采用计算机对所充装的自有产权气瓶进行建档登记，并负责涂敷充装站标志、气瓶编号和打充装站标志钢印。充装站标志应经省级质监部门备案。鼓励采用条码等先进信息化手段对气瓶进行安全管理。

第二十八条 气瓶充装单位应当保持气瓶充装人员的相对稳定。充装单位负责人和气瓶充装人员应当经地(市)级或者地(市)级以上质监部门考核，取得特种设备作业人员证书。

第二十九条 气瓶充装单位只能充装自有产权气瓶(车用气瓶、呼吸用气瓶、灭火用气瓶、非重复充装气瓶和其他经省级质监部门安全监察机构同意的气瓶除外)，不得充装技术档案不在本充装单位的气瓶。

第三十条 气瓶充装前和充装后，应当由充装单位持证作业人员逐只对气瓶进行检查，发现超装、错装、泄漏或其他异常现象的，要立即进行妥善处理。

充装时，充装人员应按有关安全技术规范和国家标准规定进行充装。对未列入安全技术规范或国家标准的气体，应当制定企业充装标准，按标准规定的充装系数或充装压力进行充装。禁止对使用过的非重复充装气瓶再次进行充装。

第三十一条 气瓶充装单位应当保证充装的气体质量和充装量符合安全技术规范规定及相关标准的要求。

第三十二条 任何单位和个人不得改装气瓶或将报废气瓶翻新后使用。

第三十三条 地(市)级质监部门安全监察机构应当每年对辖区内的气瓶充装单位进行年度监督检查。年度监督检查的内容包括：自有产权气瓶的数量、钢印标志和建档情况、自有产权气瓶的充装和定期检验情况、充装单位负责人和充装人员持证情况。气瓶充装单位应当按照要求每年报送上述材料。

地(市)级质监部门每年应当将年度监督检查的结果上报省级质监部门。对年度监督检查不合格应予吊销充装许可证的充装单位，报请省级质监部门吊销充装许可证书。

第五章　气瓶定期检验

第三十四条　气瓶的定期检验周期、报废期限应当符合有关安全技术规范及标准的规定。

第三十五条　承担气瓶定期检验工作的检验机构，应当经省级质监部门核准，按照有关安全技术规范和国家标准的规定，从事气瓶的定期检验工作。

从事气瓶定期检验工作的检验人员，应当经总局安全监察机构考核合格，取得气瓶检验人员证书后，方可从事气瓶检验工作。

第三十六条　气瓶定期检验证书有效期为 4 年。有效期满前，检验机构应当向发证部门申请办理换证手续，有效期满前未提出申请的，期满后不得继续从事气瓶定期检验工作。

第三十七条　气瓶检验机构应当有与所检气瓶种类、数量相适应的场地、余气回收与处理设施、检验设备、持证检验人员，并有一定的检验规模。

第三十八条　气瓶定期检验机构的主要职责是：

（一）按照有关安全技术规范和气瓶定期检验标准对气瓶进行定期检验，出具检验报告，并对其正确性负责；

（二）按气瓶颜色标志有关国家标准的规定，去除气瓶表面的漆色后重新涂敷气瓶颜色标志，打气瓶定期检验钢印；

（三）对报废气瓶进行破坏性处理。

第三十九条　气瓶检验机构应当严格按照有关安全技术规范和检验标准规定的项目进行定期检验。检验气瓶前，检验人员必须对气瓶的介质处理进行确认，达到有关安全要求后，方可检验。检验人员应当认真做好检验记录。

第四十条　气瓶检验机构应当保证检验工作质量和检验安全，保证经检验合格的气瓶和经维修的气瓶阀门能够安全使用一个检验周期，不能安全使用一个检验周期的气瓶和阀门应予报废。

第四十一条　气瓶检验机构应当将检验不合格的报废气瓶予以破坏性处理。气瓶的破坏性处理必须采用压扁或将瓶体解体的方式进行。禁止将未作破坏性处理的报废气瓶交予他人。

第四十二条　气瓶检验机构应当按照省级质监部门安全监察机构的要求，报告当年检验的各种气瓶的数量、各充装单位送检的气瓶数量、检验工作情况和影响气瓶安全的倾向性问题。

第六章　运输、储存、销售和使用

第四十三条　运输、储存、销售和使用气瓶的单位，应当制定相应的气瓶安全管理制度和事故应急处理措施，并有专人负责气瓶安全工作，定期对气瓶运输、储存、销售和使用人员进行气瓶安全技术教育。

第四十四条　充气气瓶的运输单位，必须严格遵守国家危险品运输的有关规定。

运输和装卸气瓶时，必须配戴好气瓶瓶帽（有防护罩的气瓶除外）和防震圈（集装气瓶除外）。

第四十五条　储存充气气瓶的单位应当有专用仓库存放气瓶。气瓶仓库应当符合《建筑设计防火规范》的要求，气瓶存放数量应符合有关安全规定。

第四十六条　气瓶或瓶装气体的销售单位应当销售具有制造许可证的企业制造的合格气瓶和取得气瓶充装许可的单位充装的瓶装气体。

鼓励气瓶制造单位将气瓶直接销售给取得气瓶充装许可的充装单位。

气瓶充装单位应当购买具有制造许可证的企业制造的合格气瓶，气体使用者应当购买已取得气瓶充装许可的单位充装的瓶装气体。

第四十七条　气瓶使用者应当遵守下列安全规定：

（一）严格按照有关安全使用规定正确使用气瓶；

（二）不得对气瓶瓶体进行焊接和更改气瓶的钢印或者颜色标记；

（三）不得使用已报废的气瓶；

（四）不得将气瓶内的气体向其他气瓶倒装或直接由罐车对气瓶进行充装；

（五）不得自行处理气瓶内的残液。

第七章　罚　　则

第四十八条　气瓶充装单位有下列行为之一的，责令改正，处1万元以上3万元以下罚款。情节严重的，暂停充装，直至吊销其充装许可证。

（一）充装非自有产权气瓶（车用气瓶、呼吸用气瓶、灭火用气瓶、非重复充装气瓶和其他经省级质监部门安全监察机构同意的气瓶除外）；

（二）对使用过的非重复充装气瓶再次进行充装；

（三）充装前不认真检查气瓶钢印标志和颜色标志，未按规定进行瓶内余气检查或抽回气瓶内残液而充装气瓶，造成气瓶错装或超装的；

（四）对气瓶进行改装和对报废气瓶进行翻新的；

（五）未按规定粘贴气瓶警示标签和气瓶充装标签的；

（六）负责人或者充装人员未取得特种设备作业人员证书的。

第四十九条 气瓶检验机构对定期检验不合格应予报废的气瓶，未进行破坏性处理而直接退回气瓶送检单位或者转卖给其他单位或个人的，责令改正，处以 1000 元以上 1 万元以下罚款。情节严重的，取消其检验资格。

第五十条 气瓶或者瓶装气体销售单位或者个人有下列行为之一的，责令改正，处 1 万元以下罚款。

（一）销售无制造许可证单位制造的气瓶或者销售未经许可的充装单位充装的瓶装气体；

（二）收购、销售未经破坏性处理的报废气瓶或者使用过的非重复充装气瓶以及其他不符合安全要求的气瓶。

第五十一条 气瓶监检机构有下列行为之一的，责令改正；情节严重的，取消其监督检验资格。

（一）监督检验质量保证体系失控，未对气瓶实施逐只监检的；

（二）监检项目不全或者未监检而出具虚假监检报告的；

（三）经监检合格的气瓶出现严重安全质量问题，导致受检单位制造许可证被吊销的。

第五十二条 违反本规定的其他违法行为，按照《特种设备安全监察条例》的规定进行处罚。

第五十三条 行政相对人对行政处罚不服的，可以依法申请行政复议或者提起行政诉讼。

第八章 附 则

第五十四条 气瓶发生事故时，发生事故的单位和安全监察机构应当按照《锅炉压力容器压力管道特种设备事故处理规定》及时上报和进行事故调查处理。

第五十五条 各省级质监部门可以依据本规定，结合本地区实际情况，制定实施办法。

第五十六条 本规定由国家质检总局负责解释。

第五十七条 本规定自 2003 年 6 月 1 日起施行。

关于加强重大工程安全质量保障措施的通知

发改投资〔2009〕3183号

各省、自治区、直辖市及计划单列市、副省级省会城市人民政府，新疆生产建设兵团：

工程安全质量关系人民生命财产安全。近年来，各地区、各部门普遍加强了工程安全质量管理，工程安全质量水平不断提高。但在重大工程领域，仍有一些项目前期工作准备不足、深度不够，不顾客观条件盲目抢时间、赶进度，安全质量管理不严，责任制未真正落实，造成工程质量下降，安全隐患增加，包括城市地下工程、油气水电等生命线工程和水利、能源、交通运输等大型基础设施在内的重大工程安全质量形势面临严峻挑战和考验。对此，必须引起高度重视，采取有效措施切实加以解决。为深入贯彻落实科学发展观，保证重大工程安全质量，促进国民经济又好又快发展，经国务院批准，现就有关事项通知如下：

一、科学确定并严格执行合理的工程建设周期

合理的工程建设周期是保证工程安全质量的重要前提。有关方面对此要高度重视，科学确定并严格执行合理工期。

（一）科学确定合理工期。建设单位要根据实际情况对工程进行充分评估、论证，从保证工程安全和质量的角度，科学确定合理工期及每个阶段所需的合理时间。要严格基本建设程序，坚决防止边勘察、边设计、边施工。

（二）严格执行合理工期。在工程招标投标时，要将合理的工期安排作为招标文件的实质性要求和条件。要严格按照施工图招标，不能预招标或边设计边招标。与中标方签订的建设工程合同应明确勘察、设计、施工等环节的合理周期，相关单位要严格执行。

（三）严肃工期调整。建设工程合同要严格规定工期调整的前提和条件，坚决杜绝任何单位和个人任意压缩合同约定工期，严禁领导干部不顾客观规律随意干预工期调整。确需调整工期的，必须经过充分论证，并采取相应措施，通过优化施工组织等，确保工程安全质量。

二、充分做好工程开工前的准备工作

工程开工前的准备工作是保证工程安全质量的基础环节。要充分做好规划、可行性研究、初步设计、招标投标、征地拆迁等各阶段的准备工作，为有效预防安全质量事故打下坚实基础。

（一）建立工程安全评估管理制度。建设单位要对工程建设过程中可能存在的重大风险进行全面评估，并将评估结论作为确定设计和施工方案的重要依据。实行工程安全风险动态分级管理，要针对重大风险编制专项方案和应急预案。

（二）前期工作各环节都要加强风险管理。规划阶段要不断优化工程选线、选址方案，尽量避免风险较大的敏感区域。可行性研究报告要对涉及工程安全质量的重大问题进行专门分析、评价，提出应对方案。工程初步设计必须达到规定深度要求，严格执行工程建设强制性标准，提出专门的安全质量防护措施，并对施工方案提出相应要求。工程开工前要切实做好拆迁和安置工作，减少工程安全质量隐患，为项目顺利实施创造良好外部环境。

（三）工程招标投标要体现安全质量要求。建设单位应将强制性安全与质量标准等作为招标文件的实质性要求和条件。施工单位要按照《高危行业企业安全生产费用财务管理暂行办法》（财企〔2006〕478 号）的有关规定提取安全生产费用，并列入工程造价，在竞标时不得删减。招标投标确定的中标价格要体现合理造价要求，建立防范低于成本价中标的机制，杜绝造价过低带来的安全质量问题。勘察、设计、施工、物资材料和设备供应等环节的招标投标合同要对工程质量以及相应的义务和责任作出明确约定。

三、切实加强工程建设全过程安全质量管理

工程的实施是项目建设的中心环节。建设、勘察、设计、施工、监理单位等有关方面应认真贯彻执行《建设工程质量管理条例》和《建设工程安全生产管理条例》，切实提高安全质量意识，强化安全质量管理，确保工程质量安全。

（一）建设单位要全面负起管理职责。建设单位是项目实施管理总牵头单位，要根据事前确定的设计、施工方案，组织设计、施工、监理等单位加强安全质量管理，确保工程安全质量。要认真执行工程的安全设施与主体工程同时设计、同时施工、同时投入生产和使用的有关规定。要定期和不定期地对安全质量管理体系运行情况，勘察设计单位、施工单位和监理单位落实安全质量责任情况进行检查。

（二）加强设计服务，降低工程风险。设计单位要加强项目实施过程中的驻场设计服务，了解现场施工情况，对施工单位发现的设计错误、遗漏或对设计文件的疑问，要及时予以解决，同时对施工安全提出具体要求和措施。要根据项目进展情况，不断优化设计方案，降低工程风险。

（三）加强施工管理，切实保障工程安全质量。施工单位要按照设计图纸和技术标准进行施工，严格执行有关安全质量的要求，认真落实设计方案中提出的专门安全质量防护措施，对列入建设工程概算的安全生产费用，不得挪作他用；要加强对施工风险点的监测管理，根据标准规程，科学编制监控量测方案，合理布置监测点。

（四）加强工程监理，减少安全质量隐患。监理单位应认真审查施工组织设计中的安全技术措施，确保专项施工方案符合工程建设强制性标准。要发挥现场监理作用，确保施工的关键部位、关键环节、关键工序监理到位。落实安全监理巡查责任，履行对重大安全隐患和事故的督促整改和报告责任。

（五）建立施工实时监测和工程远程监控制度。建设单位应委托独立的第三方监测单位，对工程进展和周边地质变形情况等进行监测、分析，并及时采取防范措施。建立工程远程监控网络系统，接收并及时分析处理施工现场信息，强化工程安全质量的信息化管理。

（六）强化竣工验收质量管理。要严格按照国家有关规定和技术标准开展竣工验收工作，将工程质量作为工程竣工验收的重要内容。工程质量达到规定要求的，方可通过竣工验收；工程质量未达到要求的，要及时采取补救措施，直至符合工程相关质量验收标准后，方可交付使用。

四、严格落实安全质量责任

要切实提高安全质量责任意识，严格落实有关各方责任，建立各负其责、齐抓共管的工程安全质量责任约束机制，有效保障工程安全质量。

（一）严格落实工程安全质量责任制。建设单位对项目建设的安全质量负总责，勘察设计单位对勘察、设计安全质量负责，施工单位对建设工程施工安全质量负责，监理单位对施工安全质量承担监理责任。相关单位违反国家规定，降低工程安全质量标准的，依法追究责任。由此发生的费用由责任单位承担。

（二）严格注册执业人员责任。注册建筑师、勘察设计注册工程师等注册执业人员对其签字的设计文件负责。施工单位确定的工程项目经理、技术负责人和施工管理责任人按照各自职责对施工负责。总监理工程师、监理工程师按各自职责对监理工作负责。造成安全质量事故的，要依法追究有关方面责任。

（三）强化工程中介服务机构的责任。工程监测、检测、科研、施工图审查等单位，因监测数据、检测和科研结果严重失准或者施工图审查意见有重大失误，造成重大事故的，应承担赔偿责任，并追究相关单位领导的行政责任。对技术总负责人要取消技术职称，不得从事该领域工作。

（四）落实工程质量终身责任制。各参建单位工作人员，以及工程监测、检测、咨询评估及施工图审查等单位工作人员，按各自职责对其经手的工程质量负终身责任。对由于调动工作、退休等原因离开原单位的相关人员，如发现在原单位工作期间违反国家建设工程质量管理有关规定，或未切实履行相应职责，造成重大事故的，应依法追究法律责任。

（五）建立安全质量信息发布制度。建设、勘察、设计、施工、材料和设备供应、监理等单位的安全质量信息，应采取适当方式向社会公布，并纳入企业信用等级评定体系。在市场准入、招标投标、资质管理等工作中，应充分利用安全质量信息，激励守信行为，惩处失信行为。

五、建立健全快速有效的应急救援体系

进一步建立健全快速有效的应急救援体系，确保在发生重大工程安全事故时能够及时有效地开展应急救援工作，最大限度减少人员伤亡和财产损失，防止安全质量事故扩大蔓延，保障项目建设秩序尽快恢复。

（一）健全政府部门应急救援机制。各级建设、铁道、交通、水利、电力等行业主管部门，要制定重大工程安全质量事故应急救援预案，落实应急组织、程序、资源及措施。地方各级人民政府要以城市为单位建立工程抢险专业力量，强化工程突发险情和事故的应急处置。有关部门要组织做好救援物资储备工作。

（二）规范事故报告和调查处理。各级行业主管部门和安全监管部门要严格按照《生产安全事故报告和调查处理条例》等有关规定，在同级人民政府领导下，做好事故报告和调查处理工作。对国家、部省重点建设项目、跨区市实施项目和特殊复杂工程，建立事故调查协调处理机制。

（三）建立参建单位应急抢险机制。建设单位要完善应急抢险机构设置，提早制定施工应急预案，并开展应急预案的演练；施工单位要根据施工特点制定切实可行的应急救援预案，配备相应装备和人员，并按有关规定进行演练。建设、施工单位等要共同建立起与政府应急体系的联动机制，确保应急救援工作反应灵敏、行动迅速、处置得力。

六、全面提高基础保障能力

消除重大工程安全质量隐患，根本在于提高基础保障能力，要从实行标准化管理、严格工程规范、充实监管力量、推动科技进步、加强人员培训等方面，全方位提高重大工程安全质量的基础保障能力。

（一）推动工程安全质量标准化管理。各行业主管部门及行业协会要加强工程质量安全标准化工作，制定具有可操作性的工程安全质量管理标准和技术标准，明确管理的重点领域、关键部门和重点环节。建设、施工单位要结合项目情况制定作业标准和相关规定，严格落实各项工程规范。

（二）加强政府安全质量监管队伍建设。要加强安全质量监管队伍建设，充实监管人员，提供必要的工作条件。工程安全质量监督机构的经费，各级财政预算要予以保障。严格工程安全质量监督机构和人员的考核，落实责任制，建立责权明确、行为规范、执法有力的安全质量监管队伍。

（三）通过科技进步促进工程安全质量。加大安全科学技术研究的投入和扶持力度，鼓励和引导企业加大工程安全科技投入。鼓励有利于保障工程安全质量的新技术、新材料、新设备、新工艺的研发和推广应用。

（四）加强人才培养和工程安全质量教育培训。建设行政主管部门要会同有关方面，进一步打破市场分割，完善考试、培训和资格认证等制度，努力增加设计、施工、监理力量的有效供应。行业主管部门、行业协会等要定期组织工程安全质量教育培训。建设、施工单位要加强对技术人员和一线操作人员的培训和考核，尤其要做好新入场农民工等非专业人员上岗、转岗前的培训工作。要加强对监理人员的安全技术培训。

地方各级人民政府及相关部门要高度重视重大工程安全质量工作，切实加强组织领导。按照中共中央办公厅、国务院办公厅《关于开展工程建设领域突出问题专项治理工作的意见》(中办发〔2009〕27号)有关加强工程质量与安全工作的要求，结合今年“质量和安全年”的部署，严格落实重大工程安全质量的各项保障措施，组织开展全国工程安全质量大检查，排查隐患，堵塞管理漏洞，加大安全质量事故处理力度，严肃追究有关单位和人员责任，形成重大工程安全质量保障工作的长效机制，不断提高工程质量，确保工程安全。

国家发展改革委
工业和信息化部
住房城乡建设部
交通运输部
铁道部
水利部
安全监管总局
2009年12月14日

关于印发《危险性较大的分部分项工程安全管理办法》的通知

建质〔2009〕87号

各省、自治区住房和城乡建设厅，直辖市建委，江苏省、山东省建管局，新疆生产建设兵团建设局，中央管理的建筑企业：

为进一步规范和加强对危险性较大的分部分项工程安全管理，积极防范和遏制建筑施工生产安全事故的发生，我们组织修定了《危险性较大的分部分项工程安全管理办法》，现印发给你们，请遵照执行。

中华人民共和国住房和城乡建设部

2009年5月13日

危险性较大的分部分项工程安全管理办法

第一条 为加强对危险性较大的分部分项工程安全管理，明确安全专项施工方案编制内容，规范专家论证程序，确保安全专项施工方案实施，积极防范和遏制建筑施工生产安全事故的发生，依据《建设工程安全生产管理条例》及相关安全生产法律法规制定本办法。

第二条 本办法适用于房屋建筑和市政基础设施工程(以下简称“建筑工程”)的新建、改建、扩建、装修和拆除等建筑安全生产活动及安全管理。

第三条 本办法所称危险性较大的分部分项工程是指建筑工程在施工过程中存在的、可能导致作业人员群死群伤或造成重大不良社会影响的分部分项工程。危险性较大的分部分项工程范围见附件一。

危险性较大的分部分项工程安全专项施工方案(以下简称“专项方案”)，是指施工单位在编制施工组织(总)设计的基础上，针对危险性较大的分部分项工程单独编制的安全技术措施文件。

第四条 建设单位在申请领取施工许可证或办理安全监督手续时，应当提供危险性较大的分部分项工程清单和安全管理措施。施工单位、监理单位应当建立危险性较大的分部分项工程安全管理制度。

第五条 施工单位应当在危险性较大的分部分项工程施工前编制专项方案；对于超过一定规模的危险性较大的分部分项工程，施工单位应当组织专家对专项方案进行论证。超过一定规模的危险性较大的分部分项工程范围见附件二。

第六条 建筑工程实行施工总承包的，专项方案应当由施工总承包单位组织编制。其中，起重机械安装拆卸工程、深基坑工程、附着式升降脚手架等专业工程实行分包的，其专项方案可由专业承包单位组织编制。

第七条 专项方案编制应当包括以下内容：

（一）工程概况：危险性较大的分部分项工程概况、施工平面布置、施工要求和技术保证条件。

（二）编制依据：相关法律、法规、规范性文件、标准、规范及图纸（国标图集）、施工组织设计等。

（三）施工计划：包括施工进度计划、材料与设备计划。

（四）施工工艺技术：技术参数、工艺流程、施工方法、检查验收等。

（五）施工安全保证措施：组织保障、技术措施、应急预案、监测监控等。

（六）劳动力计划：专职安全生产管理人员、特种作业人员等。

（七）计算书及相关图纸。

第八条 专项方案应当由施工单位技术部门组织本单位施工技术、安全、质量等部门的专业技术人员进行审核。经审核合格的，由施工单位技术负责人签字。实行施工总承包的，专项方案应当由总承包单位技术负责人及相关专业承包单位技术负责人签字。

不需专家论证的专项方案，经施工单位审核合格后报监理单位，由项目总监理工程师审核签字。

第九条 超过一定规模的危险性较大的分部分项工程专项方案应当由施工单位组织召开专家论证会。实行施工总承包的，由施工总承包单位组织召开专家论证会。

下列人员应当参加专家论证会：

（一）专家组成员；

（二）建设单位项目负责人或技术负责人；

（三）监理单位项目总监理工程师及相关人员；

（四）施工单位分管安全的负责人、技术负责人、项目负责人、项目技术负责人、专项方案编制人员、项目专职安全生产管理人员；

（五）勘察、设计单位项目技术负责人及相关人员。

第十条 专家组成员应当由 5 名及以上符合相关专业要求的专家组成。

本项目参建各方的人员不得以专家身份参加专家论证会。

第十一条 专家论证的主要内容：

（一）专项方案内容是否完整、可行；

（二）专项方案计算书和验算依据是否符合有关标准规范；

（三）安全施工的基本条件是否满足现场实际情况。

专项方案经论证后，专家组应当提交论证报告，对论证的内容提出明确的意见，并在论证报告上签字。该报告作为专项方案修改完善的指导意见。

第十二条 施工单位应当根据论证报告修改完善专项方案，并经施工单位技术负责人、项目总监理工程师、建设单位项目负责人签字后，方可组织实施。

实行施工总承包的，应当由施工总承包单位、相关专业承包单位技术负责人签字。

第十三条 专项方案经论证后需做重大修改的，施工单位应当按照论证报告修改，并重新组织专家进行论证。

第十四条 施工单位应当严格按照专项方案组织施工，不得擅自修改、调整专项方案。

如因设计、结构、外部环境等因素发生变化确需修改的，修改后的专项方案应当按本办法第八条重新审核。对于超过一定规模的危险性较大工程的专项方案，施工单位应当重新组织专家进行论证。

第十五条 专项方案实施前，编制人员或项目技术负责人应当向现场管理人员和作业人员进行安全技术交底。

第十六条 施工单位应当指定专人对专项方案实施情况进行现场监督和按规定进行监测。发现不按照专项方案施工的，应当要求其立即整改；发现有危及人身安全紧急情况的，应当立即组织作业人员撤离危险区域。

施工单位技术负责人应当定期巡查专项方案实施情况。

第十七条 对于按规定需要验收的危险性较大的分部分项工程，施工单位、监理单位应当组织有关人员进行验收。验收合格的，经施工单位项目技术负责人及项目总监理工程师签字后，方可进入下一道工序。

第十八条 监理单位应当将危险性较大的分部分项工程列入监理规划和监理实施细则，应当针对工程特点、周边环境和施工工艺等，制定安全监理工作流程、方法和措施。

第十九条 监理单位应当对专项方案实施情况进行现场监理；对不按专项方案实施的，应当责令整改，施工单位拒不整改的，应当及时向建设单位报告；建设单位接到监理单位报告后，应当立即责令施工单位停工整改；施工单位仍不停工整改的，建设单位应当及时向住房城乡建设主管部门报告。

第二十条 各地住房城乡建设主管部门应当按专业类别建立专家库。专家库的专业类别及专家数量应根据本地实际情况设置。

专家名单应当予以公示。

第二十一条　专家库的专家应当具备以下基本条件：

(一)诚实守信、作风正派、学术严谨；

(二)从事专业工作15年以上或具有丰富的专业经验；

(三)具有高级专业技术职称。

第二十二条　各地住房城乡建设主管部门应当根据本地区实际情况，制定专家资格审查办法和管理制度并建立专家诚信档案，及时更新专家库。

第二十三条　建设单位未按规定提供危险性较大的分部分项工程清单和安全管理措施，未责令施工单位停工整改的，未向住房城乡建设主管部门报告的；施工单位未按规定编制、实施专项方案的；监理单位未按规定审核专项方案或未对危险性较大的分部分项工程实施监理的；住房城乡建设主管部门应当依据有关法律法规予以处罚。

第二十四条　各地住房城乡建设主管部门可结合本地区实际，依照本办法制定实施细则。

第二十五条　本办法自颁布之日起实施。原《关于印发<建筑施工企业安全生产管理机构设置及专职安全生产管理人员配备办法>和<危险性较大工程安全专项施工方案编制及专家论证审查办法>的通知》(建质〔2004〕213号)中的《危险性较大工程安全专项施工方案编制及专家论证审查办法》废止。

附件一：危险性较大的分部分项工程范围

附件二：超过一定规模的危险性较大的分部分项工程范围

附件一

危险性较大的分部分项工程范围

一、基坑支护、降水工程

开挖深度超过 3m(含 3m)或虽未超过 3m 但地质条件和周边环境复杂的基坑(槽)支护、降水工程。

二、土方开挖工程

开挖深度超过 3m(含 3m)的基坑(槽)的土方开挖工程。

三、模板工程及支撑体系

(一) 各类工具式模板工程：包括大模板、滑模、爬模、飞模等工程。

(二) 混凝土模板支撑工程：搭设高度 5m 及以上；搭设跨度 10m 及以上；施工总荷载 $10kN/m^2$ 及以上；集中线荷载 $15kN/m^2$ 及以上；高度大于支撑水平投影宽度且相对独立无联系构件的混凝土模板支撑工程。

(三) 承重支撑体系：用于钢结构安装等满堂支撑体系。

四、起重吊装及安装拆卸工程

(一) 采用非常规起重设备、方法，且单件起吊重量在 10kN 及以上的起重吊装工程。

(二) 采用起重机械进行安装的工程。

(三) 起重机械设备自身的安装、拆卸。

五、脚手架工程

(一) 搭设高度 24m 及以上的落地式钢管脚手架工程。

(二) 附着式整体和分片提升脚手架工程。

(三) 悬挑式脚手架工程。

(四) 吊篮脚手架工程。

(五) 自制卸料平台、移动操作平台工程。

(六) 新型及异型脚手架工程。

六、拆除、爆破工程

(一) 建筑物、构筑物拆除工程。

(二) 采用爆破拆除的工程。

七、其他

(一) 建筑幕墙安装工程。

(二) 钢结构、网架和索膜结构安装工程。

(三) 人工挖扩孔桩工程。

（四）地下暗挖、顶管及水下作业工程。

（五）预应力工程。

（六）采用新技术、新工艺、新材料、新设备及尚无相关技术标准的危险性较大的分部分项工程。

附件二

超过一定规模的危险性较大的分部分项工程范围

一、深基坑工程

（一）开挖深度超过 5m（含 5m）的基坑（槽）的土方开挖、支护、降水工程。

（二）开挖深度虽未超过 5m，但地质条件、周围环境和地下管线复杂，或影响毗邻建筑（构筑）物安全的基坑（槽）的土方开挖、支护、降水工程。

二、模板工程及支撑体系

（一）工具式模板工程：包括滑模、爬模、飞模工程。

（二）混凝土模板支撑工程：搭设高度 8m 及以上；搭设跨度 18m 及以上；施工总荷载 15kN/m^2 及以上；集中线荷载 20kN/m^2 及以上。

（三）承重支撑体系：用于钢结构安装等满堂支撑体系，承受单点集中荷载 700kg 以上。

三、起重吊装及安装拆卸工程

（一）采用非常规起重设备、方法，且单件起吊重量在 100kN 及以上的起重吊装工程。

（二）起重量 300kN 及以上的起重设备安装工程；高度 200m 及以上内爬起重设备的拆除工程。

四、脚手架工程

（一）搭设高度 50m 及以上落地式钢管脚手架工程。

（二）提升高度 150m 及以上附着式整体和分片提升脚手架工程。

（三）架体高度 20m 及以上悬挑式脚手架工程。

五、拆除、爆破工程

（一）采用爆破拆除的工程。

（二）码头、桥梁、高架、烟囱、水塔或拆除中容易引起有毒有害气（液）体或粉尘扩散、易燃易爆事故发生的特殊建、构筑物的拆除工程。

（三）可能影响行人、交通、电力设施、通讯设施或其他建、构筑物安全的拆除工程。

（四）文物保护建筑、优秀历史建筑或历史文化风貌区控制范围的拆除工程。

六、其他

（一）施工高度 50m 及以上的建筑幕墙安装工程。

（二）跨度大于 36m 及以上的钢结构安装工程；跨度大于 60m 及以上的网

架和索膜结构安装工程。

（三）开挖深度超过 16m 的人工挖孔桩工程。

（四）地下暗挖工程、顶管工程、水下作业工程。

（五）采用新技术、新工艺、新材料、新设备及尚无相关技术标准的危险性较大的分部分项工程。

关于印发《建筑施工企业安全生产许可证动态监管暂行办法》的通知

建质〔2008〕121 号

各省、自治区建设厅，直辖市建委：

为强化建筑施工企业安全生产许可证动态监管，促进施工企业保持和改善安全生产条件，控制和减少生产安全事故，我部制定了《建筑施工企业安全生产许可证动态监管暂行办法》。现印发给你们，请结合本地区实际执行。

中华人民共和国住房和城乡建设部

2008 年 6 月 30 日

建筑施工企业安全生产许可证动态监管暂行办法

第一条 为加强建筑施工企业安全生产许可证的动态监管，促进建筑施工企业保持和改善安全生产条件，控制和减少生产安全事故，根据《安全生产许可证条例》、《建设工程安全生产管理条例》和《建筑施工企业安全生产许可证管理规定》等法规规章，制定本办法。

第二条 建设单位或其委托的工程招标代理机构在编制资格预审文件和招标文件时，应当明确要求建筑施工企业提供安全生产许可证，以及企业主要负责人、拟担任该项目负责人和专职安全生产管理人员(以下简称“三类人员”)相应的安全生产考核合格证书。

第三条 建设主管部门在审核发放施工许可证时，应当对已经确定的建筑施工企业是否具有安全生产许可证以及安全生产许可证是否处于暂扣期内进行审查，对未取得安全生产许可证及安全生产许可证处于暂扣期内的，不得颁发施工许可证。

第四条 建设工程实行施工总承包的，建筑施工总承包企业应当依法将工程分包给具有安全生产许可证的专业承包企业或劳务分包企业，并加强对分包企业安全生产条件的监督检查。

第五条 工程监理单位应当查验承建工程的施工企业安全生产许可证和有关“三类人员”安全生产考核合格证书持证情况，发现其持证情况不符合规定的或施工现场降低安全生产条件的，应当要求其立即整改。施工企业拒不整改的，工程监理单位应当向建设单位报告。建设单位接到工程监理单位报告后，应当责令施工企业立即整改。

第六条 建筑施工企业应当加强对本企业和承建工程安全生产条件的日常动态检查，发现不符合法定安全生产条件的，应当立即进行整改，并做好自查和整改记录。

第七条 建筑施工企业在“三类人员”配备、安全生产管理机构设置及其他法定安全生产条件发生变化以及因施工资质升级、增项而使得安全生产条件发生变化时，应当向安全生产许可证颁发管理机关（以下简称颁发管理机关）和当地建设主管部门报告。

第八条 颁发管理机关应当建立建筑施工企业安全生产条件的动态监督检查制度，并将安全生产管理薄弱、事故频发的企业作为监督检查的重点。

颁发管理机关根据监管情况、群众举报投诉和企业安全生产条件变化报告，对相关建筑施工企业及其承建工程项目的安全生产条件进行核查，发现企业降低安全生产条件的，应当视其安全生产条件降低情况对其依法实施暂扣或吊销安全生产许可证的处罚。

第九条 市、县级人民政府建设主管部门或其委托的建筑安全监督机构在日常安全生产监督检查中，应当查验承建工程施工企业的安全生产许可证。发现企业降低施工现场安全生产条件的或存在事故隐患的，应立即提出整改要求；情节严重的，应责令工程项目停止施工并限期整改。

第十条 依据本办法第九条责令停止施工符合下列情形之一的，市、县级人民政府建设主管部门应当于作出最后一次停止施工决定之日起 15 日内以书面形式向颁发管理机关（县级人民政府建设主管部门同时抄报设区市级人民政府建设主管部门；工程承建企业跨省施工的，通过省级人民政府建设主管部门抄告）提出暂扣企业安全生产许可证的建议，并附具企业及有关工程项目违法违规事实和证明安全生产条件降低的相关询问笔录或其他证据材料。

（一）在 12 个月内，同一企业同一项目被两次责令停止施工的。

（二）在 12 个月内，同一企业在同一市、县内三个项目被责令停止施工的；

（三）施工企业承建工程经责令停止施工后，整改仍达不到要求或拒不停工整改的。

第十一条 颁发管理机关接到本办法第十条规定的暂扣安全生产许可证建议后，应当于 5 个工作日内立案，并根据情节轻重依法给予企业暂扣安全生产许可证 30 日至 60 日的处罚。

第十二条 工程项目发生一般及以上生产安全事故的，工程所在地市、县级人民政府建设主管部门应当立即按照事故报告要求向本地区颁发管理机关报告。

工程承建企业跨省施工的，工程所在地省级建设主管部门应当在事故发生之日起15日内将事故基本情况书面通报颁发管理机关，同时附具企业及有关项目违法违规事实和证明安全生产条件降低的相关询问笔录或其他证据材料。

第十三条 颁发管理机关接到本办法第十二条规定的报告或通报后，应立即组织对相关建筑施工企业（含施工总承包企业和与发生事故直接相关的分包企业）安全生产条件进行复核，并于接到报告或通报之日起20日内复核完毕。

颁发管理机关复核施工企业及其工程项目安全生产条件，可以直接复核或委托工程所在地建设主管部门复核。被委托的建设主管部门应严格按照法规规章和相关标准进行复核，并及时向颁发管理机关反馈复核结果。

第十四条 依据本办法第十三条进行复核，对企业降低安全生产条件的，颁发管理机关应当依法给予企业暂扣安全生产许可证的处罚；属情节特别严重的或者发生特别重大事故的，依法吊销安全生产许可证。

暂扣安全生产许可证处罚视事故发生级别和安全生产条件降低情况，按下列标准执行：

（一）发生一般事故的，暂扣安全生产许可证30至60日。

（二）发生较大事故的，暂扣安全生产许可证60至90日。

（三）发生重大事故的，暂扣安全生产许可证90至120日。

第十五条 建筑施工企业在12个月内第二次发生生产安全事故的，视事故级别和安全生产条件降低情况，分别按下列标准进行处罚：

（一）发生一般事故的，暂扣时限为在上一次暂扣时限的基础上再增加30日。

（二）发生较大事故的，暂扣时限为在上一次暂扣时限的基础上再增加60日。

（三）发生重大事故的，或按本条（一）、（二）处罚暂扣时限超过120日的，吊销安全生产许可证。

12个月内同一企业连续发生三次生产安全事故的，吊销安全生产许可证。

第十六条 建筑施工企业瞒报、谎报、迟报或漏报事故的，在本办法第十四条、第十五条处罚的基础上，再处延长暂扣期30日至60日的处罚。暂扣时限超过120日的，吊销安全生产许可证。

第十七条 建筑施工企业在安全生产许可证暂扣期内，拒不整改的，吊销其安全生产许可证。

第十八条 建筑施工企业安全生产许可证被暂扣期间，企业在全国范围内不得承揽新的工程项目。发生问题或事故的工程项目停工整改，经工程所在地有关建设主管部门核查合格后方可继续施工。

第十九条 建筑施工企业安全生产许可证被吊销后，自吊销决定作出之日起一年内不得重新申请安全生产许可证。

第二十条 建筑施工企业安全生产许可证暂扣期满前 10 个工作日，企业需向颁发管理机关提出发还安全生产许可证申请。颁发管理机关接到申请后，应当对被暂扣企业安全生产条件进行复查，复查合格的，应当在暂扣期满时发还安全生产许可证；复查不合格的，增加暂扣期限直至吊销安全生产许可证。

第二十一条 颁发管理机关应建立建筑施工企业安全生产许可动态监管激励制度。对于安全生产工作成效显著、连续三年及以上未被暂扣安全生产许可证的企业，在评选各级各类安全生产先进集体和个人、文明工地、优质工程等时可以优先考虑，并可根据本地实际情况在监督管理时采取有关优惠政策措施。

第二十二条 颁发管理机关应将建筑施工企业安全生产许可证审批、延期、暂扣、吊销情况，于做出有关行政决定之日起 5 个工作日内录入全国建筑施工企业安全生产许可证管理信息系统，并对录入信息的真实性和准确性负责。

第二十三条 在建筑施工企业安全生产许可证动态监管中，涉及有关专业建设工程主管部门的，依照有关职责分工实施。

各省、自治区、直辖市人民政府建设主管部门可根据本办法，制定本地区的实施细则。

关于印发《建筑施工企业安全生产管理机构设置及专职安全生产管理人员配备办法》的通知

建质〔2008〕91 号

各省、自治区建设厅，直辖市建委，江苏、山东省建管局，新疆生产建设兵团建设局，中央管理的建筑企业：

为进一步规范建筑施工企业安全生产管理机构设置及专职安全生产管理人员配备，全面落实建筑施工企业安全生产主体责任，我们组织修订了《建筑施工企业安全生产管理机构设置及专职安全生产管理人员配备办法》，现印发给你们，请遵照执行。原《关于印发<建筑施工企业安全生产管理机构设置及专职安全生产管理人员配备办法>和<危险性较大工程安全专项施工方案编制及专家论证审查办法>的通知》(建质〔2004〕2 号)中的《建筑施工企业安全生产管理机构设置及专职安全生产管理人员配备办法》同时废止。

中华人民共和国住房和城乡建设部

2008 年 5 月 13 日

建筑施工企业安全生产管理机构设置及专职安全生产管理人员配备办法

第一条 为规范建筑施工企业安全生产管理机构的设置，明确建筑施工企业和项目专职安全生产管理人员的配备标准，根据《中华人民共和国安全生产法》、《建设工程安全生产管理条例》、《安全生产许可证条例》及《建筑施工企业安全生产许可证管理规定》，制定本办法。

第二条 从事土木工程、建筑工程、线路管道和设备安装工程及装修工程的新建、改建、扩建和拆除等活动的建筑施工企业安全生产管理机构的设置及其专职安全生产管理人员的配备，适用本办法。

第三条 本办法所称安全生产管理机构是指建筑施工企业设置的负责安全生产管理工作的独立职能部门。

第四条 本办法所称专职安全生产管理人员是指经建设主管部门或者其他有关部门安全生产考核合格取得安全生产考核合格证书，并在建筑施工企业及其项目从事安全生产管理工作的专职人员。

第五条 建筑施工企业应当依法设置安全生产管理机构，在企业主要负责人的领导下开展本企业的安全生产管理工作。

第六条 建筑施工企业安全生产管理机构具有以下职责：

（一）宣传和贯彻国家有关安全生产法律法规和标准；

（二）编制并适时更新安全生产管理制度并监督实施；

（三）组织或参与企业生产安全事故应急救援预案的编制及演练；

（四）组织开展安全教育培训与交流；

（五）协调配备项目专职安全生产管理人员；

（六）制订企业安全生产检查计划并组织实施；

（七）监督在建项目安全生产费用的使用；

（八）参与危险性较大工程安全专项施工方案专家论证会；

（九）通报在建项目违规违章查处情况；

（十）组织开展安全生产评优评先表彰工作；

（十一）建立企业在建项目安全生产管理档案；

（十二）考核评价分包企业安全生产业绩及项目安全生产管理情况；

（十三）参加生产安全事故的调查和处理工作；

（十四）企业明确的其他安全生产管理职责。

第七条 建筑施工企业安全生产管理机构专职安全生产管理人员在施工现场检查过程中具有以下职责：

（一）查阅在建项目安全生产有关资料、核实有关情况；

（二）检查危险性较大工程安全专项施工方案落实情况；

（三）监督项目专职安全生产管理人员履责情况；

（四）监督作业人员安全防护用品的配备及使用情况；

（五）对发现的安全生产违章违规行为或安全隐患，有权当场予以纠正或作出处理决定；

（六）对不符合安全生产条件的设施、设备、器材，有权当场作出查封的处理决定；

（七）对施工现场存在的重大安全隐患有权越级报告或直接向建设主管部门报告。

（八）企业明确的其他安全生产管理职责。

第八条 建筑施工企业安全生产管理机构专职安全生产管理人员的配备应满足下列要求，并应根据企业经营规模、设备管理和生产需要予以增加：

（一）建筑施工总承包资质序列企业：特级资质不少于 6 人；一级资质不少于 4 人；二级和二级以下资质企业不少于 3 人。

（二）建筑施工专业承包资质序列企业：一级资质不少于3人；二级和二级以下资质企业不少于2人。

（三）建筑施工劳务分包资质序列企业：不少于2人。

（四）建筑施工企业的分公司、区域公司等较大的分支机构（以下简称分支机构）应依据实际生产情况配备不少于2人的专职安全生产管理人员。

第九条 建筑施工企业应当实行建设工程项目专职安全生产管理人员委派制度。建设工程项目的专职安全生产管理人员应当定期将项目安全生产管理情况报告企业安全生产管理机构。

第十条 建筑施工企业应当在建设工程项目组建安全生产领导小组。建设工程实行施工总承包的，安全生产领导小组由总承包企业、专业承包企业和劳务分包企业项目经理、技术负责人和专职安全生产管理人员组成。

第十一条 安全生产领导小组的主要职责：

（一）贯彻落实国家有关安全生产法律法规和标准；

（二）组织制定项目安全生产管理制度并监督实施；

（三）编制项目生产安全事故应急救援预案并组织演练；

（四）保证项目安全生产费用的有效使用；

（五）组织编制危险性较大工程安全专项施工方案；

（六）开展项目安全教育培训；

（七）组织实施项目安全检查和隐患排查；

（八）建立项目安全生产管理档案；

（九）及时、如实报告安全生产事故。

第十二条 项目专职安全生产管理人员具有以下主要职责：

（一）负责施工现场安全生产日常检查并做好检查记录；

（二）现场监督危险性较大工程安全专项施工方案实施情况；

（三）对作业人员违规违章行为有权予以纠正或查处；

（四）对施工现场存在的安全隐患有权责令立即整改；

（五）对于发现的重大安全隐患，有权向企业安全生产管理机构报告；

（六）依法报告生产安全事故情况。

第十三条 总承包单位配备项目专职安全生产管理人员应当满足下列要求：

（一）建筑工程、装修工程按照建筑面积配备：

1. 1万平方米以下的工程不少于1人；

2. 1万~5万平方米的工程不少于2人；

3. 5万平方米及以上的工程不少于3人，且按专业配备专职安全生产管理人员。

（二）土木工程、线路管道、设备安装工程按照工程合同价配备：

1. 5000 万元以下的工程不少于 1 人；

2. 5000 万～1 亿元的工程不少于 2 人；

3. 1 亿元及以上的工程不少于 3 人，且按专业配备专职安全生产管理人员。

第十四条 分包单位配备项目专职安全生产管理人员应当满足下列要求：

（一）专业承包单位应当配置至少 1 人，并根据所承担的分部分项工程的工程量和施工危险程度增加。

（二）劳务分包单位施工人员在 50 人以下的，应当配备 1 名专职安全生产管理人员；50～200 人的，应当配备 2 名专职安全生产管理人员；200 人及以上的，应当配备 3 名及以上专职安全生产管理人员，并根据所承担的分部分项工程施工危险实际情况增加，不得少于工程施工人员总人数的 5‰。

第十五条 采用新技术、新工艺、新材料或致害因素多、施工作业难度大的工程项目，项目专职安全生产管理人员的数量应当根据施工实际情况，在第十三条、第十四条规定的配备标准上增加。

第十六条 施工作业班组可以设置兼职安全巡查员，对本班组的作业场所进行安全监督检查。

建筑施工企业应当定期对兼职安全巡查员进行安全教育培训。

第十七条 安全生产许可证颁发管理机关颁发安全生产许可证时，应当审查建筑施工企业安全生产管理机构设置及其专职安全生产管理人员的配备情况。

第十八条 建设主管部门核发施工许可证或者核准开工报告时，应当审查该工程项目专职安全生产管理人员的配备情况。

第十九条 建设主管部门应当监督检查建筑施工企业安全生产管理机构及其专职安全生产管理人员履责情况。

第二十条 本办法自颁发之日起实施，原《关于印发<建筑施工企业安全生产管理机构设置及专职安全生产管理人员配备办法>和<危险性较大工程安全专项施工方案编制及专家论证审查办法>的通知》（建质〔2004〕213 号）中的《建筑施工企业安全生产管理机构设置及专职安全生产管理人员配备办法》废止。

关于印发《建筑施工特种作业人员管理规定》的通知

建质〔2008〕75号

各省、自治区建设厅，直辖市建委，江苏省、山东省建管局，新疆生产建设兵团建设局：

现将《建筑施工特种作业人员管理规定》印发给你们，请结合本地区实际贯彻执行。

中华人民共和国住房和城乡建设部

2008年4月18日

建筑施工特种作业人员管理规定

第一章　总　　则

第一条　为加强对建筑施工特种作业人员的管理，防止和减少生产安全事故，根据《安全生产许可证条例》、《建筑起重机械安全监督管理规定》等法规规章，制定本规定。

第二条　建筑施工特种作业人员的考核、发证、从业和监督管理，适用本规定。

本规定所称建筑施工特种作业人员是指在房屋建筑和市政工程施工活动中，从事可能对本人、他人及周围设备设施的安全造成重大危害作业的人员。

第三条　建筑施工特种作业包括：

（一）建筑电工；

（二）建筑架子工；

（三）建筑起重信号司索工；

（四）建筑起重机械司机；

（五）建筑起重机械安装拆卸工；

（六）高处作业吊篮安装拆卸工；

（七）经省级以上人民政府建设主管部门认定的其他特种作业。

第四条　建筑施工特种作业人员必须经建设主管部门考核合格，取得建筑施工特种作业人员操作资格证书(以下简称“资格证书”)，方可上岗从事相应作业。

第五条 国务院建设主管部门负责全国建筑施工特种作业人员的监督管理工作。

省、自治区、直辖市人民政府建设主管部门负责本行政区域内建筑施工特种作业人员的监督管理工作。

第二章 考 核

第六条 建筑施工特种作业人员的考核发证工作，由省、自治区、直辖市人民政府建设主管部门或其委托的考核发证机构(以下简称“考核发证机关”)负责组织实施。

第七条 考核发证机关应当在办公场所公布建筑施工特种作业人员申请条件、申请程序、工作时限、收费依据和标准等事项。

考核发证机关应当在考核前在机关网站或新闻媒体上公布考核科目、考核地点、考核时间和监督电话等事项。

第八条 申请从事建筑施工特种作业的人员，应当具备下列基本条件：

(一) 年满18周岁且符合相关工种规定的年龄要求；

(二) 经医院体检合格且无妨碍从事相应特种作业的疾病和生理缺陷；

(三) 初中及以上学历；

(四) 符合相应特种作业需要的其他条件。

第九条 符合本规定第八条规定的人员应当向本人户籍所在地或者从业所在地考核发证机关提出申请，并提交相关证明材料。

第十条 考核发证机关应当自收到申请人提交的申请材料之日起5个工作日内依法作出受理或者不予受理决定。

对于受理的申请，考核发证机关应当及时向申请人核发准考证。

第十一条 建筑施工特种作业人员的考核内容应当包括安全技术理论和实际操作。

考核大纲由国务院建设主管部门制定。

第十二条 考核发证机关应当自考核结束之日起10个工作日内公布考核成绩。

第十三条 考核发证机关对于考核合格的，应当自考核结果公布之日起10个工作日内颁发资格证书；对于考核不合格的，应当通知申请人并说明理由。

第十四条 资格证书应当采用国务院建设主管部门规定的统一样式，由考核发证机关编号后签发。资格证书在全国通用。

资格证书样式见附件一，编号规则见附件二。

第三章　从　　业

第十五条　持有资格证书的人员，应当受聘于建筑施工企业或者建筑起重机械出租单位(以下简称用人单位)，方可从事相应的特种作业。

第十六条　用人单位对于首次取得资格证书的人员，应当在其正式上岗前安排不少于3个月的实习操作。

第十七条　建筑施工特种作业人员应当严格按照安全技术标准、规范和规程进行作业，正确佩戴和使用安全防护用品，并按规定对作业工具和设备进行维护保养。

建筑施工特种作业人员应当参加年度安全教育培训或者继续教育，每年不得少于24小时。

第十八条　在施工中发生危及人身安全的紧急情况时，建筑施工特种作业人员有权立即停止作业或者撤离危险区域，并向施工现场专职安全生产管理人员和项目负责人报告。

第十九条　用人单位应当履行下列职责：

(一) 与持有效资格证书的特种作业人员订立劳动合同；

(二) 制定并落实本单位特种作业安全操作规程和有关安全管理制度；

(三) 书面告知特种作业人员违章操作的危害；

(四) 向特种作业人员提供齐全、合格的安全防护用品和安全的作业条件；

(五) 按规定组织特种作业人员参加年度安全教育培训或者继续教育，培训时间不少于24小时；

(六) 建立本单位特种作业人员管理档案；

(七) 查处特种作业人员违章行为并记录在档；

(八) 法律法规及有关规定明确的其他职责。

第二十条　任何单位和个人不得非法涂改、倒卖、出租、出借或者以其他形式转让资格证书。

第二十一条　建筑施工特种作业人员变动工作单位，任何单位和个人不得以任何理由非法扣押其资格证书。

第四章　延期复核

第二十二条　资格证书有效期为两年。有效期满需要延期的，建筑施工特种作业人员应当于期满前3个月内向原考核发证机关申请办理延期复核手续。延期复核合格的，资格证书有效期延期2年。

第二十三条 建筑施工特种作业人员申请延期复核，应当提交下列材料：

（一）身份证（原件和复印件）；

（二）体检合格证明；

（三）年度安全教育培训证明或者继续教育证明；

（四）用人单位出具的特种作业人员管理档案记录；

（五）考核发证机关规定提交的其他资料。

第二十四条 建筑施工特种作业人员在资格证书有效期内，有下列情形之一的，延期复核结果为不合格：

（一）超过相关工种规定年龄要求的；

（二）身体健康状况不再适应相应特种作业岗位的；

（三）对生产安全事故负有责任的；

（四）2 年内违章操作记录达 3 次（含 3 次）以上的；

（五）未按规定参加年度安全教育培训或者继续教育的；

（六）考核发证机关规定的其他情形。

第二十五条 考核发证机关在收到建筑施工特种作业人员提交的延期复核资料后，应当根据以下情况分别作出处理：

（一）对于属于本规定第二十四条情形之一的，自收到延期复核资料之日起 5 个工作日内作出不予延期决定，并说明理由；

（二）对于提交资料齐全且无本规定第二十四条情形的，自受理之日起 10 个工作日内办理准予延期复核手续，并在证书上注明延期复核合格，并加盖延期复核专用章。

第二十六条 考核发证机关应当在资格证书有效期满前按本规定第二十五条作出决定；逾期未作出决定的，视为延期复核合格。

第五章　监督管理

第二十七条 考核发证机关应当制定建筑施工特种作业人员考核发证管理制度，建立本地区建筑施工特种作业人员档案。

县级以上地方人民政府建设主管部门应当监督检查建筑施工特种作业人员从业活动，查处违章作业行为并记录在档。

第二十八条 考核发证机关应当在每年年底向国务院建设主管部门报送建筑施工特种作业人员考核发证和延期复核情况的年度统计信息资料。

第二十九条 有下列情形之一的，考核发证机关应当撤销资格证书：

（一）持证人弄虚作假骗取资格证书或者办理延期复核手续的；

（二）考核发证机关工作人员违法核发资格证书的；

（三）考核发证机关规定应当撤销资格证书的其他情形。

第三十条 有下列情形之一的，考核发证机关应当注销资格证书：

（一）依法不予延期的；

（二）持证人逾期未申请办理延期复核手续的；

（三）持证人死亡或者不具有完全民事行为能力的；

（四）考核发证机关规定应当注销的其他情形。

第六章 附 则

第三十一条 省、自治区、直辖市人民政府建设主管部门可结合本地区实际情况制定实施细则，并报国务院建设主管部门备案。

第三十二条 本办法自2008年6月1日起施行。

附件一：建筑施工特种作业操作资格证书样式

附件二：建筑施工特种作业操作资格证书编号规则

附件一

建筑施工特种作业操作资格证书样式

1. 封皮采用深绿色塑料封皮对开，尺寸为100mm×75mm。如下图：

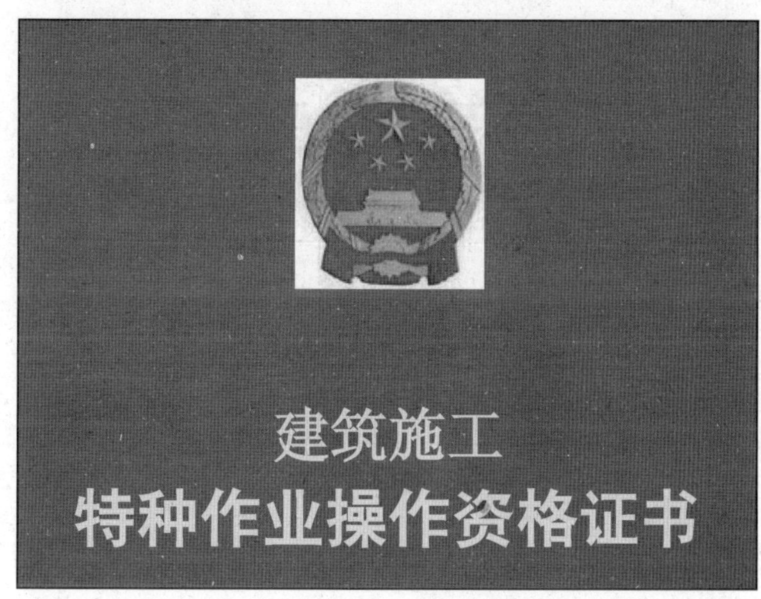

（封皮正面）

（封皮背面）

2. 特种作业操作资格证书正本及副本均采用纸质，正本加盖钢印和发证机关章后塑封，尺寸为90mm×60mm。如下图：

建筑施工特种作业操作资格证

证号

姓名 ________ 身份证号 ________

操作类别 ________________

初次领证日期 ________

发证机关印章	使用期 自 ________ 至 ________	一寸彩色照片

第一次复核 ________

（正本）

建筑施工特种作业操作资格证副证

证号

姓名 ________ 身份证号 ________

操作类别 ________________

第一次复核记录：	第二次复核记录：
发证机关（盖章）	发证机关（盖章）

（副本）

附件二

建筑施工特种作业操作资格证书编号规则

1. 建筑施工特种作业操作资格证书编号共十四位。其中：

(1) 第一位为持证人所在省(市、自治区)简称，如山东省为“鲁”；

(2) 第二位为持证人所在地设区市的英文代码，由各省自行确定；

(3) 第三、四位为工种类别代码，用2个阿拉伯数字标注(工种类别代码表见表A)；

(4) 第五至八位为发证年份，用4个阿拉伯数字标注；

(5) 第八至十四位为证书序号，用6个阿拉伯数字标注，从000001开始。

2. 示例：鲁 A012008000001

表示在山东济南的建筑电工，2008年取得证书，证书序列号为000001。

3. 工种类别代码表 A

序号	工种类别	代码
1	建筑电工	01
2	建筑架子工	02
3	建筑起重信号司索工	03
4	建筑起重机械司机	04
5	建筑起重机械安装拆卸工	05
6	高处作业吊篮安装拆卸工	06

关于印发《建筑起重机械备案登记办法》的通知

建质〔2008〕76号

各省、自治区建设厅，直辖市建委，江苏省、山东省建管局，新疆生产建设兵团建设局：

现将《建筑起重机械备案登记办法》印发给你们，请结合本地区实际贯彻执行。

中华人民共和国住房和城乡建设部

2008年4月18日

建筑起重机械备案登记办法

第一条 为加强建筑起重机械备案登记管理，根据《建筑起重机械安全监督管理规定》(建设部令第166号)，制定本办法。

第二条 本办法所称建筑起重机械备案登记包括建筑起重机械备案、安装(拆卸)告知和使用登记。

第三条 县级以上地方人民政府建设主管部门可以使用计算机信息管理系统办理建筑起重机械备案登记，并建立数据库。

县级以上地方人民政府建设主管部门应当提供本行政区域内建筑起重机械备案登记查询服务。

第四条 出租、安装、使用单位应当按规定提交建筑起重机械备案登记资料，并对所提供资料的真实性负责。

县级以上地方人民政府建设主管部门应当建立建筑起重机械备案登记诚信考核制度。

第五条 建筑起重机械出租单位或者自购建筑起重机械使用单位(以下简称"产权单位")在建筑起重机械首次出租或安装前，应当向本单位工商注册所在地县级以上地方人民政府建设主管部门(以下简称"设备备案机关")办理备案。

第六条 产权单位在办理备案手续时，应当向设备备案机关提交以下资料：

(一) 产权单位法人营业执照副本；

(二) 特种设备制造许可证；

(三) 产品合格证；

（四）制造监督检验证明；

（五）建筑起重机械设备购销合同、发票或相应有效凭证；

（六）设备备案机关规定的其他资料。

所有资料复印件应当加盖产权单位公章。

第七条 设备备案机关应当自收到产权单位提交的备案资料之日起 7 个工作日内，对符合备案条件且资料齐全的建筑起重机械进行编号，向产权单位核发建筑起重机械备案证明。

建筑起重机械备案编号规则见附件一。

第八条 有下列情形之一的建筑起重机械，设备备案机关不予备案，并通知产权单位：

（一）属国家和地方明令淘汰或者禁止使用的；

（二）超过制造厂家或者安全技术标准规定的使用年限的；

（三）经检验达不到安全技术标准规定的。

第九条 起重机械产权单位变更时，原产权单位应当持建筑起重机械备案证明到设备备案机关办理备案注销手续。设备备案机关应当收回其建筑起重机械备案证明。

原产权单位应当将建筑起重机械的安全技术档案移交给现产权单位。

现产权单位应当按照本办法办理建筑起重机械备案手续。

第十条 建筑起重机械属于本办法第八条情形之一的，产权单位应当及时采取解体等销毁措施予以报废，并向设备备案机关办理备案注销手续。

第十一条 从事建筑起重机械安装、拆卸活动的单位（以下简称“安装单位”）办理建筑起重机械安装（拆卸）告知手续前，应当将以下资料报送施工总承包单位、监理单位审核：

（一）建筑起重机械备案证明；

（二）安装单位资质证书、安全生产许可证副本；

（三）安装单位特种作业人员证书；

（四）建筑起重机械安装（拆卸）工程专项施工方案；

（五）安装单位与使用单位签订的安装（拆卸）合同及安装单位与施工总承包单位签订的安全协议书；

（六）安装单位负责建筑起重机械安装（拆卸）工程专职安全生产管理人员、专业技术人员名单；

（七）建筑起重机械安装（拆卸）工程生产安全事故应急救援预案；

（八）辅助起重机械资料及其特种作业人员证书；

（九）施工总承包单位、监理单位要求的其他资料。

第十二条 施工总承包单位、监理单位应当在收到安装单位提交的齐全有效的资料之日起 2 个工作日内审核完毕并签署意见。

第十三条 安装单位应当在建筑起重机械安装(拆卸)前 2 个工作日内通过书面形式、传真或者计算机信息系统告知工程所在地县级以上地方人民政府建设主管部门，同时按规定提交经施工总承包单位、监理单位审核合格的有关资料。

第十四条 建筑起重机械使用单位在建筑起重机械安装验收合格之日起 30 日内，向工程所在地县级以上地方人民政府建设主管部门(以下简称“使用登记机关”)办理使用登记。

第十五条 使用单位在办理建筑起重机械使用登记时，应当向使用登记机关提交下列资料：

(一) 建筑起重机械备案证明；

(二) 建筑起重机械租赁合同；

(三) 建筑起重机械检验检测报告和安装验收资料；

(四) 使用单位特种作业人员资格证书；

(五) 建筑起重机械维护保养等管理制度；

(六) 建筑起重机械生产安全事故应急救援预案；

(七) 使用登记机关规定的其他资料。

第十六条 使用登记机关应当自收到使用单位提交的资料之日起 7 个工作日内，对于符合登记条件且资料齐全的建筑起重机械核发建筑起重机械使用登记证明。

第十七条 有下列情形之一的建筑起重机械，使用登记机关不予使用登记并有权责令使用单位立即停止使用或者拆除：

(一) 属于本办法第八条情形之一的；

(二) 未经检验检测或者经检验检测不合格的；

(三) 未经安装验收或者经安装验收不合格的。

第十八条 使用登记机关应当在安装单位办理建筑起重机械拆卸告知手续时，注销建筑起重机械使用登记证明。

第十九条 建筑起重机械实行年度统计上报制度。省、自治区、直辖市人民政府建设主管部门应当在每年年底将本地区建筑起重机械备案登记情况汇总后上报国务院建设主管部门。

建筑起重机械备案登记汇总表见附件二。

第二十条 县级以上地方人民政府建设主管部门应当对施工现场的建筑起重机械备案登记情况进行监督检查。

第二十一条 省级以上人民政府建设主管部门应当按照有关规定及时公布限制或禁止使用的建筑起重机械。

第二十二条 出租、安装、使用单位未按规定办理建筑起重机械备案、安装(拆卸)告知、使用登记及注销手续的，由建设主管部门依照有关法规和规章进行处罚。

第二十三条 省、自治区、直辖市人民政府建设主管部门可结合本地区实际制定实施细则。

第二十四条 本办法自2008年6月1日起施行。

附件一：建筑起重机械备案编号规则

附件二：建筑起重机械备案登记汇总表

附件一

建筑起重机械备案编号规则

1. 建筑起重机械备案编号：

XXX-X XXXXX

(1) (2) (3)

其中：

(1)起重机械备案属地代号——第一位“X”表示省(区)的简称；第二位“X”为设区市的英文字母代号；第三位“X”为区、市(县)的英文字母代号。设区市的代号以及区、市(县)的代号，由各省(区)自行确定。

(2)起重机械规格型号——“X”表示起重机械类别英文字母代号(代号对照表见表A)。

(3)起重机械备案序号——“XXXXX”表示五位阿拉伯数字备案序号，由区、市(县)从00001开始编号。

2. 示例：苏AB-T00001

表示：江苏A市B县进行起重机械备案的一台塔式起重机，备案序号为00001号。

3. 代号对照表表A

类别	塔式起重机	施工升降机 (不含物料提升机)	物料提升机	其他 起重机械
代号	T	S	W	由各地自定

附件二

建筑起重机械备案登记汇总表

________省(章)：　　　　　　　　　　　　填表日期：___年___月___日

类别	本年度核发建筑起重机械备案证数量	本年度注销建筑起重机械备案证数量	本年度核发使用登记证数量	本年度注销使用登记证数量
塔式起重机				
施工升降机（不含物料提升机）				
物料提升机				
其他起重机械				
合　　计				

关于印发《进一步规范房屋建筑和市政工程生产安全事故报告和调查处理工作的若干意见》的通知

建质〔2007〕257 号

各省、自治区建设厅，直辖市建委，江苏省、山东省建管局，新疆生产建设兵团建设局：

为贯彻落实《生产安全事故报告和调查处理条例》（国务院令第 493 号），规范房屋建筑和市政工程生产安全事故报告和调查处理工作，我们制定了《关于进一步规范房屋建筑和市政工程生产安全事故报告和调查处理工作的若干意见》，现印发给你们，请认真贯彻执行。

中华人民共和国建设部

2007 年 11 月 9 日

关于进一步规范房屋建筑和市政工程生产安全事故报告和调查处理工作的若干意见

为认真贯彻落实《生产安全事故报告和调查处理条例》（国务院令第 493 号，以下简称《条例》），规范房屋建筑和市政工程生产安全事故报告和调查处理工作，现提出如下意见：

一、事故等级划分

（一）特别重大事故，是指造成 30 人以上死亡，或者 100 人以上重伤，或者 1 亿元以上直接经济损失的事故；

（二）重大事故，是指造成 10 人以上 30 人以下死亡，或者 50 人以上 100 人以下重伤，或者 5000 万元以上 1 亿元以下直接经济损失的事故；

（三）较大事故，是指造成 3 人以上 10 人以下死亡，或者 10 人以上 50 人以下重伤，或者 1000 万元以上 5000 万元以下直接经济损失的事故；

（四）一般事故，是指造成 3 人以下死亡，或者 10 人以下重伤，或者 1000 万元以下 100 万元以上直接经济损失的事故。

本等级划分所称的“以上”包括本数，所称的“以下”不包括本数。

二、事故报告

（一）施工单位事故报告要求

事故发生后，事故现场有关人员应当立即向施工单位负责人报告；施工单位负责人接到报告后，应当于1小时内向事故发生地县级以上人民政府建设主管部门和有关部门报告。

情况紧急时，事故现场有关人员可以直接向事故发生地县级以上人民政府建设主管部门和有关部门报告。

实行施工总承包的建设工程，由总承包单位负责上报事故。

（二）建设主管部门事故报告要求

1. 建设主管部门接到事故报告后，应当依照下列规定上报事故情况，并通知安全生产监督管理部门、公安机关、劳动保障行政主管部门、工会和人民检察院：

（1）较大事故、重大事故及特别重大事故逐级上报至国务院建设主管部门；

（2）一般事故逐级上报至省、自治区、直辖市人民政府建设主管部门；

（3）建设主管部门依照本条规定上报事故情况，应当同时报告本级人民政府。国务院建设主管部门接到重大事故和特别重大事故的报告后，应当立即报告国务院。

必要时，建设主管部门可以越级上报事故情况。

2. 建设主管部门按照本规定逐级上报事故情况时，每级上报的时间不得超过2小时。

3. 事故报告内容：

（1）事故发生的时间、地点和工程项目、有关单位名称；

（2）事故的简要经过；

（3）事故已经造成或者可能造成的伤亡人数（包括下落不明的人数）和初步估计的直接经济损失；

（4）事故的初步原因；

（5）事故发生后采取的措施及事故控制情况；

（6）事故报告单位或报告人员；

（7）其他应当报告的情况。

4. 事故报告后出现新情况，以及事故发生之日起30日内伤亡人数发生变化的，应当及时补报。

三、事故调查

（一）建设主管部门应当按照有关人民政府的授权或委托组织事故调查组对事故进行调查，并履行下列职责：

1. 核实事故项目基本情况，包括项目履行法定建设程序情况、参与项目建设活动各方主体履行职责的情况；

2. 查明事故发生的经过、原因、人员伤亡及直接经济损失，并依据国家有关法律法规和技术标准分析事故的直接原因和间接原因；

3. 认定事故的性质，明确事故责任单位和责任人员在事故中的责任；

4. 依照国家有关法律法规对事故的责任单位和责任人员提出处理建议；

5. 总结事故教训，提出防范和整改措施；

6. 提交事故调查报告。

（二）事故调查报告应当包括下列内容：

1. 事故发生单位概况；

2. 事故发生经过和事故救援情况；

3. 事故造成的人员伤亡和直接经济损失；

4. 事故发生的原因和事故性质；

5. 事故责任的认定和对事故责任者的处理建议；

6. 事故防范和整改措施。

事故调查报告应当附具有关证据材料，事故调查组成员应当在事故调查报告上签名。

四、事故处理

（一）建设主管部门应当依据有关人民政府对事故的批复和有关法律法规的规定，对事故相关责任者实施行政处罚。处罚权限不属本级建设主管部门的，应当在收到事故调查报告批复后 15 个工作日内，将事故调查报告（附具有关证据材料）、结案批复、本级建设主管部门对有关责任者的处理建议等转送有权限的建设主管部门。

（二）建设主管部门应当依照有关法律法规的规定，对因降低安全生产条件导致事故发生的施工单位给予暂扣或吊销安全生产许可证的处罚；对事故负有责任的相关单位给予罚款、停业整顿、降低资质等级或吊销资质证书的处罚。

（三）建设主管部门应当依照有关法律法规的规定，对事故发生负有责任的注册执业资格人员给予罚款、停止执业或吊销其注册执业资格证书的处罚。

五、事故统计

（一）建设主管部门除按上述规定上报生产安全事故外，还应当按照有关规定将一般及以上生产安全事故通过《建设系统安全事故和自然灾害快报系统》上报至国务院建设主管部门。

（二）对于经调查认定为非生产安全事故的，建设主管部门应在事故性质认定后 10 个工作日内将有关材料报上一级建设主管部门。

六、其他要求

事故发生地的建设主管部门接到事故报告后，其负责人应立即赶赴事故现场，组织事故救援。

发生一般及以上事故或领导对事故有批示要求的，设区的市级建设主管部门应派员赶赴现场了解事故有关情况。

发生较大及以上事故或领导对事故有批示要求的，省、自治区建设厅，直辖市建委应派员赶赴现场了解事故有关情况。

发生重大及以上事故或领导对事故有批示要求的，国务院建设主管部门应根据相关规定派员赶赴现场了解事故有关情况。

七、各地区可以根据本地实际情况制定实施细则

关于印发《建筑施工人员个人劳动保护用品使用管理暂行规定》的通知

建质〔2007〕255号

各省、自治区建设厅，直辖市建委，江苏省、山东省建管局，新疆生产建设兵团建设局：

现将《建筑施工人员个人劳动保护用品使用管理暂行规定》印发给你们，请结合本地区实际，认真贯彻执行。

中华人民共和国建设部

2007年11月5日

建筑施工人员个人劳动保护用品使用管理暂行规定

第一条 为加强对建筑施工人员个人劳动保护用品的使用管理，保障施工作业人员安全与健康，根据《中华人民共和国建筑法》、《建设工程安全生产管理条例》、《安全生产许可证条例》等法律法规，制定本规定。

第二条 本规定所称个人劳动保护用品，是指在建筑施工现场，从事建筑施工活动的人员使用的安全帽、安全带以及安全(绝缘)鞋、防护眼镜、防护手套、防尘(毒)口罩等个人劳动保护用品(以下简称"劳动保护用品")。

第三条 凡从事建筑施工活动的企业和个人，劳动保护用品的采购、发放、使用、管理等必须遵守本规定。

第四条 劳动保护用品的发放和管理，坚持"谁用工，谁负责"的原则。施工作业人员所在企业(包括总承包企业、专业承包企业、劳务企业等，下同)必须按国家规定免费发放劳动保护用品，更换已损坏或已到使用期限的劳动保护用品，不得收取或变相收取任何费用。

劳动保护用品必须以实物形式发放，不得以货币或其他物品替代。

第五条 企业应建立完善劳动保护用品的采购、验收、保管、发放、使用、更换、报废等规章制度。同时应建立相应的管理台账，管理台账保存期限不得少于两年，以保证劳动保护用品的质量具有可追溯性。

第六条 企业采购个人使用的安全帽、安全带及其他劳动防护用品等，必须符合《安全帽》(GB 2811)、《安全带》(GB 6095)及其他劳动保护用品相关国家标准的要求。

企业、施工作业人员，不得采购和使用无安全标记或不符合国家相关标准要求的劳动保护用品。

第七条 企业应当按照劳动保护用品采购管理制度的要求，明确企业内部有关部门、人员的采购管理职责。企业在一个地区组织施工的，可以集中统一采购；对企业工程项目分布在多个地区，集中统一采购有困难的，可由各地区或项目部集中采购。

第八条 企业采购劳动保护用品时，应查验劳动保护用品生产厂家或供货商的生产、经营资格，验明商品合格证明和商品标识，以确保采购劳动保护用品的质量符合安全使用要求。

企业应当向劳动保护用品生产厂家或供货商索要法定检验机构出具的检验报告或由供货商签字盖章的检验报告复印件，不能提供检验报告或检验报告复印件的劳动保护用品不得采购。

第九条 企业应加强对施工作业人员的教育培训，保证施工作业人员能正确使用劳动保护用品。

工程项目部应有教育培训的记录，有培训人员和被培训人员的签名和时间。

第十条 企业应加强对施工作业人员劳动保护用品使用情况的检查，并对施工作业人员劳动保护用品的质量和正确使用负责。实行施工总承包的工程项目，施工总承包企业应加强对施工现场内所有施工作业人员劳动保护用品的监督检查。督促相关分包企业和人员正确使用劳动保护用品。

第十一条 施工作业人员有接受安全教育培训的权利，有按照工作岗位规定使用合格的劳动保护用品的权利；有拒绝违章指挥、拒绝使用不合格劳动保护用品的权利。同时，也负有正确使用劳动保护用品的义务。

第十二条 监理单位要加强对施工现场劳动保护用品的监督检查。发现有不使用、或使用不符合要求的劳动保护用品，应责令相关企业立即改正。对拒不改正的，应当向建设行政主管部门报告。

第十三条 建设单位应当及时、足额向施工企业支付安全措施专项经费，并督促施工企业落实安全防护措施，使用符合相关国家产品质量要求的劳动保护用品。

第十四条 各级建设行政主管部门应当加强对施工现场劳动保护用品使用情况的监督管理。发现有不使用、或使用不符合要求的劳动保护用品的违法违规行为的，应当责令改正；对因不使用或使用不符合要求的劳动保护用品造成事故或伤害的，应当依据《建设工程安全生产管理条例》和《安全生产许可证条例》等法律法规，对有关责任方给予行政处罚。

第十五条 各级建设行政主管部门应将企业劳动保护用品的发放、管理情况列入建筑施工企业《安全生产许可证》条件的审查内容之一；施工现场劳动保护用品的质量情况作为认定企业是否降低安全生产条件的内容之一；施工作业人员是否正确使用劳动保护用品情况作为考核企业安全生产教育培训是否到位的依据之一。

第十六条 各地建设行政主管部门可建立合格劳动保护用品的信息公告制度，为企业购买合格的劳动保护用品提供信息服务。同时依法加大对采购、使用不合格劳动保护用品的处罚力度。

第十七条 施工现场内，为保证施工作业人员安全与健康所需的其他劳动保护用品可参照本规定执行。

第十八条 各地可根据本规定，制定具体的实施办法。

第十九条 本规定自发布之日起施行。

关于落实建设工程安全生产监理责任的若干意见

建市〔2006〕248号

各省、自治区建设厅，直辖市建委，山东、江苏省建管局，新疆生产建设兵团建设局，国务院有关部门，总后基建营房部工程管理局，国资委管理的有关企业，有关行业协会：

为了认真贯彻《建设工程安全生产管理条例》(以下简称《条例》)，指导和督促工程监理单位(以下简称"监理单位")落实安全生产监理责任，做好建设工程安全生产的监理工作(以下简称"安全监理")，切实加强建设工程安全生产管理，提出如下意见：

一、建设工程安全监理的主要工作内容

监理单位应当按照法律、法规和工程建设强制性标准及监理委托合同实施监理，对所监理工程的施工安全生产进行监督检查，具体内容包括：

(一) 施工准备阶段安全监理的主要工作内容

1. 监理单位应根据《条例》的规定，按照工程建设强制性标准、《建设工程监理规范》(GB 50319)和相关行业监理规范的要求，编制包括安全监理内容的项目监理规划，明确安全监理的范围、内容、工作程序和制度措施，以及人员配备计划和职责等。

2. 对中型及以上项目和《条例》第二十六条规定的危险性较大的分部分项工程，监理单位应当编制监理实施细则。实施细则应当明确安全监理的方法、措施和控制要点，以及对施工单位安全技术措施的检查方案。

3. 审查施工单位编制的施工组织设计中的安全技术措施和危险性较大的分部分项工程安全专项施工方案是否符合工程建设强制性标准要求。审查的主要内容应当包括：

(1) 施工单位编制的地下管线保护措施方案是否符合强制性标准要求；

(2) 基坑支护与降水、土方开挖与边坡防护、模板、起重吊装、脚手架、拆除、爆破等分部分项工程的专项施工方案是否符合强制性标准要求；

(3) 施工现场临时用电施工组织设计或者安全用电技术措施和电气防火措施是否符合强制性标准要求；

(4) 冬季、雨季等季节性施工方案的制定是否符合强制性标准要求；

(5) 施工总平面布置图是否符合安全生产的要求，办公、宿舍、食堂、道路等临时设施设置以及排水、防火措施是否符合强制性标准要求。

4. 检查施工单位在工程项目上的安全生产规章制度和安全监管机构的建立、健全及专职安全生产管理人员配备情况，督促施工单位检查各分包单位的安全生产规章制度的建立情况。

5. 审查施工单位资质和安全生产许可证是否合法有效。

6. 审查项目经理和专职安全生产管理人员是否具备合法资格，是否与投标文件相一致。

7. 审核特种作业人员的特种作业操作资格证书是否合法有效。

8. 审核施工单位应急救援预案和安全防护措施费用使用计划。

（二）施工阶段安全监理的主要工作内容

1. 监督施工单位按照施工组织设计中的安全技术措施和专项施工方案组织施工，及时制止违规施工作业。

2. 定期巡视检查施工过程中的危险性较大工程作业情况。

3. 核查施工现场施工起重机械、整体提升脚手架、模板等自升式架设设施和安全设施的验收手续。

4. 检查施工现场各种安全标志和安全防护措施是否符合强制性标准要求，并检查安全生产费用的使用情况。

5. 督促施工单位进行安全自查工作，并对施工单位自查情况进行抽查，参加建设单位组织的安全生产专项检查。

二、建设工程安全监理的工作程序

（一）监理单位按照《建设工程监理规范》和相关行业监理规范要求，编制含有安全监理内容的监理规划和监理实施细则。

（二）在施工准备阶段，监理单位审查核验施工单位提交的有关技术文件及资料，并由项目总监在有关技术文件报审表上签署意见；审查未通过的，安全技术措施及专项施工方案不得实施。

（三）在施工阶段，监理单位应对施工现场安全生产情况进行巡视检查，对发现的各类安全事故隐患，应书面通知施工单位，并督促其立即整改；情况严重的，监理单位应及时下达工程暂停令，要求施工单位停工整改，并同时报告建设单位。安全事故隐患消除后，监理单位应检查整改结果，签署复查或复工意见。施工单位拒不整改或不停工整改的，监理单位应当及时向工程所在地建设主管部门或工程项目的行业主管部门报告，以电话形式报告的，应当有通话记录，并及时补充书面报告。检查、整改、复查、报告等情况应记载在监理日志、监理月报中。

监理单位应核查施工单位提交的施工起重机械、整体提升脚手架、模板等自升式架设设施和安全设施等验收记录，并由安全监理人员签收备案。

（四）工程竣工后，监理单位应将有关安全生产的技术文件、验收记录、监理规划、监理实施细则、监理月报、监理会议纪要及相关书面通知等按规定立卷归档。

三、建设工程安全生产的监理责任

（一）监理单位应对施工组织设计中的安全技术措施或专项施工方案进行审查，未进行审查的，监理单位应承担《条例》第五十七条规定的法律责任。

施工组织设计中的安全技术措施或专项施工方案未经监理单位审查签字认可，施工单位擅自施工的，监理单位应及时下达工程暂停令，并将情况及时书面报告建设单位。监理单位未及时下达工程暂停令并报告的，应承担《条例》第五十七条规定的法律责任。

（二）监理单位在监理巡视检查过程中，发现存在安全事故隐患的，应按照有关规定及时下达书面指令要求施工单位进行整改或停止施工。监理单位发现安全事故隐患没有及时下达书面指令要求施工单位进行整改或停止施工的，应承担《条例》第五十七条规定的法律责任。

（三）施工单位拒绝按照监理单位的要求进行整改或者停止施工的，监理单位应及时将情况向当地建设主管部门或工程项目的行业主管部门报告。监理单位没有及时报告，应承担《条例》第五十七条规定的法律责任。

（四）监理单位未依照法律、法规和工程建设强制性标准实施监理的，应当承担《条例》第五十七条规定的法律责任。

监理单位履行了上述规定的职责，施工单位未执行监理指令继续施工或发生安全事故的，应依法追究监理单位以外的其他相关单位和人员的法律责任。

四、落实安全生产监理责任的主要工作

（一）健全监理单位安全监理责任制。监理单位法定代表人应对本企业监理工程项目的安全监理全面负责。总监理工程师要对工程项目的安全监理负责，并根据工程项目特点，明确监理人员的安全监理职责。

（二）完善监理单位安全生产管理制度。在健全审查核验制度、检查验收制度和督促整改制度基础上，完善工地例会制度及资料归档制度。定期召开工地例会，针对薄弱环节，提出整改意见，并督促落实；指定专人负责监理内业资料的整理、分类及立卷归档。

（三）建立监理人员安全生产教育培训制度。监理单位的总监理工程师和安全监理人员需经安全生产教育培训后方可上岗，其教育培训情况记入个人继续教育档案。

各级建设主管部门和有关主管部门应当加强建设工程安全生产管理工作的监督检查，督促监理单位落实安全生产监理责任，对监理单位实施安全监理给予支持和指导，共同督促施工单位加强安全生产管理，防止安全事故的发生。

中华人民共和国建设部

2006 年 10 月 16 日

关于开展建筑施工安全质量标准化工作的指导意见

建质〔2005〕232 号

各省、自治区建设厅，直辖市建委，江苏省、山东省建管局，新疆生产建设兵团建设局：

为贯彻落实《国务院关于进一步加强安全生产工作的决定》(国发〔2004〕2号)，加强基层和基础工作，实现建筑施工安全的标准化、规范化，促使建筑施工企业建立起自我约束、持续改进的安全生产长效机制，推动我国建筑安全生产状况的根本好转，促进建筑业健康有序发展，现就开展建筑施工安全质量标准化工作提出以下指导意见：

一、指导思想和工作目标

指导思想：以“三个代表”重要思想为指导，以科学发展观统领安全生产工作，坚持安全第一、预防为主的方针，加强领导，大力推进建筑施工安全生产法规、标准的贯彻实施。以对企业和施工现场的综合评价为基本手段，规范企业安全生产行为，落实企业安全主体责任，全面实现建筑施工企业及施工现场的安全生产工作标准化。统筹规划、分步实施、树立典型、以点带面，稳步推进建筑施工安全质量标准化工作。

工作目标：通过在建筑施工企业及其施工现场推行标准化管理，实现企业市场行为的规范化、安全管理流程的程序化、场容场貌的秩序化和施工现场安全防护的标准化，促进企业建立运转有效的自我保障体系。目标实施分 2006 年至 2008 年和 2009 年至 2010 年两个阶段。

建筑施工企业的安全生产工作按照《施工企业安全生产评价标准》(JGJ/T 77—2003)及有关规定进行评定。2008 年底，建筑施工企业的安全生产工作要全部达到“基本合格”，特级、一级企业的“合格”率应达到 100%；二级企业的“合格”率应达到 70%以上；三级企业及其他施工企业的“合格”率应达到 50%以上。2010 年底，建筑施工企业的“合格”率应达到 100%。

建筑施工企业的施工现场按照《建筑施工安全检查标准》(JGJ 59-99)及有关规定进行评定。2008 年底，建筑施工企业的施工现场要全部达到“合格”，特级企业施工现场的“优良”率应达到 90%；一级企业施工现场的“优良”率应达到 70%；二级企业施工现场的“优良”率应达到 50%；三级企业及其他各类企业施工现场的“优良”率应达到 30%。2010 年底，特级、一级企业施工现场的“优良”率应达到100%；二级企业施工现场的“优良”率应达到80%；三级企业及其他施工企业施工现场的“优良”率应达到60%。

二、工作要求

（一）提高认识，加强领导，积极开展建筑施工安全质量标准化工作

建筑施工安全质量标准化工作是加强建筑施工安全生产工作的一项基础性、长期性的工作，是新形势下安全生产工作方式方法的创新和发展。各地建设行政主管部门要在借鉴以往开展创建文明工地和安全达标活动经验的基础上，督促施工企业在各环节、各岗位建立严格的安全生产责任制，依法规范施工企业市场行为，使安全生产各项法律法规和强制性标准真正落到实处，提升建筑施工企业安全水平。各地要从落实科学发展观和构建和谐社会的高度，充分认识开展建筑施工安全质量标准化工作的重要性，加强组织领导，认真做好安全质量标准化工作的舆论宣传及先进经验的总结和推广等工作，积极推动安全质量标准化工作的开展。

（二）采取有效措施，确保安全质量标准化工作取得实效

各地建设行政主管部门要抓紧制定符合本地区建筑安全生产实际情况的安全质量标准化实施办法，进一步细化工作目标，建立包括有关建设行政主管部门、协会、企业及相关媒体参加的工作指导小组，指导建筑施工企业及其施工现场开展安全质量标准化工作。要改进监管方式，从注重工程实体安全防护的检查，向加强对企业安全自保体系建立和运转情况的检查拓展和深化，促进企业不断查找管理缺陷，堵塞管理漏洞，形成“执行-检查-改进-提高”的封闭循环链，形成制度不断完善、工作不断细化、程序不断优化的持续改进机制，提高施工企业自我防范意识和防范能力，实现建筑施工安全规范化、标准化。

（三）建立激励机制，进一步提高施工企业开展安全质量标准化工作的积极性和主动性

各地建设行政主管部门要建立激励机制，加强监督检查，定期对本地区施工企业开展安全质量标准化工作情况进行通报，对成绩突出的施工企业和施工现场给予表彰，树立一批安全质量标准化“示范工程”，充分发挥典型示范引路的作用，以点带面，带动本地区安全质量标准化工作的全面开展。

建设部将定期对各地开展安全质量标准化的情况进行综合评价，评价结果将作为评价各地安全生产管理状况的重要参考。同时，建设部将定期对各地安全质量标准化“示范工程”进行复查，对安全质量标准化工作业绩突出的地区予以表彰。

（四）坚持“四个结合”，使安全质量标准化工作与安全生产各项工作同步实施、整体推进

一是要与深入贯彻建筑安全法律法规相结合。要通过开展安全质量标准化工作，全面落实《建筑法》、《安全生产法》、《建设工程安全生产管理条例》等法律法规。要建立健全安全生产责任制，健全完善各项规章制度和操作规程，将建筑施工企业的安全质量行为纳入法律化、制度化、标准化管理的轨道。二是要与改善农民工作业、生活环境相结合。牢固树立“以人为本”的理念，将安全质量标准化工作转化为企业和项目管理人员的管理方式和管理行为，逐步改善农民工的生产作业、生活环境，不断增强农民工的安全生产意识。三是要与加大对安全科技创新和安全技术改造的投入相结合，把安全生产真正建立在依靠科技进步的基础之上。要积极推广应用先进的安全科学技术，在施工中积极采用新技术、新设备、新工艺和新材料，逐步淘汰落后的、危及安全的设施、设备和施工技术。四是要与提高农民工职业技能素质相结合。引导企业加强对农民工的安全技术知识培训，提高建筑业从业人员的整体素质，加强对作业人员特别是班组长等业务骨干的培训，通过知识讲座、技术比武、岗位练兵等多种形式，把对从业人员的职业技能、职业素养、行为规范等要求贯穿于标准化的全过程，促使农民工向现代产业工人过渡。

请各地结合实际，认真贯彻本指导意见。

中华人民共和国建设部

2005 年 12 月 22 日

建设部关于印发《建筑业企业职工安全培训教育暂行规定》的通知

建教〔1997〕83号

各省、自治区、直辖市建委(建设厅)，山东省、江苏省建管局，各计划单列市建委，新疆生产建设兵团，中建总公司，国务院有关部门：

现将《建筑业企业职工安全培训教育暂行规定》印发给你们，请遵照执行。

建设部

1997年5月4日

建筑业企业职工安全培训教育暂行规定

第一章　总　　则

第一条　为贯彻安全第一、预防为主的方针，加强建筑业企业职工安全培训教育工作，增强职工的安全意识和安全防护能力，减少伤亡事故的发生，制定本暂行规定。

第二条　建筑业企业职工必须定期接受安全培训教育，坚持先培训、后上岗的制度。

第三条　本暂行规定适用于所有在中华人民共和国境内从事工程建设的建筑业企业。

第四条　建设部主管全国建筑业企业职工安全培训教育工作。

国务院有关专业部门负责所属建筑业企业职工的安全培训教育工作。其所属企业的安全培训教育工作，还应当接受企业所在地建设行政主管部门及其所属建筑安全监督管理机构的指导和监督。

县级以上地方人民政府建设行政主管部门负责本行政区域内建筑业企业职工安全培训教育管理工作。

第二章　培训对象、时间和内容

第五条　建筑业企业职工每年必须接受一次专门的安全培训。

(一) 企业法定代表人、项目经理每年接受安全培训的时间，不得少于30

学时；

（二）企业专职安全管理人员除按照建教〔1991〕522号文《建设企事业单位关键岗位持证上岗管理规定》的要求，取得岗位合格证书并持证上岗外，每年还必须接受安全专业技术业务培训，时间不得少于40学时；

（三）企业其他管理人员和技术人员每年接受安全培训的时间，不得少于20学时；

（四）企业特殊工种（包括电工、焊工、架子工、司炉工、爆破工、机械操作工、起重工、塔吊司机及指挥人员、人货两用电梯司机等）在通过专业技术培训并取得岗位操作证后，每年仍须接受有针对性的安全培训，时间不得少于20学时；

（五）企业其他职工每年接受安全培训的时间，不得少于15学时；

（六）企业待岗、转岗、换岗的职工，在重新上岗前，必须接受一次安全培训，时间不得少于20学时。

第六条 建筑业企业新进场的工人，必须接受公司、项目（或工区、工程处、施工队，下同）、班线的三级安全培训教育，经考核合格后，方能上岗。

（一）公司安全培训教育的主要内容是：国家和地方有关安全生产的方针、政策、法规、标准、规范、规程和企业的安全规章制度等。培训教育的时间不得少于15学时。

（二）项目安全培训教育的主要内容是：工地安全制度、施工现场环境、工程施工特点及可能存在的不安全因素等。培训教育的时间不得少于15学时。

（三）班组安全培训教育的主要内容是：本工种的安全操作规程、事故案例剖析、劳动纪律和岗位讲评等。培训教育的时间不得少于20学时。

第三章 安全培训教育的实施与管理

第七条 实行安全培训教育登记制度。建筑业企业必须建立职工的安全培训教育档案，没有接受安全培训教育的职工，不得在施工现场从事作业或者管理活动。

第八条 县级以上地方人民政府建设行政主管部门制订本行政区域内建筑业企业职工安全培训教育规划和年度计划，并组织实施。省、自治区、直辖市的建筑业企业职工安全培训教育规划和年度计划，应当报建设部建设教育主管部门和建筑安全主管部门备案。

国务院有关专业部门负责组织制订所属建筑业企业职工安全培训教育规划和年度计划，并组织实施。

第九条 有条件的大中型建筑业企业，经企业所在地的建设行政主管部门或者授权所属的建筑安全监督管理机构审核确认后，可以对本企业的职工进行安全培训工作，并接受企业所在地的建设行政主管部门或者建筑安全监督管理机构的指导和监督。其他建筑业企业职工的安全培训工作，由企业所在地的建设行政主管部门或者建筑安全监督管理机构负责组织。

建筑业企业法定代表人、项目经理的安全培训工作，由企业所在地的建设行政主管部门或者建筑安全监督管理机构负责组织。

第十条 实行总分包的工程项目，总包单位要负责统一管理分包单位的职工安全培训教育工作。分包单位要服从总包单位的统一管理。

第十一条 从事建筑业企业职工安全培训工作的人员，应当具备下列条件：

（一）具有中级以上专业技术职称；

（二）有五年以上施工现场经验或者从事建筑安全教学、法规等方面工作五年以上的人员；

（三）经建筑安全师资培训合格，并获得培训资格证书。

第十二条 建筑业企业职工的安全培训，应当使用经建设部主管部门和建筑安全主管部门统一审定的培训大纲和教材。

第十三条 建筑业企业职工的安全培训教育经费，从企业职工教育经费中列支。

第四章 附 则

第十四条 本暂行规定自发布之日起施行。

第五篇

油气资产及反恐防范类

中华人民共和国主席令

第 36 号

《中华人民共和国反恐怖主义法》已由中华人民共和国第十二届全国人民代表大会常务委员会第十八次会议于 2015 年 12 月 27 日通过，现予公布，自 2016 年 1 月 1 日起施行。

中华人民共和国主席　习近平

2015 年 12 月 27 日

中华人民共和国反恐怖主义法

目　　录

第一章　总　　则

第一条　为了防范和惩治恐怖活动，加强反恐怖主义工作，维护国家安全、公共安全和人民生命财产安全，根据宪法，制定本法。

第二条　国家反对一切形式的恐怖主义，依法取缔恐怖活动组织，对任何组织、策划、准备实施、实施恐怖活动，宣扬恐怖主义，煽动实施恐怖活动，组织、领导、参加恐怖活动组织，为恐怖活动提供帮助的，依法追究法律责任。

国家不向任何恐怖活动组织和人员作出妥协，不向任何恐怖活动人员提供庇护或者给予难民地位。

第三条 本法所称恐怖主义，是指通过暴力、破坏、恐吓等手段，制造社会恐慌、危害公共安全、侵犯人身财产，或者胁迫国家机关、国际组织，以实现其政治、意识形态等目的的主张和行为。

本法所称恐怖活动，是指恐怖主义性质的下列行为：

（一）组织、策划、准备实施、实施造成或者意图造成人员伤亡、重大财产损失、公共设施损坏、社会秩序混乱等严重社会危害的活动的；

（二）宣扬恐怖主义，煽动实施恐怖活动，或者非法持有宣扬恐怖主义的物品，强制他人在公共场所穿戴宣扬恐怖主义的服饰、标志的；

（三）组织、领导、参加恐怖活动组织的；

（四）为恐怖活动组织、恐怖活动人员、实施恐怖活动或者恐怖活动培训提供信息、资金、物资、劳务、技术、场所等支持、协助、便利的；

（五）其他恐怖活动。

本法所称恐怖活动组织，是指三人以上为实施恐怖活动而组成的犯罪组织。

本法所称恐怖活动人员，是指实施恐怖活动的人和恐怖活动组织的成员。

本法所称恐怖事件，是指正在发生或者已经发生的造成或者可能造成重大社会危害的恐怖活动。

第四条 国家将反恐怖主义纳入国家安全战略，综合施策，标本兼治，加强反恐怖主义的能力建设，运用政治、经济、法律、文化、教育、外交、军事等手段，开展反恐怖主义工作。

国家反对一切形式的以歪曲宗教教义或者其他方法煽动仇恨、煽动歧视、鼓吹暴力等极端主义，消除恐怖主义的思想基础。

第五条 反恐怖主义工作坚持专门工作与群众路线相结合，防范为主、惩防结合和先发制敌、保持主动的原则。

第六条 反恐怖主义工作应当依法进行，尊重和保障人权，维护公民和组织的合法权益。

在反恐怖主义工作中，应当尊重公民的宗教信仰自由和民族风俗习惯，禁止任何基于地域、民族、宗教等理由的歧视性做法。

第七条 国家设立反恐怖主义工作领导机构，统一领导和指挥全国反恐怖主义工作。

设区的市级以上地方人民政府设立反恐怖主义工作领导机构，县级人民政府根据需要设立反恐怖主义工作领导机构，在上级反恐怖主义工作领导机构的领导和指挥下，负责本地区反恐怖主义工作。

第八条 公安机关、国家安全机关和人民检察院、人民法院、司法行政机关以及其他有关国家机关，应当根据分工，实行工作责任制，依法做好反恐怖主义工作。

中国人民解放军、中国人民武装警察部队和民兵组织依照本法和其他有关法律、行政法规、军事法规以及国务院、中央军事委员会的命令，并根据反恐怖主义工作领导机构的部署，防范和处置恐怖活动。

有关部门应当建立联动配合机制，依靠、动员村民委员会、居民委员会、企业事业单位、社会组织，共同开展反恐怖主义工作。

第九条 任何单位和个人都有协助、配合有关部门开展反恐怖主义工作的义务，发现恐怖活动嫌疑或者恐怖活动嫌疑人员的，应当及时向公安机关或者有关部门报告。

第十条 对举报恐怖活动或者协助防范、制止恐怖活动有突出贡献的单位和个人，以及在反恐怖主义工作中作出其他突出贡献的单位和个人，按照国家有关规定给予表彰、奖励。

第十一条 对在中华人民共和国领域外对中华人民共和国国家、公民或者机构实施的恐怖活动犯罪，或者实施的中华人民共和国缔结、参加的国际条约所规定的恐怖活动犯罪，中华人民共和国行使刑事管辖权，依法追究刑事责任。

第二章 恐怖活动组织和人员的认定

第十二条 国家反恐怖主义工作领导机构根据本法第三条的规定，认定恐怖活动组织和人员，由国家反恐怖主义工作领导机构的办事机构予以公告。

第十三条 国务院公安部门、国家安全部门、外交部门和省级反恐怖主义工作领导机构对于需要认定恐怖活动组织和人员的，应当向国家反恐怖主义工作领导机构提出申请。

第十四条 金融机构和特定非金融机构对国家反恐怖主义工作领导机构的办事机构公告的恐怖活动组织和人员的资金或者其他资产，应当立即予以冻结，并按照规定及时向国务院公安部门、国家安全部门和反洗钱行政主管部门报告。

第十五条 被认定的恐怖活动组织和人员对认定不服的，可以通过国家反恐怖主义工作领导机构的办事机构申请复核。国家反恐怖主义工作领导机构应当及时进行复核，作出维持或者撤销认定的决定。复核决定为最终决定。

国家反恐怖主义工作领导机构作出撤销认定的决定的，由国家反恐怖主义工作领导机构的办事机构予以公告；资金、资产已被冻结的，应当解除冻结。

第十六条 根据刑事诉讼法的规定，有管辖权的中级以上人民法院在审判刑事案件的过程中，可以依法认定恐怖活动组织和人员。对于在判决生效后需要由国家反恐怖主义工作领导机构的办事机构予以公告的，适用本章的有关规定。

第三章　安全防范

第十七条　各级人民政府和有关部门应当组织开展反恐怖主义宣传教育，提高公民的反恐怖主义意识。

教育、人力资源行政主管部门和学校、有关职业培训机构应当将恐怖活动预防、应急知识纳入教育、教学、培训的内容。

新闻、广播、电视、文化、宗教、互联网等有关单位，应当有针对性地面向社会进行反恐怖主义宣传教育。

村民委员会、居民委员会应当协助人民政府以及有关部门，加强反恐怖主义宣传教育。

第十八条　电信业务经营者、互联网服务提供者应当为公安机关、国家安全机关依法进行防范、调查恐怖活动提供技术接口和解密等技术支持和协助。

第十九条　电信业务经营者、互联网服务提供者应当依照法律、行政法规规定，落实网络安全、信息内容监督制度和安全技术防范措施，防止含有恐怖主义、极端主义内容的信息传播；发现含有恐怖主义、极端主义内容的信息的，应当立即停止传输，保存相关记录，删除相关信息，并向公安机关或者有关部门报告。

网信、电信、公安、国家安全等主管部门对含有恐怖主义、极端主义内容的信息，应当按照职责分工，及时责令有关单位停止传输、删除相关信息，或者关闭相关网站、关停相关服务。有关单位应当立即执行，并保存相关记录，协助进行调查。对互联网上跨境传输的含有恐怖主义、极端主义内容的信息，电信主管部门应当采取技术措施，阻断传播。

第二十条　铁路、公路、水上、航空的货运和邮政、快递等物流运营单位应当实行安全查验制度，对客户身份进行查验，依照规定对运输、寄递物品进行安全检查或者开封验视。对禁止运输、寄递，存在重大安全隐患，或者客户拒绝安全查验的物品，不得运输、寄递。

前款规定的物流运营单位，应当实行运输、寄递客户身份、物品信息登记制度。

第二十一条　电信、互联网、金融、住宿、长途客运、机动车租赁等业务经营者、服务提供者，应当对客户身份进行查验。对身份不明或者拒绝身份查验的，不得提供服务。

第二十二条　生产和进口单位应当依照规定对枪支等武器、弹药、管制器具、危险化学品、民用爆炸物品、核与放射物品作出电子追踪标识，对民用爆炸物品添加安检示踪标识物。

运输单位应当依照规定对运营中的危险化学品、民用爆炸物品、核与放射物品的运输工具通过定位系统实行监控。

有关单位应当依照规定对传染病病原体等物质实行严格的监督管理，严密防范传染病病原体等物质扩散或者流入非法渠道。

对管制器具、危险化学品、民用爆炸物品，国务院有关主管部门或者省级人民政府根据需要，在特定区域、特定时间，可以决定对生产、进出口、运输、销售、使用、报废实施管制，可以禁止使用现金、实物进行交易或者对交易活动作出其他限制。

第二十三条 发生枪支等武器、弹药、危险化学品、民用爆炸物品、核与放射物品、传染病病原体等物质被盗、被抢、丢失或者其他流失的情形，案发单位应当立即采取必要的控制措施，并立即向公安机关报告，同时依照规定向有关主管部门报告。公安机关接到报告后，应当及时开展调查。有关主管部门应当配合公安机关开展工作。

任何单位和个人不得非法制作、生产、储存、运输、进出口、销售、提供、购买、使用、持有、报废、销毁前款规定的物品。公安机关发现的，应当予以扣押；其他主管部门发现的，应当予以扣押，并立即通报公安机关；其他单位、个人发现的，应当立即向公安机关报告。

第二十四条 国务院反洗钱行政主管部门、国务院有关部门、机构依法对金融机构和特定非金融机构履行反恐怖主义融资义务的情况进行监督管理。

国务院反洗钱行政主管部门发现涉嫌恐怖主义融资的，可以依法进行调查，采取临时冻结措施。

第二十五条 审计、财政、税务等部门在依照法律、行政法规的规定对有关单位实施监督检查的过程中，发现资金流入流出涉嫌恐怖主义融资的，应当及时通报公安机关。

第二十六条 海关在对进出境人员携带现金和无记名有价证券实施监管的过程中，发现涉嫌恐怖主义融资的，应当立即通报国务院反洗钱行政主管部门和有管辖权的公安机关。

第二十七条 地方各级人民政府制定、组织实施城乡规划，应当符合反恐怖主义工作的需要。

地方各级人民政府应当根据需要，组织、督促有关建设单位在主要道路、交通枢纽、城市公共区域的重点部位，配备、安装公共安全视频图像信息系统等防范恐怖袭击的技防、物防设备、设施。

第二十八条 公安机关和有关部门对宣扬极端主义，利用极端主义危害公共安全、扰乱公共秩序、侵犯人身财产、妨害社会管理的，应当及时予以制止，依法追究法律责任。

公安机关发现极端主义活动的，应当责令立即停止，将有关人员强行带离现场并登记身份信息，对有关物品、资料予以收缴，对非法活动场所予以查封。

任何单位和个人发现宣扬极端主义的物品、资料、信息的，应当立即向公安机关报告。

第二十九条 对被教唆、胁迫、引诱参与恐怖活动、极端主义活动，或者参与恐怖活动、极端主义活动情节轻微，尚不构成犯罪的人员，公安机关应当组织有关部门、村民委员会、居民委员会、所在单位、就读学校、家庭和监护人对其进行帮教。

监狱、看守所、社区矫正机构应当加强对服刑的恐怖活动罪犯和极端主义罪犯的管理、教育、矫正等工作。监狱、看守所对恐怖活动罪犯和极端主义罪犯，根据教育改造和维护监管秩序的需要，可以与普通刑事罪犯混合关押，也可以个别关押。

第三十条 对恐怖活动罪犯和极端主义罪犯被判处徒刑以上刑罚的，监狱、看守所应当在刑满释放前根据其犯罪性质、情节和社会危害程度，服刑期间的表现，释放后对所居住社区的影响等进行社会危险性评估。进行社会危险性评估，应当听取有关基层组织和原办案机关的意见。经评估具有社会危险性的，监狱、看守所应当向罪犯服刑地的中级人民法院提出安置教育建议，并将建议书副本抄送同级人民检察院。

罪犯服刑地的中级人民法院对于确有社会危险性的，应当在罪犯刑满释放前作出责令其在刑满释放后接受安置教育的决定。决定书副本应当抄送同级人民检察院。被决定安置教育的人员对决定不服的，可以向上一级人民法院申请复议。

安置教育由省级人民政府组织实施。安置教育机构应当每年对被安置教育人员进行评估，对于确有悔改表现，不致再危害社会的，应当及时提出解除安置教育的意见，报决定安置教育的中级人民法院作出决定。被安置教育人员有权申请解除安置教育。

人民检察院对安置教育的决定和执行实行监督。

第三十一条 公安机关应当会同有关部门，将遭受恐怖袭击的可能性较大以及遭受恐怖袭击可能造成重大的人身伤亡、财产损失或者社会影响的单位、场所、活动、设施等确定为防范恐怖袭击的重点目标，报本级反恐怖主义工作领导机构备案。

第三十二条 重点目标的管理单位应当履行下列职责：

（一）制定防范和应对处置恐怖活动的预案、措施，定期进行培训和演练；

（二）建立反恐怖主义工作专项经费保障制度，配备、更新防范和处置设备、设施；

（三）指定相关机构或者落实责任人员，明确岗位职责；

（四）实行风险评估，实时监测安全威胁，完善内部安全管理；

（五）定期向公安机关和有关部门报告防范措施落实情况。

重点目标的管理单位应当根据城乡规划、相关标准和实际需要，对重点目标同步设计、同步建设、同步运行符合本法第二十七条规定的技防、物防设备、设施。

重点目标的管理单位应当建立公共安全视频图像信息系统值班监看、信息保存使用、运行维护等管理制度，保障相关系统正常运行。采集的视频图像信息保存期限不得少于九十日。

对重点目标以外的涉及公共安全的其他单位、场所、活动、设施，其主管部门和管理单位应当依照法律、行政法规规定，建立健全安全管理制度，落实安全责任。

第三十三条 重点目标的管理单位应当对重要岗位人员进行安全背景审查。对有不适合情形的人员，应当调整工作岗位，并将有关情况通报公安机关。

第三十四条 大型活动承办单位以及重点目标的管理单位应当依照规定，对进入大型活动场所、机场、火车站、码头、城市轨道交通站、公路长途客运站、口岸等重点目标的人员、物品和交通工具进行安全检查。发现违禁品和管制物品，应当予以扣留并立即向公安机关报告；发现涉嫌违法犯罪人员，应当立即向公安机关报告。

第三十五条 对航空器、列车、船舶、城市轨道车辆、公共电汽车等公共交通运输工具，营运单位应当依照规定配备安保人员和相应设备、设施，加强安全检查和保卫工作。

第三十六条 公安机关和有关部门应当掌握重点目标的基础信息和重要动态，指导、监督重点目标的管理单位履行防范恐怖袭击的各项职责。

公安机关、中国人民武装警察部队应当依照有关规定对重点目标进行警戒、巡逻、检查。

第三十七条 飞行管制、民用航空、公安等主管部门应当按照职责分工，加强空域、航空器和飞行活动管理，严密防范针对航空器或者利用飞行活动实施的恐怖活动。

第三十八条 各级人民政府和军事机关应当在重点国（边）境地段和口岸设置拦阻隔离网、视频图像采集和防越境报警设施。

公安机关和中国人民解放军应当严密组织国（边）境巡逻，依照规定对抵离国(边)境前沿、进出国(边)境管理区和国(边)境通道、口岸的人员、交通运输工具、物品，以及沿海沿边地区的船舶进行查验。

第三十九条 出入境证件签发机关、出入境边防检查机关对恐怖活动人员和恐怖活动嫌疑人员，有权决定不准其出境入境、不予签发出境入境证件或者宣布其出境入境证件作废。

第四十条 海关、出入境边防检查机关发现恐怖活动嫌疑人员或者涉嫌恐怖活动物品的，应当依法扣留，并立即移送公安机关或者国家安全机关。

检验检疫机关发现涉嫌恐怖活动物品的，应当依法扣留，并立即移送公安机关或者国家安全机关。

第四十一条 国务院外交、公安、国家安全、发展改革、工业和信息化、商务、旅游等主管部门应当建立境外投资合作、旅游等安全风险评估制度，对中国在境外的公民以及驻外机构、设施、财产加强安全保护，防范和应对恐怖袭击。

第四十二条 驻外机构应当建立健全安全防范制度和应对处置预案，加强对有关人员、设施、财产的安全保护。

第四章 情报信息

第四十三条 国家反恐怖主义工作领导机构建立国家反恐怖主义情报中心，实行跨部门、跨地区情报信息工作机制，统筹反恐怖主义情报信息工作。

有关部门应当加强反恐怖主义情报信息搜集工作，对搜集的有关线索、人员、行动类情报信息，应当依照规定及时统一归口报送国家反恐怖主义情报中心。

地方反恐怖主义工作领导机构应当建立跨部门情报信息工作机制，组织开展反恐怖主义情报信息工作，对重要的情报信息，应当及时向上级反恐怖主义工作领导机构报告，对涉及其他地方的紧急情报信息，应当及时通报相关地方。

第四十四条 公安机关、国家安全机关和有关部门应当依靠群众，加强基层基础工作，建立基层情报信息工作力量，提高反恐怖主义情报信息工作能力。

第四十五条 公安机关、国家安全机关、军事机关在其职责范围内，因反恐怖主义情报信息工作的需要，根据国家有关规定，经过严格的批准手续，可以采取技术侦察措施。

依照前款规定获取的材料，只能用于反恐怖主义应对处置和对恐怖活动犯罪、极端主义犯罪的侦查、起诉和审判，不得用于其他用途。

第四十六条 有关部门对于在本法第三章规定的安全防范工作中获取的信息，应当根据国家反恐怖主义情报中心的要求，及时提供。

第四十七条 国家反恐怖主义情报中心、地方反恐怖主义工作领导机构以及公安机关等有关部门应当对有关情报信息进行筛查、研判、核查、监控，认为有发生恐怖事件危险，需要采取相应的安全防范、应对处置措施的，应当及时通报有关部门和单位，并可以根据情况发出预警。有关部门和单位应当根据通报做好安全防范、应对处置工作。

第四十八条 反恐怖主义工作领导机构、有关部门和单位、个人应当对履行反恐怖主义工作职责、义务过程中知悉的国家秘密、商业秘密和个人隐私予以保密。

违反规定泄漏国家秘密、商业秘密和个人隐私的，依法追究法律责任。

第五章 调　　查

第四十九条 公安机关接到恐怖活动嫌疑的报告或者发现恐怖活动嫌疑，需要调查核实的，应当迅速进行调查。

第五十条 公安机关调查恐怖活动嫌疑，可以依照有关法律规定对嫌疑人员进行盘问、检查、传唤，可以提取或者采集肖像、指纹、虹膜图像等人体生物识别信息和血液、尿液、脱落细胞等生物样本，并留存其签名。

公安机关调查恐怖活动嫌疑，可以通知了解有关情况的人员到公安机关或者其他地点接受询问。

第五十一条 公安机关调查恐怖活动嫌疑，有权向有关单位和个人收集、调取相关信息和材料。有关单位和个人应当如实提供。

第五十二条 公安机关调查恐怖活动嫌疑，经县级以上公安机关负责人批准，可以查询嫌疑人员的存款、汇款、债券、股票、基金份额等财产，可以采取查封、扣押、冻结措施。查封、扣押、冻结的期限不得超过二个月，情况复杂的，可以经上一级公安机关负责人批准延长一个月。

第五十三条 公安机关调查恐怖活动嫌疑，经县级以上公安机关负责人批准，可以根据其危险程度，责令恐怖活动嫌疑人员遵守下列一项或者多项约束措施：

（一）未经公安机关批准不得离开所居住的市、县或者指定的处所；

（二）不得参加大型群众性活动或者从事特定的活动；

（三）未经公安机关批准不得乘坐公共交通工具或者进入特定的场所；

（四）不得与特定的人员会见或者通信；

（五）定期向公安机关报告活动情况；

（六）将护照等出入境证件、身份证件、驾驶证件交公安机关保存。

公安机关可以采取电子监控、不定期检查等方式对其遵守约束措施的情况进行监督。

采取前两款规定的约束措施的期限不得超过三个月。对不需要继续采取约束措施的，应当及时解除。

第五十四条 公安机关经调查，发现犯罪事实或者犯罪嫌疑人的，应当依照刑事诉讼法的规定立案侦查。本章规定的有关期限届满，公安机关未立案侦查的，应当解除有关措施。

第六章 应对处置

第五十五条 国家建立健全恐怖事件应对处置预案体系。

国家反恐怖主义工作领导机构应当针对恐怖事件的规律、特点和可能造成的社会危害，分级、分类制定国家应对处置预案，具体规定恐怖事件应对处置的组织指挥体系和恐怖事件安全防范、应对处置程序以及事后社会秩序恢复等内容。

有关部门、地方反恐怖主义工作领导机构应当制定相应的应对处置预案。

第五十六条 应对处置恐怖事件，各级反恐怖主义工作领导机构应当成立由有关部门参加的指挥机构，实行指挥长负责制。反恐怖主义工作领导机构负责人可以担任指挥长，也可以确定公安机关负责人或者反恐怖主义工作领导机构的其他成员单位负责人担任指挥长。

跨省、自治区、直辖市发生的恐怖事件或者特别重大恐怖事件的应对处置，由国家反恐怖主义工作领导机构负责指挥；在省、自治区、直辖市范围内发生的涉及多个行政区域的恐怖事件或者重大恐怖事件的应对处置，由省级反恐怖主义工作领导机构负责指挥。

第五十七条 恐怖事件发生后，发生地反恐怖主义工作领导机构应当立即启动恐怖事件应对处置预案，确定指挥长。有关部门和中国人民解放军、中国人民武装警察部队、民兵组织，按照反恐怖主义工作领导机构和指挥长的统一领导、指挥，协同开展打击、控制、救援、救护等现场应对处置工作。

上级反恐怖主义工作领导机构可以对应对处置工作进行指导，必要时调动有关反恐怖主义力量进行支援。

需要进入紧急状态的，由全国人民代表大会常务委员会或者国务院依照宪法和其他有关法律规定的权限和程序决定。

第五十八条 发现恐怖事件或者疑似恐怖事件后，公安机关应当立即进行处置，并向反恐怖主义工作领导机构报告；中国人民解放军、中国人民武装警察部队发现正在实施恐怖活动的，应当立即予以控制并将案件及时移交公安机关。

反恐怖主义工作领导机构尚未确定指挥长的，由在场处置的公安机关职级最高的人员担任现场指挥员。公安机关未能到达现场的，由在场处置的中国人民解放军或者中国人民武装警察部队职级最高的人员担任现场指挥员。现场应对处置人员无论是否属于同一单位、系统，均应当服从现场指挥员的指挥。

指挥长确定后，现场指挥员应当向其请示、报告工作或者有关情况。

第五十九条　中华人民共和国在境外的机构、人员、重要设施遭受或者可能遭受恐怖袭击的，国务院外交、公安、国家安全、商务、金融、国有资产监督管理、旅游、交通运输等主管部门应当及时启动应对处置预案。国务院外交部门应当协调有关国家采取相应措施。

中华人民共和国在境外的机构、人员、重要设施遭受严重恐怖袭击后，经与有关国家协商同意，国家反恐怖主义工作领导机构可以组织外交、公安、国家安全等部门派出工作人员赴境外开展应对处置工作。

第六十条　应对处置恐怖事件，应当优先保护直接受到恐怖活动危害、威胁人员的人身安全。

第六十一条　恐怖事件发生后，负责应对处置的反恐怖主义工作领导机构可以决定由有关部门和单位采取下列一项或者多项应对处置措施：

（一）组织营救和救治受害人员，疏散、撤离并妥善安置受到威胁的人员以及采取其他救助措施；

（二）封锁现场和周边道路，查验现场人员的身份证件，在有关场所附近设置临时警戒线；

（三）在特定区域内实施空域、海（水）域管制，对特定区域内的交通运输工具进行检查；

（四）在特定区域内实施互联网、无线电、通讯管制；

（五）在特定区域内或者针对特定人员实施出境入境管制；

（六）禁止或者限制使用有关设备、设施，关闭或者限制使用有关场所，中止人员密集的活动或者可能导致危害扩大的生产经营活动；

（七）抢修被损坏的交通、电信、互联网、广播电视、供水、排水、供电、供气、供热等公共设施；

（八）组织志愿人员参加反恐怖主义救援工作，要求具有特定专长的人员提供服务；

（九）其他必要的应对处置措施。

采取前款第三项至第五项规定的应对处置措施，由省级以上反恐怖主义工作领导机构决定或者批准；采取前款第六项规定的应对处置措施，由设区的市级以上反恐怖主义工作领导机构决定。应对处置措施应当明确适用的时间和空间范围，并向社会公布。

第六十二条 人民警察、人民武装警察以及其他依法配备、携带武器的应对处置人员，对在现场持枪支、刀具等凶器或者使用其他危险方法，正在或者准备实施暴力行为的人员，经警告无效的，可以使用武器；紧急情况下或者警告后可能导致更为严重危害后果的，可以直接使用武器。

第六十三条 恐怖事件发生、发展和应对处置信息，由恐怖事件发生地的省级反恐怖主义工作领导机构统一发布；跨省、自治区、直辖市发生的恐怖事件，由指定的省级反恐怖主义工作领导机构统一发布。

任何单位和个人不得编造、传播虚假恐怖事件信息；不得报道、传播可能引起模仿的恐怖活动的实施细节；不得发布恐怖事件中残忍、不人道的场景；在恐怖事件的应对处置过程中，除新闻媒体经负责发布信息的反恐怖主义工作领导机构批准外，不得报道、传播现场应对处置的工作人员、人质身份信息和应对处置行动情况。

第六十四条 恐怖事件应对处置结束后，各级人民政府应当组织有关部门帮助受影响的单位和个人尽快恢复生活、生产，稳定受影响地区的社会秩序和公众情绪。

第六十五条 当地人民政府应当及时给予恐怖事件受害人员及其近亲属适当的救助，并向失去基本生活条件的受害人员及其近亲属及时提供基本生活保障。卫生、民政等主管部门应当为恐怖事件受害人员及其近亲属提供心理、医疗等方面的援助。

第六十六条 公安机关应当及时对恐怖事件立案侦查，查明事件发生的原因、经过和结果，依法追究恐怖活动组织、人员的刑事责任。

第六十七条 反恐怖主义工作领导机构应当对恐怖事件的发生和应对处置工作进行全面分析、总结评估，提出防范和应对处置改进措施，向上一级反恐怖主义工作领导机构报告。

第七章　国际合作

第六十八条 中华人民共和国根据缔结或者参加的国际条约，或者按照平等互惠原则，与其他国家、地区、国际组织开展反恐怖主义合作。

第六十九条 国务院有关部门根据国务院授权，代表中国政府与外国政府和有关国际组织开展反恐怖主义政策对话、情报信息交流、执法合作和国际资金监管合作。

在不违背我国法律的前提下，边境地区的县级以上地方人民政府及其主管部门，经国务院或者中央有关部门批准，可以与相邻国家或者地区开展反恐怖主义情报信息交流、执法合作和国际资金监管合作。

第七十条 涉及恐怖活动犯罪的刑事司法协助、引渡和被判刑人移管，依照有关法律规定执行。

第七十一条 经与有关国家达成协议，并报国务院批准，国务院公安部门、国家安全部门可以派员出境执行反恐怖主义任务。

中国人民解放军、中国人民武装警察部队派员出境执行反恐怖主义任务，由中央军事委员会批准。

第七十二条 通过反恐怖主义国际合作取得的材料可以在行政处罚、刑事诉讼中作为证据使用，但我方承诺不作为证据使用的除外。

第八章 保障措施

第七十三条 国务院和县级以上地方各级人民政府应当按照事权划分，将反恐怖主义工作经费分别列入同级财政预算。

国家对反恐怖主义重点地区给予必要的经费支持，对应对处置大规模恐怖事件给予经费保障。

第七十四条 公安机关、国家安全机关和有关部门，以及中国人民解放军、中国人民武装警察部队，应当依照法律规定的职责，建立反恐怖主义专业力量，加强专业训练，配备必要的反恐怖主义专业设备、设施。

县级、乡级人民政府根据需要，指导有关单位、村民委员会、居民委员会建立反恐怖主义工作力量、志愿者队伍，协助、配合有关部门开展反恐怖主义工作。

第七十五条 对因履行反恐怖主义工作职责或者协助、配合有关部门开展反恐怖主义工作导致伤残或者死亡的人员，按照国家有关规定给予相应的待遇。

第七十六条 因报告和制止恐怖活动，在恐怖活动犯罪案件中作证，或者从事反恐怖主义工作，本人或者其近亲属的人身安全面临危险的，经本人或者其近亲属提出申请，公安机关、有关部门应当采取下列一项或者多项保护措施：

（一）不公开真实姓名、住址和工作单位等个人信息；

（二）禁止特定的人接触被保护人员；

（三）对人身和住宅采取专门性保护措施；

（四）变更被保护人员的姓名，重新安排住所和工作单位；

（五）其他必要的保护措施。

公安机关、有关部门应当依照前款规定，采取不公开被保护单位的真实名称、地址，禁止特定的人接近被保护单位，对被保护单位办公、经营场所采取专门性保护措施，以及其他必要的保护措施。

第七十七条 国家鼓励、支持反恐怖主义科学研究和技术创新，开发和推广使用先进的反恐怖主义技术、设备。

第七十八条 公安机关、国家安全机关、中国人民解放军、中国人民武装警察部队因履行反恐怖主义职责的紧急需要，根据国家有关规定，可以征用单位和个人的财产。任务完成后应当及时归还或者恢复原状，并依照规定支付相应费用；造成损失的，应当补偿。

因开展反恐怖主义工作对有关单位和个人的合法权益造成损害的，应当依法给予赔偿、补偿。有关单位和个人有权依法请求赔偿、补偿。

第九章 法律责任

第七十九条 组织、策划、准备实施、实施恐怖活动，宣扬恐怖主义，煽动实施恐怖活动，非法持有宣扬恐怖主义的物品，强制他人在公共场所穿戴宣扬恐怖主义的服饰、标志，组织、领导、参加恐怖活动组织，为恐怖活动组织、恐怖活动人员、实施恐怖活动或者恐怖活动培训提供帮助的，依法追究刑事责任。

第八十条 参与下列活动之一，情节轻微，尚不构成犯罪的，由公安机关处十日以上十五日以下拘留，可以并处一万元以下罚款：

（一）宣扬恐怖主义、极端主义或者煽动实施恐怖活动、极端主义活动的；

（二）制作、传播、非法持有宣扬恐怖主义、极端主义的物品的；

（三）强制他人在公共场所穿戴宣扬恐怖主义、极端主义的服饰、标志的；

（四）为宣扬恐怖主义、极端主义或者实施恐怖主义、极端主义活动提供信息、资金、物资、劳务、技术、场所等支持、协助、便利的。

第八十一条 利用极端主义，实施下列行为之一，情节轻微，尚不构成犯罪的，由公安机关处五日以上十五日以下拘留，可以并处一万元以下罚款：

（一）强迫他人参加宗教活动，或者强迫他人向宗教活动场所、宗教教职人员提供财物或者劳务的；

（二）以恐吓、骚扰等方式驱赶其他民族或者有其他信仰的人员离开居住地的；

（三）以恐吓、骚扰等方式干涉他人与其他民族或者有其他信仰的人员交往、共同生活的；

（四）以恐吓、骚扰等方式干涉他人生活习俗、方式和生产经营的；

（五）阻碍国家机关工作人员依法执行职务的；

（六）歪曲、诋毁国家政策、法律、行政法规，煽动、教唆抵制人民政府依法管理的；

（七）煽动、胁迫群众损毁或者故意损毁居民身份证、户口簿等国家法定证件以及人民币的；

（八）煽动、胁迫他人以宗教仪式取代结婚、离婚登记的；

（九）煽动、胁迫未成年人不接受义务教育的；

（十）其他利用极端主义破坏国家法律制度实施的。

第八十二条 明知他人有恐怖活动犯罪、极端主义犯罪行为，窝藏、包庇，情节轻微，尚不构成犯罪的，或者在司法机关向其调查有关情况、收集有关证据时，拒绝提供的，由公安机关处十日以上十五日以下拘留，可以并处一万元以下罚款。

第八十三条 金融机构和特定非金融机构对国家反恐怖主义工作领导机构的办事机构公告的恐怖活动组织及恐怖活动人员的资金或者其他资产，未立即予以冻结的，由公安机关处二十万元以上五十万元以下罚款，并对直接负责的董事、高级管理人员和其他直接责任人员处十万元以下罚款；情节严重的，处五十万元以上罚款，并对直接负责的董事、高级管理人员和其他直接责任人员，处十万元以上五十万元以下罚款，可以并处五日以上十五日以下拘留。

第八十四条 电信业务经营者、互联网服务提供者有下列情形之一的，由主管部门处二十万元以上五十万元以下罚款，并对其直接负责的主管人员和其他直接责任人员处十万元以下罚款；情节严重的，处五十万元以上罚款，并对其直接负责的主管人员和其他直接责任人员，处十万元以上五十万元以下罚款，可以由公安机关对其直接负责的主管人员和其他直接责任人员，处五日以上十五日以下拘留：

（一）未依照规定为公安机关、国家安全机关依法进行防范、调查恐怖活动提供技术接口和解密等技术支持和协助的；

（二）未按照主管部门的要求，停止传输、删除含有恐怖主义、极端主义内容的信息，保存相关记录，关闭相关网站或者关停相关服务的；

（三）未落实网络安全、信息内容监督制度和安全技术防范措施，造成含有恐怖主义、极端主义内容的信息传播，情节严重的。

第八十五条 铁路、公路、水上、航空的货运和邮政、快递等物流运营单位有下列情形之一的，由主管部门处十万元以上五十万元以下罚款，并对其直接负责的主管人员和其他直接责任人员处十万元以下罚款：

（一）未实行安全查验制度，对客户身份进行查验，或者未依照规定对运输、寄递物品进行安全检查或者开封验视的；

（二）对禁止运输、寄递，存在重大安全隐患，或者客户拒绝安全查验的物品予以运输、寄递的；

（三）未实行运输、寄递客户身份、物品信息登记制度的。

第八十六条 电信、互联网、金融业务经营者、服务提供者未按规定对客户身份进行查验，或者对身份不明、拒绝身份查验的客户提供服务的，主管部门应当责令改正；拒不改正的，处二十万元以上五十万元以下罚款，并对其直接负责的主管人员和其他直接责任人员处十万元以下罚款；情节严重的，处五十万元以上罚款，并对其直接负责的主管人员和其他直接责任人员，处十万元以上五十万元以下罚款。

住宿、长途客运、机动车租赁等业务经营者、服务提供者有前款规定情形的，由主管部门处十万元以上五十万元以下罚款，并对其直接负责的主管人员和其他直接责任人员处十万元以下罚款。

第八十七条 违反本法规定，有下列情形之一的，由主管部门给予警告，并责令改正；拒不改正的，处十万元以下罚款，并对其直接负责的主管人员和其他直接责任人员处一万元以下罚款：

（一）未依照规定对枪支等武器、弹药、管制器具、危险化学品、民用爆炸物品、核与放射物品作出电子追踪标识，对民用爆炸物品添加安检示踪标识物的；

（二）未依照规定对运营中的危险化学品、民用爆炸物品、核与放射物品的运输工具通过定位系统实行监控的；

（三）未依照规定对传染病病原体等物质实行严格的监督管理，情节严重的；

（四）违反国务院有关主管部门或者省级人民政府对管制器具、危险化学品、民用爆炸物品决定的管制或者限制交易措施的。

第八十八条 防范恐怖袭击重点目标的管理、营运单位违反本法规定，有下列情形之一的，由公安机关给予警告，并责令改正；拒不改正的，处十万元以下罚款，并对其直接负责的主管人员和其他直接责任人员处一万元以下罚款：

（一）未制定防范和应对处置恐怖活动的预案、措施的；

（二）未建立反恐怖主义工作专项经费保障制度，或者未配备防范和处置设备、设施的；

（三）未落实工作机构或者责任人员的；

（四）未对重要岗位人员进行安全背景审查，或者未将有不适合情形的人员调整工作岗位的；

（五）对公共交通运输工具未依照规定配备安保人员和相应设备、设施的；

（六）未建立公共安全视频图像信息系统值班监看、信息保存使用、运行维护等管理制度的。

大型活动承办单位以及重点目标的管理单位未依照规定对进入大型活动场所、机场、火车站、码头、城市轨道交通站、公路长途客运站、口岸等重点目标的人员、物品和交通工具进行安全检查的，公安机关应当责令改正；拒不改正的，处十万元以下罚款，并对其直接负责的主管人员和其他直接责任人员处一万元以下罚款。

第八十九条 恐怖活动嫌疑人员违反公安机关责令其遵守的约束措施的，由公安机关给予警告，并责令改正；拒不改正的，处五日以上十五日以下拘留。

第九十条 新闻媒体等单位编造、传播虚假恐怖事件信息，报道、传播可能引起模仿的恐怖活动的实施细节，发布恐怖事件中残忍、不人道的场景，或者未经批准，报道、传播现场应对处置的工作人员、人质身份信息和应对处置行动情况的，由公安机关处二十万元以下罚款，并对其直接负责的主管人员和其他直接责任人员，处五日以上十五日以下拘留，可以并处五万元以下罚款。

个人有前款规定行为的，由公安机关处五日以上十五日以下拘留，可以并处一万元以下罚款。

第九十一条 拒不配合有关部门开展反恐怖主义安全防范、情报信息、调查、应对处置工作的，由主管部门处二千元以下罚款；造成严重后果的，处五日以上十五日以下拘留，可以并处一万元以下罚款。

单位有前款规定行为的，由主管部门处五万元以下罚款；造成严重后果的，处十万元以下罚款；并对其直接负责的主管人员和其他直接责任人员依照前款规定处罚。

第九十二条 阻碍有关部门开展反恐怖主义工作的，由公安机关处五日以上十五日以下拘留，可以并处五万元以下罚款。

单位有前款规定行为的，由公安机关处二十万元以下罚款，并对其直接负责的主管人员和其他直接责任人员依照前款规定处罚。

阻碍人民警察、人民解放军、人民武装警察依法执行职务的，从重处罚。

第九十三条 单位违反本法规定，情节严重的，由主管部门责令停止从事相关业务、提供相关服务或者责令停产停业；造成严重后果的，吊销有关证照或者撤销登记。

第九十四条 反恐怖主义工作领导机构、有关部门的工作人员在反恐怖主义工作中滥用职权、玩忽职守、徇私舞弊，或者有违反规定泄漏国家秘密、商业秘密和个人隐私等行为，构成犯罪的，依法追究刑事责任；尚不构成犯罪的，依法给予处分。

反恐怖主义工作领导机构、有关部门及其工作人员在反恐怖主义工作中滥用职权、玩忽职守、徇私舞弊或者有其他违法违纪行为的，任何单位和个人有权向有关部门检举、控告。有关部门接到检举、控告后，应当及时处理并回复检举、控告人。

第九十五条 对依照本法规定查封、扣押、冻结、扣留、收缴的物品、资金等，经审查发现与恐怖主义无关的，应当及时解除有关措施，予以退还。

第九十六条 有关单位和个人对依照本法作出的行政处罚和行政强制措施决定不服的，可以依法申请行政复议或者提起行政诉讼。

第十章 附 则

第九十七条 本法自 2016 年 1 月 1 日起施行。2011 年 10 月 29 日第十一届全国人民代表大会常务委员会第二十三次会议通过的《全国人民代表大会常务委员会关于加强反恐怖工作有关问题的决定》同时废止。

中华人民共和国主席令

第 67 号

《全国人民代表大会常务委员会关于修改〈中华人民共和国治安管理处罚法〉的决定》已由中华人民共和国第十一届全国人民代表大会常务委员会第二十九次会议于 2012 年 10 月 26 日通过，现予公布，自 2013 年 1 月 1 日起施行。

中华人民共和国主席　胡锦涛

2012 年 10 月 26 日

中华人民共和国治安管理处罚法

（2005 年 8 月 28 日第十届全国人民代表大会常务委员会第 17 次会议通过，2005 年 8 月 28 日中华人民共和国主席令第 38 号公布，自 2006 年 3 月 1 日起施行　根据 2012 年 10 月 26 日第十一届全国人民代表大会常务委员会第 29 次会议通过中华人民共和国主席令第 67 号《全国人民代表大会常务委员会关于修改〈中华人民共和国治安管理处罚法〉的决定》修正）

目　录

第一章 总　　则

第一条 为维护社会治安秩序，保障公共安全，保护公民、法人和其他组织的合法权益，规范和保障公安机关及其人民警察依法履行治安管理职责，制定本法。

第二条 扰乱公共秩序，妨害公共安全，侵犯人身权利、财产权利，妨害社会管理，具有社会危害性，依照《中华人民共和国刑法》的规定构成犯罪的，依法追究刑事责任；尚不够刑事处罚的，由公安机关依照本法给予治安管理处罚。

第三条 治安管理处罚的程序，适用本法的规定；本法没有规定的，适用《中华人民共和国行政处罚法》的有关规定。

第四条 在中华人民共和国领域内发生的违反治安管理行为，除法律有特别规定的外，适用本法。

在中华人民共和国船舶和航空器内发生的违反治安管理行为，除法律有特别规定的外，适用本法。

第五条 治安管理处罚必须以事实为依据，与违反治安管理行为的性质、情节以及社会危害程度相当。

实施治安管理处罚，应当公开、公正，尊重和保障人权，保护公民的人格尊严。

办理治安案件应当坚持教育与处罚相结合的原则。

第六条 各级人民政府应当加强社会治安综合治理，采取有效措施，化解社会矛盾，增进社会和谐，维护社会稳定。

第七条 国务院公安部门负责全国的治安管理工作。县级以上地方各级人民政府公安机关负责本行政区域内的治安管理工作。

治安案件的管辖由国务院公安部门规定。

第八条 违反治安管理的行为对他人造成损害的，行为人或者其监护人应当依法承担民事责任。

第九条 对于因民间纠纷引起的打架斗殴或者损毁他人财物等违反治安管理行为，情节较轻的，公安机关可以调解处理。经公安机关调解，当事人达成协议的，不予处罚。经调解未达成协议或者达成协议后不履行的，公安机关应当依照本法的规定对违反治安管理行为人给予处罚，并告知当事人可以就民事争议依法向人民法院提起民事诉讼。

第二章 处罚的种类和适用

第十条 治安管理处罚的种类分为：

（一）警告；

（二）罚款；

（三）行政拘留；

（四）吊销公安机关发放的许可证。

对违反治安管理的外国人，可以附加适用限期出境或者驱逐出境。

第十一条 办理治安案件所查获的毒品、淫秽物品等违禁品，赌具、赌资，吸食、注射毒品的用具以及直接用于实施违反治安管理行为的本人所有的工具，应当收缴，按照规定处理。

违反治安管理所得的财物，追缴退还被侵害人；没有被侵害人的，登记造册，公开拍卖或者按照国家有关规定处理，所得款项上缴国库。

第十二条 已满十四周岁不满十八周岁的人违反治安管理的，从轻或者减轻处罚；不满十四周岁的人违反治安管理的，不予处罚，但是应当责令其监护人严加管教。

第十三条 精神病人在不能辨认或者不能控制自己行为的时候违反治安管理的，不予处罚，但是应当责令其监护人严加看管和治疗。间歇性的精神病人在精神正常的时候违反治安管理的，应当给予处罚。

第十四条 盲人或者又聋又哑的人违反治安管理的，可以从轻、减轻或者不予处罚。

第十五条 醉酒的人违反治安管理的，应当给予处罚。

醉酒的人在醉酒状态中，对本人有危险或者对他人的人身、财产或者公共安全有威胁的，应当对其采取保护性措施约束至酒醒。

第十六条 有两种以上违反治安管理行为的，分别决定，合并执行。行政拘留处罚合并执行的，最长不超过二十日。

第十七条 共同违反治安管理的，根据违反治安管理行为人在违反治安管理行为中所起的作用，分别处罚。

教唆、胁迫、诱骗他人违反治安管理的，按照其教唆、胁迫、诱骗的行为处罚。

第十八条 单位违反治安管理的，对其直接负责的主管人员和其他直接责任人员依照本法的规定处罚。其他法律、行政法规对同一行为规定给予单位处罚的，依照其规定处罚。

第十九条 违反治安管理有下列情形之一的，减轻处罚或者不予处罚：

（一）情节特别轻微的；

（二）主动消除或者减轻违法后果，并取得被侵害人谅解的；

（三）出于他人胁迫或者诱骗的；

（四）主动投案，向公安机关如实陈述自己的违法行为的；

（五）有立功表现的。

第二十条 违反治安管理有下列情形之一的，从重处罚：

（一）有较严重后果的；

（二）教唆、胁迫、诱骗他人违反治安管理的；

（三）对报案人、控告人、举报人、证人打击报复的；

（四）六个月内曾受过治安管理处罚的。

第二十一条 违反治安管理行为人有下列情形之一，依照本法应当给予行政拘留处罚的，不执行行政拘留处罚：

（一）已满十四周岁不满十六周岁的；

（二）已满十六周岁不满十八周岁，初次违反治安管理的；

（三）七十周岁以上的；

（四）怀孕或者哺乳自己不满一周岁婴儿的。

第二十二条 违反治安管理行为在六个月内没有被公安机关发现的，不再处罚。

前款规定的期限，从违反治安管理行为发生之日起计算；违反治安管理行为有连续或者继续状态的，从行为终了之日起计算。

第三章 违反治安管理的行为和处罚

第一节 扰乱公共秩序的行为和处罚

第二十三条 有下列行为之一的，处警告或者二百元以下罚款；情节较重的，处五日以上十日以下拘留，可以并处五百元以下罚款：

（一）扰乱机关、团体、企业、事业单位秩序，致使工作、生产、营业、医疗、教学、科研不能正常进行，尚未造成严重损失的；

（二）扰乱车站、港口、码头、机场、商场、公园、展览馆或者其他公共场所秩序的；

（三）扰乱公共汽车、电车、火车、船舶、航空器或者其他公共交通工具上的秩序的；

（四）非法拦截或者强登、扒乘机动车、船舶、航空器以及其他交通工具，影响交通工具正常行驶的；

（五）破坏依法进行的选举秩序的。

聚众实施前款行为的，对首要分子处十日以上十五日以下拘留，可以并处一千元以下罚款。

第二十四条 有下列行为之一，扰乱文化、体育等大型群众性活动秩序的，处警告或者二百元以下罚款；情节严重的，处五日以上十日以下拘留，可以并处五百元以下罚款：

（一）强行进入场内的；

（二）违反规定，在场内燃放烟花爆竹或者其他物品的；

（三）展示侮辱性标语、条幅等物品的；

（四）围攻裁判员、运动员或者其他工作人员的；

（五）向场内投掷杂物，不听制止的；

（六）扰乱大型群众性活动秩序的其他行为。

因扰乱体育比赛秩序被处以拘留处罚的，可以同时责令其十二个月内不得进入体育场馆观看同类比赛；违反规定进入体育场馆的，强行带离现场。

第二十五条　有下列行为之一的，处五日以上十日以下拘留，可以并处五百元以下罚款；情节较轻的，处五日以下拘留或者五百元以下罚款：

（一）散布谣言，谎报险情、疫情、警情或者以其他方法故意扰乱公共秩序的；

（二）投放虚假的爆炸性、毒害性、放射性、腐蚀性物质或者传染病病原体等危险物质扰乱公共秩序的；

（三）扬言实施放火、爆炸、投放危险物质扰乱公共秩序的。

第二十六条　有下列行为之一的，处五日以上十日以下拘留，可以并处五百元以下罚款；情节较重的，处十日以上十五日以下拘留，可以并处一千元以下罚款：

（一）结伙斗殴的；

（二）追逐、拦截他人的；

（三）强拿硬要或者任意损毁、占用公私财物的；

（四）其他寻衅滋事行为。

第二十七条　有下列行为之一的，处十日以上十五日以下拘留，可以并处一千元以下罚款；情节较轻的，处五日以上十日以下拘留，可以并处五百元以下罚款：

（一）组织、教唆、胁迫、诱骗、煽动他人从事邪教、会道门活动或者利用邪教、会道门、迷信活动，扰乱社会秩序、损害他人身体健康的；

（二）冒用宗教、气功名义进行扰乱社会秩序、损害他人身体健康活动的。

第二十八条　违反国家规定，故意干扰无线电业务正常进行的，或者对正常运行的无线电台（站）产生有害干扰，经有关主管部门指出后，拒不采取有效措施消除的，处五日以上十日以下拘留；情节严重的，处十日以上十五日以下拘留。

第二十九条 有下列行为之一的，处五日以下拘留；情节较重的，处五日以上十日以下拘留：

（一）违反国家规定，侵入计算机信息系统，造成危害的；

（二）违反国家规定，对计算机信息系统功能进行删除、修改、增加、干扰，造成计算机信息系统不能正常运行的；

（三）违反国家规定，对计算机信息系统中存储、处理、传输的数据和应用程序进行删除、修改、增加的；

（四）故意制作、传播计算机病毒等破坏性程序，影响计算机信息系统正常运行的。

第二节 妨害公共安全的行为和处罚

第三十条 违反国家规定，制造、买卖、储存、运输、邮寄、携带、使用、提供、处置爆炸性、毒害性、放射性、腐蚀性物质或者传染病病原体等危险物质的，处十日以上十五日以下拘留；情节较轻的，处五日以上十日以下拘留。

第三十一条 爆炸性、毒害性、放射性、腐蚀性物质或者传染病病原体等危险物质被盗、被抢或者丢失，未按规定报告的，处五日以下拘留；故意隐瞒不报的，处五日以上十日以下拘留。

第三十二条 非法携带枪支、弹药或者弩、匕首等国家规定的管制器具的，处五日以下拘留，可以并处五百元以下罚款；情节较轻的，处警告或者二百元以下罚款。

非法携带枪支、弹药或者弩、匕首等国家规定的管制器具进入公共场所或者公共交通工具的，处五日以上十日以下拘留，可以并处五百元以下罚款。

第三十三条 有下列行为之一的，处十日以上十五日以下拘留：

（一）盗窃、损毁油气管道设施、电力电信设施、广播电视设施、水利防汛工程设施或者水文监测、测量、气象测报、环境监测、地质监测、地震监测等公共设施的；

（二）移动、损毁国家边境的界碑、界桩以及其他边境标志、边境设施或者领土、领海标志设施的；

（三）非法进行影响国（边）界线走向的活动或者修建有碍国（边）境管理的设施的。

第三十四条 盗窃、损坏、擅自移动使用中的航空设施，或者强行进入航空器驾驶舱的，处十日以上十五日以下拘留。

在使用中的航空器上使用可能影响导航系统正常功能的器具、工具，不听劝阻的，处五日以下拘留或者五百元以下罚款。

第三十五条 有下列行为之一的，处五日以上十日以下拘留，可以并处五百元以下罚款；情节较轻的，处五日以下拘留或者五百元以下罚款：

（一）盗窃、损毁或者擅自移动铁路设施、设备、机车车辆配件或者安全标志的；

（二）在铁路线路上放置障碍物，或者故意向列车投掷物品的；

（三）在铁路线路、桥梁、涵洞处挖掘坑穴、采石取沙的；

（四）在铁路线路上私设道口或者平交过道的。

第三十六条 擅自进入铁路防护网或者火车来临时在铁路线路上行走坐卧、抢越铁路，影响行车安全的，处警告或者二百元以下罚款。

第三十七条 有下列行为之一的，处五日以下拘留或者五百元以下罚款；情节严重的，处五日以上十日以下拘留，可以并处五百元以下罚款：

（一）未经批准，安装、使用电网的，或者安装、使用电网不符合安全规定的；

（二）在车辆、行人通行的地方施工，对沟井坎穴不设覆盖物、防围和警示标志的，或者故意损毁、移动覆盖物、防围和警示标志的；

（三）盗窃、损毁路面井盖、照明等公共设施的。

第三十八条 举办文化、体育等大型群众性活动，违反有关规定，有发生安全事故危险的，责令停止活动，立即疏散；对组织者处五日以上十日以下拘留，并处二百元以上五百元以下罚款；情节较轻的，处五日以下拘留或者五百元以下罚款。

第三十九条 旅馆、饭店、影剧院、娱乐场、运动场、展览馆或者其他供社会公众活动的场所的经营管理人员，违反安全规定，致使该场所有发生安全事故危险，经公安机关责令改正，拒不改正的，处五日以下拘留。

第三节 侵犯人身权利、财产权利的行为和处罚

第四十条 有下列行为之一的，处十日以上十五日以下拘留，并处五百元以上一千元以下罚款；情节较轻的，处五日以上十日以下拘留，并处二百元以上五百元以下罚款：

（一）组织、胁迫、诱骗不满十六周岁的人或者残疾人进行恐怖、残忍表演的；

（二）以暴力、威胁或者其他手段强迫他人劳动的；

（三）非法限制他人人身自由、非法侵入他人住宅或者非法搜查他人身体的。

第四十一条 胁迫、诱骗或者利用他人乞讨的，处十日以上十五日以下拘留，可以并处一千元以下罚款。

反复纠缠、强行讨要或者以其他滋扰他人的方式乞讨的，处五日以下拘留

或者警告。

第四十二条 有下列行为之一的，处五日以下拘留或者五百元以下罚款；情节较重的，处五日以上十日以下拘留，可以并处五百元以下罚款：

（一）写恐吓信或者以其他方法威胁他人人身安全的；

（二）公然侮辱他人或者捏造事实诽谤他人的；

（三）捏造事实诬告陷害他人，企图使他人受到刑事追究或者受到治安管理处罚的；

（四）对证人及其近亲属进行威胁、侮辱、殴打或者打击报复的；

（五）多次发送淫秽、侮辱、恐吓或者其他信息，干扰他人正常生活的；

（六）偷窥、偷拍、窃听、散布他人隐私的。

第四十三条 殴打他人的，或者故意伤害他人身体的，处五日以上十日以下拘留，并处二百元以上五百元以下罚款；情节较轻的，处五日以下拘留或者五百元以下罚款。

有下列情形之一的，处十日以上十五日以下拘留，并处五百元以上一千元以下罚款：

（一）结伙殴打、伤害他人的；

（二）殴打、伤害残疾人、孕妇、不满十四周岁的人或者六十周岁以上的人的；

（三）多次殴打、伤害他人或者一次殴打、伤害多人的。

第四十四条 猥亵他人的，或者在公共场所故意裸露身体，情节恶劣的，处五日以上十日以下拘留；猥亵智力残疾人、精神病人、不满十四周岁的人或者有其他严重情节的，处十日以上十五日以下拘留。

第四十五条 有下列行为之一的，处五日以下拘留或者警告：

（一）虐待家庭成员，被虐待人要求处理的；

（二）遗弃没有独立生活能力的被扶养人的。

第四十六条 强买强卖商品，强迫他人提供服务或者强迫他人接受服务的，处五日以上十日以下拘留，并处二百元以上五百元以下罚款；情节较轻的，处五日以下拘留或者五百元以下罚款。

第四十七条 煽动民族仇恨、民族歧视，或者在出版物、计算机信息网络中刊载民族歧视、侮辱内容的，处十日以上十五日以下拘留，可以并处一千元以下罚款。

第四十八条 冒领、隐匿、毁弃、私自开拆或者非法检查他人邮件的，处五日以下拘留或者五百元以下罚款。

第四十九条 盗窃、诈骗、哄抢、抢夺、敲诈勒索或者故意损毁公私财物的，处五日以上十日以下拘留，可以并处五百元以下罚款；情节较重的，处十日以上十五日以下拘留，可以并处一千元以下罚款。

第四节　妨害社会管理的行为和处罚

第五十条　有下列行为之一的，处警告或者二百元以下罚款；情节严重的，处五日以上十日以下拘留，可以并处五百元以下罚款：

（一）拒不执行人民政府在紧急状态情况下依法发布的决定、命令的；

（二）阻碍国家机关工作人员依法执行职务的；

（三）阻碍执行紧急任务的消防车、救护车、工程抢险车、警车等车辆通行的；

（四）强行冲闯公安机关设置的警戒带、警戒区的。

阻碍人民警察依法执行职务的，从重处罚。

第五十一条　冒充国家机关工作人员或者以其他虚假身份招摇撞骗的，处五日以上十日以下拘留，可以并处五百元以下罚款；情节较轻的，处五日以下拘留或者五百元以下罚款。

冒充军警人员招摇撞骗的，从重处罚。

第五十二条　有下列行为之一的，处十日以上十五日以下拘留，可以并处一千元以下罚款；情节较轻的，处五日以上十日以下拘留，可以并处五百元以下罚款：

（一）伪造、变造或者买卖国家机关、人民团体、企业、事业单位或者其他组织的公文、证件、证明文件、印章的；

（二）买卖或者使用伪造、变造的国家机关、人民团体、企业、事业单位或者其他组织的公文、证件、证明文件的；

（三）伪造、变造、倒卖车票、船票、航空客票、文艺演出票、体育比赛入场券或者其他有价票证、凭证的；

（四）伪造、变造船舶户牌，买卖或者使用伪造、变造的船舶户牌，或者涂改船舶发动机号码的。

第五十三条　船舶擅自进入、停靠国家禁止、限制进入的水域或者岛屿的，对船舶负责人及有关责任人员处五百元以上一千元以下罚款；情节严重的，处五日以下拘留，并处五百元以上一千元以下罚款。

第五十四条　有下列行为之一的，处十日以上十五日以下拘留，并处五百元以上一千元以下罚款；情节较轻的，处五日以下拘留或者五百元以下罚款：

（一）违反国家规定，未经注册登记，以社会团体名义进行活动，被取缔后，仍进行活动的；

（二）被依法撤销登记的社会团体，仍以社会团体名义进行活动的；

（三）未经许可，擅自经营按照国家规定需要由公安机关许可的行业的。

有前款第三项行为的，予以取缔。

取得公安机关许可的经营者，违反国家有关管理规定，情节严重的，公安机关可以吊销许可证。

第五十五条 煽动、策划非法集会、游行、示威，不听劝阻的，处十日以上十五日以下拘留。

第五十六条 旅馆业的工作人员对住宿的旅客不按规定登记姓名、身份证件种类和号码的，或者明知住宿的旅客将危险物质带入旅馆，不予制止的，处二百元以上五百元以下罚款。

旅馆业的工作人员明知住宿的旅客是犯罪嫌疑人员或者被公安机关通缉的人员，不向公安机关报告的，处二百元以上五百元以下罚款；情节严重的，处五日以下拘留，可以并处五百元以下罚款。

第五十七条 房屋出租人将房屋出租给无身份证件的人居住的，或者不按规定登记承租人姓名、身份证件种类和号码的，处二百元以上五百元以下罚款。

房屋出租人明知承租人利用出租房屋进行犯罪活动，不向公安机关报告的，处二百元以上五百元以下罚款；情节严重的，处五日以下拘留，可以并处五百元以下罚款。

第五十八条 违反关于社会生活噪声污染防治的法律规定，制造噪声干扰他人正常生活的，处警告；警告后不改正的，处二百元以上五百元以下罚款。

第五十九条 有下列行为之一的，处五百元以上一千元以下罚款；情节严重的，处五日以上十日以下拘留，并处五百元以上一千元以下罚款：

（一）典当业工作人员承接典当的物品，不查验有关证明、不履行登记手续，或者明知是违法犯罪嫌疑人、赃物，不向公安机关报告的；

（二）违反国家规定，收购铁路、油田、供电、电信、矿山、水利、测量和城市公用设施等废旧专用器材的；

（三）收购公安机关通报寻查的赃物或者有赃物嫌疑的物品的；

（四）收购国家禁止收购的其他物品的。

第六十条 有下列行为之一的，处五日以上十日以下拘留，并处二百元以上五百元以下罚款：

（一）隐藏、转移、变卖或者损毁行政执法机关依法扣押、查封、冻结的财物的；

（二）伪造、隐匿、毁灭证据或者提供虚假证言、谎报案情，影响行政执法机关依法办案的；

（三）明知是赃物而窝藏、转移或者代为销售的；

（四）被依法执行管制、剥夺政治权利或者在缓刑、暂予监外执行中的罪犯或者被依法采取刑事强制措施的人，有违反法律、行政法规或者国务院有关部门的监督管理规定的行为。

第六十一条 协助组织或者运送他人偷越国(边)境的，处十日以上十五日以下拘留，并处一千元以上五千元以下罚款。

第六十二条 为偷越国(边)境人员提供条件的，处五日以上十日以下拘留，并处五百元以上二千元以下罚款。

偷越国(边)境的，处五日以下拘留或者五百元以下罚款。

第六十三条 有下列行为之一的，处警告或者二百元以下罚款；情节较重的，处五日以上十日以下拘留，并处二百元以上五百元以下罚款：

（一）刻划、涂污或者以其他方式故意损坏国家保护的文物、名胜古迹的；

（二）违反国家规定，在文物保护单位附近进行爆破、挖掘等活动，危及文物安全的。

第六十四条 有下列行为之一的，处五百元以上一千元以下罚款；情节严重的，处十日以上十五日以下拘留，并处五百元以上一千元以下罚款：

（一）偷开他人机动车的；

（二）未取得驾驶证驾驶或者偷开他人航空器、机动船舶的。

第六十五条 有下列行为之一的，处五日以上十日以下拘留；情节严重的，处十日以上十五日以下拘留，可以并处一千元以下罚款：

（一）故意破坏、污损他人坟墓或者毁坏、丢弃他人尸骨、骨灰的；

（二）在公共场所停放尸体或者因停放尸体影响他人正常生活、工作秩序，不听劝阻的。

第六十六条 卖淫、嫖娼的，处十日以上十五日以下拘留，可以并处五千元以下罚款；情节较轻的，处五日以下拘留或者五百元以下罚款。

在公共场所拉客招嫖的，处五日以下拘留或者五百元以下罚款。

第六十七条 引诱、容留、介绍他人卖淫的，处十日以上十五日以下拘留，可以并处五千元以下罚款；情节较轻的，处五日以下拘留或者五百元以下罚款。

第六十八条 制作、运输、复制、出售、出租淫秽的书刊、图片、影片、音像制品等淫秽物品或者利用计算机信息网络、电话以及其他通讯工具传播淫秽信息的，处十日以上十五日以下拘留，可以并处三千元以下罚款；情节较轻的，处五日以下拘留或者五百元以下罚款。

第六十九条 有下列行为之一的，处十日以上十五日以下拘留，并处五百元以上一千元以下罚款：

（一）组织播放淫秽音像的；

（二）组织或者进行淫秽表演的；

（三）参与聚众淫乱活动的。

明知他人从事前款活动，为其提供条件的，依照前款的规定处罚。

第七十条 以营利为目的，为赌博提供条件的，或者参与赌博赌资较大的，处五日以下拘留或者五百元以下罚款；情节严重的，处十日以上十五日以下拘留，并处五百元以上三千元以下罚款。

第七十一条 有下列行为之一的，处十日以上十五日以下拘留，可以并处三千元以下罚款；情节较轻的，处五日以下拘留或者五百元以下罚款：

（一）非法种植罂粟不满五百株或者其他少量毒品原植物的；

（二）非法买卖、运输、携带、持有少量未经灭活的罂粟等毒品原植物种子或者幼苗的；

（三）非法运输、买卖、储存、使用少量罂粟壳的。

有前款第一项行为，在成熟前自行铲除的，不予处罚。

第七十二条 有下列行为之一的，处十日以上十五日以下拘留，可以并处二千元以下罚款；情节较轻的，处五日以下拘留或者五百元以下罚款：

（一）非法持有鸦片不满二百克、海洛因或者甲基苯丙胺不满十克或者其他少量毒品的；

（二）向他人提供毒品的；

（三）吸食、注射毒品的；

（四）胁迫、欺骗医务人员开具麻醉药品、精神药品的。

第七十三条 教唆、引诱、欺骗他人吸食、注射毒品的，处十日以上十五日以下拘留，并处五百元以上二千元以下罚款。

第七十四条 旅馆业、饮食服务业、文化娱乐业、出租汽车业等单位的人员，在公安机关查处吸毒、赌博、卖淫、嫖娼活动时，为违法犯罪行为人通风报信的，处十日以上十五日以下拘留。

第七十五条 饲养动物，干扰他人正常生活的，处警告；警告后不改正的，或者放任动物恐吓他人的，处二百元以上五百元以下罚款。

驱使动物伤害他人的，依照本法第四十三条第一款的规定处罚。

第七十六条 有本法第六十七条、第六十八条、第七十条的行为，屡教不改的，可以按照国家规定采取强制性教育措施。

第四章 处罚程序

第一节 调 查

第七十七条 公安机关对报案、控告、举报或者违反治安管理行为人主动投案，以及其他行政主管部门、司法机关移送的违反治安管理案件，应当及时受理，并进行登记。

第七十八条 公安机关受理报案、控告、举报、投案后，认为属于违反治安管理行为的，应当立即进行调查；认为不属于违反治安管理行为的，应当告知报案人、控告人、举报人、投案人，并说明理由。

第七十九条 公安机关及其人民警察对治安案件的调查，应当依法进行。严禁刑讯逼供或者采用威胁、引诱、欺骗等非法手段收集证据。

以非法手段收集的证据不得作为处罚的根据。

第八十条 公安机关及其人民警察在办理治安案件时，对涉及的国家秘密、商业秘密或者个人隐私，应当予以保密。

第八十一条 人民警察在办理治安案件过程中，遇有下列情形之一的，应当回避；违反治安管理行为人、被侵害人或者其法定代理人也有权要求他们回避：

（一）是本案当事人或者当事人的近亲属的；

（二）本人或者其近亲属与本案有利害关系的；

（三）与本案当事人有其他关系，可能影响案件公正处理的。

人民警察的回避，由其所属的公安机关决定；公安机关负责人的回避，由上一级公安机关决定。

第八十二条 需要传唤违反治安管理行为人接受调查的，经公安机关办案部门负责人批准，使用传唤证传唤。对现场发现的违反治安管理行为人，人民警察经出示工作证件，可以口头传唤，但应当在询问笔录中注明。

公安机关应当将传唤的原因和依据告知被传唤人。对无正当理由不接受传唤或者逃避传唤的人，可以强制传唤。

第八十三条 对违反治安管理行为人，公安机关传唤后应当及时询问查证，询问查证的时间不得超过八小时；情况复杂，依照本法规定可能适用行政拘留处罚的，询问查证的时间不得超过二十四小时。

公安机关应当及时将传唤的原因和处所通知被传唤人家属。

第八十四条 询问笔录应当交被询问人核对；对没有阅读能力的，应当向其宣读。记载有遗漏或者差错的，被询问人可以提出补充或者更正。被询问人确认笔录无误后，应当签名或者盖章，询问的人民警察也应当在笔录上签名。

被询问人要求就被询问事项自行提供书面材料的，应当准许；必要时，人民警察也可以要求被询问人自行书写。

询问不满十六周岁的违反治安管理行为人，应当通知其父母或者其他监护人到场。

第八十五条　人民警察询问被侵害人或者其他证人，可以到其所在单位或者住处进行；必要时，也可以通知其到公安机关提供证言。

人民警察在公安机关以外询问被侵害人或者其他证人，应当出示工作证件。

询问被侵害人或者其他证人，同时适用本法第八十四条的规定。

第八十六条　询问聋哑的违反治安管理行为人、被侵害人或者其他证人，应当有通晓手语的人提供帮助，并在笔录上注明。

询问不通晓当地通用的语言文字的违反治安管理行为人、被侵害人或者其他证人，应当配备翻译人员，并在笔录上注明。

第八十七条　公安机关对与违反治安管理行为有关的场所、物品、人身可以进行检查。检查时，人民警察不得少于二人，并应当出示工作证件和县级以上人民政府公安机关开具的检查证明文件。对确有必要立即进行检查的，人民警察经出示工作证件，可以当场检查，但检查公民住所应当出示县级以上人民政府公安机关开具的检查证明文件。

检查妇女的身体，应当由女性工作人员进行。

第八十八条　检查的情况应当制作检查笔录，由检查人、被检查人和见证人签名或者盖章；被检查人拒绝签名的，人民警察应当在笔录上注明。

第八十九条　公安机关办理治安案件，对与案件有关的需要作为证据的物品，可以扣押；对被侵害人或者善意第三人合法占有的财产，不得扣押，应当予以登记。对与案件无关的物品，不得扣押。

对扣押的物品，应当会同在场见证人和被扣押物品持有人查点清楚，当场开列清单一式二份，由调查人员、见证人和持有人签名或者盖章，一份交给持有人，另一份附卷备查。

对扣押的物品，应当妥善保管，不得挪作他用；对不宜长期保存的物品，按照有关规定处理。经查明与案件无关的，应当及时退还；经核实属于他人合法财产的，应当登记后立即退还；满六个月无人对该财产主张权利或者无法查清权利人的，应当公开拍卖或者按照国家有关规定处理，所得款项上缴国库。

第九十条　为了查明案情，需要解决案件中有争议的专门性问题的，应当指派或者聘请具有专门知识的人员进行鉴定；鉴定人鉴定后，应当写出鉴定意见，并且签名。

第二节　决　　定

第九十一条　治安管理处罚由县级以上人民政府公安机关决定；其中警告、五百元以下的罚款可以由公安派出所决定。

第九十二条　对决定给予行政拘留处罚的人，在处罚前已经采取强制措施限制人身自由的时间，应当折抵。限制人身自由一日，折抵行政拘留一日。

第九十三条 公安机关查处治安案件，对没有本人陈述，但其他证据能够证明案件事实的，可以作出治安管理处罚决定。但是，只有本人陈述，没有其他证据证明的，不能作出治安管理处罚决定。

第九十四条 公安机关作出治安管理处罚决定前，应当告知违反治安管理行为人作出治安管理处罚的事实、理由及依据，并告知违反治安管理行为人依法享有的权利。

违反治安管理行为人有权陈述和申辩。公安机关必须充分听取违反治安管理行为人的意见，对违反治安管理行为人提出的事实、理由和证据，应当进行复核；违反治安管理行为人提出的事实、理由或者证据成立的，公安机关应当采纳。

公安机关不得因违反治安管理行为人的陈述、申辩而加重处罚。

第九十五条 治安案件调查结束后，公安机关应当根据不同情况，分别作出以下处理：

（一）确有依法应当给予治安管理处罚的违法行为的，根据情节轻重及具体情况，作出处罚决定；

（二）依法不予处罚的，或者违法事实不能成立的，作出不予处罚决定；

（三）违法行为已涉嫌犯罪的，移送主管机关依法追究刑事责任；

（四）发现违反治安管理行为人有其他违法行为的，在对违反治安管理行为作出处罚决定的同时，通知有关行政主管部门处理。

第九十六条 公安机关作出治安管理处罚决定的，应当制作治安管理处罚决定书。决定书应当载明下列内容：

（一）被处罚人的姓名、性别、年龄、身份证件的名称和号码、住址；

（二）违法事实和证据；

（三）处罚的种类和依据；

（四）处罚的执行方式和期限；

（五）对处罚决定不服，申请行政复议、提起行政诉讼的途径和期限；

（六）作出处罚决定的公安机关的名称和作出决定的日期。

决定书应当由作出处罚决定的公安机关加盖印章。

第九十七条 公安机关应当向被处罚人宣告治安管理处罚决定书，并当场交付被处罚人；无法当场向被处罚人宣告的，应当在二日内送达被处罚人。决定给予行政拘留处罚的，应当及时通知被处罚人的家属。

有被侵害人的，公安机关应当将决定书副本抄送被侵害人。

第九十八条 公安机关作出吊销许可证以及处二千元以上罚款的治安管理处罚决定前，应当告知违反治安管理行为人有权要求举行听证；违反治安管理行为人要求听证的，公安机关应当及时依法举行听证。

第九十九条 公安机关办理治安案件的期限，自受理之日起不得超过三十日；案情重大、复杂的，经上一级公安机关批准，可以延长三十日。

为了查明案情进行鉴定的期间，不计入办理治安案件的期限。

第一百条 违反治安管理行为事实清楚，证据确凿，处警告或者二百元以下罚款的，可以当场作出治安管理处罚决定。

第一百零一条 当场作出治安管理处罚决定的，人民警察应当向违反治安管理行为人出示工作证件，并填写处罚决定书。处罚决定书应当当场交付被处罚人；有被侵害人的，并将决定书副本抄送被侵害人。

前款规定的处罚决定书，应当载明被处罚人的姓名、违法行为、处罚依据、罚款数额、时间、地点以及公安机关名称，并由经办的人民警察签名或者盖章。

当场作出治安管理处罚决定的，经办的人民警察应当在二十四小时内报所属公安机关备案。

第一百零二条 被处罚人对治安管理处罚决定不服的，可以依法申请行政复议或者提起行政诉讼。

第三节 执 行

第一百零三条 对被决定给予行政拘留处罚的人，由作出决定的公安机关送达拘留所执行。

第一百零四条 受到罚款处罚的人应当自收到处罚决定书之日起十五日内，到指定的银行缴纳罚款。但是，有下列情形之一的，人民警察可以当场收缴罚款：

（一）被处五十元以下罚款，被处罚人对罚款无异议的；

（二）在边远、水上、交通不便地区，公安机关及其人民警察依照本法的规定作出罚款决定后，被处罚人向指定的银行缴纳罚款确有困难，经被处罚人提出的；

（三）被处罚人在当地没有固定住所，不当场收缴事后难以执行的。

第一百零五条 人民警察当场收缴的罚款，应当自收缴罚款之日起二日内，交至所属的公安机关；在水上、旅客列车上当场收缴的罚款，应当自抵岸或者到站之日起二日内，交至所属的公安机关；公安机关应当自收到罚款之日起二日内将罚款缴付指定的银行。

第一百零六条 人民警察当场收缴罚款的，应当向被处罚人出具省、自治区、直辖市人民政府财政部门统一制发的罚款收据；不出具统一制发的罚款收据的，被处罚人有权拒绝缴纳罚款。

第一百零七条 被处罚人不服行政拘留处罚决定，申请行政复议、提起行政诉讼的，可以向公安机关提出暂缓执行行政拘留的申请。公安机关认为暂缓执行行政拘留不致发生社会危险的，由被处罚人或者其近亲属提出符合本法第一百零八条规定条件的担保人，或者按每日行政拘留二百元的标准交纳保证金，行政拘留的处罚决定暂缓执行。

第一百零八条 担保人应当符合下列条件：

（一）与本案无牵连；

（二）享有政治权利，人身自由未受到限制；

（三）在当地有常住户口和固定住所；

（四）有能力履行担保义务。

第一百零九条 担保人应当保证被担保人不逃避行政拘留处罚的执行。

担保人不履行担保义务，致使被担保人逃避行政拘留处罚的执行的，由公安机关对其处三千元以下罚款。

第一百一十条 被决定给予行政拘留处罚的人交纳保证金，暂缓行政拘留后，逃避行政拘留处罚的执行的，保证金予以没收并上缴国库，已经作出的行政拘留决定仍应执行。

第一百一十一条 行政拘留的处罚决定被撤销，或者行政拘留处罚开始执行的，公安机关收取的保证金应当及时退还交纳人。

第五章 执法监督

第一百一十二条 公安机关及其人民警察应当依法、公正、严格、高效办理治安案件，文明执法，不得徇私舞弊。

第一百一十三条 公安机关及其人民警察办理治安案件，禁止对违反治安管理行为人打骂、虐待或者侮辱。

第一百一十四条 公安机关及其人民警察办理治安案件，应当自觉接受社会和公民的监督。

公安机关及其人民警察办理治安案件，不严格执法或者有违法违纪行为的，任何单位和个人都有权向公安机关或者人民检察院、行政监察机关检举、控告；收到检举、控告的机关，应当依据职责及时处理。

第一百一十五条 公安机关依法实施罚款处罚，应当依照有关法律、行政法规的规定，实行罚款决定与罚款收缴分离；收缴的罚款应当全部上缴国库。

第一百一十六条 人民警察办理治安案件，有下列行为之一的，依法给予行政处分；构成犯罪的，依法追究刑事责任：

（一）刑讯逼供、体罚、虐待、侮辱他人的；

（二）超过询问查证的时间限制人身自由的；

（三）不执行罚款决定与罚款收缴分离制度或者不按规定将罚没的财物上缴国库或者依法处理的；

（四）私分、侵占、挪用、故意损毁收缴、扣押的财物的；

（五）违反规定使用或者不及时返还被侵害人财物的；

（六）违反规定不及时退还保证金的；

（七）利用职务上的便利收受他人财物或者谋取其他利益的；

（八）当场收缴罚款不出具罚款收据或者不如实填写罚款数额的；

（九）接到要求制止违反治安管理行为的报警后，不及时出警的；

（十）在查处违反治安管理活动时，为违法犯罪行为人通风报信的；

（十一）有徇私舞弊、滥用职权，不依法履行法定职责的其他情形的。

办理治安案件的公安机关有前款所列行为的，对直接负责的主管人员和其他直接责任人员给予相应的行政处分。

第一百一十七条 公安机关及其人民警察违法行使职权，侵犯公民、法人和其他组织合法权益的，应当赔礼道歉；造成损害的，应当依法承担赔偿责任。

第六章 附 则

第一百一十八条 本法所称以上、以下、以内，包括本数。

第一百一十九条 本法自 2013 年 3 月 1 日起施行。1986 年 9 月 5 日公布、1994 年 5 月 12 日修订公布的《中华人民共和国治安管理处罚条例》同时废止。

中华人民共和国主席令

第 30 号

《中华人民共和国石油天然气管道保护法》已由中华人民共和国第十一届全国人民代表大会常务委员会第十五次会议于 2010 年 6 月 25 日通过，现予公布，自 2010 年 10 月 1 日起施行。

中华人民共和国主席 胡锦涛

2010 年 6 月 25 日

中华人民共和国石油天然气管道保护法

目　　录

第一章　总　　则

第一条　为了保护石油、天然气管道，保障石油、天然气输送安全，维护国家能源安全和公共安全，制定本法。

第二条　中华人民共和国境内输送石油、天然气的管道的保护，适用本法。

城镇燃气管道和炼油、化工等企业厂区内管道的保护，不适用本法。

第三条　本法所称石油包括原油和成品油，所称天然气包括天然气、煤层气和煤制气。

本法所称管道包括管道及管道附属设施。

第四条　国务院能源主管部门依照本法规定主管全国管道保护工作，负责组织编制并实施全国管道发展规划，统筹协调全国管道发展规划与其他专项规划的衔接，协调跨省、自治区、直辖市管道保护的重大问题。国务院其他有关部门依照有关法律、行政法规的规定，在各自职责范围内负责管道保护的相关工作。

第五条 省、自治区、直辖市人民政府能源主管部门和设区的市级、县级人民政府指定的部门，依照本法规定主管本行政区域的管道保护工作，协调处理本行政区域管道保护的重大问题，指导、监督有关单位履行管道保护义务，依法查处危害管道安全的违法行为。县级以上地方人民政府其他有关部门依照有关法律、行政法规的规定，在各自职责范围内负责管道保护的相关工作。

省、自治区、直辖市人民政府能源主管部门和设区的市级、县级人民政府指定的部门，统称县级以上地方人民政府主管管道保护工作的部门。

第六条 县级以上地方人民政府应当加强对本行政区域管道保护工作的领导，督促、检查有关部门依法履行管道保护职责，组织排除管道的重大外部安全隐患。

第七条 管道企业应当遵守本法和有关规划、建设、安全生产、质量监督、环境保护等法律、行政法规，执行国家技术规范的强制性要求，建立、健全本企业有关管道保护的规章制度和操作规程并组织实施，宣传管道安全与保护知识，履行管道保护义务，接受人民政府及其有关部门依法实施的监督，保障管道安全运行。

第八条 任何单位和个人不得实施危害管道安全的行为。

对危害管道安全的行为，任何单位和个人有权向县级以上地方人民政府主管管道保护工作的部门或者其他有关部门举报。接到举报的部门应当在职责范围内及时处理。

第九条 国家鼓励和促进管道保护新技术的研究开发和推广应用。

第二章 管道规划与建设

第十条 管道的规划、建设应当符合管道保护的要求，遵循安全、环保、节约用地和经济合理的原则。

第十一条 国务院能源主管部门根据国民经济和社会发展的需要组织编制全国管道发展规划。组织编制全国管道发展规划应当征求国务院有关部门以及有关省、自治区、直辖市人民政府的意见。

全国管道发展规划应当符合国家能源规划，并与土地利用总体规划、城乡规划以及矿产资源、环境保护、水利、铁路、公路、航道、港口、电信等规划相协调。

第十二条 管道企业应当根据全国管道发展规划编制管道建设规划，并将管道建设规划确定的管道建设选线方案报送拟建管道所在地县级以上地方人民政府城乡规划主管部门审核；经审核符合城乡规划的，应当依法纳入当地城乡规划。

纳入城乡规划的管道建设用地，不得擅自改变用途。

第十三条 管道建设的选线应当避开地震活动断层和容易发生洪灾、地质灾害的区域，与建筑物、构筑物、铁路、公路、航道、港口、市政设施、军事设施、电缆、光缆等保持本法和有关法律、行政法规以及国家技术规范的强制性要求规定的保护距离。

新建管道通过的区域受地理条件限制，不能满足前款规定的管道保护要求的，管道企业应当提出防护方案，经管道保护方面的专家评审论证，并经管道所在地县级以上地方人民政府主管管道保护工作的部门批准后，方可建设。

管道建设项目应当依法进行环境影响评价。

第十四条 管道建设使用土地，依照《中华人民共和国土地管理法》等法律、行政法规的规定执行。

依法建设的管道通过集体所有的土地或者他人取得使用权的国有土地，影响土地使用的，管道企业应当按照管道建设时土地的用途给予补偿。

第十五条 依照法律和国务院的规定，取得行政许可或者已报送备案并符合开工条件的管道项目的建设，任何单位和个人不得阻碍。

第十六条 管道建设应当遵守法律、行政法规有关建设工程质量管理的规定。

管道企业应当依照有关法律、行政法规的规定，选择具备相应资质的勘察、设计、施工、工程监理单位进行管道建设。

管道的安全保护设施应当与管道主体工程同时设计、同时施工、同时投入使用。

管道建设使用的管道产品及其附件的质量，应当符合国家技术规范的强制性要求。

第十七条 穿跨越水利工程、防洪设施、河道、航道、铁路、公路、港口、电力设施、通信设施、市政设施的管道的建设，应当遵守本法和有关法律、行政法规，执行国家技术规范的强制性要求。

第十八条 管道企业应当按照国家技术规范的强制性要求在管道沿线设置管道标志。管道标志毁损或者安全警示不清的，管道企业应当及时修复或者更新。

第十九条 管道建成后应当按照国家有关规定进行竣工验收。竣工验收应当审查管道是否符合本法规定的管道保护要求，经验收合格方可正式交付使用。

第二十条 管道企业应当自管道竣工验收合格之日起六十日内，将竣工测量图报管道所在地县级以上地方人民政府主管管道保护工作的部门备案；县级以上地方人民政府主管管道保护工作的部门应当将管道企业报送的管道竣工测量图分送本级人民政府规划、建设、国土资源、铁路、交通、水利、公安、安全生产监督管理等部门和有关军事机关。

第二十一条 地方各级人民政府编制、调整土地利用总体规划和城乡规划，需要管道改建、搬迁或者增加防护设施的，应当与管道企业协商确定补偿方案。

第三章 管道运行中的保护

第二十二条 管道企业应当建立、健全管道巡护制度，配备专门人员对管道线路进行日常巡护。管道巡护人员发现危害管道安全的情形或者隐患，应当按照规定及时处理和报告。

第二十三条 管道企业应当定期对管道进行检测、维修，确保其处于良好状态；对管道安全风险较大的区段和场所应当进行重点监测，采取有效措施防止管道事故的发生。

对不符合安全使用条件的管道，管道企业应当及时更新、改造或者停止使用。

第二十四条 管道企业应当配备管道保护所必需的人员和技术装备，研究开发和使用先进适用的管道保护技术，保证管道保护所必需的经费投入，并对在管道保护中做出突出贡献的单位和个人给予奖励。

第二十五条 管道企业发现管道存在安全隐患，应当及时排除。对管道存在的外部安全隐患，管道企业自身排除确有困难的，应当向县级以上地方人民政府主管管道保护工作的部门报告。接到报告的主管管道保护工作的部门应当及时协调排除或者报请人民政府及时组织排除安全隐患。

第二十六条 管道企业依法取得使用权的土地，任何单位和个人不得侵占。

为合理利用土地，在保障管道安全的条件下，管道企业可以与有关单位、个人约定，同意有关单位、个人种植浅根农作物。但是，因管道巡护、检测、维修造成的农作物损失，除另有约定外，管道企业不予赔偿。

第二十七条 管道企业对管道进行巡护、检测、维修等作业，管道沿线的有关单位、个人应当给予必要的便利。

因管道巡护、检测、维修等作业给土地使用权人或者其他单位、个人造成损失的，管道企业应当依法给予赔偿。

第二十八条 禁止下列危害管道安全的行为：

（一）擅自开启、关闭管道阀门；

（二）采用移动、切割、打孔、砸撬、拆卸等手段损坏管道；

（三）移动、毁损、涂改管道标志；

（四）在埋地管道上方巡查便道上行驶重型车辆；

（五）在地面管道线路、架空管道线路和管桥上行走或者放置重物。

第二十九条 禁止在本法第五十八条第一项所列管道附属设施的上方架设电力线路、通信线路或者在储气库构造区域范围内进行工程挖掘、工程钻探、采矿。

第三十条 在管道线路中心线两侧各五米地域范围内，禁止下列危害管道安全的行为：

（一）种植乔木、灌木、藤类、芦苇、竹子或者其他根系深达管道埋设部位可能损坏管道防腐层的深根植物；

（二）取土、采石、用火、堆放重物、排放腐蚀性物质、使用机械工具进行挖掘施工；

（三）挖塘、修渠、修晒场、修建水产养殖场、建温室、建家畜棚圈、建房以及修建其他建筑物、构筑物。

第三十一条 在管道线路中心线两侧和本法第五十八条第一项所列管道附属设施周边修建下列建筑物、构筑物的，建筑物、构筑物与管道线路和管道附属设施的距离应当符合国家技术规范的强制性要求：

（一）居民小区、学校、医院、娱乐场所、车站、商场等人口密集的建筑物；

（二）变电站、加油站、加气站、储油罐、储气罐等易燃易爆物品的生产、经营、存储场所。

前款规定的国家技术规范的强制性要求，应当按照保障管道及建筑物、构筑物安全和节约用地的原则确定。

第三十二条 在穿越河流的管道线路中心线两侧各五百米地域范围内，禁止抛锚、拖锚、挖砂、挖泥、采石、水下爆破。但是，在保障管道安全的条件下，为防洪和航道通畅而进行的养护疏浚作业除外。

第三十三条 在管道专用隧道中心线两侧各一千米地域范围内，除本条第二款规定的情形外，禁止采石、采矿、爆破。

在前款规定的地域范围内，因修建铁路、公路、水利工程等公共工程，确需实施采石、爆破作业的，应当经管道所在地县级人民政府主管管道保护工作的部门批准，并采取必要的安全防护措施，方可实施。

第三十四条 未经管道企业同意，其他单位不得使用管道专用伴行道路、管道水工防护设施、管道专用隧道等管道附属设施。

第三十五条 进行下列施工作业，施工单位应当向管道所在地县级人民政府主管管道保护工作的部门提出申请：

（一）穿跨越管道的施工作业；

（二）在管道线路中心线两侧各五米至五十米和本法第五十八条第一项所列管道附属设施周边一百米地域范围内，新建、改建、扩建铁路、公路、河渠，架设电力线路，埋设地下电缆、光缆，设置安全接地体、避雷接地体；

（三）在管道线路中心线两侧各二百米和本法第五十八条第一项所列管道附属设施周边五百米地域范围内，进行爆破、地震法勘探或者工程挖掘、工程钻探、采矿。

县级人民政府主管管道保护工作的部门接到申请后，应当组织施工单位与管道企业协商确定施工作业方案，并签订安全防护协议；协商不成的，主管管道保护工作的部门应当组织进行安全评审，作出是否批准作业的决定。

第三十六条 申请进行本法第三十三条第二款、第三十五条规定的施工作业，应当符合下列条件：

（一）具有符合管道安全和公共安全要求的施工作业方案；

（二）已制定事故应急预案；

（三）施工作业人员具备管道保护知识；

（四）具有保障安全施工作业的设备、设施。

第三十七条 进行本法第三十三条第二款、第三十五条规定的施工作业，应当在开工七日前书面通知管道企业。管道企业应当指派专门人员到现场进行管道保护安全指导。

第三十八条 管道企业在紧急情况下进行管道抢修作业，可以先行使用他人土地或者设施，但应当及时告知土地或者设施的所有权人或者使用权人。给土地或者设施的所有权人或者使用权人造成损失的，管道企业应当依法给予赔偿。

第三十九条 管道企业应当制定本企业管道事故应急预案，并报管道所在地县级人民政府主管管道保护工作的部门备案；配备抢险救援人员和设备，并定期进行管道事故应急救援演练。

发生管道事故，管道企业应当立即启动本企业管道事故应急预案，按照规定及时通报可能受到事故危害的单位和居民，采取有效措施消除或者减轻事故危害，并依照有关事故调查处理的法律、行政法规的规定，向事故发生地县级人民政府主管管道保护工作的部门、安全生产监督管理部门和其他有关部门报告。

接到报告的主管管道保护工作的部门应当按照规定及时上报事故情况，并根据管道事故的实际情况组织采取事故处置措施或者报请人民政府及时启动本行政区域管道事故应急预案，组织进行事故应急处置与救援。

第四十条 管道泄漏的石油和因管道抢修排放的石油造成环境污染的，管道企业应当及时治理。因第三人的行为致使管道泄漏造成环境污染的，管道企业有权向第三人追偿治理费用。

环境污染损害的赔偿责任，适用《中华人民共和国侵权责任法》和防治环境污染的法律的有关规定。

第四十一条 管道泄漏的石油和因管道抢修排放的石油，由管道企业回收、处理，任何单位和个人不得侵占、盗窃、哄抢。

第四十二条 管道停止运行、封存、报废的，管道企业应当采取必要的安全防护措施，并报县级以上地方人民政府主管管道保护工作的部门备案。

第四十三条 管道重点保护部位，需要由中国人民武装警察部队负责守卫的，依照《中华人民共和国人民武装警察法》和国务院、中央军事委员会的有关规定执行。

第四章 管道建设工程与其他建设工程相遇关系的处理

第四十四条 管道建设工程与其他建设工程的相遇关系，依照法律的规定处理；法律没有规定的，由建设工程双方按照下列原则协商处理，并为对方提供必要的便利：

（一）后开工的建设工程服从先开工或者已建成的建设工程；

（二）同时开工的建设工程，后批准的建设工程服从先批准的建设工程。

依照前款规定，后开工或者后批准的建设工程，应当符合先开工、已建成或者先批准的建设工程的安全防护要求；需要先开工、已建成或者先批准的建设工程改建、搬迁或者增加防护设施的，后开工或者后批准的建设工程一方应当承担由此增加的费用。

管道建设工程与其他建设工程相遇的，建设工程双方应当协商确定施工作业方案并签订安全防护协议，指派专门人员现场监督、指导对方施工。

第四十五条 经依法批准的管道建设工程，需要通过正在建设的其他建设工程的，其他工程建设单位应当按照管道建设工程的需要，预留管道通道或者预建管道通过设施，管道企业应当承担由此增加的费用。

经依法批准的其他建设工程，需要通过正在建设的管道建设工程的，管道建设单位应当按照其他建设工程的需要，预留通道或者预建相关设施，其他工程建设单位应当承担由此增加的费用。

第四十六条 管道建设工程通过矿产资源开采区域的，管道企业应当与矿产资源开采企业协商确定管道的安全防护方案，需要矿产资源开采企业按照管道安全防护要求预建防护设施或者采取其他防护措施的，管道企业应当承担由此增加的费用。

矿产资源开采企业未按照约定预建防护设施或者采取其他防护措施，造成地面塌陷、裂缝、沉降等地质灾害，致使管道需要改建、搬迁或者采取其他防护措施的，矿产资源开采企业应当承担由此增加的费用。

第四十七条 铁路、公路等建设工程修建防洪、分流等水工防护设施，可能影响管道保护的，应当事先通知管道企业并注意保护下游已建成的管道水工防护设施。

建设工程修建防洪、分流等水工防护设施，使下游已建成的管道水工防护设施的功能受到影响，需要新建、改建、扩建管道水工防护设施的，工程建设单位应当承担由此增加的费用。

第四十八条 县级以上地方人民政府水行政主管部门制定防洪、泄洪方案应当兼顾管道的保护。

需要在管道通过的区域泄洪的，县级以上地方人民政府水行政主管部门应当在泄洪方案确定后，及时将泄洪量和泄洪时间通知本级人民政府主管管道保护工作的部门和管道企业或者向社会公告。主管管道保护工作的部门和管道企业应当对管道采取防洪保护措施。

第四十九条 管道与航道相遇，确需在航道中修建管道防护设施的，应当进行通航标准技术论证，并经航道主管部门批准。管道防护设施完工后，应经航道主管部门验收。

进行前款规定的施工作业，应当在批准的施工区域内设置航标，航标的设置和维护费用由管道企业承担。

第五章 法律责任

第五十条 管道企业有下列行为之一的，由县级以上地方人民政府主管管道保护工作的部门责令限期改正；逾期不改正的，处二万元以上十万元以下的罚款；对直接负责的主管人员和其他直接责任人员给予处分：

（一）未依照本法规定对管道进行巡护、检测和维修的；

（二）对不符合安全使用条件的管道未及时更新、改造或者停止使用的；

（三）未依照本法规定设置、修复或者更新有关管道标志的；

（四）未依照本法规定将管道竣工测量图报人民政府主管管道保护工作的部门备案的；

（五）未制定本企业管道事故应急预案，或者未将本企业管道事故应急预案报人民政府主管管道保护工作的部门备案的；

（六）发生管道事故，未采取有效措施消除或者减轻事故危害的；

（七）未对停止运行、封存、报废的管道采取必要的安全防护措施的。

管道企业违反本法规定的行为同时违反建设工程质量管理、安全生产、消防等其他法律的，依照其他法律的规定处罚。

管道企业给他人合法权益造成损害的，依法承担民事责任。

第五十一条　采用移动、切割、打孔、砸撬、拆卸等手段损坏管道或者盗窃、哄抢管道输送、泄漏、排放的石油、天然气，尚不构成犯罪的，依法给予治安管理处罚。

第五十二条　违反本法第二十九条、第三十条、第三十二条或者第三十三条第一款的规定，实施危害管道安全行为的，由县级以上地方人民政府主管管道保护工作的部门责令停止违法行为；情节较重的，对单位处一万元以上十万元以下的罚款，对个人处二百元以上二千元以下的罚款；对违法修建的建筑物、构筑物或者其他设施限期拆除；逾期未拆除的，由县级以上地方人民政府主管管道保护工作的部门组织拆除，所需费用由违法行为人承担。

第五十三条　未经依法批准，进行本法第三十三条第二款或者第三十五条规定的施工作业的，由县级以上地方人民政府主管管道保护工作的部门责令停止违法行为；情节较重的，处一万元以上五万元以下的罚款；对违法修建的危害管道安全的建筑物、构筑物或者其他设施限期拆除；逾期未拆除的，由县级以上地方人民政府主管管道保护工作的部门组织拆除，所需费用由违法行为人承担。

第五十四条　违反本法规定，有下列行为之一的，由县级以上地方人民政府主管管道保护工作的部门责令改正；情节严重的，处二百元以上一千元以下的罚款：

（一）擅自开启、关闭管道阀门的；

（二）移动、毁损、涂改管道标志的；

（三）在埋地管道上方巡查便道上行驶重型车辆的；

（四）在地面管道线路、架空管道线路和管桥上行走或者放置重物的；

（五）阻碍依法进行的管道建设的。

第五十五条　违反本法规定，实施危害管道安全的行为，给管道企业造成损害的，依法承担民事责任。

第五十六条　县级以上地方人民政府及其主管管道保护工作的部门或者其他有关部门，违反本法规定，对应当组织排除的管道外部安全隐患不及时组织排除，发现危害管道安全的行为或者接到对危害管道安全行为的举报后不依法予以查处，或者有其他不依照本法规定履行职责的行为的，由其上级机关责令改正，对直接负责的主管人员和其他直接责任人员依法给予处分。

第五十七条　违反本法规定，构成犯罪的，依法追究刑事责任。

第六章　附　　则

第五十八条　本法所称管道附属设施包括：

（一）管道的加压站、加热站、计量站、集油站、集气站、输油站、输气站、配气站、处理场、清管站、阀室、阀井、放空设施、油库、储气库、装卸栈桥、装卸场；

（二）管道的水工防护设施、防风设施、防雷设施、抗震设施、通信设施、安全监控设施、电力设施、管堤、管桥以及管道专用涵洞、隧道等穿跨越设施；

（三）管道的阴极保护站、阴极保护测试桩、阳极地床、杂散电流排流站等防腐设施；

（四）管道穿越铁路、公路的检漏装置；

（五）管道的其他附属设施。

第五十九条　本法施行前在管道保护距离内已建成的人口密集场所和易燃易爆物品的生产、经营、存储场所，应当由所在地人民政府根据当地的实际情况，有计划、分步骤地进行搬迁、清理或者采取必要的防护措施。需要已建成的管道改建、搬迁或者采取必要的防护措施的，应当与管道企业协商确定补偿方案。

第六十条　国务院可以根据海上石油、天然气管道的具体情况，制定海上石油、天然气管道保护的特别规定。

第六十一条　本法自2010年10月1日起施行。

中华人民共和国国务院令

第 421 号

《企业事业单位内部治安保卫条例》已经 2004 年 9 月 13 日国务院第 64 次常务会议通过，现予公布，自 2004 年 12 月 1 日起施行。

总理　温家宝

2004 年 9 月 27 日

企业事业单位内部治安保卫条例

第一条　为了规范企业、事业单位(以下简称单位)内部治安保卫工作，保护公民人身、财产安全和公共财产安全，维护单位的工作、生产、经营、教学和科研秩序，制定本条例。

第二条　单位内部治安保卫工作贯彻预防为主、单位负责、突出重点、保障安全的方针。

单位内部治安保卫工作应当突出保护单位内部人员的人身安全，单位不得以经济利益、财产安全或者其他任何借口忽视人身安全。

第三条　国务院公安部门指导、监督全国的单位内部治安保卫工作，对行业、系统有监督职责的国务院有关部门指导、检查本行业、本系统的单位内部治安保卫工作；县级以上地方各级人民政府公安机关指导、监督本行政区域内的单位内部治安保卫工作，对行业、系统有监督职责的县级以上地方各级人民政府有关部门指导、检查本行政区域内的本行业、本系统的单位内部治安保卫工作，及时了解单位内部治安保卫工作中的突出问题。

第四条　县级以上地方各级人民政府应当加强对本行政区域内的单位内部治安保卫工作的领导，督促公安机关和有关部门依法履行职责，并及时协调解决单位内部治安保卫工作中的重大问题。

第五条　单位的主要负责人对本单位的内部治安保卫工作负责。

第六条　单位应当根据内部治安保卫工作的需要，设置治安保卫机构或者配备专职、兼职治安保卫人员。

治安保卫重点单位应当设置与治安保卫任务相适应的治安保卫机构，配备专职治安保卫人员，并将治安保卫机构的设置和人员的配置情况报主管公安机关备案。

第七条　单位内部治安保卫工作的要求是：

（一）有适应单位具体情况的内部治安保卫制度、措施和必要的治安防范设施；

（二）单位范围内的治安保卫情况有人检查，重要部位得到重点保护，治安隐患及时得到排查；

（三）单位范围内的治安隐患和问题及时得到处理，发生治安案件、涉嫌刑事犯罪的案件及时得到处置。

第八条 单位制定内部治安保卫制度应当包括下列内容：

（一）门卫、值班、巡查制度；

（二）工作、生产、经营、教学、科研等场所的安全管理制度；

（三）现金、票据、印鉴、有价证券等重要物品使用、保管、储存、运输的安全管理制度；

（四）单位内部的消防、交通安全管理制度；

（五）治安防范教育培训制度；

（六）单位内部发生治安案件、涉嫌刑事犯罪案件的报告制度；

（七）治安保卫工作检查、考核及奖惩制度；

（八）存放有爆炸性、易燃性、放射性、毒害性、传染性、腐蚀性等危险物品和传染性菌种、毒种以及武器弹药的单位，还应当有相应的安全管理制度；

（九）其他有关的治安保卫制度。

单位指定的内部治安保卫制度不得与法律、法规、规章的规定相抵触。

第九条 单位内部治安保卫人员应当接受有关法律知识和治安保卫业务、技能以及相关专业知识的培训、考核。

第十条 单位内部治安保卫人员应当依法、文明履行职责，不得侵犯他人合法权益。治安保卫人员依法履行职责的行为受法律保护。

第十一条 单位内部治安保卫机构、治安保卫人员应当履行下列职责：

（一）开展治安防范宣传教育，并落实本单位的内部治安保卫制度和治安防范措施；

（二）根据需要，检查进入本单位人员的证件，登记出入的物品和车辆；

（三）在单位范围内进行治安防范巡逻和检查，建立巡逻、检查和治安隐患整改纪录；

（四）维护单位内部的治安秩序，制定发生在单位的违法行为，对难以制止的违法行为以及发生的治安案件、涉嫌刑事犯罪案件应当立即报警，并采取措施保护现场，配合公安机关的侦察、处置工作；

（五）督促落实单位内部治安防范设施的建设和维护。

第十二条 在单位管理范围内的人员，应当遵守单位的内部治安保卫制度。

第十三条　关系全国或者所在地区国计民生、国家安全和公共安全的单位是治安保卫重点单位。治安保卫重点单位由县级以上地方各级人民政府公安机关按照下列范围提出，报本级人民政府确定：

（一）广播电台、电视台、通讯社等重要新闻单位；

（二）机场、港口、大型车站等重要交通枢纽；

（三）国防科技工业重要产品的研制、生产单位；

（四）电信、邮政、金融单位；

（五）大型能源动力设施、水利设施和城市水、电、燃气、热力供应设施；

（六）大型物资储备单位和大型商贸中心；

（七）教育、科研、医疗单位和大型文化、体育场所；

（八）博物馆、档案馆和重点文物保护单位；

（九）研制、生产、销售、储存危险物品或者试验、保藏传染性菌种、毒种单位；

（十）国家重点建设工程单位；

（十一）其他需要列为治安保卫重点的单位。

治安保卫重点单位应当遵守本条例对单位治安保卫工作的一般规定和治安保卫重点单位的特别规定。

第十四条　治安保卫重点单位应当确定本单位的治安保卫重要部分，按照有关国家标准对重要设置必要的技术防范设施，并实施重点保护。

第十五条　治安保卫重点单位应当在公安机关指导下指定单位内部治安突发事件处置预案，并定期演练。

第十六条　公安机关对本行政区域内的单位内部治安保卫工作履行下列职责：

（一）指导单位制定、完善内部治安保卫制度，落实治安防范措施，指导治安保卫制度，落实治安防范措施，指导治安保卫人员队伍建设和治安保卫重点单位的治安保卫机构建设；

（二）检查、指导单位的内部治安保卫工作，发现单位有违反本条例规定的行为或者治安隐患，及时下达整改通知书，责令限期整改；

（三）接到单位内部发生治安案件、涉嫌刑事犯罪案件的报警，及时出警，依法处置。

第十七条　对认真落实治安防范措施，严格执行治安保卫工作制度，在单位内部治安保卫工作中取得显著成绩的单位和个人，有关政府、公安机关和有关部门应当给予表彰、奖励。

第十八条　单位治安保卫人员因履行治安保卫职责伤残或者死亡的，依照国家有关工伤保险、评定伤残、批准烈士的规定给予相应的待遇。

第十九条 单位违反本条例的规定，存在治安隐患的，公安机关应当责令限期整改，并处警告；单位逾期不整改，造成公民人身伤害、公共财产损失，或者严重威胁公民人身安全、公共财产安全或者公共安全的，对单位处 1 万元以上 10 万元以下的罚款，对单位主要负责人和其他直接责任人员处 500 元以上 5000 元以下的罚款，并可以建议有关组织对单位主要负责人员依法给予处分，情节严重，构成犯罪的，依法追究刑事责任。

第二十条 单位治安保卫人员在履行职责时侵害他人合法权益的，应当赔礼道歉，给他人造成损害的，单位应当承担赔偿责任。单位赔偿后，有权责令因故意或者重大过失造成侵权的治安保卫人员，单位应当依法给予处分。治安保卫人员侵害他人合法权利的行为属于受单位负责人指使、胁迫的，对单位负责人依法给予处分，并由其承担赔偿责任，情节严重，构成犯罪的依法追究刑事责任。

第二十一条 公安机关接到单位报警后不依法履行职责，致使公民人身、财产和公共财产遭受损失，或者有其他玩忽职守、滥用职权行为的，对直接负责的主管人员和其他直接责任人员依法给予行政处分；情节严重，构成犯罪的依法追究刑事责任。

对行业、系统有监管职责的人民政府有关部门在指导、检查本行业、本系统的单位内部治安保卫工作过程中玩忽职守、滥用职权行为的，参照前款规定处罚。

第二十二条 机关、团体的内部治安保卫工作参照本条例的有关规定执行。

高等学校治安保卫工作的具体规定由国务院另行制定。

第二十三条 本条例自 2004 年 12 月 1 日起施行。

全国人民代表大会常务委员会关于加强社会治安综合治理的决定

（1991年3月2日第七届全国人民代表大会常务委员会第十八次会议通过）

为了维护社会治安秩序，维护国家和社会的稳定，保障改革开放和社会主义现代化建设的顺利进行，为全面实现国民经济和社会发展的十年规划及“八五”计划创造良好的社会治安环境，必须加强社会治安综合治理。为此，特作如下决定：

一、加强社会治安综合治理，是坚持人民民主专政的一项重要工作，也是解决我国社会治安问题的根本途径。社会治安问题是社会各种矛盾的综合反映，必须动员和组织全社会的力量，运用政治的、法律的、行政的、经济的、文化的、教育的等多种手段进行综合治理，从根本上预防和减少违法犯罪，维护社会秩序，保障社会稳定，并作为全社会的共同任务，长期坚持下去。

二、社会治安综合治理必须坚持打击和防范并举，治标和治本兼顾，重在治本的方针。其主要任务是：打击各种危害社会的违法犯罪活动，依法严惩严重危害社会治安的刑事犯罪分子；采取各种措施，严密管理制度，加强治安防范工作，堵塞违法犯罪活动的漏洞；加强对全体公民特别是青少年的思想政治教育和法制教育，提高文化、道德素质，增强法制观念；鼓励群众自觉维护社会秩序，同违法犯罪行为作斗争；积极调解、疏导民间纠纷，缓解社会矛盾，消除不安定因素；加强对违法犯罪人员的教育、挽救、改造工作，妥善安置刑满释放和解除劳教的人员，减少重新违法犯罪。

三、要善于运用法律武器，搞好社会治安综合治理。全国人民代表大会及其常委会通过的刑事的、民事的、行政的、经济的等方面的法律，为社会治安综合治理提供了有力的法律武器和依据。各级国家机关、社会团体、企业、事业单位必须严格依法办事。全体公民要学法、知法、守法，学会运用法律武器同各种违法犯罪行为作斗争。要进一步完善促进社会治安综合治理的法律、法规，把社会治安综合治理包含的打击、防范、教育、管理、建设、改造等各方面的工作纳入法制轨道。

四、各部门、各单位必须建立综合治理目标管理责任制，做到各尽其职、各负其责、密切配合、互相协调。各级人民政府要把社会治安综合治理纳入两个文明建设的总体规划，切实加强对社会治安综合治理工作的领导。要从人力、物力、财力上给予支持和保障。人民法院、人民检察院和政府的公安、安全、司法行政等职能部门，特别是公安部门，应当在社会治安综合治理中充分发挥骨干作用。要采取有效措施，充实维护社会治安的力量，改进预防和惩治犯罪活动的技术装备，切实提高国家执法队伍的素质。各机关、团体、企业、事业单位应当落实内部各项治安防范措施，严防发生违法犯罪和其他治安问题。各部门应当督促下属单位，结合本身业务，积极参与社会治安的综合治理，充分发挥各自的作用。

五、加强社会治安综合治理，必须发动和依靠广大人民群众。各级人民政府应当动员和组织城镇居民和农村村民以及机关、团体、企业、事业单位的职工、学生，建立群众性自防自治的治安保卫组织，开展各种形式的治安防范活动和警民联防活动。市、县人民武装部门要积极组织民兵参与维护社会治安。要加强基层组织建设和制度建设，把各项措施落实到基层单位，形成群防群治网络。要充分发挥村民委员会、城市居民委员会维护社会治安的积极作用。地方各级人民政府要切实加强对群众性治安保卫组织的指导和监督。治安保卫组织应严格依法办事，保护公民的合法权益。

六、要把社会治安综合治理的责任与单位和个人的政治荣誉、经济利益紧密结合起来，建立奖惩制度。对参与社会治安综合治理工作成绩显著的单位和个人以及与违法犯罪分子斗争的有功人员给予表彰奖励；对与违法犯罪分子斗争中负伤、致残人员要妥善治疗和安置；对与违法犯罪分子斗争中牺牲人员的家属给予抚恤。对因社会治安综合治理措施不落实而发生重大刑事案件和重大治安事件，致使国家利益和人民生命财产遭受重大损失的单位，应当依法追究其直接负责的主管人员的责任。

七、社会治安综合治理工作由各级人民政府统一组织实施，各部门、各方面齐抓共管，积极参与。各级人民政府应当采取组织措施，协调、指导有关部门、方面做好社会治安综合治理工作。

各级人大常委会对社会治安综合治理工作应当经常进行监督检查。要听取政府、法院、检察院关于综合治理工作的汇报，要组织代表、委员督促检查综合治理工作的开展和落实的情况，积极关心社会治安综合治理，提出意见、建议，以保证社会治安综合治理工作健康深入地开展。

中共中央关于全面推进依法治国若干重大问题的决定

（2014年10月23日中国共产党第十八届中央委员会第四次全体会议通过）

为贯彻落实党的十八大作出的战略部署，加快建设社会主义法治国家，十八届中央委员会第四次全体会议研究了全面推进依法治国若干重大问题，作出如下决定。

一、坚持走中国特色社会主义法治道路，建设中国特色社会主义法治体系

依法治国，是坚持和发展中国特色社会主义的本质要求和重要保障，是实现国家治理体系和治理能力现代化的必然要求，事关我们党执政兴国，事关人民幸福安康，事关党和国家长治久安。

全面建成小康社会、实现中华民族伟大复兴的中国梦，全面深化改革、完善和发展中国特色社会主义制度，提高党的执政能力和执政水平，必须全面推进依法治国。

我国正处于社会主义初级阶段，全面建成小康社会进入决定性阶段，改革进入攻坚期和深水区，国际形势复杂多变，我们党面对的改革发展稳定任务之重前所未有、矛盾风险挑战之多前所未有，依法治国在党和国家工作全局中的地位更加突出、作用更加重大。面对新形势新任务，我们党要更好统筹国内国际两个大局，更好维护和运用我国发展的重要战略机遇期，更好统筹社会力量、平衡社会利益、调节社会关系、规范社会行为，使我国社会在深刻变革中既生机勃勃又井然有序，实现经济发展、政治清明、文化昌盛、社会公正、生态良好，实现我国和平发展的战略目标，必须更好发挥法治的引领和规范作用。

我们党高度重视法治建设。长期以来，特别是党的十一届三中全会以来，我们党深刻总结我国社会主义法治建设的成功经验和深刻教训，提出为了保障人民民主，必须加强法治，必须使民主制度化、法律化，把依法治国确定为党领导人民治理国家的基本方略，把依法执政确定为党治国理政的基本方式，积极建设社会主义法治，取得历史性成就。目前，中国特色社会主义法律体系已经形成，法治政府建设稳步推进，司法体制不断完善，全社会法治观念明显增强。

同时，必须清醒看到，同党和国家事业发展要求相比，同人民群众期待相

比，同推进国家治理体系和治理能力现代化目标相比，法治建设还存在许多不适应、不符合的问题，主要表现为：有的法律法规未能全面反映客观规律和人民意愿，针对性、可操作性不强，立法工作中部门化倾向、争权诿责现象较为突出；有法不依、执法不严、违法不究现象比较严重，执法体制权责脱节、多头执法、选择性执法现象仍然存在，执法司法不规范、不严格、不透明、不文明现象较为突出，群众对执法司法不公和腐败问题反映强烈；部分社会成员尊法信法守法用法、依法维权意识不强，一些国家工作人员特别是领导干部依法办事观念不强、能力不足，知法犯法、以言代法、以权压法、徇私枉法现象依然存在。这些问题，违背社会主义法治原则，损害人民群众利益，妨碍党和国家事业发展，必须下大气力加以解决。

全面推进依法治国，必须贯彻落实党的十八大和十八届三中全会精神，高举中国特色社会主义伟大旗帜，以马克思列宁主义、毛泽东思想、邓小平理论、“三个代表”重要思想、科学发展观为指导，深入贯彻习近平总书记系列重要讲话精神，坚持党的领导、人民当家作主、依法治国有机统一，坚定不移走中国特色社会主义法治道路，坚决维护宪法法律权威，依法维护人民权益、维护社会公平正义、维护国家安全稳定，为实现“两个一百年”奋斗目标、实现中华民族伟大复兴的中国梦提供有力法治保障。

全面推进依法治国，总目标是建设中国特色社会主义法治体系，建设社会主义法治国家。这就是，在中国共产党领导下，坚持中国特色社会主义制度，贯彻中国特色社会主义法治理论，形成完备的法律规范体系、高效的法治实施体系、严密的法治监督体系、有力的法治保障体系，形成完善的党内法规体系，坚持依法治国、依法执政、依法行政共同推进，坚持法治国家、法治政府、法治社会一体建设，实现科学立法、严格执法、公正司法、全民守法，促进国家治理体系和治理能力现代化。

实现这个总目标，必须坚持以下原则。

——坚持中国共产党的领导。党的领导是中国特色社会主义最本质的特征，是社会主义法治最根本的保证。把党的领导贯彻到依法治国全过程和各方面，是我国社会主义法治建设的一条基本经验。我国宪法确立了中国共产党的领导地位。坚持党的领导，是社会主义法治的根本要求，是党和国家的根本所在、命脉所在，是全国各族人民的利益所系、幸福所系，是全面推进依法治国的题中应有之义。党的领导和社会主义法治是一致的，社会主义法治必须坚持党的领导，党的领导必须依靠社会主义法治。只有在党的领导下依法治国、厉行法治，人民当家作主才能充分实现，国家和社会生活法治化才能有序推进。依法执政，既要求党依据宪法法律治国理政，也要求党依据党内法规管党治党。必须坚持党领导立法、保证执法、支持司法、带头守法，把依法治国基本方略同依法执政基本方式统一起来，把党总揽全局、协调各方同人大、政府、政协、审判机关、检察机关依法依章程履行职能、开展工作统一起来，把党领导人民制定和实施宪法法律同党坚持在宪法法律范围内活动统一起来，善于使党的主张通过法定程序成为国家意志，善于使党组织推荐的人选通过法定程序成为国家政权机关的领导人员，善于通过国家政权机关实施党对国家和社会的领导，善于运用民主集中制原则维护中央权威、维护全党全国团结统一。

——坚持人民主体地位。人民是依法治国的主体和力量源泉，人民代表大会制度是保证人民当家作主的根本政治制度。必须坚持法治建设为了人民、依靠人民、造福人民、保护人民，以保障人民根本权益为出发点和落脚点，保证人民依法享有广泛的权利和自由、承担应尽的义务，维护社会公平正义，促进共同富裕。必须保证人民在党的领导下，依照法律规定，通过各种途径和形式管理国家事务，管理经济文化事业，管理社会事务。必须使人民认识到法律既是保障自身权利的有力武器，也是必须遵守的行为规范，增强全社会学法遵法守法用法意识，使法律为人民所掌握、所遵守、所运用。

——坚持法律面前人人平等。平等是社会主义法律的基本属性。任何组织和个人都必须尊重宪法法律权威，都必须在宪法法律范围内活动，都必须依照宪法法律行使权力或权利、履行职责或义务，都不得有超越宪法法律的特权。必须维护国家法制统一、尊严、权威，切实保证宪法法律有效实施，绝不允许任何人以任何借口任何形式以言代法、以权压法、徇私枉法。必须以规范和约束公权力为重点，加大监督力度，做到有权必有责、用权受监督、违法必追究，坚决纠正有法不依、执法不严、违法不究行为。

——坚持依法治国和以德治国相结合。国家和社会治理需要法律和道德共同发挥作用。必须坚持一手抓法治、一手抓德治，大力弘扬社会主义核心价值观，弘扬中华传统美德，培育社会公德、职业道德、家庭美德、个人品德，既重视发挥法律的规范作用，又重视发挥道德的教化作用，以法治体现道德理念、强化法律对道德建设的促进作用，以道德滋养法治精神、强化道德对法治文化的支撑作用，实现法律和道德相辅相成、法治和德治相得益彰。

——坚持从中国实际出发。中国特色社会主义道路、理论体系、制度是全面推进依法治国的根本遵循。必须从我国基本国情出发，同改革开放不断深化相适应，总结和运用党领导人民实行法治的成功经验，围绕社会主义法治建设重大理论和实践问题，推进法治理论创新，发展符合中国实际、具有中国特色、体现社会发展规律的社会主义法治理论，为依法治国提供理论指导和学理支撑。汲取中华法律文化精华，借鉴国外法治有益经验，但决不照搬外国法治理念和模式。

全面推进依法治国是一个系统工程，是国家治理领域一场广泛而深刻的革命，需要付出长期艰苦努力。全党同志必须更加自觉地坚持依法治国、更加扎实地推进依法治国，努力实现国家各项工作法治化，向着建设法治中国不断前进。

二、完善以宪法为核心的中国特色社会主义法律体系，加强宪法实施

法律是治国之重器，良法是善治之前提。建设中国特色社会主义法治体系，必须坚持立法先行，发挥立法的引领和推动作用，抓住提高立法质量这个关键。要恪守以民为本、立法为民理念，贯彻社会主义核心价值观，使每一项立法都符合宪法精神、反映人民意志、得到人民拥护。要把公正、公平、公开原则贯穿立法全过程，完善立法体制机制，坚持立改废释并举，增强法律法规的及时性、系统性、针对性、有效性。

（一）健全宪法实施和监督制度。宪法是党和人民意志的集中体现，是通过科学民主程序形成的根本法。坚持依法治国首先要坚持依宪治国，坚持依法执政首先要坚持依宪执政。全国各族人民、一切国家机关和武装力量、各政党和各社会团体、各企业事业组织，都必须以宪法为根本的活动准则，并且负有维护宪法尊严、保证宪法实施的职责。一切违反宪法的行为都必须予以追究和纠正。

完善全国人大及其常委会宪法监督制度，健全宪法解释程序机制。加强备案审查制度和能力建设，把所有规范性文件纳入备案审查范围，依法撤销和纠正违宪违法的规范性文件，禁止地方制发带有立法性质的文件。

将每年十二月四日定为国家宪法日。在全社会普遍开展宪法教育，弘扬宪法精神。建立宪法宣誓制度，凡经人大及其常委会选举或者决定任命的国家工作人员正式就职时公开向宪法宣誓。

（二）完善立法体制。加强党对立法工作的领导，完善党对立法工作中重大问题决策的程序。凡立法涉及重大体制和重大政策调整的，必须报党中央讨论决定。党中央向全国人大提出宪法修改建议，依照宪法规定的程序进行宪法修改。法律制定和修改的重大问题由全国人大常委会党组向党中央报告。

健全有立法权的人大主导立法工作的体制机制，发挥人大及其常委会在立法工作中的主导作用。建立由全国人大相关专门委员会、全国人大常委会法制工作委员会组织有关部门参与起草综合性、全局性、基础性等重要法律草案制度。增加有法治实践经验的专职常委比例。依法建立健全专门委员会、工作委员会立法专家顾问制度。

加强和改进政府立法制度建设，完善行政法规、规章制定程序，完善公众参与政府立法机制。重要行政管理法律法规由政府法制机构组织起草。

明确立法权力边界，从体制机制和工作程序上有效防止部门利益和地方保护主义法律化。对部门间争议较大的重要立法事项，由决策机关引入第三方评估，充分听取各方意见，协调决定，不能久拖不决。加强法律解释工作，及时明确法律规定含义和适用法律依据。明确地方立法权限和范围，依法赋予设区的市地方立法权。

（三）深入推进科学立法、民主立法。加强人大对立法工作的组织协调，健全立法起草、论证、协调、审议机制，健全向下级人大征询立法意见机制，建立基层立法联系点制度，推进立法精细化。健全法律法规规章起草征求人大代表意见制度，增加人大代表列席人大常委会会议人数，更多发挥人大代表参与起草和修改法律作用。完善立法项目征集和论证制度。健全立法机关主导、社会各方有序参与立法的途径和方式。探索委托第三方起草法律法规草案。

健全立法机关和社会公众沟通机制，开展立法协商，充分发挥政协委员、民主党派、工商联、无党派人士、人民团体、社会组织在立法协商中的作用，探索建立有关国家机关、社会团体、专家学者等对立法中涉及的重大利益调整论证咨询机制。拓宽公民有序参与立法途径，健全法律法规规章草案公开征求意见和公众意见采纳情况反馈机制，广泛凝聚社会共识。

完善法律草案表决程序，对重要条款可以单独表决。

（四）加强重点领域立法。依法保障公民权利，加快完善体现权利公平、机会公平、规则公平的法律制度，保障公民人身权、财产权、基本政治权利等各项权利不受侵犯，保障公民经济、文化、社会等各方面权利得到落实，实现公民权利保障法治化。增强全社会尊重和保障人权意识，健全公民权利救济渠道和方式。

社会主义市场经济本质上是法治经济。使市场在资源配置中起决定性作用和更好发挥政府作用，必须以保护产权、维护契约、统一市场、平等交换、公平竞争、有效监管为基本导向，完善社会主义市场经济法律制度。健全以公平为核心原则的产权保护制度，加强对各种所有制经济组织和自然人财产权的保护，清理有违公平的法律法规条款。创新适应公有制多种实现形式的产权保护制度，加强对国有、集体资产所有权、经营权和各类企业法人财产权的保护。国家保护企业以法人财产权依法自主经营、自负盈亏，企业有权拒绝任何组织和个人无法律依据的要求。加强企业社会责任立法。完善激励创新的产权制度、知识产权保护制度和促进科技成果转化的体制机制。加强市场法律制度建设，编纂民法典，制定和完善发展规划、投资管理、土地管理、能源和矿产资源、农业、财政税收、金融等方面法律法规，促进商品和要素自由流动、公平交易、平等使用。依法加强和改善宏观调控、市场监管，反对垄断，促进合理竞争，维护公平竞争的市场秩序。加强军民融合深度发展法治保障。

制度化、规范化、程序化是社会主义民主政治的根本保障。以保障人民当家作主为核心，坚持和完善人民代表大会制度，坚持和完善中国共产党领导的多党合作和政治协商制度、民族区域自治制度以及基层群众自治制度，推进社会主义民主政治法治化。加强社会主义协商民主制度建设，推进协商民主广泛多层制度化发展，构建程序合理、环节完整的协商民主体系。完善和发展基层民主制度，依法推进基层民主和行业自律，实行自我管理、自我服务、自我教育、自我监督。完善国家机构组织法，完善选举制度和工作机制。加快推进反腐败国家立法，完善惩治和预防腐败体系，形成不敢腐、不能腐、不想腐的有效机制，坚决遏制和预防腐败现象。完善惩治贪污贿赂犯罪法律制度，把贿赂犯罪对象由财物扩大为财物和其他财产性利益。

建立健全坚持社会主义先进文化前进方向、遵循文化发展规律、有利于激发文化创造活力、保障人民基本文化权益的文化法律制度。制定公共文化服务保障法，促进基本公共文化服务标准化、均等化。制定文化产业促进法，把行之有效的文化经济政策法定化，健全促进社会效益和经济效益有机统一的制度规范。制定国家勋章和国家荣誉称号法，表彰有突出贡献的杰出人士。加强互联网领域立法，完善网络信息服务、网络安全保护、网络社会管理等方面的法律法规，依法规范网络行为。

加快保障和改善民生、推进社会治理体制创新法律制度建设。依法加强和规范公共服务，完善教育、就业、收入分配、社会保障、医疗卫生、食品安全、扶贫、慈善、社会救助和妇女儿童、老年人、残疾人合法权益保护等方面的法律法规。加强社会组织立法，规范和引导各类社会组织健康发展。制定社区矫正法。

贯彻落实总体国家安全观，加快国家安全法治建设，抓紧出台反恐怖等一批急需法律，推进公共安全法治化，构建国家安全法律制度体系。

用严格的法律制度保护生态环境，加快建立有效约束开发行为和促进绿色发展、循环发展、低碳发展的生态文明法律制度，强化生产者环境保护的法律责任，大幅度提高违法成本。建立健全自然资源产权法律制度，完善国土空间开发保护方面的法律制度，制定完善生态补偿和土壤、水、大气污染防治及海洋生态环境保护等法律法规，促进生态文明建设。

实现立法和改革决策相衔接，做到重大改革于法有据、立法主动适应改革和经济社会发展需要。实践证明行之有效的，要及时上升为法律。实践条件还不成熟、需要先行先试的，要按照法定程序作出授权。对不适应改革要求的法律法规，要及时修改和废止。

三、深入推进依法行政，加快建设法治政府

法律的生命力在于实施，法律的权威也在于实施。各级政府必须坚持在党的领导下、在法治轨道上开展工作，创新执法体制，完善执法程序，推进综合执法，严格执法责任，建立权责统一、权威高效的依法行政体制，加快建设职能科学、权责法定、执法严明、公开公正、廉洁高效、守法诚信的法治政府。

（一）依法全面履行政府职能。完善行政组织和行政程序法律制度，推进机构、职能、权限、程序、责任法定化。行政机关要坚持法定职责必须为、法无授权不可为，勇于负责、敢于担当，坚决纠正不作为、乱作为，坚决克服懒政、怠政，坚决惩处失职、渎职。行政机关不得法外设定权力，没有法律法规依据不得作出减损公民、法人和其他组织合法权益或者增加其义务的决定。推行政府权力清单制度，坚决消除权力设租寻租空间。

推进各级政府事权规范化、法律化，完善不同层级政府特别是中央和地方政府事权法律制度，强化中央政府宏观管理、制度设定职责和必要的执法权，强化省级政府统筹推进区域内基本公共服务均等化职责，强化市县政府执行职责。

（二）健全依法决策机制。把公众参与、专家论证、风险评估、合法性审查、集体讨论决定确定为重大行政决策法定程序，确保决策制度科学、程序正当、过程公开、责任明确。建立行政机关内部重大决策合法性审查机制，未经合法性审查或经审查不合法的，不得提交讨论。

积极推行政府法律顾问制度，建立政府法制机构人员为主体、吸收专家和律师参加的法律顾问队伍，保证法律顾问在制定重大行政决策、推进依法行政中发挥积极作用。

建立重大决策终身责任追究制度及责任倒查机制，对决策严重失误或者依法应该及时作出决策但久拖不决造成重大损失、恶劣影响的，严格追究行政首长、负有责任的其他领导人员和相关责任人员的法律责任。

（三）深化行政执法体制改革。根据不同层级政府的事权和职能，按照减少层次、整合队伍、提高效率的原则，合理配置执法力量。

推进综合执法，大幅减少市县两级政府执法队伍种类，重点在食品药品安全、工商质检、公共卫生、安全生产、文化旅游、资源环境、农林水利、交通运输、城乡建设、海洋渔业等领域内推行综合执法，有条件的领域可以推行跨部门综合执法。

完善市县两级政府行政执法管理，加强统一领导和协调。理顺行政强制执行体制。理顺城管执法体制，加强城市管理综合执法机构建设，提高执法和服务水平。

严格实行行政执法人员持证上岗和资格管理制度，未经执法资格考试合格，不得授予执法资格，不得从事执法活动。严格执行罚缴分离和收支两条线管理制度，严禁收费罚没收入同部门利益直接或者变相挂钩。

健全行政执法和刑事司法衔接机制，完善案件移送标准和程序，建立行政执法机关、公安机关、检察机关、审判机关信息共享、案情通报、案件移送制度，坚决克服有案不移、有案难移、以罚代刑现象，实现行政处罚和刑事处罚无缝对接。

（四）坚持严格规范公正文明执法。依法惩处各类违法行为，加大关系群众切身利益的重点领域执法力度。完善执法程序，建立执法全过程记录制度。明确具体操作流程，重点规范行政许可、行政处罚、行政强制、行政征收、行政收费、行政检查等执法行为。严格执行重大执法决定法制审核制度。

建立健全行政裁量权基准制度，细化、量化行政裁量标准，规范裁量范围、种类、幅度。加强行政执法信息化建设和信息共享，提高执法效率和规范化水平。

全面落实行政执法责任制，严格确定不同部门及机构、岗位执法人员执法责任和责任追究机制，加强执法监督，坚决排除对执法活动的干预，防止和克服地方和部门保护主义，惩治执法腐败现象。

（五）强化对行政权力的制约和监督。加强党内监督、人大监督、民主监督、行政监督、司法监督、审计监督、社会监督、舆论监督制度建设，努力形成科学有效的权力运行制约和监督体系，增强监督合力和实效。

加强对政府内部权力的制约，是强化对行政权力制约的重点。对财政资金分配使用、国有资产监管、政府投资、政府采购、公共资源转让、公共工程建设等权力集中的部门和岗位实行分事行权、分岗设权、分级授权，定期轮岗，强化内部流程控制，防止权力滥用。完善政府内部层级监督和专门监督，改进上级机关对下级机关的监督，建立常态化监督制度。完善纠错问责机制，健全责令公开道歉、停职检查、引咎辞职、责令辞职、罢免等问责方式和程序。

完善审计制度，保障依法独立行使审计监督权。对公共资金、国有资产、国有资源和领导干部履行经济责任情况实行审计全覆盖。强化上级审计机关对下级审计机关的领导。探索省以下地方审计机关人财物统一管理。推进审计职业化建设。

（六）全面推进政务公开。坚持以公开为常态、不公开为例外原则，推进决策公开、执行公开、管理公开、服务公开、结果公开。各级政府及其工作部门依据权力清单，向社会全面公开政府职能、法律依据、实施主体、职责权限、管理流程、监督方式等事项。重点推进财政预算、公共资源配置、重大建设项目批准和实施、社会公益事业建设等领域的政府信息公开。

涉及公民、法人或其他组织权利和义务的规范性文件，按照政府信息公开要求和程序予以公布。推行行政执法公示制度。推进政务公开信息化，加强互联网政务信息数据服务平台和便民服务平台建设。

四、保证公正司法，提高司法公信力

公正是法治的生命线。司法公正对社会公正具有重要引领作用，司法不公对社会公正具有致命破坏作用。必须完善司法管理体制和司法权力运行机制，规范司法行为，加强对司法活动的监督，努力让人民群众在每一个司法案件中感受到公平正义。

（一）完善确保依法独立公正行使审判权和检察权的制度。各级党政机关和领导干部要支持法院、检察院依法独立公正行使职权。建立领导干部干预司法活动、插手具体案件处理的记录、通报和责任追究制度。任何党政机关和领导干部都不得让司法机关做违反法定职责、有碍司法公正的事情，任何司法机关都不得执行党政机关和领导干部违法干预司法活动的要求。对干预司法机关办案的，给予党纪政纪处分；造成冤假错案或者其他严重后果的，依法追究刑事责任。

健全行政机关依法出庭应诉、支持法院受理行政案件、尊重并执行法院生效裁判的制度。完善惩戒妨碍司法机关依法行使职权、拒不执行生效裁判和决定、藐视法庭权威等违法犯罪行为的法律规定。

建立健全司法人员履行法定职责保护机制。非因法定事由，非经法定程序，不得将法官、检察官调离、辞退或者作出免职、降级等处分。

（二）优化司法职权配置。健全公安机关、检察机关、审判机关、司法行政机关各司其职，侦查权、检察权、审判权、执行权相互配合、相互制约的体制机制。

完善司法体制，推动实行审判权和执行权相分离的体制改革试点。完善刑罚执行制度，统一刑罚执行体制。改革司法机关人财物管理体制，探索实行法院、检察院司法行政事务管理权和审判权、检察权相分离。

最高人民法院设立巡回法庭，审理跨行政区域重大行政和民商事案件。探索设立跨行政区划的人民法院和人民检察院，办理跨地区案件。完善行政诉讼体制机制，合理调整行政诉讼案件管辖制度，切实解决行政诉讼立案难、审理难、执行难等突出问题。

改革法院案件受理制度，变立案审查制为立案登记制，对人民法院依法应该受理的案件，做到有案必立、有诉必理，保障当事人诉权。加大对虚假诉讼、恶意诉讼、无理缠诉行为的惩治力度。完善刑事诉讼中认罪认罚从宽制度。

完善审级制度，一审重在解决事实认定和法律适用，二审重在解决事实法律争议、实现二审终审，再审重在解决依法纠错、维护裁判权威。完善对涉及公民人身、财产权益的行政强制措施实行司法监督制度。检察机关在履行职责中发现行政机关违法行使职权或者不行使职权的行为，应该督促其纠正。探索建立检察机关提起公益诉讼制度。

明确司法机关内部各层级权限，健全内部监督制约机制。司法机关内部人员不得违反规定干预其他人员正在办理的案件，建立司法机关内部人员过问案件的记录制度和责任追究制度。完善主审法官、合议庭、主任检察官、主办侦查员办案责任制，落实谁办案谁负责。

加强职务犯罪线索管理，健全受理、分流、查办、信息反馈制度，明确纪检监察和刑事司法办案标准和程序衔接，依法严格查办职务犯罪案件。

（三）推进严格司法。坚持以事实为根据、以法律为准绳，健全事实认定符合客观真相、办案结果符合实体公正、办案过程符合程序公正的法律制度。加强和规范司法解释和案例指导，统一法律适用标准。

推进以审判为中心的诉讼制度改革，确保侦查、审查起诉的案件事实证据经得起法律的检验。全面贯彻证据裁判规则，严格依法收集、固定、保存、审查、运用证据，完善证人、鉴定人出庭制度，保证庭审在查明事实、认定证据、保护诉权、公正裁判中发挥决定性作用。

明确各类司法人员工作职责、工作流程、工作标准，实行办案质量终身负责制和错案责任倒查问责制，确保案件处理经得起法律和历史检验。

（四）保障人民群众参与司法。坚持人民司法为人民，依靠人民推进公正司法，通过公正司法维护人民权益。在司法调解、司法听证、涉诉信访等司法活动中保障人民群众参与。完善人民陪审员制度，保障公民陪审权利，扩大参审范围，完善随机抽选方式，提高人民陪审制度公信度。逐步实行人民陪审员不再审理法律适用问题，只参与审理事实认定问题。

构建开放、动态、透明、便民的阳光司法机制，推进审判公开、检务公开、警务公开、狱务公开，依法及时公开执法司法依据、程序、流程、结果和生效法律文书，杜绝暗箱操作。加强法律文书释法说理，建立生效法律文书统一上网和公开查询制度。

（五）加强人权司法保障。强化诉讼过程中当事人和其他诉讼参与人的知情权、陈述权、辩护辩论权、申请权、申诉权的制度保障。健全落实罪刑法定、疑罪从无、非法证据排除等法律原则的法律制度。完善对限制人身自由司法措施和侦查手段的司法监督，加强对刑讯逼供和非法取证的源头预防，健全冤假错案有效防范、及时纠正机制。

切实解决执行难，制定强制执行法，规范查封、扣押、冻结、处理涉案财物的司法程序。加快建立失信被执行人信用监督、威慑和惩戒法律制度。依法保障胜诉当事人及时实现权益。

落实终审和诉讼终结制度，实行诉访分离，保障当事人依法行使申诉权利。对不服司法机关生效裁判、决定的申诉，逐步实行由律师代理制度。对聘不起律师的申诉人，纳入法律援助范围。

（六）加强对司法活动的监督。完善检察机关行使监督权的法律制度，加强对刑事诉讼、民事诉讼、行政诉讼的法律监督。完善人民监督员制度，重点监督检察机关查办职务犯罪的立案、羁押、扣押冻结财物、起诉等环节的执法活动。司法机关要及时回应社会关切。规范媒体对案件的报道，防止舆论影响司法公正。

依法规范司法人员与当事人、律师、特殊关系人、中介组织的接触、交往行为。严禁司法人员私下接触当事人及律师、泄漏或者为其打探案情、接受吃请或者收受其财物、为律师介绍代理和辩护业务等违法违纪行为，坚决惩治司法掮客行为，防止利益输送。

对因违法违纪被开除公职的司法人员、吊销执业证书的律师和公证员，终身禁止从事法律职业，构成犯罪的要依法追究刑事责任。

坚决破除各种潜规则，绝不允许法外开恩，绝不允许办关系案、人情案、金钱案。坚决反对和克服特权思想、衙门作风、霸道作风，坚决反对和惩治粗暴执法、野蛮执法行为。对司法领域的腐败零容忍，坚决清除害群之马。

五、增强全民法治观念，推进法治社会建设

法律的权威源自人民的内心拥护和真诚信仰。人民权益要靠法律保障，法律权威要靠人民维护。必须弘扬社会主义法治精神，建设社会主义法治文化，增强全社会厉行法治的积极性和主动性，形成守法光荣、违法可耻的社会氛围，使全体人民都成为社会主义法治的忠实崇尚者、自觉遵守者、坚定捍卫者。

（一）推动全社会树立法治意识。坚持把全民普法和守法作为依法治国的长期基础性工作，深入开展法治宣传教育，引导全民自觉守法、遇事找法、解决问题靠法。坚持把领导干部带头学法、模范守法作为树立法治意识的关键，完善国家工作人员学法用法制度，把宪法法律列入党委（党组）中心组学习内容，列为党校、行政学院、干部学院、社会主义学院必修课。把法治教育纳入国民教育体系，从青少年抓起，在中小学设立法治知识课程。

健全普法宣传教育机制，各级党委和政府要加强对普法工作的领导，宣传、文化、教育部门和人民团体要在普法教育中发挥职能作用。实行国家机关“谁执法谁普法”的普法责任制，建立法官、检察官、行政执法人员、律师等以案释法制度，加强普法讲师团、普法志愿者队伍建设。把法治教育纳入精神文明创建内容，开展群众性法治文化活动，健全媒体公益普法制度，加强新媒体新技术在普法中的运用，提高普法实效。

牢固树立有权力就有责任、有权利就有义务观念。加强社会诚信建设，健全公民和组织守法信用记录，完善守法诚信褒奖机制和违法失信行为惩戒机制，使遵法守法成为全体人民共同追求和自觉行动。

加强公民道德建设，弘扬中华优秀传统文化，增强法治的道德底蕴，强化规则意识，倡导契约精神，弘扬公序良俗。发挥法治在解决道德领域突出问题中的作用，引导人们自觉履行法定义务、社会责任、家庭责任。

（二）推进多层次多领域依法治理。坚持系统治理、依法治理、综合治理、源头治理，提高社会治理法治化水平。深入开展多层次多形式法治创建活动，深化基层组织和部门、行业依法治理，支持各类社会主体自我约束、自我管理。发挥市民公约、乡规民约、行业规章、团体章程等社会规范在社会治理中的积极作用。

发挥人民团体和社会组织在法治社会建设中的积极作用。建立健全社会组织参与社会事务、维护公共利益、救助困难群众、帮教特殊人群、预防违法犯罪的机制和制度化渠道。支持行业协会商会类社会组织发挥行业自律和专业服务功能。发挥社会组织对其成员的行为导引、规则约束、权益维护作用。加强在华境外非政府组织管理，引导和监督其依法开展活动。

高举民族大团结旗帜，依法妥善处置涉及民族、宗教等因素的社会问题，促进民族关系、宗教关系和谐。

（三）建设完备的法律服务体系。推进覆盖城乡居民的公共法律服务体系建设，加强民生领域法律服务。完善法律援助制度，扩大援助范围，健全司法救助体系，保证人民群众在遇到法律问题或者权利受到侵害时获得及时有效法律帮助。

发展律师、公证等法律服务业，统筹城乡、区域法律服务资源，发展涉外法律服务业。健全统一司法鉴定管理体制。

（四）健全依法维权和化解纠纷机制。强化法律在维护群众权益、化解社会矛盾中的权威地位，引导和支持人们理性表达诉求、依法维护权益，解决好群众最关心最直接最现实的利益问题。

构建对维护群众利益具有重大作用的制度体系，建立健全社会矛盾预警机制、利益表达机制、协商沟通机制、救济救助机制，畅通群众利益协调、权益保障法律渠道。把信访纳入法治化轨道，保障合理合法诉求依照法律规定和程序就能得到合理合法的结果。

健全社会矛盾纠纷预防化解机制，完善调解、仲裁、行政裁决、行政复议、诉讼等有机衔接、相互协调的多元化纠纷解决机制。加强行业性、专业性人民调解组织建设，完善人民调解、行政调解、司法调解联动工作体系。完善仲裁制度，提高仲裁公信力。健全行政裁决制度，强化行政机关解决同行政管理活动密切相关的民事纠纷功能。

深入推进社会治安综合治理，健全落实领导责任制。完善立体化社会治安防控体系，有效防范化解管控影响社会安定的问题，保障人民生命财产安全。依法严厉打击暴力恐怖、涉黑犯罪、邪教和黄赌毒等违法犯罪活动，绝不允许其形成气候。依法强化危害食品药品安全、影响安全生产、损害生态环境、破坏网络安全等重点问题治理。

六、加强法治工作队伍建设

全面推进依法治国，必须大力提高法治工作队伍思想政治素质、业务工作能力、职业道德水准，着力建设一支忠于党、忠于国家、忠于人民、忠于法律的社会主义法治工作队伍，为加快建设社会主义法治国家提供强有力的组织和人才保障。

（一）建设高素质法治专门队伍。把思想政治建设摆在首位，加强理想信念教育，深入开展社会主义核心价值观和社会主义法治理念教育，坚持党的事业、人民利益、宪法法律至上，加强立法队伍、行政执法队伍、司法队伍建设。抓住立法、执法、司法机关各级领导班子建设这个关键，突出政治标准，把善于运用法治思维和法治方式推动工作的人选拔到领导岗位上来。畅通立法、执法、司法部门干部和人才相互之间以及与其他部门具备条件的干部和人才交流渠道。

推进法治专门队伍正规化、专业化、职业化，提高职业素养和专业水平。完善法律职业准入制度，健全国家统一法律职业资格考试制度，建立法律职业人员统一职前培训制度。建立从符合条件的律师、法学专家中招录立法工作者、法官、检察官制度，畅通具备条件的军队转业干部进入法治专门队伍的通道，健全从政法专业毕业生中招录人才的规范便捷机制。加强边疆地区、民族地区法治专门队伍建设。加快建立符合职业特点的法治工作人员管理制度，完善职业保障体系，建立法官、检察官、人民警察专业职务序列及工资制度。

建立法官、检察官逐级遴选制度。初任法官、检察官由高级人民法院、省级人民检察院统一招录，一律在基层法院、检察院任职。上级人民法院、人民检察院的法官、检察官一般从下一级人民法院、人民检察院的优秀法官、检察官中遴选。

（二）加强法律服务队伍建设。加强律师队伍思想政治建设，把拥护中国共产党领导、拥护社会主义法治作为律师从业的基本要求，增强广大律师走中国特色社会主义法治道路的自觉性和坚定性。构建社会律师、公职律师、公司律师等优势互补、结构合理的律师队伍。提高律师队伍业务素质，完善执业保障机制。加强律师事务所管理，发挥律师协会自律作用，规范律师执业行为，监督律师严格遵守职业道德和职业操守，强化准入、退出管理，严格执行违法违规执业惩戒制度。加强律师行业党的建设，扩大党的工作覆盖面，切实发挥律师事务所党组织的政治核心作用。

各级党政机关和人民团体普遍设立公职律师，企业可设立公司律师，参与决策论证，提供法律意见，促进依法办事，防范法律风险。明确公职律师、公司律师法律地位及权利义务，理顺公职律师、公司律师管理体制机制。

发展公证员、基层法律服务工作者、人民调解员队伍。推动法律服务志愿者队伍建设。建立激励法律服务人才跨区域流动机制，逐步解决基层和欠发达地区法律服务资源不足和高端人才匮乏问题。

（三）创新法治人才培养机制。坚持用马克思主义法学思想和中国特色社会主义法治理论全方位占领高校、科研机构法学教育和法学研究阵地，加强法学基础理论研究，形成完善的中国特色社会主义法学理论体系、学科体系、课程体系，组织编写和全面采用国家统一的法律类专业核心教材，纳入司法考试必考范围。坚持立德树人、德育为先导向，推动中国特色社会主义法治理论进教材进课堂进头脑，培养造就熟悉和坚持中国特色社会主义法治体系的法治人才及后备力量。建设通晓国际法律规则、善于处理涉外法律事务的涉外法治人才队伍。

健全政法部门和法学院校、法学研究机构人员双向交流机制，实施高校和法治工作部门人员互聘计划，重点打造一支政治立场坚定、理论功底深厚、熟悉中国国情的高水平法学家和专家团队，建设高素质学术带头人、骨干教师、专兼职教师队伍。

七、加强和改进党对全面推进依法治国的领导

党的领导是全面推进依法治国、加快建设社会主义法治国家最根本的保证。必须加强和改进党对法治工作的领导，把党的领导贯彻到全面推进依法治国全过程。

（一）坚持依法执政。依法执政是依法治国的关键。各级党组织和领导干部要深刻认识到，维护宪法法律权威就是维护党和人民共同意志的权威，捍卫宪法法律尊严就是捍卫党和人民共同意志的尊严，保证宪法法律实施就是保证党和人民共同意志的实现。各级领导干部要对法律怀有敬畏之心，牢记法律红线不可逾越、法律底线不可触碰，带头遵守法律，带头依法办事，不得违法行使权力，更不能以言代法、以权压法、徇私枉法。

健全党领导依法治国的制度和工作机制，完善保证党确定依法治国方针政策和决策部署的工作机制和程序。加强对全面推进依法治国统一领导、统一部署、统筹协调。完善党委依法决策机制，发挥政策和法律的各自优势，促进党的政策和国家法律互联互动。党委要定期听取政法机关工作汇报，做促进公正司法、维护法律权威的表率。党政主要负责人要履行推进法治建设第一责任人职责。各级党委要领导和支持工会、共青团、妇联等人民团体和社会组织在依法治国中积极发挥作用。

人大、政府、政协、审判机关、检察机关的党组织和党员干部要坚决贯彻党的理论和路线方针政策，贯彻党委决策部署。各级人大、政府、政协、审判机关、检察机关的党组织要领导和监督本单位模范遵守宪法法律，坚决查处执法犯法、违法用权等行为。

政法委员会是党委领导政法工作的组织形式，必须长期坚持。各级党委政法委员会要把工作着力点放在把握政治方向、协调各方职能、统筹政法工作、建设政法队伍、督促依法履职、创造公正司法环境上，带头依法办事，保障宪法法律正确统一实施。政法机关党组织要建立健全重大事项向党委报告制度。加强政法机关党的建设，在法治建设中充分发挥党组织政治保障作用和党员先锋模范作用。

（二）加强党内法规制度建设。党内法规既是管党治党的重要依据，也是建设社会主义法治国家的有力保障。党章是最根本的党内法规，全党必须一体严格遵行。完善党内法规制定体制机制，加大党内法规备案审查和解释力度，形成配套完备的党内法规制度体系。注重党内法规同国家法律的衔接和协调，提高党内法规执行力，运用党内法规把党要管党、从严治党落到实处，促进党员、干部带头遵守国家法律法规。

党的纪律是党内规矩。党规党纪严于国家法律，党的各级组织和广大党员干部不仅要模范遵守国家法律，而且要按照党规党纪以更高标准严格要求自己，坚定理想信念，践行党的宗旨，坚决同违法乱纪行为作斗争。对违反党规党纪的行为必须严肃处理，对苗头性倾向性问题必须抓早抓小，防止小错酿成大错、违纪走向违法。

依纪依法反对和克服形式主义、官僚主义、享乐主义和奢靡之风，形成严密的长效机制。完善和严格执行领导干部政治、工作、生活待遇方面各项制度规定，着力整治各种特权行为。深入开展党风廉政建设和反腐败斗争，严格落实党风廉政建设党委主体责任和纪委监督责任，对任何腐败行为和腐败分子，必须依纪依法予以坚决惩处，决不手软。

（三）提高党员干部法治思维和依法办事能力。党员干部是全面推进依法治国的重要组织者、推动者、实践者，要自觉提高运用法治思维和法治方式深化改革、推动发展、化解矛盾、维护稳定能力，高级干部尤其要以身作则、以上率下。把法治建设成效作为衡量各级领导班子和领导干部工作实绩重要内容，纳入政绩考核指标体系。把能不能遵守法律、依法办事作为考察干部重要内容，在相同条件下，优先提拔使用法治素养好、依法办事能力强的干部。对特权思想严重、法治观念淡薄的干部要批评教育，不改正的要调离领导岗位。

（四）推进基层治理法治化。全面推进依法治国，基础在基层，工作重点在基层。发挥基层党组织在全面推进依法治国中的战斗堡垒作用，增强基层干部法治观念、法治为民的意识，提高依法办事能力。加强基层法治机构建设，强化基层法治队伍，建立重心下移、力量下沉的法治工作机制，改善基层基础设施和装备条件，推进法治干部下基层活动。

（五）深入推进依法治军从严治军。党对军队绝对领导是依法治军的核心和根本要求。紧紧围绕党在新形势下的强军目标，着眼全面加强军队革命化现代化正规化建设，创新发展依法治军理论和实践，构建完善的中国特色军事法治体系，提高国防和军队建设法治化水平。

坚持在法治轨道上积极稳妥推进国防和军队改革，深化军队领导指挥体制、力量结构、政策制度等方面改革，加快完善和发展中国特色社会主义军事制度。

健全适应现代军队建设和作战要求的军事法规制度体系，严格规范军事法规制度的制定权限和程序，将所有军事规范性文件纳入审查范围，完善审查制度，增强军事法规制度科学性、针对性、适用性。

坚持从严治军铁律，加大军事法规执行力度，明确执法责任，完善执法制度，健全执法监督机制，严格责任追究，推动依法治军落到实处。

健全军事法制工作体制，建立完善领导机关法制工作机构。改革军事司法体制机制，完善统一领导的军事审判、检察制度，维护国防利益，保障军人合法权益，防范打击违法犯罪。建立军事法律顾问制度，在各级领导机关设立军事法律顾问，完善重大决策和军事行动法律咨询保障制度。改革军队纪检监察体制。

强化官兵法治理念和法治素养，把法律知识学习纳入军队院校教育体系、干部理论学习和部队教育训练体系，列为军队院校学员必修课和部队官兵必学必训内容。完善军事法律人才培养机制。加强军事法治理论研究。

（六）依法保障“一国两制”实践和推进祖国统一。坚持宪法的最高法律地位和最高法律效力，全面准确贯彻“一国两制”、“港人治港”、“澳人治澳”、高度自治的方针，严格依照宪法和基本法办事，完善与基本法实施相关的制度和机制，依法行使中央权力，依法保障高度自治，支持特别行政区行政长官和政府依法施政，保障内地与香港、澳门经贸关系发展和各领域交流合作，防范和反对外部势力干预港澳事务，保持香港、澳门长期繁荣稳定。

运用法治方式巩固和深化两岸关系和平发展，完善涉台法律法规，依法规范和保障两岸人民关系、推进两岸交流合作。运用法律手段捍卫一个中国原则、反对“台独”，增进维护一个中国框架的共同认知，推进祖国和平统一。

依法保护港澳同胞、台湾同胞权益。加强内地同香港和澳门、大陆同台湾的执法司法协作，共同打击跨境违法犯罪活动。

（七）加强涉外法律工作。适应对外开放不断深化，完善涉外法律法规体系，促进构建开放型经济新体制。积极参与国际规则制定，推动依法处理涉外经济、社会事务，增强我国在国际法律事务中的话语权和影响力，运用法律手段维护我国主权、安全、发展利益。强化涉外法律服务，维护我国公民、法人在海外及外国公民、法人在我国的正当权益，依法维护海外侨胞权益。深化司法领域国际合作，完善我国司法协助体制，扩大国际司法协助覆盖面。加强反腐败国际合作，加大海外追赃追逃、遣返引渡力度。积极参与执法安全国际合作，共同打击暴力恐怖势力、民族分裂势力、宗教极端势力和贩毒走私、跨国有组织犯罪。

各级党委要全面准确贯彻本决定精神，健全党委统一领导和各方分工负责、齐抓共管的责任落实机制，制定实施方案，确保各项部署落到实处。

全党同志和全国各族人民要紧密团结在以习近平同志为总书记的党中央周围，高举中国特色社会主义伟大旗帜，积极投身全面推进依法治国伟大实践，开拓进取，扎实工作，为建设法治中国而奋斗！

中华人民共和国最高人民法院
中华人民共和国最高人民检察院 公告

《最高人民法院、最高人民检察院关于办理盗窃油气、破坏油气设备等刑事案件具体应用法律若干问题的解释》已于2006年11月20日由最高人民法院审判委员会第1406次会议、2006年12月11日由最高人民检察院第十届检察委员会第66次会议通过，现予公布，自2007年1月19日起施行。

最高人民法院　最高人民检察院

2007年1月15日

最高人民法院、最高人民检察院关于办理盗窃油气、破坏油气设备等刑事案件具体应用法律若干问题的解释

法释〔2007〕3号

为维护油气的生产、运输安全，依法惩治盗窃油气、破坏油气设备等犯罪，根据刑法有关规定，现就办理这类刑事案件具体应用法律的若干问题解释如下：

第一条　在实施盗窃油气等行为过程中，采用切割、打孔、撬砸、拆卸、开关等手段破坏正在使用的油气设备的，属于刑法第一百一十八条规定的“破坏燃气或者其他易燃易爆设备”的行为；危害公共安全，尚未造成严重后果的，依照刑法第一百一十八条的规定定罪处罚。

第二条　实施本解释第一条规定的行为，具有下列情形之一的，属于刑法第一百一十九条第一款规定的“造成严重后果”，依照刑法第一百一十九条第一款的规定定罪处罚：

（一）造成一人以上死亡、三人以上重伤或者十人以上轻伤的；

（二）造成井喷或者重大环境污染事故的；

（三）造成直接经济损失数额在五十万元以上的；

（四）造成其他严重后果的。

第三条　盗窃油气或者正在使用的油气设备，构成犯罪，但未危害公共安全的，依照刑法第二百六十四条的规定，以盗窃罪定罪处罚。

盗窃油气，数额巨大但尚未运离现场的，以盗窃未遂定罪处罚。

为他人盗窃油气而偷开油气井、油气管道等油气设备阀门排放油气或者提

供其他帮助的，以盗窃罪的共犯定罪处罚。

第四条 盗窃油气同时构成盗窃罪和破坏易燃易爆设备罪的，依照刑法处罚较重的规定定罪处罚。

第五条 明知是盗窃犯罪所得的油气或者油气设备，而予以窝藏、转移、收购、加工、代为销售或者以其他方法掩饰、隐瞒的，依照刑法第三百一十二条的规定定罪处罚。

实施前款规定的犯罪行为，事前通谋的，以盗窃犯罪的共犯定罪处罚。

第六条 违反矿产资源法的规定，非法开采或者破坏性开采石油、天然气资源的，依照刑法第三百四十三条以及《最高人民法院关于审理非法采矿、破坏性采矿刑事案件具体应用法律若干问题的解释》的规定追究刑事责任。

第七条 国家机关工作人员滥用职权或者玩忽职守，实施下列行为之一，致使公共财产、国家和人民利益遭受重大损失的，依照刑法第三百九十七条的规定，以滥用职权罪或者玩忽职守罪定罪处罚：

（一）超越职权范围，批准发放石油、天然气勘查、开采、加工、经营等许可证的；

（二）违反国家规定，给不符合法定条件的单位、个人发放石油、天然气勘查、开采、加工、经营等许可证的；

（三）违反《石油天然气管道保护条例》等国家规定，在油气设备安全保护范围内批准建设项目的；

（四）对发现或者经举报查实的未经依法批准、许可擅自从事石油、天然气勘查、开采、加工、经营等违法活动不予查封、取缔的。

第八条 本解释所称的“油气”，是指石油、天然气。其中，石油包括原油、成品油；天然气包括煤层气。

本解释所称“油气设备”，是指用于石油、天然气生产、储存、运输等易燃易爆设备。

健全落实社会治安综合治理领导责任制规定

（中共中央办公厅、国务院办公厅印发，2016年2月27日）

目　录

第一章　总　则

第一条　为深入推进社会治安综合治理，健全落实领导责任制，全面推进平安中国建设，确保人民安居乐业、社会安定有序、国家长治久安，制定本规定。

第二条　本规定适用于各级党的机关、人大机关、行政机关、政协机关、审判机关、检察机关及其领导班子、领导干部。

人民团体、事业单位、国有企业及其领导班子、领导干部、领导人员参照执行本规定。

第三条　健全落实社会治安综合治理领导责任制，应当坚持以邓小平理论、"三个代表"重要思想、科学发展观为指导，深入贯彻落实习近平总书记系列重要讲话精神，紧紧围绕全面建成小康社会、全面深化改革、全面依法治国、全面从严治党的战略布局，坚持问题导向、法治思维、改革创新，抓住"关键少数"，强化担当意识，落实领导责任，科学运用评估、督导、考核、激励、惩戒等措施，形成正确导向，一级抓一级，层层抓落实，使各级领导班子、领导干部切实担负起维护一方稳定、确保一方平安的重大政治责任，保证党中央、国务院关于社会治安综合治理决策部署的贯彻落实。

第二章　责任内容

第四条　严格落实属地管理和谁主管谁负责原则，构建党委领导、政府主导、综治协调、各部门齐抓共管、社会力量积极参与的社会治安综合治理工作格局。

第五条 各级党委和政府应当切实加强对社会治安综合治理的领导，列入重要议事日程，纳入经济社会发展总体规划，认真研究解决工作中的重要问题，从人力物力财力上保证社会治安综合治理工作的顺利开展。

各地党政主要负责同志是社会治安综合治理的第一责任人，社会治安综合治理的分管负责同志是直接责任人，领导班子其他成员承担分管工作范围内社会治安综合治理的责任。

第六条 各部门各单位应当各负其责，充分发挥职能作用，积极参与社会治安综合治理，主动承担好预防和减少违法犯罪、维护社会治安和社会稳定的责任，认真抓好本部门本单位的综合治理工作，与业务工作同规划、同部署、同检查、同落实。

第七条 各级社会治安综合治理委员会及其办公室应当在党委和政府的统一领导下，认真组织各有关单位参与社会治安综合治理工作，加强调查研究和督导检查，及时通报、分析社会治安形势，协调解决工作中遇到的突出问题，总结推广典型经验，统筹推进社会治安综合治理工作。

第三章 督促检查

第八条 各地区各部门各单位应当建立完善社会治安综合治理目标管理责任制，把社会治安综合治理各项任务分解为若干具体目标，制定易于执行检查的措施，建立严格的督促检查制度、定量考核制度、评价奖惩制度，自上而下层层签订社会治安综合治理责任书。

第九条 各级党委常委会应当将执行社会治安综合治理领导责任制的情况，作为向同级党的委员会全体会议报告工作的一项重要内容。

各级党政领导班子和有关领导干部应当将履行社会治安综合治理责任情况作为年度述职报告的重要内容。

第十条 社会治安综合治理委员会成员单位每年应当对本单位本系统部署和开展社会治安综合治理、推进平安建设的有关情况进行总结，对下一年度的工作作出安排，并报同级社会治安综合治理委员会。

下一级社会治安综合治理委员会每年应当向上一级社会治安综合治理委员会报告工作。

第十一条 各级党委和政府应当将社会治安综合治理纳入工作督促检查范围，适时组织开展专项督促检查。

各级社会治安综合治理委员会及其办公室应当动员组织党员、群众有序参与，推动社会治安综合治理各项决策部署落到实处。

第十二条 各级党委和政府应当建立健全社会治安综合治理考核评价制度机制，制定完善考核评价标准和指标体系，明确考核评价的内容、方法、程序。

第十三条 各级党委和政府应当强化社会治安综合治理考核评价结果运用，把社会治安综合治理工作实绩作为对领导班子和领导干部综合考核评价的重要内容，与业绩评定、职务晋升、奖励惩处等挂钩。各级社会治安综合治理委员会及其办公室应当推动建立健全社会治安综合治理工作实绩档案。

各级组织人事部门在考察党政主要领导干部和社会治安综合治理分管领导干部实绩、进行提拔使用和晋职晋级时，应当了解和掌握相关领导干部抓社会治安综合治理工作的情况。

第十四条 县级以上社会治安综合治理委员会及其办公室应当按照中央有关规定，加强与同级纪检监察机关、组织人事部门的协调配合，协同做好有关奖惩工作。

第四章 表彰奖励

第十五条 对真抓实干、社会治安综合治理工作成绩突出的地方、部门和单位的党政主要领导干部和分管领导干部，应当按照有关规定给予表彰和嘉奖。对受到嘉奖的领导干部，应当将有关材料存入本人档案。

第十六条 中央社会治安综合治理委员会、中央组织部、人力资源社会保障部每四年开展一次全国社会治安综合治理先进集体、先进工作者评选表彰工作。

第十七条 对受到表彰的全国社会治安综合治理先进集体党政主要领导干部和分管领导干部应当进行嘉奖。对受到表彰的全国社会治安综合治理先进工作者，应当落实省部级先进工作者和劳动模范待遇。

第十八条 对连续三次以上受到表彰的全国社会治安综合治理先进集体，由中央社会治安综合治理委员会以适当形式予以表扬。

第十九条 地方各级社会治安综合治理委员会和组织人事部门要配合做好全国社会治安综合治理先进集体、先进工作者等的评选表彰工作。

第五章 责任督导和追究

第二十条 党政领导班子、领导干部违反本规定或者未能正确履行本规定所列职责，有下列情形之一的，应当进行责任督导和追究：

（一）不重视社会治安综合治理和平安建设，相关工作措施落实不力，本地区本系统本单位基层基础工作薄弱，治安秩序严重混乱的；

（二）本地区本系统本单位在较短时间内连续发生重大刑事案件、群体性事件、公共安全事件的；

（三）本地区本系统本单位发生特别重大刑事案件、群体性事件、公共安全事件的；

（四）本地区本单位社会治安综合治理工作（平安建设）考核评价不合格、不达标的；

（五）对群众反映强烈的社会治安重点地区和突出公共安全、治安问题等，没有采取有效措施或者出现反弹的；

（六）各级党委和政府及社会治安综合治理委员会认为需要查究的其他事项。

第二十一条 对党政领导班子、领导干部进行责任督导和追究的方式包括：通报、约谈、挂牌督办、实施一票否决权制、引咎辞职、责令辞职、免职等。因违纪违法应当承担责任的，给予党纪政纪处分；构成犯罪的，依法追究刑事责任。

第二十二条 对具有本规定第二十条所列情形的地区、单位，由相应县级以上社会治安综合治理委员会办公室以书面形式进行通报，必要时由社会治安综合治理委员会进行通报，限期进行整改。

第二十三条 对受到通报后仍未按期完成整改目标，或者具有本规定第二十条所列情形且危害严重或者影响重大的地区、单位，由相应的上一级社会治安综合治理委员会办公室主任对其党政主要领导干部、社会治安综合治理工作分管领导干部和负有责任的其他领导班子成员进行约谈，必要时由社会治安综合治理委员会主任、副主任约谈，帮助分析原因，督促限期整改。

第二十四条 对受到约谈后仍未按期完成整改目标，或者具有本规定第二十条所列情形且危害特别严重或者影响特别重大但尚不够实施一票否决权制的地区、单位，由相应的上一级社会治安综合治理委员会办公室挂牌督办，限期进行整改。必要时，可派驻工作组对挂牌督办地区、单位进行检查督办。

中央社会治安综合治理委员会办公室每年从公共安全、治安问题相对突出的市（地、州、盟）中，确定若干作为挂牌督办的重点整治单位，加强监督管理。

对受到挂牌督办的地区、单位，在半年内取消该地区、单位评选综合性荣誉称号的资格和该地区、单位主要领导干部、主管领导干部、分管领导干部评先受奖、晋职晋级的资格。

第二十五条 对受到挂牌督办后仍未按期完成整改目标，或者有本规定第二十条所列情形且危害特别严重或者影响特别重大的地区、单位，由相应的上一级社会治安综合治理委员会按照中央有关规定，有关部门共同研究决定实行一票否决权制。

第二十六条 对受到一票否决权制处理的地区、单位，在一年内，取消该地区、单位评选综合性荣誉称号的资格，由组织人事部门按照有关权限和程序办理；取消该地区、单位主要领导干部、主管领导干部、分管领导干部评先受奖、晋职晋级的资格，由组织人事部门按照干部管理权限和程序办理，并会同社会治安综合治理委员会办公室，按照中央有关规定向上级有关部门进行报告、备案。需要追究该地区、单位党政领导干部责任的，移送纪检监察机关依纪依法处理。

第二十七条 对中央驻地方单位需要实行一票否决权制的，由省级社会治安综合治理委员会向其主管单位和中央社会治安综合治理委员会提出书面建议。

第二十八条 党政领导干部具有本规定第二十条所列情形，按照《关于实行党政领导干部问责的暂行规定》应当采取引咎辞职、责令辞职、免职等方式问责的，由纪检监察机关、组织人事部门按照管理权限办理。

第二十九条 党政领导班子、领导干部具有本规定第二十条所列情形，并具有下列情节之一的，应当从重进行责任督导和追究：

（一）干扰、阻碍调查和责任追究的；

（二）弄虚作假、隐瞒事实真相、瞒报漏报重大情况的；

（三）对检举人、控告人等打击报复的；

（四）党内法规和国家法律法规规定的其他从重情节。

第三十条 党政领导班子、领导干部具有本规定第二十条所列情形，并具有下列情节之一的，可以从轻进行责任督导和追究：

（一）主动采取措施，有效避免损失、挽回影响的；

（二）积极配合调查，并且主动承担责任的；

（三）党内法规和国家法律法规规定的其他从轻情节。

第六章 附　　则

第三十一条 各省、自治区、直辖市，新疆生产建设兵团，中央和国家机关各部门可以根据本规定制定实施办法。

第三十二条 本规定由中央社会治安综合治理委员会负责解释。

第三十三条 本规定自 2016 年 2 月 27 日起施行。

关于加强社会治安防控体系建设的意见

（中共中央办公厅、国务院办公厅印发，2015 年 4 月 13 日）

为有效应对影响社会安全稳定的突出问题，创新立体化社会治安防控体系，依法严密防范和惩治各类违法犯罪活动，全面推进平安中国建设，现提出如下意见。

一、加强社会治安防控体系建设的指导思想和目标任务

（一）指导思想。以邓小平理论、“三个代表”重要思想、科学发展观为指导，全面贯彻落实党的十八大和十八届二中、三中、四中全会精神，深入贯彻落实习近平总书记系列重要讲话精神，紧紧围绕完善和发展中国特色社会主义制度、推进国家治理体系和治理能力现代化的总目标，牢牢把握全面推进依法治国的总要求，着力提高动态化、信息化条件下驾驭社会治安局势能力，以确保公共安全、提升人民群众安全感和满意度为目标，以突出治安问题为导向，以体制机制创新为动力，以信息化为引领，以基础建设为支撑，坚持系统治理、依法治理、综合治理、源头治理，健全点线面结合、网上网下结合、人防物防技防结合、打防管控结合的立体化社会治安防控体系，确保人民安居乐业、社会安定有序、国家长治久安。

（二）目标任务。形成党委领导、政府主导、综治协调、各部门齐抓共管、社会力量积极参与的社会治安防控体系建设工作格局，健全社会治安防控运行机制，编织社会治安防控网，提升社会治安防控体系建设法治化、社会化、信息化水平，增强社会治安整体防控能力，努力使影响公共安全的暴力恐怖犯罪、个人极端暴力犯罪等得到有效遏制，使影响群众安全感的多发性案件和公共安全事故得到有效防范，人民群众安全感和满意度明显提升，社会更加和谐有序。

二、加强社会治安防控网建设

（三）加强社会面治安防控网建设。根据人口密度、治安状况和地理位置等因素，科学划分巡逻区域，优化防控力量布局，加强公安与武警联勤武装巡逻，建立健全指挥和保障机制，完善早晚高峰等节点人员密集场所重点勤务工作机制，减少死角和盲区，提升社会面动态控制能力。加强公共交通安保工作，强化人防、物防、技防建设和日常管理，完善和落实安检制度，加强对公交车站、地铁站、机场、火车站、码头、口岸、高铁沿线等重点部位的安全保卫，严防针对公共交通工具的暴力恐怖袭击和个人极端案（事）件。完善幼儿园、学校、金融机构、商业场所、医院等重点场所安全防范机制，强化重点场所及周边治安综合治理，确保秩序良好。加强对偏远农村、城乡接合部、城中村等社会治安重点地区、重点部位以及各类社会治安突出问题的排查整治。总结推广零命案县(市、区、旗)和刑事案件零发案社区的经验，加强规律性研究，及时发现和处置引发命案和极端事件的苗头性问题，预防和减少重特大案(事)件特别是命案的发生。

(四) 加强重点行业治安防控网建设。切实加强旅馆业、旧货业、公章刻制业、机动车改装业、废品收购业、娱乐服务业等重点行业的治安管理工作，落实法人责任，推动实名制登记，推进治安管理信息系统建设。加强邮件、快件寄递和物流运输安全管理工作，完善禁寄物品名录，建立健全安全管理制度，有效预防利用寄递、物流渠道实施违法犯罪。持续开展治爆缉枪、管制刀具治理等整治行动，对危爆物品采取源头控制、定点销售、流向管控、实名登记等全过程管理措施，严防危爆物品非法流散社会。加强社区服刑人员、扬言报复社会人员、易肇事肇祸等严重精神障碍患者、刑满释放人员、吸毒人员、易感染艾滋病病毒危险行为人群等特殊人群的服务管理工作，健全政府、社会、家庭三位一体的关怀帮扶体系，加大政府经费支持力度，加强相关专业社会组织、社会工作人才队伍等建设，落实教育、矫治、管理以及综合干预措施。

(五) 加强乡镇(街道)和村(社区)治安防控网建设。以网格化管理、社会化服务为方向，健全基层综合服务管理平台，推动社会治安防控力量下沉。把网格化管理列入城乡规划，将人、地、物、事、组织等基本治安要素纳入网格管理范畴，做到信息掌握到位、矛盾化解到位、治安防控到位、便民服务到位。因地制宜确定网格管理职责，纳入社区服务工作或群防群治管理，通过政府购买服务等方式，加强社会治安防控网建设。到2020年，实现全国各县(市、区、旗)的中心城区网格化管理全覆盖。整合各种资源力量，加强基层综合服务管理平台建设，逐步在乡镇(街道)推进建设综治中心，村(社区)以基层综合服务管理平台为依托建立实体化运行机制，强化实战功能，做到矛盾纠纷联调、社会治安联防、重点工作联动、治安突出问题联治、服务管理联抓、基层平安联创。到2020年实现县(市、区、旗)、乡镇(街道)、村(社区)三级综合服务管理平台全覆盖，鼓励有条件的地方提前完成。深化社区警务战略，加强社区(驻村)警务室建设。将治安联防矛盾化解和纠纷调解纳入农村社区建设试点任务。

(六) 加强机关、企事业单位内部安全防控网建设。按照预防为主、突出重点、单位负责、政府监管的原则，进一步加强机关、企事业单位内部治安保卫工作，严格落实单位主要负责人治安保卫责任制，完善巡逻检查、守卫防护、要害保卫、治安隐患和问题排查处理等各项治安保卫制度。加强单位内部技防设施建设，普及视频监控系统应用，实行重要部位、易发案部位全覆盖。加强供水、供电、供气、供热、供油、交通、信息通信网络等关系国计民生基础设施的安全防范工作，全面完善和落实各项安全保卫措施，确保安全稳定。

（七）加强信息网络防控网建设。建设法律规范、行政监管、行业自律、技术保障、公众监督、社会教育相结合的信息网络管理体系。加强网络安全保护，落实相关主体的法律责任。落实手机和网络用户实名制。健全信息安全等级保护制度，加强公民个人信息安全保护。深入开展专项整治行动，坚决整治利用互联网和手机媒体传播暴力色情等违法信息及低俗信息。

三、提高社会治安防控体系建设科技水平

（八）加强信息资源互通共享和深度应用。按照科技引领、信息支撑的思路，加快构建纵向贯通、横向集成、共享共用、安全可靠的平安建设信息化综合平台。在确保信息安全、保护公民合法权益前提下，提高系统互联、信息互通和资源共享程度。强化信息资源深度整合应用，充分运用现代信息技术，增强主动预防和打击犯罪的能力。将社会治安防控信息化纳入智慧城市建设总体规划，充分运用新一代互联网、物联网、大数据、云计算和智能传感、遥感、卫星定位、地理信息系统等技术，创新社会治安防控手段，提升公共安全管理数字化、网络化、智能化水平，打造一批有机融合的示范工程。建立健全相关的信息安全保障体系，实现对基础设施、信息和应用等资源的立体化、自动化安全监测，对终端用户和应用系统的全方位、智能化安全防护。

（九）加快公共安全视频监控系统建设。高起点规划、有重点有步骤地推进公共安全视频监控建设、联网和应用工作，提高公共区域视频监控系统覆盖密度和建设质量。加大城乡接合部、农村地区公共区域视频监控系统建设力度，逐步实现城乡视频监控一体化。完善技术标准，强化系统联网，分级有效整合各类视频图像资源，逐步拓宽应用领域。加强企事业单位安防技术系统建设，实施“技防入户”工程和物联网安防小区试点，推进技防新装备向农村地区延伸。

四、完善社会治安防控运行机制

（十）健全社会治安形势分析研判机制。政法综治机构要加强组织协调，会同政法机关和其他有关部门开展对社会治安形势的整体研判、动态监测，并提出督办建议。公安机关要坚持情报主导警务的理念，建立健全社会治安情报信息分析研判机制，定期对社会治安形势进行分析研判。加强对社会舆情、治安动态和热点、敏感问题的分析预测，加强对社会治安重点领域的研判分析，及时发现苗头性、倾向性问题，提升有效应对能力。建立健全治安形势播报预警机制，增强群众自我防范意识。

（十一）健全实战指挥机制。公安机关要按照人员权威、信息权威、职责权威的要求，加强实战型指挥中心建设，集110接处警、社会治安突发事件应急指挥处置、紧急警务活动统筹协调等功能于一体，及时有效地调整用警方向和强度。推行扁平化勤务指挥模式，减少指挥层级，畅通指挥关系，紧急状态下实行“点对点”指挥，确保就近调度、快速反应、及时妥善处置。

（十二）健全部门联动机制。建立完善社会治安形势分析研判联席会议制度、社会治安重点地区排查整治工作协调会议和月报制度等，进一步整合各部门资源力量，强化工作联动，增强打击违法犯罪、加强社会治安防控工作合力。对群众反映强烈的黑拐枪、黄赌毒以及电信诈骗、非法获取公民个人信息、非法传销、非法集资、危害食品药品安全、环境污染、涉邪教活动等突出治安问题，要加强部门执法合作，开展专项打击整治，形成整体合力。对打防管控工作中发现的薄弱环节和突出问题，政法综治机构要牵头组织、督促有关部门及时整改，堵塞防范漏洞。针对可能发生的突发案（事）件，制定完善应急预案和行动方案，明确各有关部门、单位的职责任务和措施要求，定期开展应急处突实战演练，确保一旦发生社会治安突发案（事）件能够快速有效处置。创新报警服务运行模式，提高紧急警情快速处置能力，提高非紧急求助社会联动服务效率。

（十三）健全区域协作机制。按照常态、共享、联动、共赢原则，积极搭建治安防控跨区域协作平台，共同应对跨区域治安突出问题，在预警预防、维稳处突、矛盾化解、打击犯罪等方面互援互助、协调联动，以区域平安保全国平安。总结推广区域警务协作机制建设经验，推动建立多地区多部门共同参与的治安防控区域协作机制，增强防控整体实效。

五、运用法治思维和法治方式推进社会治安防控体系建设

（十四）运用法律手段解决突出问题。充分发挥法治的引导、规范、保障、惩戒作用，做到依法化解社会矛盾、依法预防打击犯罪、依法规范社会秩序、依法维护社会稳定。紧紧围绕加强社会治安防控体系建设的总体需要，推动相关法律法规的立、改、废、释和相关政策的制定完善工作。各地要以重大问题为导向，针对社会治安治理领域的重点难点问题，适时出台相关地方性法规、地方政府规章，促进从法治层面予以解决。完善维护公民、法人等合法权益的途径，从源头上预防侵权案件发生。坚持依法行政，加强食品药品、安全生产、环境保护、文化市场和网络安全等重点领域基层执法，强化行政执法与刑事司法的衔接，着力解决好人民群众反映强烈的突出问题。深化司法体制改革，加快建设公正高效权威的社会主义司法制度，提高办案质量。贯彻宽严相济刑事政策，在依法严厉打击极少数严重刑事犯罪分子的同时，最大限度地减少社会对抗，努力化消极因素为积极因素。加强和改进法治宣传教育工作，着力增强法治宣传教育的针对性和实效性，推动全社会树立法治意识，增强全民法治观念，促进全民尊法、守法，引导干部群众把法律作为指导和规范自身行为的基本准则，在全社会形成办事依法、遇事找法、解决问题用法、化解矛盾靠法的良好法治环境。

（十五）加强基础性制度建设。建立以公民身份号码为唯一代码、统一共享的国家人口基础信息库，建立健全相关方面的实名登记制度。建立公民统一社会信用代码制度、法人和其他组织统一社会信用代码制度，加强社会信用管理，促进信息共享，强化对守信者的鼓励和对失信者的惩戒，探索建立公民所有信息的一卡通制度。落实重大决策社会稳定风险评估制度，切实做到应评尽评，着力完善决策前风险评估、实施中风险管控和实施后效果评价、反馈纠偏、决策过错责任追究等操作性程序规范。落实矛盾纠纷排查调处工作协调会议纪要月报制度，完善人民调解、行政调解、司法调解联动工作体系，建立调处化解矛盾纠纷综合机制，着力防止因决策不当、矛盾纠纷排查化解不及时等引发重大群体性事件。推进体现社会主义核心价值观要求的行业规范、社会组织章程、村规民约、社区公约建设，充分发挥社会规范在调整成员关系、约束成员行为、保障成员利益等方面的作用，通过自律、他律、互律使公民、法人和其他组织的行为符合社会共同行为准则。

（十六）严格落实综治领导责任制。把社会治安防控体系建设纳入综治工作（平安建设）考核评价指标体系，将考核评价结果作为对领导班子和领导干部考核评价的重要内容。坚持采用评估、督导、考核、激励、惩诫等措施，形成正确的激励导向，推进社会治安防控体系建设工作落到实处。对社会治安问题突出的地区和单位通过定期通报、约谈、挂牌督办等方式，引导其分析发生重特大案（事）件的主要原因，找准症结，研究提出解决问题的措施，限期进行整改。对因重视不够、社会治安防范措施不落实而导致违法犯罪现象严重、治安秩序严重混乱或者发生重特大案（事）件的地区，依法实行一票否决权制，并追究有关领导干部的责任。

六、建立健全社会治安防控体系建设工作格局

（十七）加强党委和政府对社会治安防控体系建设的领导。各级党委和政府要进一步提高对社会治安防控体系建设重要性的认识，列入重要议事日程，认真研究解决警力配置、经费投入、警察等职业保障、基础设施和技防设施建设、考核奖惩等重要问题。要把社会治安防控体系建设列入国民经济和社会发展总体规划，重点做好基础设施、技防设备、装备建设的立项规划，做到与城乡规划、旧城改造、社区建设、基层综合服务管理平台建设等工作统筹推进。加大投入力度，将社会治安防控体系建设经费列入年度财政预算，从人力、物力、财力上保证社会治安防控体系建设顺利实施。各地党政主要负责同志是平安建设的第一责任人，也是社会治安防控体系建设的第一责任人，要亲自研究部署，一级抓一级，层层抓落实，真正担负起维护一方稳定、确保一方平安的重大政治责任。要充分发挥基层党组织作用，特别是在农村和城市社区，党组织要发挥领导核心作用，切实保障推进社会治安防控体系建设的各项任务走完“最后一公里”。

（十八）充分发挥综治组织的组织协调作用。各级综治组织要在党委和政府领导下，认真组织各有关单位参与社会治安防控工作，加强调查研究和督促检查，及时通报、分析社会治安形势，协调解决工作中遇到的突出问题，总结推广典型经验，统筹推进社会治安防控体系建设。加强各级综治组织自身建设，细化工作职责，健全组织机构，配齐配强力量。乡镇(街道)综治委主任可由乡镇(街道)党(工)委书记担任，综治办主任应由党(工)委副书记担任；村(社区)综治机构主要负责人由党组织书记担任，并明确1名负责人主管综治工作，确保这项工作有人抓、有人管。

（十九）充分发挥政法各机关和其他各有关部门的职能作用。进一步明确各有关部门在社会治安防控体系建设中的职责任务，做到各负其责、各司其职，通力协作、齐抓共管，增强整体合力。各级政法机关要发挥好主力军作用。公安机关要充分发挥骨干作用，根据社会治安防控体系建设需要调整工作重点、警力部署、警务保障和勤务制度，改进工作方法，投入更多人力和精力加强基层治安基础工作，及时掌握影响社会治安的情况，依法查处危害社会治安行为。法院、检察院要结合批捕、起诉和审判工作，善于发现社会治安防控体系建设中的漏洞，及时提出司法建议和检察建议，督促有关单位健全规章制度，完善工作机制。司法行政机关要加强监狱和强制隔离戒毒场所的管理工作，做好社区矫正、刑满释放人员安置帮教、人民调解、法治宣传、法律服务、法律援助等工作。其他各有关部门要按照“谁主管谁负责”的原则，结合自身职能，主动承担好预防违法犯罪、维护社会治安的责任，认真抓好本部门、本系统参与社会治安防控体系建设的任务，与部门工作同规划、同部署、同检查、同落实。

（二十）充分发挥社会协同作用。坚持党委和政府领导下的多方参与、共同治理，发挥市场、社会等多方主体在社会治安防控体系建设中的协同协作、互动互补、相辅相成作用。大力支持工会、共青团、妇联等人民团体和群众组织参与社会治安防控体系建设，积极为他们发挥作用创造有利环境和条件。要加大对行业协会商会类、科技类、公益慈善类、城乡社区服务类社会组织的培育扶持力度，将适合由社会组织承担的矛盾纠纷调解、特殊人群服务管理、预防青少年违法犯罪等社会治安防控体系建设任务纳入政府购买服务目录，通过竞争性选择等方式，交给相关社会组织承担，发挥好他们在社会治安防控体系建设中的重要作用。规范警务辅助人员管理，明确其聘用条件和程序、职责任务、保障待遇等，发挥好协助维护社会治安的作用。规范发展保安服务市场，积极引导保安行业参与社会治安防控工作。加强城乡基层群众自治组织建设，搭建群众参加社会治安防控体系建设的新平台，通过各种方式就社会治安防控体系建设问题进行广泛协商，广纳群言，增进共识。充分发挥行业协会商会自管自律作用，引导企业在经营活动中履行治安防控责任。转变职能、创新机制，采取政府搭台、市场运作、社会参与等方式，积极提供公益岗位，鼓励发展责任保险以及治安保险、社区综合保险等新兴业务，支持保险机构运用股权投资、战略合作等方式参与保安服务产业链整合，激发社会各方面力量参与社会治安防控体系建设的积极性、主动性、创造性。

（二十一）积极扩大公众参与。坚持人民主体地位，进一步拓宽群众参与社会治安防控的渠道，依法保障人民群众的知情权、参与权、建议权、监督权。继承和发扬专群结合的优良传统，充分发挥共产党员、共青团员模范带头作用，发挥民兵预备役人员等的重要作用，发展壮大平安志愿者、社区工作者、群防群治队伍等专业化、职业化、社会化力量，积极探索新形势下群防群治工作新机制、新模式，力争到2020年社区志愿者注册人数占居民人口的比例大幅增加。落实举报奖励制度，对于提供重大线索、帮助破获重大案件或者有效制止违法犯罪活动、协助抓获犯罪分子的，给予重奖。完善见义勇为人员认定机制、补偿救济机制，加强见义勇为人员权益保障工作，扩大见义勇为基金规模，加大对见义勇为人员的表彰力度，按照有关规定严格落实抚恤待遇。充分发挥传统媒体与新媒体的作用，采取群众喜闻乐见的宣传教育方式，提高群众安全防范意识，组织动员群众关心、支持和参与社会治安防控体系建设，努力提升新媒体时代社会沟通能力。

各地区要根据本意见要求，结合本地区社会治安状况和经济社会发展实际，分级分类研究制定加强社会治安防控体系建设的指导意见和具体实施方案，把任务和责任落实到相关部门和单位。

中共中央办公厅　国务院办公厅
关于转发《中央社会治安综合治理委员会关于加强社会治安防范工作的意见》的通知

（中办发〔2002〕26号）

各省、自治区、直辖市党委和人民政府，中央和国家机关各部委，军委总政治部，各人民团体：

《中央社会治安综合治理委员会关于加强社会治安防范工作的意见》已经党中央、国务院领导同志同意，现转发给你们。请结合本地区、本部门实际，认真贯彻执行。

中共中央办公厅
国务院办公厅
2002年11月4日

中央社会治安综合治理委员会关于加强社会治安防范工作的意见

2001年4月，中央召开全国社会治安工作会议，对社会治安工作作出重大部署，提出了两年内实现社会治安取得新的明显进步的目标。同年9月，中共中央、国务院下发了《关于进一步加强社会治安综合治理的意见》（中发〔2001〕14号）。各地区和有关部门按照中央的部署，开展了声势浩大的“严打”整治斗争，认真落实社会治安综合治理各项措施，刑事案件大幅度上升的势头得到遏制，一些治安混乱的地区和突出的治安问题得到了有效整治，一批刑事犯罪分子依法受到了惩处，人民群众的安全感有所增强。但是，目前引发犯罪的因素还大量存在，特别是社会治安防范工作还存在不少薄弱环节，严重危害公共安全和影响群众安全感的案件时有发生，社会治安形势仍不容乐观。因此，要以“三个代表”重要思想为指导，继续深入贯彻落实全国社会治安工作会议和中发〔2001〕14号文件精神，在深入持久开展“严打”整治斗争的同时，大力加强社会治安防范工作，全面落实社会治安综合治理各项措施，巩固“严打”整治斗争成果，建立社会治安长效管理机制，实现社会治安良性发展，确保社会稳定。

一、社会治安防范工作的指导思想和主要任务

（1）社会治安防范工作的指导思想是：以邓小平理论和“三个代表”重要思

想为指导，坚持“打防结合，预防为主”的方针，坚持专门机关工作和群众路线相结合，把社会治安防范与推进社区建设、加强社会管理和精神文明建设紧密结合起来，以强化基层治安防范为重点，发动社会各方面力量，采取各种行之有效的办法，把社会治安综合治理各项措施落到实处，确保社会治安秩序持续稳定，为新世纪初我国经济发展和社会进步创造良好的社会治安环境。

（2）社会治安防范工作的主要任务和总体目标是：在各级党委、政府的统一领导下，充分发挥社会治安综合治理机构的组织协调作用和公安机关的职能作用，全面推进社会治安防控体系建设，建立和完善维护社会稳定的长效工作机制和保障机制，落实各机关、团体、企事业单位的治安防范责任，强化基层组织建设和基层基础工作，组织发动社会各方面力量开展群防群治，全面落实社会治安防范措施，预防、控制和减少违法犯罪，创造良好的、人民群众满意的社会治安秩序。

二、各有关部门密切配合，齐抓共管，全面落实社会治安防范措施

（3）政法部门特别是公安机关要充分发挥职能作用。公安机关要大力推进社会治安防控体系建设，切实加强治安防范工作。充分利用现代科学技术，加快信息传递，提高决策和指挥效率，完善快速反应机制，加强 110 报警服务、巡警和治安卡口建设，最大限度地把警力放在维护社会治安的第一线，扩大对社会面的防控范围，增强防控效果。改革和加强派出所工作，大力实施社区警务战略，把更多的警力放到社区，在农村推广民警驻村、巡访、包片等制度，把工作重点放在管理、防范、服务和密切警民关系方面。加快全国人口信息管理系统建设，按照现居住地管理的原则，加强对实有人口的有效管理。依法加强对假释和监外执行罪犯的监管工作。加强特种行业、重点地区和要害部位的管理和防范，减少治安隐患。加强对机关、团体、企事业单位治安保卫工作的指导和监督，把各项防范措施落到实处。加强地区间的协作配合，建立完善社会治安防范机制。检察院、法院要结合批捕、起诉和审判工作，善于发现社会治安防范工作的漏洞，及时发出检察建议和司法建议，督促有关单位健全规章制度，完善防范工作机制。司法行政部门要加强监狱和劳动教养场所的管理工作，提高教育改造和教育挽救工作质量，与有关部门密切配合，积极做好刑满释放和解除劳动教养人员的安置帮教工作。加强人民调解工作，大力开展法制宣传教育，加强法律服务和法律援助工作。政法各部门要加强协作配合，及时沟通信息，解决执法过程中存在的问题，形成社会治安防范工作的合力。

（4）各有关部门要密切配合，共同做好社会治安防范工作。教育部门要加强对在校学生的思想品德和法制教育，深入开展创建安全文明校园活动，健全学校治安保卫组织，会同有关部门建立和完善学校及其周边地区治安管理长效机制，落实社会治安防范措施。民政部门要加强城乡基层群众性自治组织建设，加强社区建设，强化对各种社会团体的管理，做好社会救助工作，保障困难群众和特殊困难群体的基本生活，维护社会稳定。劳动保障部门要做好促进就业和再就业工作，建立健全劳动关系协调机制，加强社会保障工作，减少不稳定因素。建设部门要结合城市总体规划的制定和实施，推进社会治安防范设施建设，指导物业管理公司参与社区治安防范工作。信息产业部门要加强邮政、电信通信的安全保卫工作，与有关部门一起搞好计算机互联网络的管理。广播电视部门要配合有关部门，做好广播电视设施保护工作，有效防范各种破坏活动。文化部门要加强对文化市场和娱乐场所的管理，新闻出版部门要加强对出版业和出版物市场的监管，在有关部门配合下，加大“扫黄打非”的力度，净化社会文化环境。工商行政管理部门要加强市场监管，配合有关单位维护好市场治安秩序。人民银行要指导、推动各金融机构的安全防范工作。铁道、交通、民航等部门要加强对车站、码头、机场和交通运输线路的治安管理，依法打击车匪路霸，完善治安防范机制，防止和减少交通安全事故，确保交通运输秩序良好。经济贸易部门要指导和督促企业搞好安全保卫，减少和防止安全隐患与事故，并配合有关部门加强企业周边地区的治安防范。卫生部门要加大公共卫生监督管理力度，保障人民群众的健康和生命安全。宣传部门要配合有关部门加大对社会治安防范工作的宣传力度，宣传先进事迹和先进典型，增强全体公民的治安防范意识。信访部门要结合业务工作，积极化解矛盾纠纷，及时向有关部门通报可能引发治安问题的信访信息。军队要组织开展各种形式的军、警、民共建活动，组织民兵参与治安防范，支持、配合政府和有关部门搞好社会治安。武警部队要积极开展警民联防，加强治安巡逻，做好内卫执勤工作。工会、共青团、妇联等群众组织要充分发挥各自的优势，积极参与治安防范工作。总之，各个部门都与社会治安防范有着密切的关系，负有义不容辞的责任，都要充分发挥职能作用，密切配合，共同做好社会治安防范工作。

(5) 各机关、团体、企事业单位要“管好自己的人，看好自己的门，办好自己的事”，采取有效措施，加强保卫组织建设，充实保卫干部队伍，明确职责任务，完善工作机制，做好内部安全保卫和治安防范工作。要加强对本系统的管理，指导、督促所属单位搞好治安防范。国有企事业单位要健全各项管理制度，做好职工的思想政治和法制教育工作。其他各类经济组织和社会组织也要确定人员负责治安防范，做好安全保卫工作。

(6) 社会治安防范工作要坚持社会治安综合治理“属地管理”的原则。各机关、团体、企事业单位要服从所在地党委、政府在社会治安综合治理工作方面的领导，自觉接受有关部门的业务指导，积极主动地做好社会治安防范工作。各级社会治安综合治理委员会及其办公室，特别是乡镇、街道社会治安综合治理委员会及其办公室，要加强调查研究和督促检查，指导、协调辖区内的机关。

团体、企事业单位开展社会治安防范工作，促进治安防范措施落到实处。

三、突出重点，增强社会治安防范工作的实效

(7) 进一步做好流动人口管理和服务工作，将管理寓于服务之中，引导农村富余劳动力合理、有序流动；减轻流动人口的负担，维护他们的合法权益，为他们创造更好的就业、生活环境。加强对出租房屋的管理。完善有关规定，建立健全管理和协调机制，落实出租人、承租人、管理机构等的责任，减少治安隐患。切实解决流动人口管理工作经费，加强基层流动人口管理队伍建设，增强管理工作的实效。深入开展"千校百万"培训活动，采取多种形式，加强对进城务工经商人员的培训、教育。

(8) 进一步加强刑满释放和解除劳动教养人员的安置、帮教工作，健全协作配合机制，落实工作措施，确保对有重新违法犯罪倾向的刑释解教人员不漏管、不失控。各级党委、政府和有关部门要从大局着眼，积极引导、帮助刑释解教人员就业，发挥社区在安置、帮教工作中的作用，努力为刑释解教人员安置、帮教工作创造良好的环境。要积极探索社会主义市场经济条件下安置、帮教工作的新方法、新形式，认真总结经验，推广先进典型，深化安置、帮教工作。要加大宣传力度，发动社会各方面力量参与和支持安置、帮教工作，形成良好的社会氛围。

(9) 因地制宜地做好闲散青少年的教育、管理、服务工作，关心他们的学习、生活，鼓励他们通过自学和其他途径提高文化水平，为就业创造条件。要创建和办好流浪儿童救助保护中心，加强对流浪儿童的救助保护和教育工作。要加强工读学校建设，充分发挥其对有严重不良行为青少年的教育矫治作用。要创建青少年法律学校，大力实施"青少年违法犯罪社区预防计划"，推进青少年活动场所建设和青少年法制教育基地创建活动。社区居委会要采取有效措施，配合单位、学校和家庭重点做好对有不良行为青少年的帮教工作，避免他们走上违法犯罪道路。

(10) 加强矛盾纠纷排查调处工作，健全工作制度，完善工作机制，坚持定期排查和日常排查相结合，加强信息交流，及时发现和解决矛盾纠纷。要把工作重点放在县以下的基层单位，乡镇、街道社会治安综合治理委员会及其办公室要将矛盾纠纷排查调处作为重要的基础工作，坚持常抓不懈。要加强信访工作，减少和防止群体性事件，及时有效处置各种突发事件。发挥各有关部门的职能作用，采取各种有效办法，强化司法调解、行政调解工作。特别要加强对家庭矛盾、邻里纠纷等方面的民间调解，有效化解各种矛盾纠纷，防止引发刑事案件甚至恶性刑事案件。要抓早抓小抓苗头，把问题解决在萌芽状态，防止矛盾激化，减少"民转刑"案件。

(11) 加强对城乡结合部、公共复杂场所、地下空间等重点地区和要害部位的治安防范。要采取安装监控设施等现代化手段，加强公共复杂场所、金融机构等重点地区、单位和要害部门的技术防范工作，增强治安防范的实际效果。加强对夜间等重点时段的值更巡逻，减少治安隐患。加强对学校周边、企业周边等地区的整治和管理，创造良好的治安环境。加强铁路护路联防，确保铁路运输安全畅通。加强对枪支弹药、易燃易爆物品、民用爆炸物品、有毒有害物品的管理，严格落实责任制，防止被盗和流散到社会，对非法生产、买卖、储存、持有和使用这些物品的，要依法查禁取缔，严厉打击。

（12）大力开展创建“无毒社区”“社区青少年远离毒品”和“不让毒品进我家”等活动，最大限度降低毒品的危害。要严厉打击制贩毒品的违法犯罪活动，加强戒毒工作，降低复吸率。社会和家庭共同努力，加强对吸毒人员的教育和管理，减少吸毒人员的违法犯罪。

（13）积极推进社会保障体系建设，做好下岗失业人员再就业工作，继续巩固“两个确保”，落实“三条保障线”，保障下岗职工、失业人员、企业离退休人员和其他社会保障对象的生活，实现“应保尽保”，避免产生影响社会稳定的因素。

（14）及时排查治安混乱地区和突出治安问题，找准致乱的原因，明确有关部门的责任，发挥各有关部门的职能作用，有针对性地采取治理整顿措施。要加强督促检查，限期改变治安面貌。

四、充分发动群众，实行群防群治

（15）深入开展基层安全创建活动。要认真总结经验，推动多种形式的创建活动。有条件的地方可建立社区（村）综合治理协会；从学校选派教师到社区兼职，协助开展对青少年的教育工作；从政法部门选派干部到社区担任综治特派员，专门负责综合治理工作；等等。要注重为群众办实事，解决群众关注的热点、难点问题，调动广大人民群众参与基层安全创建活动的积极性，把基层安全创建活动变成群众的自觉行动。要结合“三个代表”重要思想的学习教育活动，加强社会治安综合治理基层组织建设，尤其要加强基层党组织建设，充分发挥其战斗堡垒作用。要大力加强居（村）委会、治保会、调委会建设，完善工作机制，合理解决人员、待遇和工作经费等问题。城市新建的社区，要按照《中华人民共和国城市居民委员会组织法》的要求，及时建立居委会及治保会、调委会等群众性组织，促进基层安全创建活动的深入开展和社会治安防范措施的落实。

（16）大力开展群防群治。要大力发展保安服务业，进一步规范保安服务市场，加强保安队伍建设，提高保安人员素质，充分发挥其在辅助公安机关维护社会治安中的积极作用。要充分发挥共产党员、共青团员、民兵、青年志愿者、离退休干部职工在治安防范中的作用，组织他们开展看楼护院、邻里守望、联户联防等各种形式的联防活动，共同维护社会治安。各地要紧密结合实际，逐步完善群防群治工作的组织机制，多渠道地解决群防群治经费，推动群防群治工作深入开展。

(17) 积极推进城市社区建设，加强社区治安防范。各部门要密切配合，落实城市社区建设的各项措施，解决社区治安问题。要组建社区保安队伍，加强社区治安巡逻。要加强社区物防、技防设施建设，依靠科技手段强化治安防范，堵塞漏洞。新建社区的治安防范，要与社区建设、管理同步规划、同步进行，切实落实治安防范措施。物业管理公司要与公安机关、居委会相互配合，加强社区治安防范，维护公共秩序。

(18) 加强法制、道德教育，增强公民的守法和防范意识。要把依法治国和以德治国结合起来，认真贯彻党中央、国务院批转的"四五"普法规划，深入开展"法律进社区"、"法律进村"等活动，搞好全民普法教育，提高全民法律意识和法律素质。认真落实《公民道德建设实施纲要》，大力倡导二十字公民基本道德规范和见义勇为精神，调动群众参与社会治安防范、维护社会治安的积极性。要发挥广播、影视、报纸、书刊等大众媒体的正面引导作用，为社会治安防范工作营造良好的舆论氛围。

五、切实加强领导，进一步健全和完善对任机制

(19) 各级党委、政府要进一步提高对社会治安防范工作重要性的认识，把思想观念、工作重点、警力配置、经费投入、考核奖惩机制等真正落到"预防为主"上来，切实加强组织领导，把加强治安防范，做好基础工作，作为解决社会治安问题、实现长治久安的战略任务，常抓不懈，抓出成效。要加大对社会治安防范工作的投入，从人力、物力、财力上保证社会治安防范工作的正常开展。各级政府要把社会治安防范工作经费列入财政预算，纳入国民经济发展总体规划。要通过总结社会治安防范工作的经验，逐步制定、完善有关法规，规范社会治安防范工作。

(20) 进一步健全奖励和责任追究机制，加强督促检查和责任查究工作。各机关、团体、企事业单位都要确定治安责任人，负责本单位的治安防范工作。治安防范工作应纳入治安责任人的任期目标，定期进行考核。对于防范工作扎实、长期不发生治安问题的地区和单位，要进行宣传表彰，对治安责任人和主要负责人给予必要的奖励。要加大督促检查的力度，对治安责任人失职，防范工作不落实，导致本地区、本单位治安问题突出的，要追究责任。机关、团体、企事业单位的法定代表人或主要负责人要对单位的治安防范负责，对因管理不善、失职读职造成严重后果的，要追究法定代表人或主要负责人的责任，实行社会治安综合治理"一票否决"。

(21) 各地区、各有关部门要从实际出发，研究提出加强社会治安防范工作的措施，制定具体实施方案，并抓好贯彻落实。

中华人民共和国公安部令

第 93 号

《公安机关监督检查企业事业单位内部治安保卫工作规定》已经2007年5月30日公安部部长办公会议通过，现予发布，自2007年10月1日起施行。

部长　周永康

2007年6月16日

公安机关监督检查企业事业单位内部治安保卫工作规定

第一条　为规范公安机关监督检查企业事业单位(以下简称单位)内部治安保卫工作行为，依据《企业事业单位内部治安保卫条例》(以下简称《条例》)，制定本规定。

第二条　县级以上公安机关单位内部治安保卫工作主管部门和单位所在地公安派出所按照分工履行监督检查单位内部治安保卫工作职责。

铁路、交通、民航公安机关和国有林区森林公安机关负责监督检查本行业、本系统所属单位内部治安保卫工作。公安消防、交通管理部门依照有关规定，对单位内部消防、交通安全管理进行监督检查。

第三条　公安机关监督检查单位内部治安保卫工作应当严格执行国家有关规定。对监督检查中涉及的国家秘密、商业秘密，应当予以保密。

第四条　公安机关对单位内部治安保卫工作的下列事项进行监督检查：

(一) 单位按照《条例》规定制定和落实内部治安保卫制度情况；

(二) 单位主要负责人落实内部治安保卫工作责任制情况；

(三) 单位设置治安保卫机构和配备专职、兼职治安保卫人员情况；

(四) 单位落实出入登记、守卫看护、巡逻检查、重要部位重点保护、治安隐患排查处理等内部治安保卫措施情况；

(五) 单位治安防范设施的建设、使用和维护情况；

(六) 单位内部治安保卫机构、治安保卫人员依法履行职责情况；

(七) 单位管理范围内的人员遵守单位内部治安保卫制度情况；

(八) 单位内部治安保卫人员接受有关法律知识和治安保卫业务、技能以及相关专业知识培训、考核情况；

(九) 其他依法应当监督检查的内容。

第五条　公安机关监督检查治安保卫重点单位，除执行本规定第四条规定外，还应当对下列事项进行监督检查：

（一）治安保卫机构设置和人员配备报主管公安机关备案情况；

（二）治安保卫重要部位确定情况；

（三）按照国家有关标准对治安保卫重要部位设置必要的安全技术防范设施，并实施重点保护情况；

（四）制定单位内部治安突发事件处置预案及组织演练情况；

（五）其他依法应当监督检查的内容。

第六条　公安机关监督检查单位内部治安保卫工作，可以采取以下方法：

（一）要求单位治安保卫工作负责人和其他工作人员对检查事项作出说明；

（二）查阅、调取、复制与治安保卫工作有关的文件、资料；

（三）实地查看单位治安保卫制度、措施的制定和落实情况，查看单位物防、技防等治安防范设施的设置和运行情况；

（四）利用监控设备检查单位内部治安保卫工作的落实情况；

（五）根据需要采取的其他监督检查方法。

监督检查可以采取定期检查、临时检查、专项检查、随机抽查等方式进行，检查民警不得少于2人，并应当向被检查单位负责人或者其他有关人员出示工作证件。

第七条　监督检查应当制作《检查笔录》，如实记录监督检查情况和发现的治安隐患，并交被检查单位负责人或者陪同检查人员核对签名。被检查单位负责人或者陪同检查人员对记录有异议的，应当允许其说明；拒绝签名的，检查民警应当在《检查笔录》上注明。

第八条　单位违反《条例》规定，存在治安隐患的，公安机关应当责令限期整改，并处警告。

责令单位限期整改治安隐患时，应当制作《责令限期整改治安隐患通知书》，详细列明具体隐患及相应整改期限，整改期限最长不超过2个月。《责令限期整改治安隐患通知书》应当自检查完毕之日起3个工作日内送达被检查单位。

单位在整改治安隐患期间应当采取必要的防范措施，确保安全。

第九条　单位认为有正当理由不能在整改期限内将治安隐患整改完毕的，应当在整改期限届满前向发出《责令限期整改治安隐患通知书》的公安机关提出书面延期整改申请。

公安机关应当自受理申请之日起3个工作日内对延期申请进行审查，作出是否同意延期的决定并送达《同意/不同意延期整改治安隐患通知书》。延期整改期限最长不超过1个月。

第十条 对责令限期整改或者同意延期整改治安隐患的，公安机关应当自责令整改期限或者延期整改期限届满次日起 3 个工作日内对治安隐患整改情况进行复查，自复查之日起 3 个工作日内制作并送达《复查意见告知书》。

单位在规定整改期限届满前，认为已将公安机关责令限期整改或者同意延期整改的治安隐患提前整改完毕的，可以向公安机关提出提前复查治安隐患整改情况的申请，公安机关应当自收到单位申请次日起 3 个工作日内对整改情况进行复查，自复查之日起 3 个工作日内制作并送达《复查意见告知书》。

经复查，由于客观原因致使治安隐患整改情况难以达到规定要求，并严重威胁公民人身安全、公私财产安全或者公共安全的，公安机关应当及时报告当地人民政府或者通报单位上一级主管部门协调解决。对无正当理由致使整改情况未达到规定要求的，公安机关应当按逾期不整改治安隐患依法处理，并可根据需要在一定范围内予以通报，督促单位落实整改措施。

第十一条 单位违反《条例》规定，存在下列治安隐患情形之一，经公安机关责令限期整改后逾期不整改，严重威胁公民人身安全、公私财产安全或者公共安全的，公安机关应当依据《条例》第十九条的规定，对单位处 1 万元以上 2 万元以下罚款，对单位主要负责人和其他直接责任人员分别处 500 元以上 1000 元以下罚款；造成公民人身伤害、公私财产损失的，对单位处 2 万元以上 5 万元以下罚款，对单位主要负责人和其他直接责任人员分别处 1000 元以上 3000 元以下罚款：

（一）未建立和落实主要负责人治安保卫工作责任制的；

（二）未制定和落实内部治安保卫制度的；

（三）未设置必要的治安防范设施的；

（四）未根据单位内部治安保卫工作需要配备专职或者兼职治安保卫人员的；

（五）内部治安保卫人员未接受有关法律知识和治安保卫业务、技能以及相关专业知识培训、考核的；

（六）内部治安保卫机构、治安保卫人员未履行《条例》第十一条规定职责的。

第十二条 单位违反《条例》规定，存在下列治安隐患情形之一，经公安机关责令限期整改后逾期不整改，严重威胁公民人身安全、公私财产安全或者公共安全的，公安机关应当依据《条例》第十九条的规定，对单位处 2 万元以上 5 万元以下罚款，对单位主要负责人和其他直接责任人员分别处 1000 元以上 3000 元以下罚款；造成公民人身伤害、公私财产损失的，对单位处 5 万元以上 10 万元以下罚款，对单位主要负责人和其他直接责任人员分别处 3000 元以上 5000 元以下罚款：

（一）未制定和落实内部治安保卫措施的；

（二）治安保卫重点单位未设置与治安保卫任务相适应的治安保卫机构，未配备专职治安保卫人员的；

（三）治安保卫重点单位未确定本单位治安保卫重要部位，未按照国家有关标准对治安保卫重要部位设置必要的技术防范设施并实施重点保护的；

（四）治安保卫重点单位未制定单位内部治安突发事件处置预案或者未定期组织演练的；

（五）管理措施不落实，致使在单位管理范围内的人员违反内部治安保卫制度情况严重，治安问题突出的。

第十三条 单位违反《条例》规定，存在本规定第十一条、第十二条所列治安隐患情形之一，经公安机关责令限期整改后逾期不整改，造成公民人身伤害、公私财产损失，或者严重威胁公民人身安全、公私财产安全或者公共安全的，除依据各该条规定给予处罚外，还可建议有关组织对单位主要负责人和其他直接责任人员依法给予行政处分；情节严重，构成犯罪的，依法追究刑事责任。

第十四条 公安机关及其人民警察在监督检查工作中，有下列行为之一的，对直接负责的主管人员和其他直接责任人员，依法给予处分；情节严重，构成犯罪的，依法追究刑事责任：

（一）不按规定制作、送达法律文书，超过规定的时限复查单位整改情况和核查群众举报、投诉，或者有其他不依法履行监督检查职责的行为，经指出不改正，造成严重后果的；

（二）对责令限期整改治安隐患的单位，未经复查或者经复查治安隐患未整改，作出复查合格决定，造成公民人身伤害、公私财产损失的；

（三）对单位或者当事人故意刁难的；

（四）在监督检查工作中弄虚作假的；

（五）违法违规实施处罚的；

（六）故意泄漏监督检查中涉及的国家秘密和单位商业秘密的；

（七）有其他渎职行为的。

第十五条 公安机关对机关、团体内部治安保卫工作的监督检查，参照本规定执行。

第十六条 本规定自 2007 年 10 月 1 日起施行。

中央社会治安综合治理委员会办公室、公安部、国家发展和改革委员会等关于印发《关于开展平安油区建设的实施意见》的通知

（综治办〔2007〕73号　2007年12月8日）

各省、自治区、直辖市及新疆生产建设兵团社会治安综合治理委员会办公室、公安厅(局)、发改委、监察厅(局)、国土资源厅(局)、国资委、工商局、质量技术监督局、安全监管局、环保局，中石油、中石化，中央社会治安综合治理委员会各成员单位：

为进一步贯彻落实党的十七大提出的“深入开展平安创建活动”的要求和《中共中央办公厅、国务院办公厅转发(中央政法委员会、中央社会治安综合治理委员会关于深入开展平安建设的意见)的通知》精神，把各项措施落到实处，进一步推动经济建设又好又快发展，确保人民群众生命财产安全，确保国家能源安全和社会稳定，中央综治办、公安部、国家发改委、监察部、国土资源部、国资委、工商总局、质检总局、环保总局、安全监管总局、国家能源办、中石油、中石化联合制定了《关于开展平安油区建设的实施意见》。现将《关于开展平安油区建设的实施意见》印发给你们，请结合实际贯彻落实。

附件：关于开展平安油区建设的实施意见

附件

关于开展平安油区建设的实施意见

为了认真贯彻落实党的十七大提出的“深入开展平安创建活动”的要求和《中共中央办公厅、国务院办公厅转发（中央政法委员会、中央社会治安综合治理委员会关于深入开展平安建设的意见）的通知》（中办发〔2005〕25号）精神，把平安建设工作不断引向深入，结合石油石化企业的特点，现就开展平安油区建设提出如下意见。

一、充分认识开展平安油区建设的重大意义

石油是国家的重要战略物资，在国民经济和社会发展中举足轻重，已经成为影响经济生活、社会稳定的重要战略物资。进入新世纪以来，世界多极化和经济全球化的趋势深入发展，国内经济和世界经济的相互联系、相互影响不断加深，国内经济发展对国外资源和市场的依赖程度日益提高。随着我国经济的高速发展，石油消费需求快速增长，油气能源供给不足的矛盾日益突出，国内石油供需缺口逐年增加。因此，发展好、保护好我国有限的石油资源对于国民经济健康快速发展具有十分重要的意义。

近年来，党中央、国务院高度重视能源安全稳定供应，连续六年开展油气田及输油气管道生产治安秩序专项行动。各级党委、政府积极维护石油石化行业稳定，大力推进油地共建活动，取得了一定的成效。但由于石油石化业务链条长，风险点多，易受破坏和攻击；部分地区打孔盗油（气）开井盗油、盗窃油田物资等违法犯罪活动十分猖獗，输油气管道存在大量的违章占压；一些历史遗留问题和现实问题、合理要求与不合法方式、群众的自发行为和有组织地操作策划互相交织，群体性事件时有发生，严重影响了油区的生产秩序和社会稳定。因此，维护油区的总体稳定和良好的生产治安秩序责任重大、意义深远。

平安油区建设是平安建设的重要组成部分，各地、各有关部门和石油石化企业要充分认识开展平安油区建设的重大意义，认真贯彻落实党的十七大和《中共中央办公厅、国务院办公厅转发（中央政法委员会、中央社会治安综合治理委员会关于深入开展平安建设的意见）的通知》精神，把平安油区建设作为构建社会主义和谐社会的重要内容，纳入社会治安综合治理考核内容，进一步增强责任感和使命感，落实各项工作措施，创造安全、稳定、和谐的油区社会环境。

二、平安油区建设的指导思想和工作目标

（一）指导思想。认真贯彻十七大精神，以邓小平理论和“三个代表”重要思想为指导，深入贯彻落实科学发展观，在各级党委和政府的统一领导下，坚持打防结合、预防为主，专群结合、依靠群众，以加强基层基础工作为重点，以建立健全长效机制、构建和谐企业、维护油区生产治安秩序为主线，广泛开展平安油区建设活动，确保人民群众生命财产安全，确保国家能源安全和社会稳定。

（二）工作目标。一是石油石化企业要积极预防和减少重特大事故发生，建立健全各类事故应急预案，并能够与社会救援力量有效衔接；全年无重大环境事故、重特大安全生产事故和重特大交通事故；有效防范和应对由自然灾害引发的事故灾难；自我防范和化解矛盾的能力明显提高。

二是地方党委、政府要切实加强对平安油区建设工作的领导，全年不发生百人以上影响石油石化企业生产建设的群体性事件；不发生百人以上进京上访事件，矛盾解决在萌芽状态，化解在当地。

三是预防和打击涉油违法犯罪能力不断提高，各类涉油案件保持平稳并呈下降趋势，重特大涉油刑事案件明显减少，无黑恶势力或保护伞参与涉油案件，油区及周边无管道占压、无非法勘查开采石油天然气、无土炼炉、无非法经营炼油厂点和非法废旧物资收购站点等。

四是油区所在县（市、区）所辖乡镇（街道）、社区（村）、学校、企业事业单位有85%以上达到“平安建设”先进标准，油区及周边人民群众对社会治安的满意度达到90%以上。

三、平安油区建设的主要措施

（一）积极预防和有效化解各类矛盾，维护油区大局稳定。一是要从源头上预防和减少各类矛盾纠纷。在利益关系调整中，找准解决复杂问题的切入点，准确把握政策导向，采取积极稳妥的办法平稳完成政策实施工作。同一地区内的同行业要统一政策、同步实施。

二是要以治本为主、注重疏导，把通过宣传教育解决思想认识问题与运用政策等手段解决实际问题更好地结合起来，把阶段性目标与长期目标结合起来，建立维护稳定、构建和谐的长效机制。

三是要进一步落实油区所在县（市、区）、乡镇（街道）党委、政府维护油区治安和输油气管道安全运行的责任，充分发挥油区内以党支部为核心的村级组织维护油区治安和输油气管道安全的作用，要注重排查和调处化解涉油问题引发的矛盾纠纷。要认真贯彻《信访条例》，建立健全信访工作机制，建立理性、有序、合法的信访秩序，维护信访者的合法权益。建立健全统一指挥、反应灵敏、协调有序、运转高效的应急处置机制，防止矛盾激化。

四是石油石化企业在坚持整体协调发展、构建内部和谐的同时，切实加强与地方党委、政府的协调，发挥石油石化企业对地方经济的辐射和带动作用，促进地方经济社会发展，建立良好的公共关系。

（二）加强油区治安综合治理，确保油区平安。一是坚持依法从重从快方针，严厉打击打孔盗油(气)、开井盗油、非法收购原油、盗窃油田物资、非法侵权勘查开采等各类涉油违法犯罪活动，依法整治油区及周边管道占压、土炼炉、非法经营炼油厂和非法废旧物资收购站点等，对于油区所在的县(市、区)涉油案件频发、油区周边治安问题突出的，要取消平安县(市、区)的评选资格。

二是建立和完善治安防范网络，提高驾驭油区治安局势的能力。石油石化企业要认真贯彻落实《企业事业单位内部治安保卫条例》，理顺内部治安保卫体制机制，健全完善管理制度，积极推广有效的管理方法和防范措施，加大人防、物防、技防投入，提高内部治安防范水平，形成严密的治安防范责任体系。要全面建立政府监管、单位负责的工作机制，组织地方民兵与企业职工开展油区治安联防，组织村民对油区重点设施、重点部位进行巡护。

三是认真总结近年来全国整治油气田及输油气管道生产治安秩序专项行动的经验，加强合作，建立完善“联动”长效机制。各地区要建立和完善地企、警企的联席会议制度、挂牌督办制度、检查督导制度、信息共享制度和领导包案制度等。石油石化企业要及时向地方党委、政府及有关部门通报油区治理情况及存在问题，做到互通信息，预防为主，有效打击。同时要建立协作机制，地方与石油石化企业要联合开展企地共建活动，互惠互利，实现油地和谐平安。相邻地区企业及公安机关要建立和完善区域联动机制，互通情况、协作配合，严厉打击跨省区及省区交界处涉油违法犯罪活动。

四是广泛深入地开展法制宣传教育和村民自治活动，为平安油区建设营造良好的舆论氛围。要充分利用广播、电视、报纸和互联网等新闻媒体，采取多种形式，大张旗鼓地宣传和普及法律知识，增强群众的法制观念。要充分发挥村级自治组织作用，制定村规民约，约束和管理村民日常行为，引导村民遵纪守法。发动广大职工、群众和社会各界支持参与油区治安综合治理工作，积极举报、提供打击犯罪的有效线索，形成维护油区治安人人有责的社会氛围。

（三）加强安全生产和环境保护工作，坚决杜绝特别重大事故的发生。一是石油石化企业要以落实安全生产责任、重大危险源监控、事故隐患治理和健全HSE体系为重点，建立责任明确、措施到位、考核严格以及激励作用大、约束能力强的安全生产运行机制，促使各级管理者和所有操作人员自觉地在提高自身安全素质上狠下功夫，在全面落实岗位责任制上狠下功夫，在彻底消除各种事故隐患上狠下功夫，切实做到安全思想要严肃、安全管理要严格、安全制度要严谨、安全组织要严密、安全纪律要严明。

二是各级政府部门要制定和完善全方位、多层次的各类事故应急预案，加快构建公共应急救援体系，积极预防和妥善处置油区各类突发公共事件，提高保障公共安全的能力。组织、督促、引导企业开展隐患排查整改工作，加强对油区安全生产、环境事故的预警监测，及时协调和解决本地区存在的重大事故隐患和其他安全生产突出问题。

三是要高度重视并切实抓好安全隐患排查治理，消除各种隐患。同时，要制定并落实预防和应对事故发生的有效措施，对各种事故隐患都要严格监控、挂牌督办、限期整改。

四是在事故处理上，要坚决执行“四不放过”原则，做到事故原因要水落石出、事故教训要刻骨铭心、事故处理要有切肤之痛、事故整改要举一反三，坚决杜绝特别重大事故的发生。

五是实行强制审核制，在对严重污染环境的工艺和设备进行强制淘汰的同时，对新建项目实施严格的环境评价，做到不环评不审批、环评不过关不建设、环保部门不验收不开工，从源头上防治污染。要结合石油石化企业特点，切实加强环境风险管理，提升全方位监测水平，完善各级应急预案，建立企业自救、区域联防的应急体系，提高应对突发环境事件的能力。

四、加强组织领导，落实责任，确保平安油区建设取得实效

（一）建立健全责任机制。平安油区建设要统一纳入到所在地区的平安建设中，各级党委、政府要切实加强领导，特别是油区所在地的县(市、区)、乡镇(街道)党委、政府要认真研究制定平安油区建设工作措施，解决平安油区建设中存在的突出问题。各石油石化企业要积极配合地方政府，推动平安油区建设的深入开展。要按照“属地管理”和“谁主管，谁负责”的原则，层层建立领导责任制、部门责任制和单位责任制，把平安油区建设的各项工作落实到基层、落实到部门、落实到责任人。各级综治委(办)要加强对平安油区创建工作的组织协调和督促检查，推动创建责任和工作措施的落实。

（二）建立健全齐抓共建工作机制。各级政法部门要提高执法能力和执法水平，充分发挥好主力军作用，加大对涉油违法犯罪案件的侦办力度，加强对石油企业内部治安保卫工作的指导监督，积极配合有关部门开展执法工作，依法严厉打击涉油违法犯罪活动。

发展改革部门要会同质检、环保、工商部门切实加强对原油加工、油品运销的管理，大力清理整顿地方小炼油厂。质检部门要加大对炼油企业油品质量的监督检查和对土炼油厂点的打击查处力度。环保部门要加大对地方小炼油厂和各类寄生性涉油厂点的环保监查力度，加强对新建石油石化项目的环保评估。工商部门要加强对各类涉油企业经营行为的监督和检查，依法注销或吊销超范围、违法经营涉油企业的营业执照。国土资源部门要坚决依法查处无证、侵权等勘查开采油气资源的违法行为，取缔非法采油井点。安全监管部门要依法加强对输油气管道安全运行的监督检查，加强对占压输油气管道等事故隐患的排查工作和督促整改。国有资产监督管理部门要加强对石油企业国有资产的监管工作，指导企业把防范涉油违法犯罪工作纳入企业业绩考核。监察机关要针对地方各级政府及有关部门履行整治工作职责情况加强监督检查，对工作失职渎职或搞地方保护、充当涉油气违法犯罪活动"保护伞"的，要坚决查处，严肃追究。石油石化企业要充分发挥企业内部综合治理、治安保卫部门的作用，加强对内部职工的管理，建立行之有效的约束制约机制，防止监守自盗。

（三）建立健全经费保障机制。各级政府要采取多种方式筹措资金，保障平安油区建设经费需求，有条件的可以将其纳入同级财政预算。石油石化企业要积极参与和支持社会治安综合治理和平安油区建设，支持和配合政府及相关部门建立健全经费保障机制。

（四）建立健全考核奖惩机制。各级党委、政府及综治部门要将平安油区建设纳入所在地区平安建设工作目标考核体系，做到同部署、同检查、同考核，并实行奖惩兑现。石油石化企业要把平安油区建设的成效作为领导干部考核的一项重要指标，将考核结果作为干部晋职晋级和实施奖惩的重要依据。要严格落实领导责任制，对工作扎实、成效显著的单位和个人要予以表彰奖励，对因工作失职、渎职引发重大生产事故、造成重大治安问题的，要严肃追究有关领导和相关人员的责任。

财政部　公安部　国家税务总局
关于石油天然气和“三电”基础设施
安全保护费用管理问题的通知

财企〔2010〕291 号

各省、自治区、直辖市、计划单列市财政厅（局）、公安厅（局）、国家税务局、地方税务局，新疆生产建设兵团财务局、公安局，有关中央管理企业：

为加强石油、天然气和电力、电信、广播电视基础设施（以下统称“油气和‘三电’基础设施”）的安全保护工作，落实各方工作责任，健全安全保护经费长效保障机制，根据现行有关法律法规，现就有关问题通知如下：

一、落实油气和“三电”基础设施安全保护工作责任

（一）油气和“三电”基础设施既是企业生产经营的重要资产，也是国家重要的基础设施和社会资源，其安全保障直接影响企业生产经营，也事关国家经济运行、公共安全和人民群众的生活。企业、公安机关、基层组织共同负有保障油气和“三电”基础设施安全的责任，要在各级政府领导下，积极参与和推进分工负责、协调配合的安全防范工作机制，加强油气和“三电”基础设施安全保护工作。

（二）油气和“三电”基础设施营运企业对基础设施安全运行负有主体责任，应当在公安机关指导下加强基础设施的安全保护，健全企业内部安全保护工作机制，完善安全防范的技术措施和物理措施，并结合维护抢修需要，组织内部安全防范力量，组建专职、兼职的群防队伍，加强防范处置演练，严密防范盗抢、破坏油气和“三电”基础设施的违法犯罪活动。

（三）公安机关要加强对油气和“三电”企业基础设施安全保护工作的指导和监督、有效打击危害基础设施安全的违法犯罪活动，为企业生产经营提供良好的社会治安环境。

（四）各基层组织在当地政府领导下，加强基础设施安全保护宣传教育，组织和发动群众，健全群众参与群防群治的工作机制。

二、健全油气和“三电”基础设施安全保护经费保障机制

（一）地方政府组织开展油气和“三电”基础设施群防群治工作的，根据《中共中央国务院关于进一步加强社会治安综合治理的意见》（中发〔2001〕14 号）的规定，有关群防群治经费，按照“谁受益谁出资”的原则，主要由受益企业自行安排解决，政府财政适当补贴。

（二）公安机关油气和“三电”基础设施安全保护工作经费，按照“明确责任、分类负担、收支脱钩、全额保障”的政法经费保障体制和“分项目、分区域、分部门”的政法经费分类保障办法，纳入公安机关部门预算，由同级政府财政部门统筹安排解决。公安机关内部要合理安排预算，保证油气和“三电”基础设施安全保护工作的经费支出。鉴于油气和“三电”基础设施的重要性，同时考虑各地实际情况，中央财政适当增加资金规模，在现行中央政法转移支付资金项目中统筹安排，对中西部地区给予适当补助。

（三）企业对自身油气和“三电”基础设施进行安全保护发生的各项费用，包括参加联防工作、组建兼专职群防队伍等发生的支出，由企业自行负担，按规定列入成本（费用），并按照国家税收法律、法规等规定准予税前扣除。

三、加强油气和“三电”基础设施安全保护费用的管理和监督

（一）各级财政部门要加强监督检查，督促企业建立健全油气和“三电”基础设施安全保护费用的内部制度，规范财务管理。

组成联防机制各成员单位应当严格执行《中共中央国务院关于治理向企业乱收费和各种摊派等问题的决定》（中发〔1997〕14 号），杜绝在正常经费保障之外，对油气和“三电”基础设施营运企业的各种乱摊派、乱收费、乱集资行为。

（二）各级公安机关要建立健全内部财务管理制度，按照国家有关规定，加强油气和“三电”基础设施安全保护经费的管理，提高经费使用效益。

（三）油气和“三电”基础设施营运企业列支的安全保护费用应当按规定使用，对没有法律法规依据或者超过法律法规规定范围和标准的各种摊派、收费、集资，有权拒绝，并向财政部反映。

财政部　公安部　国家税务总局

2010 年 10 月 11 日

财政部关于企业油气和“三电”基础设施安全保护费用财务问题的通知

财企〔2010〕290号

各省、自治区、直辖市、计划单列市财政厅(局)，新疆生产建设兵团财务局，有关中央管理企业：

为加强企业石油、天然气和电力、电信、广播电视基础设施(以下统称油气和“三电”基础设施)安全保护费用财务管理，根据有关法律法规和《企业财务通则》(财政部令第41号)，现对企业油气和“三电”基础设施安全保护费用财务问题通知如下：

一、企业油气和“三电”基础设施，主要是指企业容易被盗抢破坏的以下设备设施：

(一) 油气集输处理设施、输油气管线、储油气设施等用于石油、天然气、成品油运输和储存的设备设施；

(二) 输电线路、变电设备、配电线路及设备、用电计量设备、电力调度设施等用于电力传输供应的设备设施；

(三) 公用电信网的架空线路、埋设线路、无线设备等实现电信功能的设备设施；

(四) 广播电视信号发射设施、专用传输设施、监测设施及其附属设备等实现广播电视功能的设备设施。

二、企业油气和“三电”基础设施的安全保护费用使用范围，包括以下内容：

(一) 防火灾、防盗抢、防破坏等安全防护设备、设施、技术的折旧、摊销、维护、损毁支出；

(二) 根据内部治安保卫工作需要，设置治安保卫机构或者配备专职、兼职治安保卫人员的经费支出；

(三) 协同地方政府、公安机关开展“联防、群防”工作，组建、聘用兼职、专职的群防队伍或者购买专业保安服务的经费支出；

(四) 为参加“联防、群防”工作作出突出贡献的外部单位和个人的奖励支出；

(五) 油气和“三电”基础设施保险费支出以及巡护作业人员的人身安全保

险费支出；

（六）开展安全保护宣传活动和安全保护专业培训的经费支出；

（七）安全保护业务外包支出；

（八）与油气和“三电”基础设施安全保护直接相关的其他支出。

三、企业发生的油气和“三电”基础设施安全保护费用，应当设立专门账户归集核算。其中：

（一）企业已按照财政部、国家安全生产监督管理总局印发的《高危行业企业安全生产费用财务管理暂行办法》（财企〔2006〕478号）建立安全生产费用管理制度的，对符合本通知第一条第（一）项规定的支出，应当在企业提取的安全生产费用中列支；

（二）企业内部专职治安保卫人员的专业培训支出，据实作为安全保护费用，并从职工教育经费中列支；

（三）企业内部专职治安保卫人员的工资、福利支出，据实作为安全保护费用，并纳入企业工资计划、职工福利费管理。

四、企业油气和“三电”基础设施应当符合国家规定的有关安全保护标准，购建油气和“三电”基础设施的投资预算应当安排配套的安全防护设备、设施、技术支出。

油气和“三电”基础设施运营后，企业应当根据行业特点、安全保护需要、与地方政府和公安机关协同安保的情况，确定所需的安全保护费用，并纳入企业财务预算管理，确保安全保护资金落实到位。

五、企业应当制定油气和“三电”基础设施安全保护费用的内部管理制度，明确开支范围、审批程序、监督检查等要求，规范财务管理。

六、本通知自印发之日起施行。执行过程中有何问题，请及时向我部反映。

财政部

2010年10月11日